房地產叢書 59

不動產經紀人
選擇題 100 分

曾文龍 博士◎主編

讀者迴響

100 年

1. 方便破表！每讀一條法條，都可立刻知道以前有沒有考過！可立刻練習歷屆考古題，嫻熟法條關鍵字，舉一反三！ 新竹

2. 超讚！努力研讀！ 台北

3. 曾老師　您好：我是99年台北班第三期的成員，我是第一次考不動產經紀人，一次就考上了，最感謝的還是大日的師資群們！還有曾老師您出版的參考書跟解析，所以只用本班的教材，跟每次的上課專心聽講，無需想太多就這樣充實準備即可，尤其是新出版的選擇題100分，更是寶典之一，以下是我準備的心得，我入仲介這行才剛不到半年，對這些真的是一知半解，尤其是白天是仲介的菜鳥，晚上回家又要照顧小BABY，上課完隔一天又忘光光，最後下定決心在考前一個月，請個長假在家專心讀選擇題100分，從題目中了解法條跟重點，把有限的時間放在選擇題上，畢竟選擇題還是最好拿分的，而申論題背在多都不一定拿的到高分，尤其是拿到成績單後更證明了申論想拿一半的分數真的很難，所以跟有心想考經紀人的學長學姊們，把重心放在選擇題跟不動產估價實務上，應該離上榜不遠囉！祝大家金榜題名！ 台北　林承諺

4. 這麼經典的著作，好像平安符喔！ 桃園

5. 很棒，整理得很清楚，方便讀到那裏，題目做到那裏，也就能立刻進入狀況。 高雄

6. 快速進入每一科目的核心，不會讀到「頭暈」！ 台中

7. 掌握重點核心，讀書成為愉快！ 苗栗

輔導全台
「不動產經紀人」考生 23 年！

　　自從「不動產經紀業管理條例」於民國 88 年 2 月 3 日公布以來，不動產經紀人國家考試也已歷經 23 個年頭了。

　　因緣際會，本人在 88 年即在全台各主要縣市（台北、桃園、苗栗、台中、花蓮……）及許多知名大公司的特別內訓班，輔導相關從業人員「不動產經紀人考照」的培訓。89 年並增加了新竹、高雄、嘉義、台東、宜蘭……等縣市，迄今悠悠長河，竟已邁入第二十三個年頭了。因為口碑遠傳，錄取率各縣市咸覺滿意，得使香火不墜！雖然跑全台灣非常辛苦，但是學員錄取的成就與歡欣即是對老師最好的回報與欣慰！在台灣不動產經紀人考照的歷史，我想沒有人有我如此廣大的經驗，既深且廣、遍地開花！

　　不動產經紀人為國家普考，其考試題型目為一半申論題、一半選擇題，在本人廣闊與深入的教學經驗下，我常說「肯聽我話的人，幾乎皆是一次考上！，若太緊張而失常，務必續考第 2 次，則成績通常還會名列前茅呢！」

　　祝天下有心人，皆能金榜題名，而能年年享受投報率最高的成果！

曾文龍

大日不動產研究中心　主任

目　錄

讀者迴響
自序（鄭重推薦本書）
突破選擇題要訣
輔導全台「不動產經紀人」考生 23 年！

第壹篇　不動產經紀相關法規概要

壹　不動產經紀業管理條例 …………………………………… 2
  第一章　總則 ……………………………………………… 2
  第二章　經紀業 …………………………………………… 4
  第三章　經紀人員 ………………………………………… 9
  第四章　業務及責任 ……………………………………… 12
  第五章　獎懲 ……………………………………………… 21
  第六章　附則 ……………………………………………… 27
 ・不動產經紀業管理條例施行細則 ……………………… 28
 ・相關契約書之應記載及不得記載事項 ………………… 33
貳　公平交易法 ………………………………………………… 41
  第一章　總則 ……………………………………………… 41
  第二章　限制競爭 ………………………………………… 42
  第三章　不公平競爭 ……………………………………… 52
  第四章　調查及裁處程序 ………………………………… 59
  第五章　損害賠償 ………………………………………… 61
  第六章　罰則 ……………………………………………… 63
  第七章　附則 ……………………………………………… 65

- 公平交易委員會對於不動產經紀業之規範說明第 5 項 ⋯ 67
- 參 消費者保護法 ⋯⋯⋯⋯⋯⋯⋯⋯⋯⋯⋯⋯⋯⋯⋯⋯ 68
  - 第一章 總則 ⋯⋯⋯⋯⋯⋯⋯⋯⋯⋯⋯⋯⋯⋯⋯⋯ 68
  - 第二章 消費者權益 ⋯⋯⋯⋯⋯⋯⋯⋯⋯⋯⋯⋯⋯ 69
  - 第三章 消費者保護團體 ⋯⋯⋯⋯⋯⋯⋯⋯⋯⋯⋯ 85
  - 第四章 行政監督 ⋯⋯⋯⋯⋯⋯⋯⋯⋯⋯⋯⋯⋯⋯ 86
  - 第五章 消費爭議之處理 ⋯⋯⋯⋯⋯⋯⋯⋯⋯⋯⋯ 89
  - 第六章 罰則 ⋯⋯⋯⋯⋯⋯⋯⋯⋯⋯⋯⋯⋯⋯⋯⋯ 98
- 肆 公寓大廈管理條例 ⋯⋯⋯⋯⋯⋯⋯⋯⋯⋯⋯⋯⋯⋯ 100
  - 第一章 總則 ⋯⋯⋯⋯⋯⋯⋯⋯⋯⋯⋯⋯⋯⋯⋯⋯ 100
  - 第二章 住戶之權利義務 ⋯⋯⋯⋯⋯⋯⋯⋯⋯⋯⋯ 101
  - 第三章 管理組織 ⋯⋯⋯⋯⋯⋯⋯⋯⋯⋯⋯⋯⋯⋯ 118
  - 第四章 管理服務人 ⋯⋯⋯⋯⋯⋯⋯⋯⋯⋯⋯⋯⋯ 125
  - 第五章 罰則 ⋯⋯⋯⋯⋯⋯⋯⋯⋯⋯⋯⋯⋯⋯⋯⋯ 127
  - 第六章 附則 ⋯⋯⋯⋯⋯⋯⋯⋯⋯⋯⋯⋯⋯⋯⋯⋯ 129

第貳篇 土地法與土地相關稅法概要

- 壹 土地法 ⋯⋯⋯⋯⋯⋯⋯⋯⋯⋯⋯⋯⋯⋯⋯⋯⋯⋯⋯ 134
  - 第一編 總則 ⋯⋯⋯⋯⋯⋯⋯⋯⋯⋯⋯⋯⋯⋯⋯⋯ 134
  - 第二編 地籍 ⋯⋯⋯⋯⋯⋯⋯⋯⋯⋯⋯⋯⋯⋯⋯⋯ 146
  - 第三編 土地使用 ⋯⋯⋯⋯⋯⋯⋯⋯⋯⋯⋯⋯⋯⋯ 161
  - 第四編 土地稅 ⋯⋯⋯⋯⋯⋯⋯⋯⋯⋯⋯⋯⋯⋯⋯ 169
  - 第五編 土地徵收 ⋯⋯⋯⋯⋯⋯⋯⋯⋯⋯⋯⋯⋯⋯ 171
- 貳 平均地權條例 ⋯⋯⋯⋯⋯⋯⋯⋯⋯⋯⋯⋯⋯⋯⋯⋯ 176
  - 第一章 總則 ⋯⋯⋯⋯⋯⋯⋯⋯⋯⋯⋯⋯⋯⋯⋯⋯ 176
  - 第二章 規定地價 ⋯⋯⋯⋯⋯⋯⋯⋯⋯⋯⋯⋯⋯⋯ 178
  - 第三章 照價徵稅 ⋯⋯⋯⋯⋯⋯⋯⋯⋯⋯⋯⋯⋯⋯ 179
  - 第四章 照價收買 ⋯⋯⋯⋯⋯⋯⋯⋯⋯⋯⋯⋯⋯⋯ 183

第五章　漲價歸公⋯⋯⋯⋯⋯⋯⋯⋯⋯⋯⋯⋯⋯⋯⋯⋯ 184
　　第六章　土地使用⋯⋯⋯⋯⋯⋯⋯⋯⋯⋯⋯⋯⋯⋯⋯⋯ 191
　　第七章　罰則⋯⋯⋯⋯⋯⋯⋯⋯⋯⋯⋯⋯⋯⋯⋯⋯⋯⋯ 199
　● 平均地權條例施行細則⋯⋯⋯⋯⋯⋯⋯⋯⋯⋯⋯⋯⋯⋯ 202

參　**土地徵收條例**⋯⋯⋯⋯⋯⋯⋯⋯⋯⋯⋯⋯⋯⋯⋯⋯⋯ 206
　　第一章　總則⋯⋯⋯⋯⋯⋯⋯⋯⋯⋯⋯⋯⋯⋯⋯⋯⋯⋯ 206
　　第二章　徵收程序⋯⋯⋯⋯⋯⋯⋯⋯⋯⋯⋯⋯⋯⋯⋯⋯ 209
　　第三章　徵收補償⋯⋯⋯⋯⋯⋯⋯⋯⋯⋯⋯⋯⋯⋯⋯⋯ 214
　　第四章　區段徵收⋯⋯⋯⋯⋯⋯⋯⋯⋯⋯⋯⋯⋯⋯⋯⋯ 216
　　第五章　徵收之撤銷及廢止⋯⋯⋯⋯⋯⋯⋯⋯⋯⋯⋯⋯ 217
　　第六章　附則⋯⋯⋯⋯⋯⋯⋯⋯⋯⋯⋯⋯⋯⋯⋯⋯⋯⋯ 219

肆　**區域計畫法**⋯⋯⋯⋯⋯⋯⋯⋯⋯⋯⋯⋯⋯⋯⋯⋯⋯⋯ 222
　　第一章　總則⋯⋯⋯⋯⋯⋯⋯⋯⋯⋯⋯⋯⋯⋯⋯⋯⋯⋯ 222
　　第二章　區域計畫之擬定、變更、核定與公告⋯⋯⋯⋯ 222
　　第三章　區域土地使用管制⋯⋯⋯⋯⋯⋯⋯⋯⋯⋯⋯⋯ 224
　　第五章　罰則⋯⋯⋯⋯⋯⋯⋯⋯⋯⋯⋯⋯⋯⋯⋯⋯⋯⋯ 226
　● 區域計畫法施行細則⋯⋯⋯⋯⋯⋯⋯⋯⋯⋯⋯⋯⋯⋯⋯ 227

伍　**非都市土地使用管制規則**⋯⋯⋯⋯⋯⋯⋯⋯⋯⋯⋯⋯ 228
　　第一章　總則⋯⋯⋯⋯⋯⋯⋯⋯⋯⋯⋯⋯⋯⋯⋯⋯⋯⋯ 228
　　第二章　容許使用、建蔽率及容積率⋯⋯⋯⋯⋯⋯⋯⋯ 228
　　第三章　土地使用分區變更⋯⋯⋯⋯⋯⋯⋯⋯⋯⋯⋯⋯ 231
　　第四章　使用地變更編定⋯⋯⋯⋯⋯⋯⋯⋯⋯⋯⋯⋯⋯ 232
　　第五章　附則⋯⋯⋯⋯⋯⋯⋯⋯⋯⋯⋯⋯⋯⋯⋯⋯⋯⋯ 233

陸　**都市計畫法**⋯⋯⋯⋯⋯⋯⋯⋯⋯⋯⋯⋯⋯⋯⋯⋯⋯⋯ 234
　　第一章　總則⋯⋯⋯⋯⋯⋯⋯⋯⋯⋯⋯⋯⋯⋯⋯⋯⋯⋯ 234
　　第二章　都市計畫之擬定、變更、發布及實施⋯⋯⋯⋯ 235
　　第三章　土地使用分區管制⋯⋯⋯⋯⋯⋯⋯⋯⋯⋯⋯⋯ 240
　　第四章　公共設施用地⋯⋯⋯⋯⋯⋯⋯⋯⋯⋯⋯⋯⋯⋯ 240

- ‧都市更新條例……………………………………246
- 柒 土地稅法…………………………………………247
  - 第一章 總則……………………………………247
  - 第二章 地價稅…………………………………252
  - 第三章 田賦……………………………………257
  - 第四章 土地增值稅……………………………258
  - 第五章 稽徵程序………………………………268
  - 第六章 罰則……………………………………270
  - ‧土地稅法施行細則……………………………271
- 捌 房屋稅條例………………………………………275
- 玖 契稅條例…………………………………………283
- 拾 所得稅法（不動產交易部分）…………………293
- 拾壹 國土計畫法……………………………………296

第參篇 不動產估價概要

- 壹 不動產估價技術規則……………………………298
  - 第一章 總則……………………………………298
  - 第二章 估價作業程序…………………………309
  - 第三章 估價方法………………………………313
  - 第四章 宗地估價………………………………361
  - 第五章 房地估價………………………………366
  - 第六章 土地改良物估價………………………371
  - 第七章 權利估價………………………………373
  - 第八章 租金估價………………………………376
- 貳 不動產估價師法…………………………………380
  - 第二章 登記及開業……………………………380
  - 第三章 業務及責任……………………………381

參	影響不動產估價之因素及原則	382
肆	不動產估價、租金之評估方法及其運用要領	385
伍	地價調查估計規則	386
陸	不動產價格形成之原則	387

第肆篇 民法概要

壹	總則編	392
	第一章　法例	392
	第二章　人	393
	第三章　物	402
	第四章　法律行為	404
	第六章　消滅時效	419
	第七章　權利之行使	420
貳	債編	421
	第一章　通則	421
	第二章　各種之債	461
參	物權編	496
	第一章　通則	496
	第二章　所有權	500
	第三章　地上權	518
	第四章之一　農育權	522
	第五章　不動產役權	522
	第六章　抵押權	524
	第七章　質權	536
	第八章　典權	537
	第九章　留置權	539
	第十章　占有	540
肆	親屬編	544

第一章	通則	544
第二章	婚姻	546
第三章	父母子女	559
第四章	監護	564
第五章	扶養	564
第六章	家	565
第七章	親屬會議	566

伍　繼承編 ………………………………………… 567
　第一章　遺產繼承人 ………………………………… 567
　第二章　遺產之繼承 ………………………………… 574
　第三章　遺囑 ………………………………………… 582

第伍篇　我如何考上不動產經紀人

1. 公司 4 人應考，4 人皆一次考上不動產經紀人，錄取率 100%！……… 588
2. 志不立、天下無可成之事 …………………………………………… 591
3. 我如何考上不動產經紀人？ ………………………………………… 594
4. 我 70 歲，我一次考上不動產經紀人 ………………………………… 596
5. 對的老師與對的方法感謝曾教授的鼓勵 …………………………… 598
6. 如何事半功倍的考上「不動產經紀人」 …………………………… 599
7. 克服申論題要訣 ……………………………………………………… 600
8. 申論題答題與準備技巧 ……………………………………………… 601
9. 不動產經紀人申論題滿分 50 分，考 49 分！ ……………………… 602
10. 地政士申論題考 99 分！ …………………………………………… 603
11. 堅持 30 支筆的故事──一次考上不動產估價師第三名 ………… 604

第 1 篇 不動產經紀相關法規概要

壹　不動產經紀業管理條例

1. 不動產經紀業管理條例、公寓大廈管理條例、消費者保護法及公平交易法四項法律首次公布施行時間依序分別為何？
   (A) 88 年，86 年，82 年、80 年　(B) 88 年，85 年，82 年，80 年
   (C) 88 年，84 年，83 年，80 年　(D) 88 年，83 年，82 年，80 年
   【88 年普】　(C)

第一章　總則

第一條（立法目的）

1. 關於不動產經紀業管理條例立法目的之敘述，下列何者正確？
   (A) 加強公寓大廈之管理維護　(B) 發展租賃住宅服務業
   (C) 保障國民消費生活安全　(D) 促進不動產交易市場健全發展
   【109 年普】　(D)

第二條

1. 不動產經紀業管理條例所稱主管機關：在中央為內政部；在直轄市為直轄市政府何等局處？
   (A) 都市發展、城鄉發展　(B) 產業發展　(C) 地政　(D) 財政
   【109 年普】　(C)

第三條（主管機關）

1. 有關主管機關，下列何者錯誤？
   (A) 消費者保護之中央主管機關為目的事業主管機關
   (B) 不動產經紀業之中央主管機關為經濟部商業司
   (B)

不動產經紀人選擇題 100 分　2025 年 3 月第 12 版　勘誤表

因排版公司系統轉換時有此題目答案留白，請將以下書中的正確答案植入。

頁數	題目	答案
36	題目 4	C
64	第 42 條題目 1	D
68	第 2 條題目 1	C
106	第 8 條題目 4	D
130	第 58 條題目 1	AD(有兩個答案，當年考選部送分題)
145	第 34 條之 1 題目 13	C
189	第 47 條之 3 題目 2	C
219	第 50 條題目 2	C
299	題目 12	最後一個④請改為⑤
336	第 40 條之 1 題目 4	#標記表當年考選部一律給分
407	第 79 條　題目 1　第 2 行	乙應改為甲（若甲之法定代理人均不同意。）當年考選部寫 A 跟 B 一律給分

463	第 359 條題目 2	#標記表當年考選部一律給分
507	第 798 條題目 1	BC(有兩個答案，當年考選部送分題)
511	第 814 條題目 1	AD(有兩個答案，當年考選部送分題)
539	第 936 條題目 1	BC(有兩個答案，當年考選部送分題)
547	第 983 條題目 1	AC(有兩個答案，當年考選部送分題)
561	第 1065 條題目 3	D
577	第 1165 條題目 2	B（下面的 D 請刪除）
580	右側答案區第 3 個 B 請刪除	多一個 B
第 438 頁民法第二百零五條	第 1 題(97 年普考)跟第 2 題(100 年普考)這兩題是舊年度的考題，因為民法第二百零五條在 110 年 1 月有修正：《民法》第 205 條規定，「約定利率超過週年百分之十六者，超過部分之約定無效。」所以目前的正確答案是<百分之十六>當年度還是百分之二十，但已經不符合現在的規定了。題型很好，但大家要注意,現在的正確答案是「百分之十六」	

(C) 公寓大廈管理之縣（市）主管機關為縣（市）政府

(D) 公平交易之中央主管機關為行政院公平交易委員會【90 年特】

第四條（名詞定義）

1. 依不動產經紀業管理條例有關用辭定義之規定，下列敘述何者錯誤？　(B)
   (A) 經紀人員係指經紀人或經紀營業員
   (B) 代銷業務係指從事不動產買賣、互易、租賃之居間或代理業務
   (C) 差異係指實際買賣交易價格與委託銷售價格之差異
   (D) 預售屋係指領有建造執照尚未建造完成而以將來完成之建築物為交易標的之物　【101 年普】

2. 不動產經紀業管理條例第 4 條第 5 款關於仲介業務內容規定之敘述，以下何者錯誤？　(D)
   (A) 從事不動產買賣之居間或代理業務
   (B) 從事不動產互易之居間或代理業務
   (C) 從事不動產租賃之居間或代理業務
   (D) 從事不動產管理之居間或代理業務　【102 年普】

3. 依不動產經紀業管理條例第 4 條第 2 款之規定，所謂成屋，除於實施建築管理前建造完成之建築物外，係指以下何種建築物？　(B)
   (A) 領有建造執照之建築物　(B) 領有使用執照之建築物
   (C) 完成保存登記之建築物　(D) 完成門牌登記之建築物
   　【102 年普】

4. 依不動產經紀業管理條例之規定，經紀人員不得收取差價。此「差價」係指下列何者？　(B)
   (A) 實際買賣交易價格與課稅評定價格之差額
   (B) 實際買賣交易價格與委託銷售價格之差額
   (C) 買賣契約價格與委託銷售價格之差額
   (D) 買賣契約價格與實價登錄價格之差額　【104 年普】

5. 關於不動產經紀業管理條例之用辭定義，下列敘述何者正確？　(D)

(A) 預售屋指領有使用執照尚未建造完成而以將來完成之建築物為交易標的之物
(B) 差價係指買方支付斡旋金之交易價格與賣方委託銷售價格之差額
(C) 經紀人員包含經紀人或經紀營業員。經紀人指依本條例規定經營仲介或代銷業務之公司或商號；經紀營業員之職務為協助經紀人執行仲介或代銷業務
(D) 加盟經營者係指經紀業之一方以契約約定使用他方所發展之服務、營運方式、商標或服務標章等，並受其規範或監督
【109年普】

6. 不動產經紀業管理條例之「用辭定義」，下列何者正確？ (A)
   (A) 不動產：指土地、土地定著物或房屋及其可移轉之權利
   (B) 成屋：指領有建造執照之建築物
   (C) 經紀人員：經紀營業員之職務為執行仲介或代銷業務
   (D) 營業處所：指經紀業經營仲介或代銷業務之店面、辦公室或常態之非固定場所
   【112年普】

第二章　經紀業

第五條（申請許可之程序）

1. 不動產經紀業分設營業處所，應向何機關申請備查？ (D)
   (A) 內政部　(B) 經濟部
   (C) 公平交易委員會　(D) 直轄市或縣（市）政府　【98年普】

2. 經紀業經營國外不動產仲介或代銷業務者，應如何登記？ (A)
   (A) 應以公司型態組織依法辦理登記為限
   (B) 應以商業型態組織依法辦理登記為限
   (C) 應以商號向內政部或縣（市）政府依法辦理登記為限
   (D) 應以公司或商業型態組織依法辦理登記為限　【99年普】

3. 依不動產經紀業管理條例規定，下列關於經紀業之敘述，何者正確？　　　　　　　　　　　　　　　　　　　　　　(D)
   (A) 主管機關檢查經紀業之業務時，經紀業得以商業機密之理由拒絕檢查
   (B) 經紀業取得主管機關許可，依法辦理公司或商業登記後，即可開始營業
   (C) 不動產銷售廣告稿必須經主管機關審查，再由不動產經紀業簽章後刊行
   (D) 經營國外不動產仲介業務者，以依法辦理登記之公司型態組織為限　　　　　　　　　　　　　　　【100年普】

第六條（申請經營經紀業不予許可情形）

1. 依不動產經紀業管理條例規定，曾經營經紀業，經主管機關撤銷許可者，自撤銷之日起未滿幾年，不得申請經營經紀業？　(A)
   (A) 五　(B) 十　(C) 十五　(D) 二十　　　【101年普】

2. 依不動產經紀業管理條例之規定，下列何種情形不得申請經營經紀業？　　　　　　　　　　　　　　　　　　　　(A)
   (A) 受破產之宣告尚未復權者
   (B) 受感訓處分之裁定確定，執行完畢後已滿三年者
   (C) 犯詐欺、背信、侵占罪，經受有期徒刑一年以上刑之宣告確定，執行完畢或赦免後已滿三年者
   (D) 受廢止經紀人員證書或證明處分已滿五年者　　【107年普】

3. 甲通過不動產經紀人考試並領有不動產經紀人證書，從事不動產仲介業務多年，同時擔任乙仲介公司董事長。執業期間因車禍腦部受創而受法院監護宣告，成為無行為能力人。下列敘述何者正確？　　　　　　　　　　　　　　　　　　　　　(D)
   (A) 甲得繼續充任不動產經紀人，其資格不受影響
   (B) 主管機關應予甲申誡處分
   (C) 主管機關應廢止乙公司之營業許可

(D) 由主管機關命乙公司限期改善；逾期未改善者，廢止其許可，並通知公司或商業登記主管機關廢止其登記【108年普】

4. 依不動產經紀業管理條例規定，中華民國國民經不動產經紀人考試及格並領有不動產經紀人證書者，得充不動產經紀人。下列有關不動產經紀人證書之敘述，何者正確？　　　　　　　　　　(D)
(A) 經不動產經紀人考試及格者，應具備一年以上經紀營業員經驗，始得向考試院考選部請領不動產經紀人證書
(B) 不動產經紀人證書有效期限為四年，期滿時，經紀人應檢附其於四年內在中央主管機關認可之機構、團體完成專業訓練二十個小時以上之證明文件，向中央主管機關指定之機構、團體辦理換證
(C) 不動產經紀人受申誡處分三次者，應廢止其經紀人證書
(D) 不動產經紀人受監護宣告成為無行為能力人，應廢止其經紀人證書　　　　　　　　　　　　　　　　　【113年普】

第七條（申請開業之要件及期限）

1. 依不動產經紀業管理條例規定，經紀業經主管機關許可，辦妥公司登記，並加入同業公會後，原則上應於幾個月內開始營業？　(D)
(A) 一　(B) 三　(C) 五　(D) 六　　　　　　　【101年普】

2. 下列有關不動產經紀業營業保證金之敘述，何者錯誤？　　(B)
(A) 營業保證金獨立於經紀業及經紀人員之外
(B) 除不動產經紀業管理條例另有規定外，得因經紀業或經紀人員之債權、債務關係而為讓與、扣押、抵銷或設定負擔
(C) 營業保證金應隨經紀業之合併、變更組織而移轉
(D) 經紀業申請解散者，得請求退還原繳存之營業保證金
　　　　　　　　　　　　　　　　　　　　　　【106年普】

3. 關於不動產經紀業營業保證金之敘述，以下何者錯誤？（第7、8、9條）　　　　　　　　　　　　　　　　　　　(C)
(A) 營業保證金除不動產經紀業管理條例另有規定外，不因經紀

業或經紀人員之債務債權關係而為讓與、扣押或設定負擔
(B) 不動產經紀業申請解散者，得自核准註銷營業之日滿一年後二年內，請求退還原繳存之營業保證金。但不包括營業保證金之孳息
(C) 應繳之營業保證金及繳存或提供擔保之辦法，由中華民國不動產仲介經紀業或代銷經紀業同業公會全國聯合會定之
(D) 經紀業因合併、變更組織時對其所繳存之營業保證金之權利應隨之移轉 【108年普】

第八條（營業保證基金之管理）

1. 下列有關營業保證金之敘述，何者為錯誤？ (A)
   (A) 由各直轄市或縣（市）政府統一於指定之金融機構設置營業保證金專戶儲存
   (B) 經紀業因合併、變更組織時對其所繳存之營業保證金之權利應隨之移轉
   (C) 基金管理委員會委員，由經紀業擔任者，其人數不得超過委員總數之五分之二
   (D) 基金之孳息部分，得運用於健全不動產經紀制度 【101年普】

2. 有關不動產經紀業營業保證金之敘述，下列何者錯誤？ (B)
   (A) 營業保證金由中華民國不動產仲介經紀業或代銷經紀業同業公會全國聯合會統一於指定之金融機構設置營業保證基金專戶儲存
   (B) 經紀業未依規定繳存營業保證金者，應予停止營業處分，其停止營業期間達一年者，應撤銷其許可
   (C) 營業保證金獨立於經紀業及經紀人員之外，除不動產經紀業管理條例另有規定外，不因經紀業或經紀人員之債務債權關係而為讓與、扣押、抵銷或設定負擔
   (D) 經紀業申請解散者，得自核准註銷營業之日滿一年後二年內，請求退還原繳存之營業保證金 【112年普】

第九條（營業保證金之獨立原則）

1. 下列有關不動產經紀業營業保證金之敘述，何者有誤？ (A)
   (A) 營業保證金依法原則上得隨經紀人員之債務債權關係而為讓與
   (B) 經紀業因合併、變更組織時對其所繳存之營業保證金之權利應隨之移轉
   (C) 經紀業申請解散者，得自核准註銷營業之日滿一年後二年內，請求退還原繳存之營業保證金
   (D) 經紀業申請解散而請求退還原繳存之營業保證金者，不包括營業保證金之孳息　　　　　　　　　　　【96 年普】

第十條

1. 依據不動產經紀業管理條例之規定，直轄市、縣（市）同業公會關於會員入會、停權、退會情形應如何處理？ (D)
   (A) 報請所在地主管機關核定　(B) 報請所在地主管機關備查
   (C) 報請所在地主管機關層轉中央主管機關核定
   (D) 報請所在地主管機關層轉中央主管機關備查　【112 年普】

第十一條（經紀人之設置）

1. 關於不動產經紀人設置之敘述，以下何者正確？ (B)
   (A) 營業處所經紀營業員數每逾 10 名時，應增設經紀人 1 人
   (B) 經紀業設立之營業處所至少應置經紀人 1 人，但非常態營業處所，其所銷售總金額達新臺幣 6 億元以上時，該處所至少應置經紀人 1 人
   (C) 經紀業應於經紀人到職之日起 7 日內，造具名冊報請所在地主管機關層報中央主管機關備查，異動時，亦同
   (D) 非中華民國國民，不得充任中華民國不動產經紀人
   　　　　　　　　　　　　　　　　　　【108 年普】

第十二條（經紀人到職異動之報備）

1. 以下有關不動產經紀業之規定，何者有誤？　　　　　　　　　　(D)
   (A) 經紀業設立之營業處所至少應置經紀人一人
   (B) 非常態營業處所，其所銷售總金額達新臺幣 6 億元以上時，該處所至少應置經紀人一人
   (C) 營業處所經紀營業員數每逾 20 名時，應增設經紀人 1 人
   (D) 經紀業應於經紀人到職之日起一個月內，造具名冊報請所在地主管機關層報中央主管機關備查，異動時，亦同【96 年普】

2. 關於不動產經紀業及經紀人員的敘述，下列何者正確？　　　　　(D)
   (A) 經營國外不動產仲介業務者，以依法辦理登記之公司或商號為限
   (B) 外國人依中華民國法律不得參加不動產經紀人考試或參加營業員訓練
   (C) 經紀業取得主管機關許可，依法辦理公司或商業登記，即可開始營業
   (D) 經紀業應於經紀人到職之日起 15 日內，造具名冊報請所在地主管機關層報中央主管機關備查，異動時，亦同【105 年普】

第三章　經紀人員

第十三條（經紀人之考試）

1. 依不動產經紀業管理條例之規定，關於不動產經紀人證書之敘述，何者正確？　　　　　　　　　　　　　　　　　　　　　　(B)
   (A) 經不動產經紀人考試及格者，應具備半年以上經紀營業員經驗，始得向直轄市或縣（市）政府請領經紀人證書
   (B) 中華民國之國民，經不動產經紀人考試及格，並依不動產經紀業管理條例領有不動產經紀人證書者，得充不動產經紀人

(C) 經紀人證書有效期限為四年，期滿時，經紀人應檢附其於三年內在中央主管機關認可之機構、團體完成專業訓練三十個小時以上之證明文件，向直轄市或縣（市）政府辦理換證

(D) 經紀業應將其仲介或代銷相關證照及許可文件連同經紀人證書揭示於營業處所明顯之處。其為加盟經營者，得免揭示

【107年普】

2. 依不動產經紀業管理條例規定，有關不動產經紀營業員之敘述，下列何者正確？ (D)

(A) 經中央主管機關或其認可之機構、團體舉辦不動產經紀營業員訓練合格者，即得充任不動產經紀營業員

(B) 領有不動產經紀人考試及格證書者，即得充任不動產經紀營業員

(C) 取得不動產經紀營業員資格訓練不得少於二十個小時，其證明有效期限為四年

(D) 不動產經紀營業員證明因受破產之宣告尚未復權而被撤銷者，於原因消滅後，得重新請領證明

【110年普】

第十四條（請領經紀人證書之程序）

1. 依不動產經紀業管理條例規定，受感訓處分之裁定確定者，可否充任不動產經紀人員？下列敘述何者正確？ (D)
(A) 永遠不得充任　(B) 執行完畢後，即得充任
(C) 執行完畢後滿一年者，始得充任
(D) 尚未執行完畢者，不得充任

【103年普】

2. 甲之戶籍在嘉義縣，現居住於高雄市並任職於高雄市某經紀業。請問甲請領不動產經紀人證書時，應向何機關申請？ (D)
(A) 考選部　(B) 內政部　(C) 高雄市政府　(D) 嘉義縣政府

【104年普】

3. 依不動產經紀業管理條例規定，關於不動產經紀人員之資格，下列敘述何者錯誤？ (C)

(A) 經不動產經紀人考試及格者，應具備 1 年以上經紀營業員經驗，始得向直轄市或縣市政府請領經紀人證書

(B) 經紀人證書有效期限為 4 年。期滿時，應檢附 4 年內完成專業訓練 30 個小時以上之證明文件辦理換證

(C) 曾經營經紀業，經主管機關撤銷或廢止許可，自撤銷或廢止之日起未滿 5 年者，不得充任經紀人員

(D) 經紀人員應專任一經紀業，並不得為自己或他經紀業執行仲介或代銷業務。但經所屬經紀業同意為他經紀業執行業務者，不在此限　　　　　　　　　　　　　　　【106 年普】

第十五條（經紀人證書之更新方式及要件）

1. 不動產經紀業管理條例對不動產經紀人員之規定，下列敘述何者正確？　　　　　　　　　　　　　　　　　　　　　　　　(C)

   (A) 經不動產經紀人考試及格者，應具備半年以上經紀營業員經驗，始得向直轄市或縣（市）政府請領經紀人證書

   (B) 經紀人證書有效期限為三年

   (C) 經紀營業員訓練不得少於三十個小時

   (D) 未具備經紀人員資格者，於簽訂專任約後，經紀業得僱用其從事仲介或代銷業務　　　　　　　　　　　　　　　【111 年普】

第十六條（經紀人員應專任一職）

1. 甲經紀營業員任職於乙經紀業，但乙經紀業同意甲為丙經紀業執行業務，是否符合法律規定？　　　　　　　　　　　　　　(A)

   (A) 符合法律規定，因為乙已同意

   (B) 不符合法律規定，因為甲有專任義務

   (C) 不符合法律規定，因為會有利益衝突

   (D) 不符合法律規定，因為此為雙方代理　　　　　　　【103 年普】

第十七條（不得僱用未具資格從事仲介或代銷）

1. 下列有關不動產經紀人員經紀業之敘述，何者錯誤？　　(A)
   (A) 經紀業因業務需要，必要時得以在其公司工作多年，表現良好，但未具備經紀人資格者，從事仲介或代銷業務
   (B) 經營仲介業務者，應揭示報酬標準及收取方式，於營業處所明顯之處
   (C) 經紀業刊登廣告與銷售內容時，應與事實相符，並註明經紀業名稱
   (D) 經紀人員在執行業務過程中，應以不動產說明書向與委託人交易之相對人解說　　【106 年普】

第四章　業務及責任

第十八條（仲介證照許可文件經紀人證書應揭示）

1. 依不動產經紀業管理條例之規定，下列有關不動產經紀人員的義務與責任之敘述，何者不正確？　　(A)
   (A) 揭示不動產經紀人證書之義務
   (B) 不得收取差價或其他報酬之義務
   (C) 保守因執行業務而知悉或持有之他人秘密之義務
   (D) 應以不動產說明書向與委託人交易之相對人解說　【100 年普】

2. 依不動產經紀業管理條例之規定，經營仲介業務者應揭示於營業處所明顯之處的文件，不包含那一項？　　(A)
   (A) 不動產經紀人員之經歷與獲獎資料　(B) 不動產經紀人證書
   (C) 報酬標準及收取方式
   (D) 仲介相關證照及許可文件　　【111 年普】

3. 不動產經紀業違反不動產經紀業管理條例相關規定時，下列何種情形，直轄市、縣（市）主管機關應先令其限期改正，屆期未改　　(D)

正，始處一定金額之罰鍰？
(A) 設立之營業處所未置經紀人
(B) 僱用未具備經紀人員資格者從事仲介或代銷業務
(C) 收取差價或其他報酬
(D) 未將其仲介或代銷相關證照及許可文件連同經紀人證書揭示於營業處所明顯之處　　　　　　　　　　【113年普】

第十九條（報酬之收取及收取差價之處置）

1. 依不動產經紀業管理條例第19條規定，經紀業或經紀人員不得收取差價或其他報酬，違反規定者之處理，下列敘述何者正確？　　(D)
   (A) 其已收取之差價或其他報酬，應返還支付人
   (B) 其已收取之差價或其他報酬，應加倍返還支付人
   (C) 其已收取之差價或其他報酬，應於加計利息後返還支付人
   (D) 其已收取之差價或其他報酬，應於加計利息後加倍返還支付人
   【105年普】

2. 依不動產經紀業管理條例規定，經紀業或經紀人員不得收取差價或其他報酬。若有違反，則應如何處置？　　(C)
   (A) 返還支付人已收取之差價或其他報酬
   (B) 加計利息後返還支付人已收取之差價或其他報酬
   (C) 加計利息後加倍返還支付人已收取之差價或其他報酬
   (D) 加計利息後返還支付人已收取之差價或其他報酬，並負損害賠償責任
   【106年普】

第二十條（報酬標準及收取方式之揭示）

1. 下列敘述何者正確？　　(D)
   (A) 不動產經紀業必要時得收取差價
   (B) 經營不動產仲介業務者，應依委託之交易價格計算其得收取之報酬
   (C) 收取差價之不動產經紀業，應於加計利息後依原價返還支付人

(D) 經營不動產仲介業務者，應揭示報酬標準 【92年特】

第二十一條（廣告刊登與銷售之內容與責任）

1. 關於不動產經紀業者之行為，下列何者係法律所允許？ (C)
   (A) 於受託房屋之廣告虛增房屋總坪數
   (B) 未檢附具公信力之銷售數字、客戶調查等客觀數據，即於廣告上宣稱每年委託成交案量為全國第一
   (C) 為招攬客戶，推出委託成交之抽獎活動，頭獎為價值15000元之平板電腦一台（名額3名）
   (D) 與另一業者共同協議拒絕競爭對手參與聯賣 【105年普】

2. 甲公司接受乙建築公司之委託，簽訂委託契約書後，負責企劃並代理銷售乙公司新推出之公寓大廈預售屋。下列敘述何者正確？ (D)
   (A) 雙方應簽訂委託銷售契約書，並由乙公司指派經紀人於契約書簽章
   (B) 甲公司於簽訂委託銷售契約書前，即得刊登廣告並開始銷售
   (C) 甲公司應將報酬標準及收取方式揭示於營業處所明顯之處
   (D) 乙公司之不動產廣告及銷售內容，應與事實相符，並註明甲公司名稱 【108年普】

3. 近來針對不動產經紀業的廣告行為，發生許多爭議。依不動產經紀業管理條例之規定，下列敘述何者正確？ (A)
   (A) 經紀業與委託人簽訂委託契約書後，方得刊登廣告及銷售
   (B) 廣告及銷售內容，應與事實相符，並應註明廣告業名稱
   (C) 廣告及銷售內容與事實不符者，經紀業應負行政之損失補償責任
   (D) 主管機關僅能就經紀業違反得刊登廣告及銷售時間之規定，處罰經紀業新臺幣六萬元以上三十萬元以下罰鍰 【109年普】

4. 甲要委託A房仲介公司不動產經紀營業員乙銷售自己的一戶房子。依不動產經紀業管理條例，下列敘述何者正確？（第24條） (B)
   (A) 甲與乙一定要先口頭定約定委託銷售之事宜

(B) 甲與 A 房仲介公司必須簽訂委託銷售契約書
(C) 乙刊登廣告及銷售內容，應與事實大致相符
(D) 乙刊登銷售房子廣告要註明營業員乙的名稱　　【110 年普】

5. 有關不動產經紀業廣告，下列敘述何者正確？ (C)
   (A) 經紀業於臉書社群網路平台刊登不動產銷售廣告，僅註明加盟於知名連鎖不動產經紀業「○○不動產」並使用其服務標章
   (B) 主打買地送屋，實際卻沒有房屋處分權
   (C) 廣告及相關銷售文宣註明不動產經紀業名稱
   (D) 廣告使用未經明確定義之「使用面積」、「受益面積」、「銷售面積」等名詞　　【113 年普】

第二十二條（應由經紀人簽章之文件）

1. 不動產之買賣、互易、租賃或代理銷售，如委由經紀業仲介或代銷者，下列何者不屬不動產經紀業管理條例規定經紀業應指派經紀人簽章之文件？ (A)
   (A) 不動產承租、承購委託契約書　(B) 不動產承租、承購要約書
   (C) 定金收據　(D) 不動產廣告稿　　【108 年普】

2. 經營代銷業務者，下列何種文件不適用經紀業指派經紀人簽章規定？ (D)
   (A) 不動產說明書　(B) 不動產廣告稿
   (C) 不動產租賃、買賣契約書
   (D) 不動產出租、出售委託契約書　　【112 年普】

3. 有關不動產說明書之敘述，下列何者正確？ (C)
   (A) 不動產之買賣、互易、租賃或代理銷售，如委由經紀業仲介或代銷者，不動產說明書應由經紀業指派經紀營業員簽章
   (B) 經紀人員應以不動產說明書向與委託人交易之相對人解說。提供解說前，應經委託人交易之相對人簽章
   (C) 雙方當事人簽訂租賃或買賣契約書時，經紀人應將不動產說明書交付與委託人交易之相對人

(D) 不動產說明書應記載及不得記載事項，由所在地主管機關定之 【112年普】

第二十三條（不動產說明書之解說責任）

1. 不動產經紀人員執行業務，下列敘述何者錯誤？ (C)
   (A) 不動產說明書應經經紀人簽章
   (B) 以不動產說明書，向與委託人交易之相對人解說
   (C) 不動產說明書於提供解說後，應經委託人簽章
   (D) 不動產說明書視為買賣契約書之一部分 【104年普】

2. 不動產說明書係不動產交易過程中極為重要之資訊揭露文件，下列關於不動產說明書之敘述，何者與不動產經紀業管理條例之規定不符？ (C)
   (A) 不動產之買賣如委由經紀業代銷者，不動產說明書應由經紀業指派經紀人簽章
   (B) 經紀人員在執行業務過程中，應以不動產說明書向與委託人交易之相對人解說
   (C) 經紀人員於提供解說後，應將不動產說明書交由委託人簽章
   (D) 雙方當事人簽訂買賣契約書後，不動產說明書視為買賣契約書之一部分 【113年普】

第二十四條

1. 依不動產經紀業管理條例之規定，雙方當事人簽訂租賃或買賣契約書時，經紀人應將不動產說明書交付與委託人交易之相對人，並由何人在不動產說明書上簽章？ (B)
   (A) 不動產經紀人　(B) 相對人　(C) 地政士　(D) 公司代表人 【111年普】

2. 對經紀人違反不動產經紀業管理條例規定之懲戒，下列何者正確？ (B)
   (A) 經紀人員違反規定收取差價或其他報酬，應予申誡

(B) 經紀人員在執行業務過程中，未以不動產說明書向與委託人交易之相對人解說，應予申誡

(C) 經紀人員無故洩漏對於因業務知悉或持有之他人秘密，應予六個月以上三年以下之停止執行業務處分

(D) 經紀人員受申誡處分三次者，應廢止其經紀人員證書或證明

【111年普】

3. 根據不動產經紀業管理條例第24條之1之現行規定，下列何者正確？　　　　　　　　　　　　　　　　　　　　　　　　　(B)

(A) 中華民國一百零九年十二月三十日修正之條文施行前，提供查詢之申報登錄資訊，於修正施行後，維持以區段化、去識別化方式，提供查詢

(B) 中華民國一百零九年十二月三十日修正之條文施行前，提供查詢之申報登錄資訊，於修正施行後，應依同條第三項規定，除涉及個人資料外，重新提供查詢

(C) 經營代銷業務，受起造人或建築業委託代銷預售屋者，應於簽訂買賣契約之日起三十日內，將委託代銷契約及買賣契約相關書件報請所在地直轄市、縣（市）主管機關備查

(D) 經營仲介業務者，對於居間或代理成交之租賃案件，應於租賃物交付後，承租人占有中之日起三十日內，向直轄市、縣（市）主管機關申報登錄成交案件實際資訊

【112年普】

第二十四條之一（不動產交易實價資訊之登錄）

1. 下列有關申報登錄實際資訊之規定，何者為最正確？　　　(D)

(A) 經營代銷業務者，對於起造人或建築業委託代銷之案件，應於委託代銷契約屆滿或終止十日內，向主管機關申報登錄成交案件實際資訊

(B) 已登錄之不動產交易價格資訊，得為課稅依據

(C) 經營仲介業務者，對於買賣或租賃委託案件，應於簽訂買賣契約書並辦竣所有權移轉登記或簽訂租賃契約書後十日內，

向主管機關申報登錄成交案件實際資訊

(D) 登錄之資訊，除涉及個人資料外，得供政府機關利用並以區段化、去識別化方式提供查詢　　　　　　　　【101 年普】

2. 甲將其 A 屋出賣給乙，上開案件委由丙地政士與丁仲介業處理。請問應由誰向主管機關申報登錄實價？
(A) 甲　(B) 乙　(C) 丙　(D) 丁　　　　　　　【103 年普】　(C)

3. 不動產買賣交易實價資訊之登錄，應於不動產簽訂買賣契約辦竣所有權移轉登記後，何時向主管機關申報登錄成交案件實際資訊？
(A) 30 日內　(B) 20 日內　(C) 10 日內　(D) 即時　【106 年普】　(A)

4. 依不動產經紀業管理條例規定，對經營仲介業務者申報登錄資訊之敘述，下列何者錯誤？　(A)
(A) 經營仲介業務者對於仲介成交買賣案件之申報登錄案件，應於簽訂買賣契約書並辦竣所有權移轉登記後三十日內，向直轄市、縣（市）主管機關申報登錄成交案件實際資訊
(B) 經營仲介業務者對於經手所成交之租賃案件，應於簽訂租賃契約書之日起三十日內，向直轄市、縣（市）主管機關申報登錄成交案件實際資訊
(C) 直轄市、縣（市）主管機關為查核經營仲介業務者申報登錄資訊，得向經營仲介業者要求查詢、取閱有關文件或提出說明
(D) 直轄市、縣（市）主管機關為查核經營仲介業務者申報登錄資訊，得委任所屬機關辦理　　　　　　　【110 年普】

第二十四條之二（當事人書面同意及委託人保障）

1. 經營仲介業務者同時接受買賣或租賃雙方之委託，下列敘述何者為錯誤？　(C)
(A) 應公平提供雙方當事人類似不動產之交易價格
(B) 應公平提供雙方當事人有關契約內容規範之說明
(C) 應經買賣或租賃雙方當事人之口頭或書面同意

(D) 應告知買受人或承租人依仲介專業應查知之不動產瑕疵

【101年普】

2. 依不動產經紀業管理條例規定，關於不動產經紀業者之行為規範，下列敘述何者錯誤？　(A)
   (A) 經營仲介業務者依民法禁止雙方代理原則，不得同時接受雙方之委託進行不動產買賣
   (B) 經營代銷業務者，對於起造人或建築業委託代銷之案件，應於委託代銷契約屆滿或終止30日內，向主管機關申報登錄成交案件實際資訊
   (C) 經紀業與委託人簽訂委託契約書後，方得刊登廣告及銷售
   (D) 經紀業不得收取差價或其他報酬，其經營仲介業務者，並應依實際成交價金或租金按中央主管機關規定之報酬標準計收

【105年普】

3. 下列有關經紀業及經紀人員業務及責任之敘述，何者正確？　(D)
   (A) 不動產說明書應由經紀業指派經紀人員簽章
   (B) 經營仲介業務者，應依實際成交價金按中華民國不動產仲介經紀業同業公會全國聯合會規定之報酬標準計收
   (C) 不動產廣告及銷售內容，應與事實相符，並註明經紀業及經紀人員名稱
   (D) 經營仲介業務者經買賣雙方當事人之書面同意，得同時接受雙方之委託，並提供買受人關於不動產必要之資訊　【107年普】

第二十五條（經紀人員之保密責任）

1. 以下有關不動產經紀業之規定，何者有誤？　(A)
   (A) 經紀人員對於因業務知悉或持有之他人秘密，不得無故洩漏，如有違反，應予撤銷經紀人證書之懲罰
   (B) 曾經營經紀業，經主管機關撤銷許可，自撤銷之日起未滿5年者，原則上不得再申請經營經紀業
   (C) 不動產經紀業或經紀人員不得收取差價或其他報酬，如有違

反，其已收取之差價或其他報酬應於加計利息後加倍返還支付人

(D) 不動產經紀業僱用未具備經紀人員資格者從事仲介業務時，最高可處新臺幣 30 萬元之罰鍰　【96 年普】

第二十六條（經紀業與經紀人員應負之賠償責任）

1. 經紀業應負賠償責任時，受害人於取得對經紀業之執行名義、經仲裁成立或營業保證基金管理委員會之決議支付後，得於該經紀業繳存營業保證金及提供擔保總額內，向中華民國不動產仲介經紀業或代銷經紀業同業公會全國聯合會為如何之請求？ (B)
   (A) 預為賠償　(B) 代為賠償　(C) 連帶賠償　(D) 不真正連帶賠償
   【105 年普】

2. 不動產經紀人員執行仲介或代銷業務時，因過失致交易當事人受損害者，不動產經紀業者其賠償責任，下列敘述何者正確？ (C)
   (A) 由不動產經紀人員單獨負賠償責任
   (B) 由不動產經紀業單獨負賠償責任
   (C) 由不動產經紀業應與經紀人員負連帶賠償責任
   (D) 不動產經紀業以有可歸責事由為限，始負連帶賠償責任
   【106 年普】

3. 何種情況之受害人，得向中華民國不動產仲介經紀業或代銷經紀業同業公會全國聯合會請求代為賠償？ (C)
   (A) 不可歸責於經紀業之事由不能履行委託契約，致委託人受損害者
   (B) 經營仲介業務者並未揭示報酬標準及收取方式於營業處所明顯之處，致受託人受損害者
   (C) 經紀業因經紀人員執行仲介或代銷業務之故意或過失致交易當事人受損害者
   (D) 非經紀業而經營仲介或代銷業務，致當事人受損害者
   【107 年普】

第五章　獎懲

第二十九條（罰則）

1. 不動產經紀業受託銷售不動產，未製作不動產說明書即促成雙方當事人簽訂買賣契約，主管機關可處以多少新臺幣之罰鍰？　　(C)
   (A) 三萬元以上十五萬以下　(B) 二萬元以上二十萬以下
   (C) 六萬元以上三十萬以下　(D) 五萬元以上五十萬以下
   【100 年普】

2. 經紀業與委託人簽訂委託契約書後，方得刊登廣告及銷售，違反規定者應作何處罰？　　(B)
   (A) 處新臺幣三萬元以上十五萬元以下罰鍰
   (B) 處新臺幣六萬元以上三十萬元以下罰鍰
   (C) 應予三個月以上二年以下之停止執行業務處分
   (D) 應予六個月以上三年以下之停止執行業務處分　【100 年普】

3. 依不動產經紀業管理條例規定，經營代銷業務者，對於起造人或建築業委託代銷之案件，未於規定期限內，向主管機關申報登錄成交案件實際資訊者，至少將被處新臺幣多少萬元以上之罰鍰？　　(A)
   (A) 三　(B) 五　(C) 六　(D) 十　【101 年普】

4. 加盟經營之經紀業未於營業處所明顯之處標明加盟店或加盟經營字樣時，應如何處罰？　　(A)
   (A) 處新臺幣 3 萬元以上 15 萬元以下罰鍰
   (B) 處新臺幣 4 萬元以上 20 萬元以下罰鍰
   (C) 處新臺幣 5 萬元以上 25 萬元以下罰鍰
   (D) 處新臺幣 6 萬元以上 30 萬元以下罰鍰　【104 年普】

5. 依不動產經紀業管理條例規定，經營仲介業務者未揭示報酬標準及收取方式於營業處所明顯之處者，應如何懲處？　　(A)
   (A) 經主管機關限期改正而未改正者，處新臺幣 3 萬元以上 15 萬元以下罰鍰

(B) 逕處新臺幣 3 萬元以上 15 萬元以下罰鍰

(C) 經主管機關限期改正而未改正者，處新臺幣 6 萬元以上 30 萬元以下罰鍰

(D) 逕處新臺幣 6 萬元以上 30 萬元以下罰鍰　　【106 年普】　　(D)

6. 關於不動產經紀業刊登廣告及銷售，依不動產經紀業管理條例之規定，何者正確？

(A) 經紀業與買受人簽訂委託契約書後，方得刊登廣告及銷售

(B) 廣告及銷售內容與事實不符者，應負損失補償責任

(C) 廣告及銷售內容，應註明經紀業名稱。如有違反，處新臺幣三萬元以上十五萬元以下罰鍰

(D) 不動產廣告稿應由經紀業指派經紀人簽章。如有違反，處新臺幣六萬元以上三十萬元以下罰鍰　　【107 年普】

7. 依不動產經紀業管理條例之規定，何者為應予停止營業處分之情形？　　(B)

(A) 經紀業未於經紀人到職之日起十五日內，造具名冊報請所在地主管機關層報中央主管機關備查

(B) 經紀業繳存之營業保證金低於規定之額度時，經中華民國不動產仲介經紀業或代銷經紀業同業公會全國聯合會通知經紀業者於一個月內補足而未補足

(C) 經紀業僱用未具備經紀人員資格者從事仲介或代銷業務

(D) 經營仲介業務者，對於買賣或租賃委託案件，未依規定於簽訂買賣契約書並辦竣所有權移轉登記或簽訂租賃契約書後三十日內，向主管機關申報登錄成交案件實際資訊【107 年普】

8. 依不動產經紀業管理條例規定，經營代銷業務的公司甲，若有申報登錄價格、交易面積資訊不實之情形，直轄市、縣（市）主管機關得為何種處分？　　(C)

(A) 令公司甲限期改正並處新臺幣一萬元以上五萬元以下罰鍰

(B) 令公司甲限期改正；屆期未改正，處新臺幣六千元以上三萬元以下罰鍰

(C) 按公司甲申報之戶（棟）處新臺幣三萬元以上十五萬元以下罰鍰，並令其限期改正；屆期未改正者，按次處罰

(D) 按違規情形，停止公司甲之營業處分或併科新臺幣三萬元以上十五萬元以下罰鍰　　　　　　　　　　【110 年普】

9. 不動產經紀業者與委託人簽訂委託契約後，刊登之廣告及銷售內容與事實不符者，應由何機關依法處理？ (D)
(A) 由直轄市、縣（市）政府依公平交易法處理
(B) 由行政院依消費者保護法處理
(C) 由行政院公平交易委員會依公平交易法處理
(D) 由內政部依不動產經紀業管理條例處理　　【110 年普】

第三十條（自行停業六個月以上撤銷許可）

1. 依不動產經紀業管理條例之規定，下列何種情形，直轄市或縣（市）主管機關得廢止經紀業之營業許可？ (A)
(A) 經紀業開始營業後自行停止營業連續六個月以上者
(B) 經紀業未將許可文件揭示於營業處所明顯之處
(C) 經紀業僱用未具備經紀人員資格者從事仲介業務
(D) 經紀業拒絕主管機關業務檢查　　　　　　【104 年普】

2. 除依法辦理停業登記者外，經紀業開始營業後自行停止營業達多久以上者，直轄市或縣（市）主管機關得廢止其許可？ (C)
(A) 連續三個月以上者　(B) 合計三個月以上者
(C) 連續六個月以上者　(D) 合計六個月以上者　【109 年普】

第三十一條（經紀人員受懲戒之情形）

1. 經紀人員因違反規定，受停止執行業務處分累計達多少年以上者，將廢止其經紀人員證書或證明？ (C)
(A) 三年　(B) 四年　(C) 五年　(D) 六年　　　【97 年普】

2. 不動產經紀人員未經所屬經紀業同意，擅自為他經紀業執行仲介或代銷業務者，有何處罰規定？ (A)

(A) 申誡　(B) 六個月以上三年以下停止執行業務處分
(C) 廢止其經紀人員證書或證明
(D) 處六萬元以上三十萬元以下罰鍰　　　　　　【102 年普】

3. 有關經紀人員違反不動產經紀業管理條例相關規定者，下列之懲罰何者正確？　　　　　　　　　　　　　　　　　　　　(A)
   (A) 經紀人員收取差價者，應予六個月以上三年以下之停止執行業務處分
   (B) 經紀人員其已收取之差價或其他報酬，應於加計利息後返還支付人
   (C) 經紀人員受停止執行業務處分累計達三年以上者，廢止其經紀人員證書或證明
   (D) 中央主管機關對於經紀人員獎懲事項，應設置獎懲委員會處理之　　　　　　　　　　　　　　　　　　　　　　　　【103 年普】

4. 關於經紀人員違反不動產經紀業管理條例之情形中，下列何者並非予以申誡處分？　　　　　　　　　　　　　　　　　　(C)
   (A) 委由經紀業仲介不動產買賣時，經紀業未指派經紀人於法定文件上簽章者
   (B) 經紀人員對於因業務知悉或持有之他人秘密，無故洩漏者
   (C) 經紀人員收取差價或其他報酬
   (D) 經紀人員在執行業務過程中，未以不動產說明書向與委託人交易之相對人解說　　　　　　　　　　　　　　　　【105 年普】

5. 依不動產經紀業管理條例規定，經紀人員違反下列何者應予停止執行業務處分？　　　　　　　　　　　　　　　　　　(A)
   (A) 收取差價或其他報酬
   (B) 未自己執行仲介或代銷業務，且未經所屬經紀業同意者
   (C) 未於不動產出租、出售委託契約書上簽章
   (D) 在執行業務過程中，未以不動產說明書向與委託人交易之相對人解說　　　　　　　　　　　　　　　　　　　　【106 年普】

6. 有下列何種情形者，不得申請經營經紀業，其經許可者，撤銷或　　　　　　　　　　　　　　　　　　　　　　　　　(D)

廢止其許可？
(A) 犯詐欺、背信、侵占罪經受有期徒刑一年以上刑之宣告確定，執行完畢或赦免後已滿三年者
(B) 曾經營經紀業，經主管機關撤銷或廢止許可，自撤銷或廢止之日起已滿五年者
(C) 受停止營業處分，已執行完畢者
(D) 受廢止經紀人員證書或證明處分未滿五年者 　　【108年普】

7. 經紀業尚未與委託人簽訂委託契約書便刊登廣告及銷售時，依規定由直轄市、縣（市）主管機關處多少罰鍰？　　(D)
(A) 新臺幣六千元以上三萬元以下罰鍰
(B) 新臺幣一萬元以上五萬元以下罰鍰
(C) 新臺幣三萬元以上十五萬元以下罰鍰
(D) 新臺幣六萬元以上三十萬元以下罰鍰 　　【111年普】

8. 經紀人員違反業務規範時，應負之法律責任，下列敘述何者錯誤？　　(A)
(A) 未經所屬經紀業同意為他經紀業執行業務，而為自己或他經紀業執行仲介或代銷業務者，應予以六個月以上三年以下之停止執行業務之懲戒處分
(B) 在執行業務過程中，未向與委託人交易之相對人解說不動產說明書之內容者，應予申誡
(C) 對於因業務知悉或持有之他人秘密，無故洩漏者，應予申誡
(D) 執行業務因故意或過失不法侵害交易當事人致其受有損害者，應與經紀業負連帶賠償責任 　　【113年普】

第三十二條（擅自營業之罰則）

1. 非經紀業而經營仲介或代銷業務者，主管機關應禁止其營業，並處公司負責人、商號負責人或行為人多少金額之罰鍰？　　(D)
(A) 新臺幣五萬元以上二十萬以下
(B) 新臺幣五萬元以上三十萬以下

(C) 新臺幣十萬元以上四十萬以下

(D) 新臺幣十萬元以上三十萬以下　　　　　【100 年普】

2. 依不動產經紀業管理條例之規定，非不動產經紀業而經營不動產仲介或代銷業務者，應予處罰，下列敘述何者正確？　(D)

(A) 主管機關將通知限期改正

(B) 處分公司負責人新臺幣四十萬元以上之罰鍰

(C) 處分公司負責人一年以上有期徒刑

(D) 主管機關應禁止其營業　　　　　　　　【104 年普】

3. 關於不動產經紀業違法行為之行政處罰，下列何種行為之法定最低罰鍰金額為最嚴重？　(D)

(A) 經紀業未將經紀人到職與異動向主管機關報請備查

(B) 於雙方當事人簽訂租賃或買賣契約書時，經紀人未將不動產說明書交付與委託人交易之相對人

(C) 經紀業未於營業處所設置符合法定最低人數之經紀人

(D) 非經紀業（無經營執照）而經營仲介或代銷業務　【105 年普】

第三十三條（經紀人員獎懲之辦理）

1. 不動產經紀人員違反規定收取差價或其他報酬者，利害關係人得列舉事實，提出證據，報請何機關交付懲戒？　(D)

(A) 行政院　(B) 內政部地政司　(C) 內政部營建署

(D) 直轄市或縣（市）主管機關　　　　　　【96 年普】

2. 依不動產經紀業管理條例關於獎懲之規定，下列敘述何者錯誤？　(C)

(A) 非經紀業而經營仲介或代銷業務者，主管機關應禁止其營業，並處公司負責人、商號負責人或行為人罰鍰

(B) 經紀業開始營業後自行停止營業連續六個月以上者，直轄市或縣（市）主管機關得廢止其許可

(C) 中央主管機關對於經紀人員獎懲事項，應設置獎懲委員會處理之

(D) 依本條例所處罰鍰，經通知繳納而逾期不繳納者，移送法院

強制執行　　　　　　　　　　　　　　　　　【111 年普】

第六章　附則

第三十八條（外國人任經紀人員之規定）

1. 有關外國人任職不動產經紀業之規定，下列何者正確？　　　(C)
   (A) 外國人得依中華民國法律參加營業員訓練，經內政部許可後得應不動產經紀人考試
   (B) 經內政部許可後，始得受僱於經紀業為經紀人員；如為大陸地區人民，尚須經大陸委員會許可
   (C) 經內政部或其認可之機構、團體舉辦不動產經紀營業員訓練合格或不動產經紀人考試及格，並向內政部指定之機構、團體登錄及領有不動產經紀營業員證明者，得充任不動產經紀營業員
   (D) 外國人經許可在中華民國充任經紀人員者，其有關業務上所為之文件、圖說，可不限以中華民國文字為之　【112 年普】

不動產經紀業管理條例施行細則

第三條

1. 主管機關受理不動產經紀業申請經營許可時，經審查不合規定者，依規定應通知該經紀業於幾日內補正？
   (A) 三日　(B) 七日　(C) 十日　(D) 十五日　　【96年普】　(D)

第四條

1. 經營不動產經紀業者，應向主管機關申請許可後，依法辦理何種登記？
   (A) 信託登記　(B) 土地登記　(C) 財團法人登記
   (D) 公司或商業登記　　【95年普】　(D)

第五條

1. 不動產經紀業應於開始營業後幾日內，檢附文件，向所在地主管機關申請備查？
   (A) 十日　(B) 十五日　(C) 二十日　(D) 二十一日　　【92年特】　(B)

第六條

1. 不動產經紀業經許可後，下列何種事項內容變更，無需向所在地直轄市或縣（市）主管機關申請備查？
   (A) 公司經理人　(B) 公司監察人　(C) 公司雇員
   (D) 經紀業營業項目　　【96年普】　(C)

2. 依不動產經紀業管理條例有關經營經紀業之規定，下列敘述何者錯誤？
   (A) 應向主管機關申請許可後，依法辦理公司或商業登記　(B)

(B) 經紀業分設營業處所，應向直轄市或縣（市）政府申請許可
(C) 其經營國外不動產仲介業務者，應以公司型態組織依法辦理登記
(D) 需加入登記所在地之同業公會後方得營業　　　【103 年普】

第七條

1. 甲於 A 市經營不動產經紀業，數年後欲遷出所在地 A 市到 B 縣，應於遷出後多久時間內，以書面向遷入之 B 縣主管機關申請遷入備查，並向原所屬之同業公會報備，及加入 B 縣同業公會，該遷入之同業公會並應轉知其全國聯合會？ (A)
   (A)三十日　(B)四十五日　(C)二個月　(D)三個月
   【107 年普】

第八條

1. 不動產經紀業分設營業處所時，在向不動產經紀業所在地直轄市或縣（市）主管機關申請備查時，無需記明下列何種事項？ (A)
   (A) 公司負責人、董事、監察人、經理人或商號負責人、經理人
   (B) 營業處所名稱、所在地及設立日期
   (C) 經紀業名稱、所在地、公司統一編號、營利事業登記證
   (D) 該營業處所僱用之經紀人員姓名、身分證明文件字號及證書字號　　　　　　　　　　　　　　　　　　　【99 年普】

2. 不動產經紀業分設之營業處所為「不動產經紀業管理條例」第 4 條第 10 款稱非常態之固定場所者，其向所在地直轄市或縣（市）主管機關申請備查時所應記載的第 2 款應記明事項應改以下列何者代之？ (D)
   (A) 以該營業處所代理銷售之不動產名稱及所在地代之
   (B) 以該營業處所代理銷售名稱及設立期間代之
   (C) 以該營業處所代理銷售之不動產名稱、所在地及設立期間代之
   (D) 以該營業處所之設立目的或代理銷售之不動產名稱、所在

地、銷售金額及設立期間代之 【99年普】

3. 不動產經紀業分設營業處所時,應於設立後最長幾日內,以書面將相關事項向主管機關申請備查?
   (A)十日 (B)十五日 (C)二十日 (D)三十日 【100年普】 　(D)

第十條

1. 經紀業分設之營業處所裁撤時,最長應於裁撤後幾日內,以書面向經紀業所在地直轄市或縣(市)主管機關申請備查?
   (A)十日 (B)二十日 (C)三十日 (D)四十日 【100年普】 　(C)

第十三條之一

1. 依不動產經紀業管理條例規定,下列何者不屬於不動產經紀業者得請求退還繳存之營業保證金之情形? (A)
   (A)公司申請重整者　(B)公司組織申請解散者
   (C)商號組織申請歇業者
   (D)營業項目經變更登記後,該公司或商號已無不動產仲介經紀業及不動產代銷經紀業而組織仍存續者　【97年普】

2. 依不動產經紀業管理條例規定,不動產經紀業得請求退還原繳存之營業保證金之情形,不包含那一項? (D)
   (A)公司組織申請解散者　(B)商號組織申請歇業者
   (C)營業項目經變更登記後,該公司或商號已無不動產仲介經紀業及不動產代銷經紀業而組織仍存續者
   (D)退出所在地或鄰近直轄市或縣(市)仲介經紀業同業公會
   【111年普】

第十四條

1. 直轄市縣(市)不動產經紀業主管機關無需設置下列那一簿冊,並永久保存? (B)
   (A)不動產經紀業管理登記簿

(B) 不動產經紀業在其所轄區域外設立之營業處所管理登記簿
(C) 不動產經紀人名簿　(D) 不動產經紀營業員名簿　【99年普】

第十五條

1. 請領不動產經紀人證書，應向何機關申請？ (D)
   (A) 行政院　(B) 內政部
   (C) 經紀業所在地直轄市或縣（市）政府
   (D) 戶籍所在地直轄市或縣（市）政府　【102年普】

2. 首次請領不動產經紀人證書時，不須檢附下列何種文件？ (B)
   (A) 身分證明文件影本
   (B) 完成專業訓練三十個小時以上之證明文件
   (C) 不動產經紀人考試及格證書及其影本
   (D) 一年以上經紀營業員經驗證明文件及其影本　【107年普】

第十七條

1. 下列有關不動產經紀人辦理換發證書之規定敘述，何者正確？ (A)
   (A) 換發之證書，其有效期限自原證書有效期限屆滿之次日起算四年
   (B) 應於證書有效期限屆滿前三個月內申請
   (C) 應完成專業訓練至少二十個小時
   (D) 應向執業所在地之直轄市或縣（市）政府申請　【107年普】

2. 有關不動產經紀人請領或換發、補發證書之相關規定，下列敘述何者正確？ (B)
   (A) 不動產經紀人考試及格後，並領取其考試及格證書，即得請領不動產經紀人證書
   (B) 不動產經紀人辦理換發證書時，應於證書有效期限屆滿前六個月內申辦之
   (C) 不動產經紀人換發之證書，其有效期限自原證書有效期限屆滿之日起算四年

(D) 不動產經紀人證書滅失、申請補發者，應敘明其滅失之原因，向中央機關申請之 　　　　　　　　　　【110 年普】

第二十條

1. 下列何者不屬不動產經紀人證書滅失時，申請補發應檢附之文件？ (C)
   (A) 申請書　(B) 身分證明文件影本
   (C) 一年以上營業員經驗證明文件及其影本
   (D) 不動產經紀人考試及格證書及其影本　　【100 年普】

第二十一條

1. 代銷經紀業不須於營業處所揭示下列何種文件？ (D)
   (A) 經紀業許可文件　(B) 同業公會會員證書
   (C) 不動產經紀人證書　(D) 報酬標準及收取方式　【102 年普】

2. 不動產經紀業管理條例關於經紀業經營仲介與代銷業務之規範，下列敘述何者正確？ (B)
   (A) 受起造人或建築業之委託，負責企劃並代理銷售不動產之業務為仲介業務；從事不動產買賣、互易、租賃之居間或代理業務為代銷業務
   (B) 經營仲介業務者，應將報酬標準及收取方式於營業處所明顯處揭示；經營代銷業務者，則不須揭示之
   (C) 經營仲介業務者，應僱用具備經紀人員資格者從事業務；經營代銷業務者，則無此限制
   (D) 經營仲介業務者，有向主管機關申報登錄成交案件實際資訊之義務；經營代銷業務者，則無此義務　　【108 年普】

• 相關契約書之應記載及不得記載事項

1. 下列何者非屬於內政部依消費者保護法之規定所訂定之定型化契約應記載不得記載事項類型？ (D)
   (A) 預售屋買賣定型化契約應記載及不得記載事項
   (B) 成屋買賣定型化契約應記載及不得記載事項
   (C) 不動產委託銷售定型化契約應記載及不得記載事項
   (D) 停車位租賃定型化契約應記載及不得記載事項　【106年普】

不動產委託銷售契約書範本

1. 不動產委託銷售定型化契約之應記載事項，有關契約及其附件之審閱期間，下列敘述何者為正確？ (B)
   (A) 不得少於五日　(B) 不得少於三日　(C) 不得少於七日
   (D) 不得超過十日　【101年普】

第七條（受託人之義務）

1. 依內政部所制定「不動產委託銷售契約書範本」之規定，如買方簽立「要約書」，受託人應於多久內將該要約書轉交委託人，不得隱瞞或扣留？ (B)
   (A) 12 小時內　(B) 24 小時內　(C) 36 小時內　(D) 48 小時內
   【96年普】

不動產委託銷售定型化契約應記載及不得記載事項

1. 有關不動產委託銷售定型化契約之應記載事項，下列敘述何者錯誤？ (D)

(A) 委託銷售價格未記載金額者，不動產委託銷售定型化契約無效
(B) 未記載委託銷售期間者，委託人得隨時以書面終止
(C) 受託人受託處理仲介事務應以善良管理人之注意為之
(D) 受託人於簽約前，應據實提供該公司（或商號）近一個月之成交行情，供委託人訂定售價之參考；如有隱匿不實，應負賠償責任 【101 年普】

2. 根據不動產委託銷售定型化契約應記載及不得記載事項之規定：「買方支付定金後，如買方違約不買，致定金由委託人沒收者，委託人應支付該沒收定金之百分之　　予受託人，以作為該次委託銷售服務之支出費用，且不得再收取服務報酬。」試問若前項沒收定金百分比於契約未記載者，應如何處理？ | (A)
(A) 受託人不得向委託人請求服務報酬或費用
(B) 受託人得向委託人請求支付該沒收定金之百分之二十予受託人，以作為該次委託銷售服務之支出費用，且不得再收取服務報酬
(C) 受託人得向委託人請求支付該沒收定金之百分之五十予受託人，以作為該次委託銷售服務之支出費用，且不得再收取服務報酬
(D) 受託人得向委託人請求支付該沒收定金之百分之百予受託人，以作為該次委託銷售服務之支出費用，且不得再收取服務報酬 【102 年普】

3. A 屋所有權人甲與不動產經紀人乙簽訂一般委託銷售定型化契約，關於該契約中的記載，以下敘述何者正確？ | (A)
(A) 得約定本定型化契約及其附件之審閱期間僅有三日
(B) 委託銷售之金額未記載者，本不動產委託銷售契約不當然無效
(C) 未記載委託銷售期間者，甲仍不得隨時以書面終止
(D) 如未記載乙服務報酬數額為實際成交價的百分比，乙仍得向甲收取最低額度的服務報酬 【103 年普】

4. 依不動產委託銷售定型化契約應記載及不得記載事項之規定，買 | (A)

賣雙方價金與條件一致時，委託人應與受託人所仲介成交之買方另行簽訂「不動產買賣契約書」，並約定由委託人及買方共同或協商指定地政士辦理所有權移轉登記及相關手續；如未約明者，由何人指定之？
(A) 委託人　(B) 受託人　(C) 買方
(D) 直轄市、縣（市）主管機關　　　　　　　　【107年普】

不動產委託銷售契約書簽約注意事項

有關服務報酬之規定

1. 依內政部所制定「不動產委託銷售契約書範本」之規定，不動產經紀業，其向買賣雙方收取報酬之總額合計最高不得超過該不動產實際成交價之多少百分比？
    (A) 3%　(B) 4%　(C) 5%　(D) 6%　　　　　　【96年普】

(D)

不動產說明書應記載及不得記載事項

1. 有關不動產說明書「成屋」之應記載事項，下列何者非屬「建築改良物瑕疵情形」？
    (A) 是否為凶宅　(B) 是否有滲漏水情形及其位置
    (C) 是否有損鄰狀況
    (D) 是否有檢測海砂含氯量及輻射鋼筋　　　　【101年普】

(A)

2. 有關不動產說明書「土地」之應記載事項，其應納稅額不包含下列何種稅目？
    (A) 土地增值稅　(B) 地價稅　(C) 契稅　(D) 印花稅【101年普】

(C)

3. 下列何者非不動產說明書不得記載事項之內容？
    (A) 附屬建物除陽台外，其餘項目不得計入買賣價格
    (B) 不得為其他違反法律強制或禁止規定之約定

(A)

(C) 不得使用未經明確定義之「使用面積」、「受益面積」、「銷售面積」等名詞

(D) 預售屋出售標的，不得記載未經依法領有建造執照之夾層設計或夾層空間面積 　　　　　　　　　　　【102 年普】

4. 區分所有建物之型態為五樓有電梯之住宅，依內政部公布之「不動產說明書應記載及不得記載事項」之 規範，將其歸類為下列何者？

(A) 公寓　(B) 大廈　(C) 華廈　(D) 住宅大樓　　【104 年普】

5. 依內政部公布之「不動產說明書應記載及不得記載事項」之規範，成屋買賣時，其不動產說明書應記載都市計畫地形圖或相關電子地圖圖面標示周邊半徑多少公尺範圍內的重要環境設施（如學校、醫院、變電所、公墓）？　　　　　　　　　　　　　　(B)

(A) 200 公尺　(B) 300 公尺　(C) 400 公尺　(D) 500 公尺

【104 年普】

6. 依新修正之「不動產說明書應記載及不得記載事項」規定，下列何者並非成屋契約之應記載事項？　　　　　　　　　　　　　(B)

(A) 是否已辦理建物所有權第一次登記

(B) 各期價金之履約保證機制方式，及其受託或提供擔保者

(C) 建物型態與現況格局

(D) 本建物（專有部分）於產權持有期間是否曾發生兇殺、自殺、一氧化碳中毒或其他非自然死亡之情形，若有，應敘明

【105 年普】

7. 根據不動產說明書應記載及不得記載事項，關於預售屋的其他重要事項，應敘明最近多少時間內基地周邊半徑多少公尺範圍內有無申請水災淹水救助紀錄？　　　　　　　　　　　　　(C)

(A) 最近 3 年內基地周邊半徑 3 百公尺範圍內

(B) 最近 3 年內基地周邊半徑 5 百公尺範圍內

(C) 最近 5 年內基地周邊半徑 3 百公尺範圍內

(D) 最近 5 年內基地周邊半徑 5 百公尺範圍內　【105 年普】

8. 下列何者非為不動產說明書不得記載事項？　　　　　　　　　　　(A)
   (A) 不得約定拋棄說明書審閱期間
   (B) 不得記載本說明書內容僅供參考
   (C) 不得使用實際所有權面積以外之「受益面積」、「銷售面積」、「使用面積」等類似名詞
   (D) 不得記載房價有上漲空間或預測房價上漲之情形【106 年普】

9. 雙方當事人簽訂租賃或買賣契約書時，經紀人應將不動產說明書交付與委託人交易之相對人，並由相對人在不動產說明書上簽章。依不動產說明書應記載及不得記載事項「壹、應記載事項二、成屋」部分，有關應記載或說明之「其他重要事項」，下列敘述何者錯誤？　　　　　　　　　　　　　　　　　　　　(D)
   (A) 周邊環境，詳如都市計畫地形圖或相關電子地圖並於圖面標示周邊半徑三百公尺範圍內之重要環境設施
   (B) 是否已辦理地籍圖重測
   (C) 是否為直轄市或縣（市）政府列管之山坡地住宅社區
   (D) 本建物共有部分於產權持有期間是否曾發生兇殺、自殺、一氧化碳中毒或其他非自然死亡之情形　　【107 年普】

10. 下列何者非屬內政部所頒不動產說明書不得記載事項之內容？　　(A)
    (A) 附屬建物除陽台外，其餘項目不得計入買賣價格
    (B) 不得記載本說明書內容僅供參考
    (C) 不得使用實際所有權面積以外之「受益面積」、「銷售面積」、「使用面積」等類似名詞
    (D) 預售屋出售標的，不得記載未經依法領有建造執照之夾層設計或夾層空間面積　　　　　　　　　　　【108 年普】

預售屋買賣定型化契約應記載及不得記載事項

1. 甲向乙建設公司購買預售屋，並簽訂定型化契約，該契約中有以下條款。試問那一條款符合法律規範？　　　　　　　　　　　　(B)

(A) 甲的契約審閱期間為四日　(B) 陽台面積應予計價
(C) 甲須繳回原買賣契約書
(D) 約定請求百分之二十五年利率之利息　　　【103年普】

2. 甲向乙建設公司購買預售屋，雙方以書面訂立買賣定型化契約，關於本契約可能產生法律爭議之敘述，下列何者錯誤？ (C)
   (A) 若契約條款約定買方需繳回契約書，則該條款無效
   (B) 若買賣雙方經個別磋商後約定契約審閱期間為 20 日，但契約定型化條款仍記載「買方享有 5 日之契約審閱期間」者，該條款牴觸個別磋商條款之部分為無效
   (C) 若賣方乙公司於訂約時，突然口頭告知要求甲應同意：「如買方逾期繳交各期預售屋價金時，即視為違約，已繳交之價金不予退還」，甲未置可否仍簽下書面契約。由於契約訂立不限於書面要式，雖然乙之口頭內容未經記載於定型化契約中，但該口頭告知仍構成契約之條款而有效
   (D) 若契約條款約定本案預售屋廣告僅供參考，則該條款無效
   　　　【105年普】

十四、房地所有權移轉登記期限

1. 有關預售屋買賣定型化契約應記載事項，下列何者為錯誤？ (C)
   (A) 賣方應確保廣告內容之真實，預售屋之廣告宣傳品及其所記載之建材設備表、房屋及停車位平面圖與位置示意圖，為契約之一部分
   (B) 附屬建物，除陽臺外，其餘項目不得計入買賣價格
   (C) 房屋所有權之移轉，應於使用執照核發後三個月內備妥文件申辦有關稅費及權利移轉登記
   (D) 賣方應於領得使用執照六個月內，通知買方進行交屋
   　　　【101年普】

不得記載事項第五項

1. 依內政部所制定「預售屋買賣定型化契約應記載及不得記載事項」之規定，買方如有違約，賣方不得約定請求超過民法第205條所訂多少百分比年利率之利息？
   (A) 1%　(B) 5%　(C) 10%　(D) 20%　　　　【96年普】　(D)

預售屋買賣契約書範本

1. 依內政部所制定「預售屋買賣契約書範本」之規定，定型化契約及其附件之審閱期間不得少於幾日？
   (A) 1日　(B) 2日　(C) 3日　(D) 5日　　　　【96年普】　(D)

第五條（房屋面積誤差及其價款找補）

1. 依內政部所制定「預售屋買賣契約書範本」之規定，以下有關買賣面積誤差之規定，何者有誤？
   (A) 面積如有誤差，買方只找補2%為限
   (B) 面積如有誤差，其不足部分，賣方均應找補
   (C) 面積如有誤差，其超過部分，如超過1%以上者，買方只找補超過1%至2%之部分為限（即至多找補不超過1%）
   (D) 面積如有誤差，其不足部分超過3%以上，買方得解除契約
   　　　　　　　　　　　　　　　　　　　　　　　　　【96年普】　(C)

第七條之一

1. 內政部公告之「預售屋買賣定型化契約應記載及不得記載事項」及「不動產說明書應記載或不得記載事項（預售屋部分）」，均要求預售屋之買賣須具備履約擔保制度。試問：由建商或起造人將建案土地及興建資金信託予某金融機構或經政府許可之信託業者執行履約管理。興建資金應依工程進度專款專用。簽定預售屋　(A)

買賣契約時,賣方應提供上開信託之證明文件或影本予買方。此係屬何種履約擔保?
(A) 不動產開發信託　(B) 價金返還保證　(C) 價金信託
(D) 同業連帶擔保　　　　　　　　　　　　　　【113 年普】

第九條（地下層、屋頂及法定空地之使用方式及權屬）

1. 依內政部所制定「預售屋買賣契約書範本」之規定,以下有關屋頂與法定空地之規定,何者有誤? 　　(C)
   (A) 共同使用部分之屋頂突出物不得約定為專用
   (B) 法定空地產權應登記為全體區分所有權人共有
   (C) 法定空地得讓售於特定人或為區分所有權人以外之特定人設定專用使用權
   (D) 法定空地之專用使用權人,應依其使用面積按坪數增繳管理費予住戶管理委員會或管理負責人　　　【96 年普】

第十三條

1. 預售屋買賣定型化契約應記載及不得記載事項規定,接通自來水、電力之管線費及其相關費用（例如安裝配置設計費、施工費、道路開挖費、復原費及施工人員薪資等）應由誰負擔? 　(A)
   (A) 賣方　(B) 買方　(C) 買賣雙方平均分配　(D) 買賣雙方議定
   　　　　　　　　　　　　　　　　　　　　　　　【113 年普】

貳　公平交易法

第一章　總則

第一條（立法目的）

1. 下列何者不是公平交易法之四大立法目的？　(B)
   (A) 維護交易秩序　(B) 提昇國民消費生活品質
   (C) 確保公平競爭　(D) 促進經濟之安定與繁榮　【97年普】

第二條（事業之定義）

1. 下列何者非公平交易法所稱之事業？　(C)
   (A) 公司　(B) 同業公會　(C) 財團法人　(D) 獨資之工商行號
   【95年普】

2. 企業經營者未經邀約而與消費者在其住居所、工作場所、公共場所或其他場所所訂立之契約，依消費者保護法之規定，屬於下列何者之定義？　(C)
   (A) 通訊交易　(B) 定型化契約　(C) 訪問交易
   (D) 個別磋商契約　【111年普】

第四條（競爭之定義）

1. 依公平交易法之規定，下列定義何者錯誤？　(A)
   (A) 競爭指一以上事業在市場上以較有利之價格、數量、品質、服務或其他條件，爭取交易機會之行為
   (B) 相關市場指事業就一定之商品或服務，從事競爭之區域或範圍
   (C) 交易相對人指與事業進行或成立交易之供給者或需求者
   (D) 事業所組成之同業公會視為本法所稱事業　【111年普】

第六條（主管機關）

1. 公平交易法所稱主管機關，在中央為？ (B)
   (A) 行政院金融管理監督委員會 (B) 公平交易委員會
   (C) 行政院文化建設委員會 (D) 行政院經濟建設委員會【97年普】

2. 不動產經紀業者進行房屋聯賣時，如業者間共同約束實施聯賣之不動產物件開發方擁有一定的專賣期間，致使已尋得交易相對人之其他不動產經紀業者受限於專賣權之規定而無法成交，對此共同約束行為之監督管理機關為： (D)
   (A) 內政部營建署 (B) 法務部檢察司 (C) 經濟部商業司
   (D) 公平交易委員會　　　　　　　　　　　　【105年普】

第二章　限制競爭

第七條（獨占之定義）

1. 依公平交易法規定，事業在相關市場處於無競爭狀態，或具有壓倒性地位，可排除競爭之能力者，稱為下列何者？ (C)
   (A) 競爭 (B) 壟斷 (C) 獨占 (D) 寡占　　　【101年普】

2. 根據公平交易法，二以上事業，實際上不為價格之競爭，而其全體之對外關係，具有此等規定之情形者，視為下列何者？ (B)
   (A) 寡占 (B) 獨占 (C) 結合 (D) 聯合　　　【109年普】

第八條（獨占事業認定範圍）

1. 下列事業之經營規模，何者不屬獨占事業之認定範圍？ (B)
   (A) 一事業於相關市場之占有率達二分之一
   (B) 二事業全體於相關市場之占有率達二分之一
   (C) 二事業全體於相關市場之占有率達三分之二
   (D) 三事業全體於相關市場之占有率達四分之三　【100年普】

2. 有關公平交易法對獨占規範之敘述，下列何者錯誤？　　(C)
   (A) 獨占係指事業在相關市場處於無競爭狀態，或具有壓倒性地位，可排除競爭之能力者
   (B) 二以上事業，實際上不為價格之競爭，而其全體之對外關係，具有在相關市場處於無競爭狀態之情形者，視為獨占
   (C) 二事業全體於相關市場之占有率若未達二分之一者，不列入獨占事業認定範圍
   (D) 獨占之事業，不得對商品價格或服務報酬，為不當之決定
   【105年普】

3. 下列有關獨占之敘述，何者錯誤？　　(A)
   (A) 一事業在相關市場中達到三分之二的市場占有率
   (B) 一事業在相關市場中具有壓倒性的地位，並且可以排除他事業的競爭
   (C) 二事業實際上無價格競爭之情勢，但具有排除第三事業進入市場的實力
   (D) 因技術困難或政府法令等情形，使得其他事業進入但具市場產生障礙，此種情形，主管機關得以認定其為獨占事業
   【106年普】

第九條（獨占事業禁止之行為）

1. 下列敘述何者錯誤？　　(D)
   (A) 事業不得為聯合行為，但有益於整體經濟與公共利益者，不在此限
   (B) 事業之結合，對整體經濟利益大於限制競爭之不利益者，中央主管機關不得禁止
   (C) 獨占之事業不得無正當理由，使交易相對人給予特別優惠
   (D) 獨占之事業對商品價格或服務報酬，得任意決定、維持或變更
   【95年普】

第十條（事業之結合）

1. 下列何者非屬「結合」之定義？　　　　　　　　　　　　　　(D)
   (A) 直接或間接控制他事業之業務經營或人事任免者
   (B) 受讓或承租他事業全部或主要部分之營業或財產者
   (C) 與他事業經常共同經營或受他事業委託經營者
   (D) 持有或取得他事業之股份或出資額，達到他事業有表決權股份或資本總額四分之一以上者　　　　　　　　【100 年普】

2. 依公平交易法規定，事業持有或取得他事業之股份或出資額，達到他事業有表決權股份總數或資本總額三分之一以上者，稱為下列何者？　　　　　　　　　　　　　　　　　　　　　　　(A)
   (A) 結合　(B) 獨占　(C) 聯合行為　(D) 寡占行為　【103 年普】

3. 下列何種情形，係屬於公平交易法所稱之結合？　　　　　　(B)
   (A) 無正當理由，對他事業給予差別待遇之行為
   (B) 直接或間接控制他事業之業務經營或人事任免
   (C) 具競爭關係之同一產銷階段事業，以契約共同決定商品或服務之價格
   (D) 以不正當方法，使他事業不為價格之競爭　　　【105 年普】

4. 依公平交易法規定，事業有與他事業經常共同經營或受他事業委託經營之情形者，稱為下列何者？　　　　　　　　　　　(B)
   (A) 聯合　(B) 結合　(C) 獨占　(D) 寡占　　　　【106 年普】

第十一條（事業結合之申報）

1. 依公平交易法規定，事業結合時，有下列何種情形，應先向主管機關提出申報？　　　　　　　　　　　　　　　　　　　　(A)
   (A) 事業因結合而使其市場占有率達百分之四十者
   (B) 參與結合之一事業，其市場占有率達百分之二十者
   (C) 同一事業所持有有表決權股份或出資額達百分之五十以上之事業間結合者

第一篇　不動產經紀相關法規概要

(D) 事業將其全部或主要部分之營業、財產或可獨立營運之全部或一部營業，讓與其獨自新設之他事業者　　　　【103 年普】

2. 甲與乙兩事業結合時，依公平交易法規定，下列那種情況無須向中央主管機關申請許可？ (C)
   (A) 甲與乙兩事業因結合而使其市場占有率達 1/3
   (B) 甲與乙之一事業，其市場占有率達 1/4
   (C) 甲與乙兩事業之上一會計年度銷售金額，皆未達主管機關所公告之金額
   (D) 甲與乙兩事業之上一會計年度銷售金額，超過主管機關所公告之金額　　　　【104 年普】

3. 依公平交易法之規定，關於事業結合的敘述，下列何者正確？ (C)
   (A) 事業結合行為原則上禁止，例外採取申報主義
   (B) 主管機關對於受理事業結合申報案件所為延長受理期間之決定，不得附加條件
   (C) 事業自主管機關受理其提出完整申報資料之日起算 30 日內，不得為結合行為
   (D) 事業申報後，經中央主管機關禁止其結合而結合，處新臺幣五萬元以上五千萬元以下罰鍰　　　　【104 年普】

4. 關於結合行為之申報，下列敘述何者錯誤？ (D)
   (A) 事業自主管機關受理其提出完整申報資料之日起算 30 工作日內，不得為結合
   (B) 關於不得為結合之期間，主管機關認為必要時，得書面通知事業另行延長期間。該延長期間不得逾 60 工作日
   (C) 如主管機關屆期未為延長通知或決定者，原則上事業得逕行結合
   (D) 關於不得為結合之期間，主管機關認為必要時，得書面通知事業另行縮短期間，該縮短期間不得短於 15 工作日
   　　　　【106 年普】

5. 公平交易法關於結合之規定，下列敘述何者錯誤？ (B)

(A) 直接或間接控制他事業之業務經營或人事任免屬於結合之一種
(B) 事業因結合而使其市場占有率達四分之一應先向主管機關提出申報
(C) 對於事業結合之申報，如其結合，對整體經濟利益大於限制競爭之不利益者，主管機關不得禁止其結合
(D) 主管機關就事業結合之申報，得徵詢外界意見，必要時得委請學術研究機構提供產業經濟分析意見　　【111 年普】

第十二條（不適用事業結合申請之情形）

1. 依公平交易法規定，事業結合時，下列何種情形，不須先向中央主管機關提出申報？ (C)
   (A) 事業因結合而使市場占有率達三分之一者
   (B) 參與結合之一事業，其市場占有率達四分之一者
   (C) 參與結合之一事業或其百分之百之子公司，已持有他事業達百分之五十以上之有表決權股份，再與該他事業結合者
   (D) 參與結合之事業，其上一會計年度之銷售金額，超過中央主管機關所公告之金額者　　【101 年普】

2. 甲房屋仲介公司擬與乙房屋仲介公司合併，下列何種情形不須先向公平交易委員會提出申報？ (A)
   (A) 甲公司已持有乙公司達百分之五十以上之有表決權股份
   (B) 兩家公司合併後之市場占有率達三分之一
   (C) 乙公司之市場占有率已達四分之一
   (D) 甲公司上一會計年度銷售金額，超過公平交易委員會所公告之金額　　【108 年普】

第十三條（不得禁止事業結合之限制）

1. 事業向主管機關申請許可結合時，在下列何種情形，主管機關得予許可？ (B)
   (A) 如其結合對事業之利益大於限制競爭不利益者

(B) 如其結合對整體經濟之利益大於限制競爭之不利益者

(C) 如其結合對事業之利益大於消費者之利益者

(D) 一律不予許可 　　　　　　　　　　　　　　【89年普】

第十四條（聯合行為之定義）

1. 不動產經紀業者以協議之方式，與有競爭關係之其他不動產經紀業者，共同決定服務報酬之行為，係屬於公平交易法所規定之何種行為？ (B)
   (A) 結合行為　(B) 聯合行為　(C) 獨占行為　(D) 加盟行為
   　　　　　　　　　　　　　　　　　　　　　　　【104年普】

2. 公平交易法所規範不動產經紀業者涉及違法聯合行為之態樣，下列何者不屬之？ (D)
   (A) 共同決定服務報酬收費標準，或協議限制服務報酬之調整
   (B) 協議拒絕其他不動產經紀業者參與聯賣
   (C) 共同約束收取斡旋金之票期，致使斡旋金票期趨於一致
   (D) 廣告宣稱「連續20年仲介服務第一品牌」，惟無銷售數字或意見調查等客觀數據為基礎，顯有虛偽不實或引人錯誤者
   　　　　　　　　　　　　　　　　　　　　　　　【105年普】

3. 不動產經紀業者共同約束專任委託契約之期間，致使不動產經紀業者縱未積極努力撮合，委託人卻因受限於契約而無法另行委託其他不動產經紀業者，該行為將違反公平交易法所規範之那一種行為？ (C)
   (A) 以著名之他人姓名、商號或公司名稱、標章或其他表示他人營業、服務之表徵，於同一或類似之服務為相同或近似之使用，致與他人營業或服務之設施或活動混淆
   (B) 結合　(C) 聯合行為
   (D) 為其他足以影響交易秩序之欺罔或顯失公平之行為
   　　　　　　　　　　　　　　　　　　　　　　　【107年普】

4. 某直轄市內有競爭關係之甲、乙、丙、丁不動產仲介業者相互協 (C)

議，就仲介成交之房屋買賣或租賃案件一律收取固定之服務報酬。試問：甲、乙、丙、丁之協議行為，可能構成公平交易法所規定之何種行為？

(A) 獨占　(B) 結合　(C) 聯合　(D) 杯葛　　　　【108 年普】

5. 不動產經紀業者倘與具競爭關係之事業，以契約、協議共同決定服務之價格、交易對象、交易地區等相互約束事業活動之行為，而足以影響服務供需之市場功能者，將構成公平交易法之何種行為？

(A) 不公平競爭　(B) 聯合行為　(C) 欺罔或顯失公平
(D) 違法結合　　　　　　　　　　　　　　　　　【110 年普】

(B)

第十五條（聯合行為之禁止及例外）

1. 甲、乙二電子零件供應銷售業，透過聚餐交換經營意見，雙方合意決定在特定時點提高電子零件售價。此種行為是：
(A) 獨占行為　(B) 寡占行為　(C) 結合行為　(D) 聯合行為
　　　　　　　　　　　　　　　　　　　　　　　【100 年普】

(D)

2. 依公平交易法之規定，中央主管機關許可之事業聯合行為，下列何者非屬法定得申請之情形？
(A) 為促進事業合理經營，而分別作專業發展者
(B) 為確保或促進輸出，而專就國外市場之競爭予以約定者
(C) 為保障事業合理利潤，由同業公會協調決定商品價格者
(D) 為加強貿易效能，而就國外商品之輸入採取共同行為者
　　　　　　　　　　　　　　　　　　　　　　　【104 年普】

(C)

3. 不動產經紀業者，共同約束開發物件必須與委託人簽訂專任委託契約，致使不動產經紀業者及委託人選擇委託契約型態之自由受到限制，可能違反公平交易法之何種行為？
(A) 第 20 條之妨害公平競爭行為　(B) 第 15 條之聯合行為
(C) 第 11 條之結合行為　(D) 第 9 條之獨占行為　【106 年普】

(B)

4. 下列有關公平交易法對於事業聯合行為規定之敘述，何者錯誤？

(A)

（第 15、16、18 條）

(A) 主管機關對事業聯合行為原則上是採限制原則

(B) 主管機關對事業聯合行為有益於整體經濟與公共利益時得例外許可

(C) 主管機關對事業聯合行為之許可事項得附加條件

(D) 主管機關對事業聯合行為許可事項及其有關之條件、負擔、期限，應主動公開

【110 年普】　(D)

5. 關於聯合行為，下列何者正確？

(A) 事業不得為聯合行為。但為降低成本、改良品質或增進效率，而統一商品或服務之規格或型式，有益於個別經濟與股東利益，經申請主管機關許可者，不在此限

(B) 許可應附期限，其期限不得逾三年

(C) 事業對於主管機關就其聯合行為之許可及其有關之條件、負擔、期限，應主動公開

(D) 聯合行為經許可後，因經濟情況變更者，主管機關得廢止該許可

【112 年普】　(D)

6. 公平交易法原則禁止事業為聯合行為，但有益於整體經濟與公共利益，經申請主管機關許可者，不在此限。不動產經紀業者相互間之何種聯合行為應予以禁止，不在得申請公平交易委員會許可之列？

(A) 共同劃分經營區域、共同劃分交易對象

(B) 為降低成本、改良品質或增進效率，而統一服務之規格或型式

(C) 為促進事業合理經營，而分別作專業發展

(D) 為促進產業發展、技術創新或經營效率所必要之共同行為

【113 年普】　(A)

第十六條（聯合行為許可之附加條件、限制或負擔）

1. 事業不得為聯合行為。但因經濟不景氣，致同一行業之事業難以繼續維持或生產過剩，為有計畫適應需求而限制價格之共同行　(D)

為，而有益於整體經濟與公共利益，經申請主管機關許可者，不在此限。主管機關為許可時，應附多少時間之期限？
(A) 不得逾 1 年　(B) 不得逾 2 年　(C) 不得逾 3 年
(D) 不得逾 5 年　　　　　　　　　　　　　　　　　【105 年普】

2. 依公平交易法規定，下列關於期間之敘述何者錯誤？ (D)
   (A) 主管機關對於違反獨占、聯合行為之裁處權，因 5 年期間經過而消滅
   (B) 損害賠償請求權，自請求權人知有行為及賠償義務人時起，2 年間不行使而消滅
   (C) 損害賠償請求權，自行為時起，逾 10 年不行使而消滅
   (D) 聯合行為許可應附期限，其期限不得逾 3 年。以書面申請延展，其延展期限每次不得逾 3 年　　　　　　【106 年普】

第十九條（交易相對人轉售價格之自由）

1. 事業對於其交易相對人，就供給之商品轉售與第三人或第三人再轉售時，其售價： (A)
   (A) 應容許其自由決定
   (B) 限制其不得逾原供給價格之百分之一百一十
   (C) 限制其不得逾原供給價格之百分之一百三十
   (D) 限制其不得逾原供給價格之百分之一百五十　【98 年普】

2. 依公平交易法之規定，事業不得為限制競爭之行為，下列敘述何者錯誤？ (A)
   (A) 事業不得限制消費者，就供給之商品轉售與第三人或第三人再轉售時之價格
   (B) 以不正當限制交易相對人之事業活動為條件，而與其交易之行為
   (C) 以低價利誘或其他不正當方法，阻礙競爭者參與或從事競爭之行為
   (D) 無正當理由，對他事業給予差別待遇之行為　【109 年普】

第二十條（妨害公平競爭之行為）

1. 依公平交易法規定，事業不得為有限制競爭或妨礙公平競爭之虞的情形，下列何者不屬之？　　(B)
   - (A) 無正當理由，對他事業給予差別待遇之行為
   - (B) 以公司營利為目的，促使他事業對該特定事業退出市場之行為
   - (C) 以脅迫、利誘或其他不正當方法，使競爭者之交易相對人與自己交易之行為
   - (D) 以不正當限制交易相對人之事業活動為條件，而與其交易之行為　　【100年普】

2. 關於甲不動產經紀業（加盟業主）以限制加盟店收取服務報酬為條件，而與加盟店交易之行為，下列敘述何者不正確？　　(A)
   - (A) 為保護消費者，甲不應容許其加盟店自由決定服務報酬
   - (B) 甲的行為有限制競爭之虞
   - (C) 甲的行為有妨礙公平競爭之虞
   - (D) 甲的行為有違反公平交易法規定之虞　　【103年普】

3. 甲向乙汽車公司購買限量跑車一台，在交車前夕，甲接獲汽車公司通知必須加購「跑車保險」，但甲向乙公司表示，可自行安排保險事宜無須加保，但遭乙公司拒絕，試問，乙汽車公司最有可能違反公平交易法中何種規定？　　(B)
   - (A) 聯合行為　(B) 不正當限制交易相對人與其交易行為
   - (C) 差別待遇　(D) 不實廣告　　【106年普】

4. 公平交易法第二十條規定，有下列各款行為之一，而有限制競爭之虞者，事業不得為之。其事項「不」包括下列何者？　　(B)
   - (A) 無正當理由，對他事業給予差別待遇之行為
   - (B) 為加強貿易效能，而就國外商品或服務之輸入採取共同行為
   - (C) 以低價利誘或其他不正當方法，阻礙競爭者參與或從事競爭之行為
   - (D) 以損害特定事業為目的，促使他事業對該特定事業斷絕供

給、購買或其他交易之行為 【109 年普】

5. 採加盟經營方式之不動產經紀業者如以不正當限制加盟店服務報酬標準，作為成立或持續加盟經營關係之條件，而有限制競爭之虞者，屬於下列何種違反公平交易法之情事？ (A)
   (A) 以不正當限制交易相對人之事業活動為條件，而與其交易之行為
   (B) 相互約束事業活動之行為，而足以影響生產、商品交易或服務供需之市場功能，構成公平交易法之聯合行為
   (C) 以脅迫、利誘或其他不正當方法，使他事業不為價格之競爭、參與結合、聯合或為垂直限制競爭之行為
   (D) 以損害特定事業為目的，促使他事業對該特定事業斷絕供給、購買或其他交易之行為 【112 年普】

第三章　不公平競爭

第二十一條（虛偽不實記載或廣告）

1. 甲為廣告主，非公眾人物乙與明星丙為該廣告中薦證之人，乙丙分別接受 2000 元與 20 萬元報酬。若有消費者丁因該廣告不實而受有 30 萬元損害，關於乙丙的責任，以下敘述何者不正確？ (B)
   (A) 即便丙不知情，丁依個案情形，仍可能得依法對丙請求 30 萬元損害賠償
   (B) 即便乙不知情，丁依個案情形，仍可能得依法對乙請求 3 萬元損害賠償
   (C) 如乙依法賠償丁，乙得向甲行使求償權
   (D) 如丙依法賠償丁，丙得向甲行使法定承受權 【103 年普】

2. 依公平交易法第 21 條之規定，下列敘述何者錯誤？ (D)
   (A) 事業不得在商品上對於商品之製造方法為虛偽不實表示
   (B) 事業對在商品廣告上對於商品之用途為引人錯誤之表示時，

此商品不得運送

(C) 事業不得以其他使公眾得知之方法，對於商品之使用方法為虛偽不實之表示

(D) 廣告媒體業知曉其刊載之廣告有引人錯誤之虞，仍予刊載，損害賠償責任在廣告主，其無須負連帶損害賠償責任 【104年普】

3. 依公平交易法之規定，非屬知名公眾人物之廣告薦證者，在明知或可得而知其薦證有引人錯誤之虞時，於受廣告主報酬最高幾倍之範圍內與廣告主負連帶損害賠償責任？
(A) 5倍　(B)10倍　(C)15倍　(D)20倍　　　　【104年普】

(B)

4. 下列何者屬於公平交易法之「不公平競爭」？
(A) 無正當理由，對他事業給予差別待遇之行為
(B) 以不正當限制交易相對人之事業活動為條件，而與其交易之行為
(C) 事業限制其交易相對人就供給之商品轉售價格之行為
(D) 事業在商品或廣告上為虛偽不實或引人錯誤之表示或表徵
【104年普】

(D)

5. 甲建商為銷售新屋建案，委請廣告代理業者乙為整體廣告行銷，由乙請來知名歌星丙代言房屋銷售。乙基於甲的指示，請求丙於廣告案中大力推薦該建案房屋地點近臺北市，開車只要15分鐘，每天可在天然溫泉泡湯，然事實上，甲、乙、丙均明知該建案房屋距離臺北市有相當距離，搭高鐵要30分鐘，且無天然溫泉。試問甲、乙、丙針對虛偽不實廣告行為，應負何種責任？
(A) 甲、乙、丙均各自單獨負損害賠償責任
(B) 甲、乙應各自單獨負損害賠償責任，丙僅廣告薦證而無責任
(C) 甲應負損害賠償責任，乙、丙應與廣告主甲負連帶損害賠償責任
(D) 甲應負損害賠償責任，乙應與廣告主甲負連帶損害賠償責任，丙僅廣告薦證而無責任
【105年普】

(C)

6. 甲建設公司請乙廣告公司針對新推出之建案，宣傳其公共設施包

(D)

含三溫暖及健身房，並請知名女星丙推薦該建案。然該建案依使用執照登載所示，廣告中宣傳該公共設施位置之使用用途為「梯間、水箱及機械室」且未辦理變更使用執照。使該建案於日後交屋時，消費者並未能獲得或合法享有廣告所示之公共設施空間使用。根據公平交易法，下列敘述何者錯誤？

(A) 主管機關得限期令甲停止或改正其行為，並得處新臺幣 2,500 萬元以下罰鍰

(B) 甲應負損害賠償責任

(C) 乙於明知該宣傳內容虛偽不實時，須負連帶損害賠償責任

(D) 丙如非明知或非可得而知該宣傳內容虛偽不實時，僅需就報酬十倍內負損害賠償責任　　　　　　　　　　　【106 年普】　(A)

7. 甲為不動產經紀業者，受乙不動產開發業者委託從事銷售行為，甲外包請丙廣告公司設計廣告，經消費者丁舉報該廣告之內容，有虛偽不實或引人錯誤之情形，經公平交易委員會認定為違反規定。依公平交易法之規定，下列敘述情形，何者錯誤？

(A) 主管機關對於甲，得限期令停止、改正其行為或採取必要更正措施，並得處新臺幣二十萬元以上五千萬元以下罰鍰

(B) 若甲與乙共同具名製作不實房屋銷售廣告，且收取建案底價或總銷售金額一定成數之銷售服務費用，與乙共同獲有利益，可認為甲乙俱為廣告主

(C) 丙在明知或可得而知情形下，仍製作或設計有引人錯誤之廣告，與廣告主負連帶損害賠償責任

(D) 甲違反公平交易法之規定，致侵害丁之權益，應負損害賠償責任　　　　　　　　　　　　　　　　　　　　【107 年普】　(C)

8. 甲為一位知名影星，曾拍攝二個不動產廣告，且知悉該等廣告有不實的情形。在成名之前，甲接拍廣告主乙的不動產廣告，廣告中反映甲對不動產商品的信賴，結果當時消費者丙即曾經檢舉廣告不實。十二年之後，甲已成為知名公眾人物，接了第二個廣告主丁的不動產廣告，反映甲對該廣告商品的親身體驗。此時，消

費者戊檢舉廣告不實。依公平交易法之規定，下列敘述，何者正確？
(A) 甲必須是「明知」其所從事之薦證有引人錯誤之虞，而仍為薦證，才需要負責
(B) 第一個廣告，甲仍非知名公眾人物，僅於受乙報酬五倍之範圍內，與乙負連帶損害賠償責任
(C) 第二個廣告，甲為知名人士，須與丁負連帶損害賠償責任
(D) 丙和戊的請求權尚未超過法定期限，故其請求權尚未消滅

【107 年普】

9. 關於不實廣告之敘述，下列何者正確？ (C)
(A) 廣告代理業在明知或可得而知情形下，仍製作或設計有引人錯誤之廣告，應自負損害賠償責任，與廣告主無涉
(B) 廣告媒體業在明知或可得而知其所傳播或刊載之廣告有引人錯誤之虞，仍予傳播或刊載，應與廣告代理業負連帶損害賠償責任
(C) 廣告薦證者，指廣告主以外，於廣告中反映其對商品或服務之意見、信賴、發現或親身體驗結果之人或機構
(D) 廣告薦證者非屬知名公眾人物、專業人士或機構，僅於受有報酬二十倍之範圍內，與廣告代理業負連帶損害賠償責任

【109 年普】

10. 依公平交易法規定，廣告相關業者與廣告主之間對於不實廣告應負之損害賠償責任，下列何者錯誤？ (B)
(A) 專業人士或機構之廣告薦證者明知或可得而知其所從事之薦證有引人錯誤之虞，而仍為薦證者，與廣告主負連帶損害賠償責任
(B) 非屬知名公眾人物之廣告薦證者不知情其所從事之薦證有引人錯誤之虞，仍為薦證者，僅於受廣告主報酬十倍之範圍內，與廣告主負連帶損害賠償責任
(C) 廣告媒體業在明知或可得而知其所傳播或刊載之廣告有引人

錯誤之虞，仍予傳播或刊載，與廣告主負連帶損害賠償責任

(D) 廣告代理業在明知或可得而知情形下，仍製作或設計有引人錯誤之廣告，與廣告主負連帶損害賠償責任　【110年普】

11. 甲建商為廣告主，委託乙廣告代理業製作廣告，請來丙明星擔任廣告薦證者，在丁廣告媒體業之電子媒體刊登引人錯誤之廣告，下列敘述何者錯誤？ (C)

(A) 乙廣告代理業在明知或可得而知情形下，仍製作或設計有引人錯誤之廣告，與甲建商負連帶損害賠償責任

(B) 甲建商不得在商品或廣告上，或以其他使公眾得知之方法，對於與商品相關而足以影響交易決定之事項，為虛偽不實或引人錯誤之表示或表徵

(C) 丙明星明知或可得而知其所從事之薦證有引人錯誤之虞，而仍為薦證者，與乙廣告代理業負連帶損害賠償責任

(D) 丁廣告媒體業在明知或可得而知其所傳播或刊載之廣告有引人錯誤之虞，仍予傳播或刊載，與甲建商負連帶損害賠償責任　【111年普】

12. 下列何者應以公平交易法之規定處理？ (B)

(A) 不動產經紀業加盟店，未於廣告、市招及名片等明顯處，標明加盟店或加盟經營字樣者

(B) 不動產經紀業者對於涉及事業服務品質、企業形象、行銷策略等內容之廣告，有虛偽不實或引人錯誤者

(C) 不動產經紀業者與委託人簽訂委託契約後，刊登之廣告及銷售內容與事實不符者

(D) 不動產經紀業者未依成屋買賣定型化契約書應記載及不得記載事項製作契約書者　【112年普】

13. 不動產業者因炒作房地產所涉及之不實廣告、不當銷售行為，下列何者非屬內政部主管法規所及，應由公平交易委員會依公平交易法相關規定辦理？ (D)

(A) 散布不實成交價格、市場成交行情、銷售量，影響不動產交

易價格

(B) 違規潛銷預售屋（未領得建造執照即廣告銷售）

(C) 利用人頭排隊、假客戶付訂金、簽訂虛假購屋預約單或不動產買賣契約書等與他人通謀或為虛偽交易，營造不動產交易活絡之表象

(D) 對服務品質、企業形象、行銷策略等內容之廣告，有虛偽不實或引人錯誤者 【113年普】

14. 下列何者不違反公平交易法第21條廣告不實？ (B)

(A) 不動產代銷業者於售屋網站公告35米泳池，而該泳池設置處於竣工圖為景觀水池

(B) 不動產代銷業者於售屋廣告，標示近捷運站

(C) 不動產代銷業者於售屋廣告，對於使用分區為乙種工業區之建案使用一般住宅之用語及圖示說明

(D) 不動產代銷業者於銷售屬科技工業區之建案時，使用可供住家使用之傢俱配置參考圖 【113年普】

第二十二條

1. 有關公平交易法第22條對於事業仿冒行為要件之規定，下列敘述何者錯誤？ (C)

(A) 所使用之名稱或表徵必須達到著名之程度

(B) 相同或近似之名稱或表徵必須使用於同一或類似的服務

(C) 公司名稱或營業服務表徵限於依法取得註冊商標權者

(D) 必須產生與他人提供之服務設施或活動混淆之結果

【110年普】

2. 下列何者屬於限制競爭之行為，事業不得為之？ (D)

(A) 以著名之他人姓名、商號或公司名稱於同一或類似之商品，為相同或近似之使用，致與他人商品混淆

(B) 事業為競爭之目的，而陳述或散布足以損害他人營業信譽之不實情事

(C) 事業以不當提供贈品、贈獎之方法，爭取交易之機會

(D) 無正當理由，對他事業給予差別待遇之行為 【112 年普】

第二十三條

1. 關於事業以不當提供贈品、贈獎之方法，爭取交易之機會，下列何者正確？ (D)

    (A) 構成獨占地位之濫用　(B) 構成事業之結合

    (C) 構成限制轉售價格　(D) 構成不公平競爭 【112 年普】

第二十四條（妨害商譽之禁止）

1. 違反公平交易法第二十四條妨害營業信譽之行為，應具備之要件，下列何者不包含？ (D)

    (A) 須為競爭之目的　(B) 陳述或散布不實之情事

    (C) 足以損害他人營業信譽　(D) 客觀上應有故意之意思【97 年普】

第二十五條（不正行為之禁止）

1. 不動產開發業者或不動產經紀業者銷售預售屋時，要求購屋人須給付定金或一定費用始提供預售屋買賣契約書攜回審閱，可能違反公平交易法之何種行為？ (B)

    (A) 第 20 條之妨害公平競爭行為

    (B) 第 25 條之欺罔或顯失公平行為

    (C) 第 21 條之虛偽不實廣告行為

    (D) 第 15 條之聯合行為 【106 年普】

2. 不動產經紀業者從事不動產買賣之仲介業務時，在向買方收取斡旋金前，未以書面告知買方斡旋金契約與內政部版「要約書」之區別及其替代關係等資訊，將違反下列那一項規定？（處理原則第 6 條第 1 項第 3 款第 1 點） (A)

    (A) 構成欺罔行為，且足以影響交易秩序者，將違反公平交易法第二十五條規定

(B) 不當爭取交易之機會，將違反公平交易法第二十三條規定

(C) 為虛偽不實或引人錯誤之表示或表徵，將違反公平交易法第二十一條規定

(D) 致與他人營業或服務之設施或活動混淆者，將違反公平交易法第二十二條規定　　　　　　　　　　　　　　【109 年普】

3. 下列何者屬於公平交易法之適用範圍？　　　　　　　　　　(C)

(A) 依照著作權法、商標法、專利法或其他智慧財產權法規行使權利之正當行為

(B) 不動產仲介業與不動產買方有關斡旋金返還之糾紛處理

(C) 不動產開發業者銷售預售屋時要求購屋人須給付定金始提供預售屋買賣契約書攜回審閱之情形

(D) 不動產經紀業加盟店未於廣告中標明加盟店或加盟經營字樣之處理　　　　　　　　　　　　　　　　　　【110 年普】

4. 不動產開發業者或不動產經紀業者銷售預售屋時，其所為之下列何種行為，並不構成公平交易法第 25 條「其他足以影響交易秩序之欺罔或顯失公平之行為」？　　　　　　　　　　(B)

(A) 在向買方收取斡旋金前，未以書面告知買方得選擇支付斡旋金或採用內政部版「要約書」

(B) 向買方收取斡旋金後，因未能締結預售屋買賣契約，而拒絕返還

(C) 要求購屋人須給付定金或一定費用始提供預售屋買賣契約書攜回審閱

(D) 締結預售屋買賣契約後，要求繳回契約書　　　　【113 年普】

第四章　調查及裁處程序

第二十七條（調查之程序）

1. 公平交易委員會發現某甲事業可能有違法之聯合行為情事，依職　　(D)

權欲對甲事業調查處理。關於調查之事項，下列何者錯誤？
(A) 派員前往當事人及關係人之事務所、營業所或其他場所為必要之調查
(B) 甲事業若承諾在主管機關所定期限內，採取具體措施停止並改正涉有違法之行為者，主管機關得中止調查
(C) 執行調查之人員依法執行公務時，未出示有關執行職務之證明文件者，受調查者得拒絕之
(D) 調查所得可為證據之物，主管機關得扣留之；其扣留範圍及期間，不以供調查、檢驗、鑑定或其他為保全證據之目的所必要者為限　　　　　　　　　　　　　【107年普】

(D)

2. 主管機關收到對於涉有違反公平交易法規定之檢舉，而發動調查得進行之程序敘述，何者錯誤？
(A) 通知當事人及關係人到場陳述意見
(B) 通知當事人及關係人提出帳冊、文件及其他必要之資料或證物
(C) 派員前往當事人及關係人之事務所、營業所或其他場所為必要之調查
(D) 因被害人之請求，如為事業之故意行為，得依侵害情節，酌定損害額以上之賠償　　　　　　　　　　　　　【111年普】

(D)

第二十八條

1. 主管機關對於事業涉有違反公平交易法規定之行為進行調查時，下列何者正確？
(A) 事業承諾在主管機關所定期限內，採取具體措施停止並改正涉有違法之行為者，主管機關得終止調查
(B) 主管機關作成中止調查之決定係基於事業提供不完整或不真實之資訊，應恢復調查
(C) 裁處權時效自終止調查之日起，停止進行
(D) 主管機關恢復調查者，裁處權時效自恢復調查之翌日起，重新起算　　　　　　　　　　　　　　　　　　　【112年普】

(B)

第五章　損害賠償

第二十九條（權益之維護）

1. 某不動產仲介業者甲，為同業競爭之目的，於某社區布告欄張貼散布乙業者有吞沒客戶斡旋金糾紛、浮報買賣物件開價之不實陳述，致乙業者業績慘跌，營業信譽受損，試問乙得向法院請求之權利，不包含下列何者？　(D)
   (A) 請求除去不法侵害行為　(B) 請求損害賠償
   (C) 有侵害之虞時，得請求防止之　(D) 請求精神慰撫金
   【105 年普】

第三十一條（損害賠償之計算）

1. 下列關於事業違反公平交易法之規定，以致侵害他人權益之損害賠償的敘述，何者正確？　(A)
   (A) 事業因過失侵害行為而受有利益者，被害人得請求專依該項利益計算損害額
   (B) 因事業之故意侵害行為所致之損害，法院得依侵害情形酌定損害額三倍以上之賠償
   (C) 事業因故意侵害行為而受有利益者，被害人得請求專依該項利益及利息加倍計算損害額
   (D) 因事業之過失行為所致之損害，法院得依侵害情形酌定損害額三倍以上之賠償
   【100 年普】

第三十二條（損害賠償請求權之消滅時效）

1. 事業違反公平交易法之規定致侵害他人權益者，被害人損害賠償請求權消滅時效的敘述，下列何者正確？　(D)
   (A) 自請求權人知有行為及賠償義務人時起，1 年間不行使而消滅；自為行為時起，逾 5 年者亦同

(B) 自請求權人知有行為及賠償義務人時起，1 年間不行使而消滅；自為行為時起，逾 10 年者亦同

(C) 自請求權人知有行為及賠償義務人時起，2 年間不行使而消滅；自為行為時起，逾 5 年者亦同

(D) 自請求權人知有行為及賠償義務人時起，2 年間不行使而消滅；自為行為時起，逾 10 年者亦同　【98、102、105 年普】

2. 如果有一交易違反公平交易法，下列有關於行使損害賠償之敘述何者正確？ (C)

(A) 自此一交易日起二年不行使請求權，請求權時效消滅

(B) 被害人不論何時得知損害，自得知之日起逾二年不行使請求權，請求權時效消滅

(C) 自此一交易日起逾十年，請求權時效消滅

(D) 被害人自此一交易日起，其請求權之行使沒有時效限制

【111 年普】

第三十三條（判決書內容之公開）

1. 下列敘述，何者錯誤？ (D)

(A) 事業對於其交易相對人，就供給之商品轉售與第三人時，不得有限制其自由決定價格之約定

(B) 為提高技術、降低成本而共同研究開發商品，而有益公共利益之情況下，事業得經中央主管機關許可後為「聯合行為」

(C) 以利誘方式，獲取他事業之產銷機密的行為，屬於妨害公平競爭之行為之一

(D) 事業因違反公平交易致侵害他人權益時，被害人向法院起訴時，得要求將判決書內容登載於新聞紙，但應自行負擔費用

【90 年特】

第六章 罰則

第三十四條（獨占、聯合行為之處罰）

1. 獨占事業以不公平之方法，直接或間接阻礙他事業參與競爭，經中央主管機關限期命其停止，而逾期未停止者，處行為人多少金額（新臺幣）以下之罰金？
   (A)一千萬元　(B)三千萬元　(C)五千萬元　(D)一億元【98年普】　(D)

2. 依公平交易法規定，違反獨占或聯合行為之規定，經主管機關限期命其停止、改正其行為或採取必要更正措施，屆期未停止、改正其行為或未採取必要更正措施，或停止後再為相同違反行為時，處行為人幾年以下有期徒刑？
   (A)1年　(B)2年　(C)3年　(D)5年　【104年普】　(C)

第三十六條（妨礙公平競爭之處罰）

1. 事業違反公平交易法第20條之規定，以脅迫方法使他事業參與聯合之行為，經中央主管機關限期命其停止後，再為相同或類似違反行為者，得處行為人如何之罰責？
   (A) 新臺幣五萬元以上二千五百萬元以下罰鍰
   (B) 新臺幣十萬元以上五千萬元以下罰鍰
   (C) 二年以下有期徒刑、拘役或科或併科新臺幣五千萬元以下罰金
   (D) 三年以下有期徒刑、拘役或科或併科新臺幣一億元以下罰金
   　【102年普】　(C)

2. 甲不動產仲介業向購屋人乙收取斡旋金時，如故意未同時告知乙得選擇採用內政部版要約書，下列敘述何者不正確？
   (A) 依個案情形，甲可能受刑法制裁
   (B) 依個案情形，此可能屬於足以影響交易秩序之欺罔或顯失公平的行為
   (C) 依個案情形，甲可能違反公平交易法
   　(A)

(D) 依個案情形，乙可能得向甲請求懲罰性賠償　　【103年普】

第三十七條（妨礙商譽行為之處罰）

1. 事業如有陳述或散布足以損害他人營業信譽之不實情事，處行為人幾年以下有期徒刑？
   (A) 1年　(B) 2年　(C) 3年　(D) 4年　　【95年普】　(B)

第三十九條（違反事業結合規定之罰則）

1. 事業申報結合，經公平交易委員會禁止其結合而仍為結合者，公平交易委員會除得處新臺幣二十萬元以上五千萬元以下罰鍰外，並得為一定之處分。下列何者不包括在內？
   (A) 停止營業　(B) 限期令分設事業
   (C) 處分全部或部分股份　(D) 轉讓部分營業　　【113年普】　(A)

第四十條（違法行為之限期停止或改正）

1. 公平交易委員會對於違反公平交易法之事業，得限期令其停止、改正其行為或採取必要更正措施，並得處多少罰鍰？
   (A) 五萬元以上二千五百萬元以下　(B) 五萬元以上五千萬元以下
   (C) 十萬元以上二千五百萬元以下　(D) 十萬元以上五千萬元以下
   　　【95年普】　(D)

第四十二條（罰則）

1. 按事業不得在其商品或廣告上，或以其他使公眾得知之方法，對於商品之價格、數量、品質、內容、製造方法、製造日期、有效期限、使用方法、用途、原產地、製造者、製造地、加工者、加工地等，為虛偽不實或引人錯誤之表示或表徵。事業有違反前述規定者，下列何者為最正確？
   (A) 公平交易委員會得限期命其採取必要更正措施，並得處新臺幣十萬元以上一千萬元以下罰鍰

(B) 公平交易委員會得限期命其改正其行為或停止其措施，並得處新臺幣十萬元以上一千五百萬元以下罰鍰

(C) 公平交易委員會得限期命其停止、改正其行為或採取必要更正措施，並得處新臺幣十萬元以上二千五百萬元以下罰鍰

(D) 公平交易委員會得限期令其停止、改正其行為或採取必要更正措施，並得處新臺幣五萬元以上二千五百萬元以下罰鍰

【101年普】

第四十四條（拒絕調查之處罰）

1. 公平交易委員會依規定進行調查時，受調查者於期限內如無正當理由拒絕調查、拒不到場陳述意見，再經通知，無正當理由連續拒絕者，公平交易委員會得繼續通知調查，並按次處新臺幣多少萬元之罰鍰？ (D)

   (A) 10,000 元以上 30,000 元以下
   (B) 30,000 以上 50,000 元以下
   (C) 50,000 元以上 100,000 元以下
   (D) 100,000 元以上 1,000,000 元以下

【96年普】

第七章　附則

第四十五條（正當行為除外）

1. 下列關於公平交易法之敘述，何者錯誤？ (B)
   (A) 維護消費者利益為本法立法目的之一
   (B) 依照著作權法、商標法、專利法或其他智慧財產權法規行使權利之行為，不適用本法之規定
   (C) 事業關於競爭之行為，優先適用本法之規定。但其他法律另有規定且不牴觸本法立法意旨者，不在此限
   (D) 本法規定事項，涉及其他部會之職掌者，由主管機關商同各

該部會辦理之　　　　　　　　　　　　　　【113 年普】

第四十七條之一（反托拉斯基金之設立及基金來源與用途）

1. 依公平交易法之規定，反托拉斯基金設置目的為何？　　(A)
   (A) 強化聯合行為查處，促進市場競爭秩序之健全發展
   (B) 維護交易秩序與消費者利益，避免獨占事業壟斷市場，促進經濟之安定與繁榮
   (C) 保障消費者權益，專供損害賠償之用
   (D) 檢舉不公平競爭行為獎金之支出　　【104 年普】

2. 依公平交易法規定，主管機關為強化聯合行為查處，促進市場競爭秩序之健全發展，得設立何種基金？　　(A)
   (A) 反托拉斯基金　(B) 管理維護基金
   (C) 市場安定基金　(D) 市場重建基金　　【105 年普】

3. 下列何者非反托拉斯法基金之用途？　　(D)
   (A) 辦理競爭法之教育及宣傳
   (B) 補助本法與涉及檢舉獎金訴訟案件相關費用之支出
   (C) 推動國際競爭法執法機關之合作
   (D) 補助消費者因聯合行為而受之損害　　【106 年普】

第四十八條（行政處分或決定不服之處理）

1. 依公平交易法之規定，對公平交易委員會依本法所為之處分或決定不服者，應依下列何種方式處理？　　(B)
   (A) 依法申請調處　　(B) 直接適用行政訴訟程序
   (C) 依法提起司法訴訟　(D) 申請仲裁　　【104 年普】

2. 當事人對主管機關依公平交易法所為之處分或決定不服者，應如何處理？　　(A)
   (A) 直接適用行政訴訟程序　(B) 依訴願法提起訴願
   (C) 對主管機關提出民事訴訟　(D) 直接適用國家賠償程序
   【111 年普】

公平交易委員會對於不動產經紀業之規範說明第 5 項

1. 不動產經紀業者以下何種行為不涉及違法聯合行為？ (C)
   (A) 共同決定服務報酬收費標準，或協議限制服務報酬之調整
   (B) 協議拒絕其他不動產經紀業者參與聯賣
   (C) 共同約束開發物件必須與委託人簽訂一般委託契約
   (D) 共同約束專任委託契約之期間　　　　　【108 年普】

2. 甲透過仲介公司看房，對某一間公寓頗為滿意，想請父母看房再決定，仲介公司業務員請他先付 10 萬元斡旋，可保留優先購買之權利，於是甲支付 10 萬元，並簽訂「不動產購買意願書」，下列何者錯誤？ (A)
   (A) 仲介業者如提出斡旋金要求，應主動告知消費者亦可選擇採用內政部所訂定之要約書，並需支付斡旋費用
   (B) 斡旋金是當消費者中意某房屋，欲與屋主進行議價時，仲介業常要求消費者支付一定金額，作為斡旋差價之用
   (C) 如消費者選擇交付斡旋金，則仲介業者應以書面明定交付斡旋金之目的，明確告知消費者之權利義務
   (D) 仲介業者未遵行公平交易委員會對斡旋金規範而有欺罔或顯失公平情事，將違反公平交易法第 25 條之規定　【113 年普】

參　消費者保護法

第一章　總則

第二條（名詞定義）

1. 所謂「企業經營者為與多數消費者訂立同類契約之用，所提出預先擬定之契約條款」，依消費者保護法規定，係指下列何者？
   (A) 個別磋商條款　(B) 預擬契約條款
   (C) 定型化契約條款　(D) 合意契約條款　　　　【101 年普】

   (A)

2. 下列名詞定義何者為錯誤？
   (A) 消費爭議：指因消費關係而向消費者保護官提起之爭議
   (B) 消費關係：指消費者與企業經營者間就商品或服務所發生之法律關係
   (C) 消費者：指以消費為目的而為交易、使用商品或接受服務者
   (D) 企業經營者：指以設計、生產、製造、輸入、經銷商品或提供服務為營業者　　　　【101 年普】

   (A)

3. 依消費者保護法之規定，企業經營者未經邀約而與消費者在其住居所、工作場所、公共場所或其他場所訂立之契約，下列何者屬之？
   (A) 訪問交易　(B) 特種買賣　(C) 定型化契約　(D) 個別磋商契約
   【104 年普】

4. 甲為 A 屋的所有權人，委託乙仲介公司幫忙賣房子。關於甲乙適用消費者保護法的情形，下列敘述何者錯誤？
   (A) 甲和乙所發生之法律關係，屬於消費關係
   (B) 乙提出乙定型化契約條款作為契約內容而訂立之委託銷售契約屬於定型化契約
   (C) 甲和乙訂定買賣契約約定消費者支付頭期款，餘款分期支

   (C)

付，而企業經營者於收受頭期款時，交付標的物與消費者之交易型態，屬於分期付款之契約

(D) 甲和乙如果適用乙所提出的定型化契約，仍然可以由契約當事人個別磋商而合意擬定個別磋商條款　　　【109年普】

第三條（政府應實施措施）

1. 政府為達成制定消費者保護法之目的，應就某些事項有關之法規及其執行情形，定期檢討、協調、改進之，下列何者不屬之？ (D)
   (A) 維護商品或服務之品質與安全衛生
   (B) 防止商品或服務損害消費者之生命、身體、健康、財產或其他權益
   (C) 確保商品或服務之標示，符合法令規定
   (D) 促進事業品牌形象或商譽維護　　　【100年普】

第六條（主管機關）

1. 有關不動產經紀法規之主管機關，下列敘述何者錯誤？ (C)
   (A) 不動產經紀業管理條例之中央主管機關為內政部
   (B) 公寓大廈管理條例之中央主管機關為內政部
   (C) 消費者保護法之中央主管機關為經濟部
   (D) 公平交易法之中央主管機關為行政院公平交易委員會

【97年普】

第二章　消費者權益

第一節　健康與安全保障

第七條（企業經營者就其商品或服務所應負之責任）

1. 依消費者保護法規定，關於企業經營者責任之敘述，下列何者錯誤？ (C)

(A) 企業經營者所提供之服務，若具有危害消費者健康之可能者，應為警告標示。違反且致生損害於消費者時應負連帶賠償責任
(B) 從事經銷之企業經營者，對商品或服務所生之損害防免已盡相當之注意，無須負連帶賠償責任
(C) 企業經營者之商品雖致生損害於消費者，若能證明其無過失者，則無須負連帶損害賠償責任
(D) 企業經營者對於商品符合可合理期待之安全性，負舉證責任
【106 年普】

2. 甲、乙、丙三公司分別為從事 A 商品之設計、製造及銷售之企業經營者。假設消費者丁購買丙公司銷售之 A 商品，造成丁的兒子受到傷害，依消費者保護法規定，甲公司應負何種責任？ (C)
(A) 不須負任何責任
(B) 與乙、丙公司比例分擔損害賠償責任
(C) 與乙、丙公司負連帶賠償責任。但能證明其無過失者，法院得減輕其賠償責任
(D) 與乙、丙公司負連帶賠償責任。但其對於損害之防免已盡相當之注意，或縱加以相當之注意而仍不免發生損害者，不在此限
【108 年普】

3. 為維護消費者之權益，保障消費者之健康與安全，消費者保護法於第二章第一節規定「健康與安全保障」專節。下列敘述何者錯誤？ (C)
(A) 從事經銷之企業經營者，就商品或服務所生之損害，與設計、生產、製造商品或提供服務之企業經營者連帶負賠償責任
(B) 企業經營者對消費者或第三人之損害賠償責任，不得預先約定限制或免除
(C) 輸入商品或服務之企業經營者，視為該商品之設計、生產、製造者或服務之提供者，需負第三人責任
(D) 企業經營者於有事實足認其提供之商品或服務有危害消費者

第一篇 不動產經紀相關法規概要

安全與健康之虞時，應即回收該批商品或停止其服務

【109年普】

4. 依消費者保護法規定，各類企業經營者對消費者應負之損害賠償責任，下列敘述何者錯誤？ (A)
    (A) 輸入商品或服務之企業經營者，視為該商品之設計、生產、製造者或服務之提供者，負製造者責任。但其對於損害之防免已盡相當之注意，或縱加以相當之注意而仍不免發生損害者，不在此限
    (B) 從事經銷之企業經營者，就商品或服務所生之損害，與設計、生產、製造商品或提供服務之企業經營者連帶負賠償責任。但其對於損害之防免已盡相當之注意，或縱加以相當之注意而仍不免發生損害者，不在此限
    (C) 從事設計、生產、製造商品或提供服務之企業經營者，違反消費者保護法規定致生損害於消費者或第三人時，應負連帶賠償責任。但企業經營者能證明其無過失者，法院得減輕其賠償責任
    (D) 從事經銷之企業經營者，改裝、分裝商品或變更服務內容者，違反消費者保護法規定致生損害於消費者或第三人時，應負連帶賠償責任。但企業經營者能證明其無過失者，法院得減輕其賠償責任

【110年普】

第七條之一（符合當時科技或專業水準之舉證）

1. 依消費保護法之規定，下列敘述何者正確？ (A)
    (A) 從事製造商品之企業經營者，就其市場商品符合當時科技水準合理期待的安全性之事實，負擔舉證責任
    (B) 消費者因企業經營者過失所致之損害，依本法向法院提起訴訟者，得請求損害額三倍以下之懲罰性賠償金
    (C) 企業經營者對於消費者因信賴媒體所刊明知或可得而知之不實廣告內容所致之損害，不須負擔損害賠償責任

(D) 輸入商品之企業經營者，對於其因其所輸入之商品而致消費者的健康受到損害時，其應負之責任為過失責任【100年普】

2. 甲於乙商店購得丙手機公司所生產之新型手機，甲交予其子丁使用，詎料丁於使用時竟發生手機電池燃燒，致丁受傷送醫。依消費者保護法規定，關於本案中企業經營者責任之敘述，下列何者錯誤？ (C)
   (A) 丙公司係生產問題手機之企業經營者，應確保該手機符合當時科技或專業水準可合理期待之安全性，如有違反，應負損害賠償責任
   (B) 該問題手機雖係甲所購買，但如丁因使用而身體受損害，丙公司仍應對丁負損害賠償責任
   (C) 若丙公司能證明其於生產手機時無過失者，法院應免除其賠償責任
   (D) 經銷手機之乙商店，就使用問題手機所生損害，與丙公司連帶負損害賠償責任。但乙商店得主張對損害之防免已盡相當之注意，或縱加以相當之注意而仍不免發生損害，以免除其與丙公司之連帶責任【105年普】

第八條（經銷之責任）

1. 依消費者保護法規定，下列有關企業經營者之敘述何者正確？ (C)
   (A) 企業經營者對消費者或第三人之損害賠償責任，經與消費者個別磋商，得預先約定限制或免除
   (B) 輸入商品或服務之企業經營者，視為從事經銷之企業經營者
   (C) 從事經銷之企業經營者，就商品所生之損害，與商品製造者連帶負賠償責任。但對於損害之防免已盡相當之注意，或縱加以相當之注意而仍不免發生損害者，不在此限
   (D) 從事設計、生產、製造商品或提供服務之企業經營者，違反消費者保護法規定致生損害於消費者，若企業經營者能證明其無過失者，法院得免除其賠償責任【103年普】

2. 甲慈善事業的慈善經營方式是：以一般價格購買商品後，將其便宜賣給貧困者。貧困者乙向甲便宜購買商品，如因而受有身體上的損害，請問乙主張甲就此應負商品責任，有無理由？ (B)
   (A) 有理由，因為甲應負不完全給付的商品責任
   (B) 有理由，因為甲反覆為此行為並以此為業
   (C) 無理由，因為甲的行為並非以營利為目的
   (D) 無理由，因為人身損害並非商品責任所規範　　【103 年普】

3. 依消費者保護法規定，下列敘述何者正確？ (C)
   (A) 企業經營者於商品或服務具有危害消費者生命、身體、健康、財產之可能者，未於明顯處為警告標示及緊急處理危險之方法者應負賠償責任。但企業經營者能證明其無過失者，法院得減輕或免除其賠償責任
   (B) 商品或服務因其後有較佳之商品或服務，得被推定不符合當時科技或專業水準可合理期待之安全性
   (C) 從事經銷之企業經營者，改裝、分裝商品或變更服務內容者，視為從事設計、生產、製造商品或提供服務之企業經營者
   (D) 企業經營者對消費者或第三人之損害賠償責任，得預先約定限制但不得約定免除　　【105 年普】

第九條

1. 關於輸入商品或服務之企業經營者，下列何者錯誤？ (C)
   (A) 視為該商品之設計、生產、製造者或服務之提供者
   (B) 於提供商品流通進入市場，或提供服務時，應確保該商品或服務，符合當時科技或專業水準可合理期待之安全性
   (C) 消費者保護團體主張企業經營者不符合當時科技或專業水準可合理期待之安全性者，就其事實應負舉證責任
   (D) 企業經營者違反相關規定，致生損害於消費者或第三人時，應負連帶賠償責任　　【112 年普】

第十條（企業經營者防止危害發生之義務）

1. 當有事實證明該流通進入市場之商品或服務，具有危害消費者安全與健康之虞時，為避免消費者權益遭受損害，企業經營者應回收或停止該有危險之商品或服務，以防免發生或擴大損害。依消費者保護法之規定，下列何者錯誤？　　　　　　　　　　　(C)
   (A) 中央主管機關認為有必要時，得命有損害消費者生命、身體、健康或財產的企業經營者立即停止該商品之設計、生產、製造、加工、輸入、經銷或服務之提供，或採取其他必要措施
   (B) 直轄市或縣（市）政府對於企業經營者提供之商品或服務，經調查認為確有損害消費者生命、身體、健康或財產，或確有損害之虞者，應命其限期改善、回收或銷燬
   (C) 企業經營者於有事實足認其提供之商品或服務有危害消費者安全與健康之虞時，於明顯處為警告標示，得免除回收該批商品或停止其服務之責任
   (D) 直轄市或縣（市）政府於企業經營者提供之商品或服務，對消費者已發生重大損害或有發生重大損害之虞，而情況危急時，應即在大眾傳播媒體公告企業經營者之名稱、地址、商品、服務、或為其他必要之處置　　　　　　　　【107 年普】

第二節　定型化契約

第十一條（訂定及解釋原則）

1. 依消費者保護法規定，下列有關定型化契約之敘述，何者錯誤？　(B)
   (A) 定型化契約中之定型化契約條款牴觸個別磋商條款之約定者，其牴觸部分無效
   (B) 定型化契約條款如有疑義時，應為有利於企業經營者之解釋
   (C) 訂立定型化契約前，應給予三十日以內之合理審閱期

(D)定型化契約條款未經記載於定型化契約中而依正常情形顯非消費者所得預見者，該條款不構成契約之內容　【101年普】

2. 依消費者保護法之規定，下列有關定型化契約條款之敘述，何者錯誤？ (C)

(A)定型化契約中之定型化契約條款牴觸個別磋商條款之約定者，其牴觸部分無效

(B)定型化契約中之條款違反誠信原則，對消費者顯失公平者，無效

(C)定型化契約條款如有疑義時，應本平等互惠之原則解釋

(D)定型化契約條款未經記載於定型化契約中而依正常情形顯非消費者所得預見者，該條款不構成契約之內容　【104年普】

3. 定型化契約中之條款可以分為定型化契約條款及個別磋商條款兩種，兩者如果發生不一致情形時，以下何者正確？（第11、15條） (B)

(A)個別磋商條款具有高於所有定型化契約條款之效力

(B)由於個別磋商條款，係經過契約當事人個別磋商而合意約定的契約條款，相較於僅由企業經營者所預先擬定的定型化契約條款，更能顯示當事人真意所在，自應優先考量

(C)如定型化契約條款與個別磋商條款發生牴觸時，定型化契約條款全部無效，其未牴觸部分亦無效

(D)定型化契約條款牴觸個別磋商條款之約定者，定型化契約無效
　【108年普】

第十一條之一（審閱期間）

1. 依消費者保護法規定，關於定型化契約之審閱期間，下列敘述何者錯誤？ (C)

(A)應有30日以內之合理審閱期間

(B)企業經營者以定型化契約條款使消費者拋棄合理審閱期權利者，無效

(C) 違反合理審閱期規定者，該條款無效

(D) 中央主管機關得選擇特定行業，參酌定型化契約條款之重要性等事項，公告定型化契約之審閱期間　　　　【106 年普】

2. 甲建商與乙消費者訂立預售屋定型化契約前，並沒有給合理期間供乙審閱全部條款內容，依消費者保護法之規定，乙可以如何主張權利？　　　　　　　　　　　　　　　　　　　　　　(D)

(A) 要求甲建商回收該批商品或停止其服務

(B) 主張甲建商應負損害賠償責任

(C) 主張除去其危害

(D) 主張其條款不構成契約之內容。但乙得主張該條款仍構成契約之內容　　　　　　　　　　　　　　　　　　　【111 年普】

第十二條（定型化契約無效之情形）

1. 依消費者保護法規定，定型化契約條款於下列何種情形，可認為並非違反平等互惠原則？　　　　　　　　　　　　　　　　(B)

(A) 當事人間之給付與對待給付顯不相當者

(B) 當事人一方之企業經營者，就系爭商品或服務之市場占有率規模超過 50% 者

(C) 消費者負擔非其所能控制之危險者

(D) 消費者違約時，應負擔顯不相當之賠償責任者　【105 年普】

2. 下列何者不是消費者保護法第 12 條所規定推定定型化契約條款顯失公平之情形？　　　　　　　　　　　　　　　　　　(D)

(A) 契約之主要權利或義務，因受條款之限制，致契約之目的難以達成者

(B) 條款與其所排除不予適用之任意規定之立法意旨顯相矛盾者

(C) 違反平等互惠原則者

(D) 違反誠信原則者　　　　　　　　　　　　　【106 年普】

3. 定型化契約中之定型化契約條款於下列何種情形下，其條款不構成契約之內容，但消費者得主張該條款仍構成契約之內容？　　(C)

(A) 定型化契約條款違反誠信原則，對消費者顯失公平
(B) 定型化契約條款牴觸個別磋商條款之約定
(C) 企業經營者與消費者訂立定型化契約前，未依法提供合理期間，供消費者審閱全部條款內容
(D) 企業經營者以定型化契約條款使消費者拋棄契約審閱權利
【110年普】

4. 不動產經紀業者告知消費者「今天不簽約就沒機會」、「不簽約就不能看契約」、並在契約中記載「已確實攜回本契約書審閱 5 日以上無誤或是已詳閱並充分瞭解本契約書及附件內容，無須 5 日以上審閱期，本約簽訂後，確認即生契約效力無誤」，請問此定型化契約條款效力為何？ (B)
(A) 有效　(B) 無效　(C) 效力未定　(D) 部分有效，部分無效
【113年普】

5. 下列何者不是定型化契約條款推定顯失公平之情形？ (D)
(A) 違反平等互惠原則者
(B) 條款與其所排除不予適用之任意規定之立法意旨顯相矛盾者
(C) 契約之主要權利或義務，因受條款之限制，致契約之目的難以達成者
(D) 定型化契約中之定型化契約條款牴觸個別磋商條款之約定者
【113年普】

第十三條（內容之明示）

1. 依消費者保護法規定，下列有關定型化契約條款之敘述，何者正確？ (D)
(A) 其係指企業經營者為與特定多數消費者訂立同類契約之用，所提出預先擬定之契約條款
(B) 定型化契約條款限於書面
(C) 定型化契約條款不得以放映字幕、張貼、牌示、網際網路、或其他方法表示

(D) 企業經營者應向消費者明示定型化契約條款之內容，經消費者同意者，該條款即為契約之內容　【96年普】

2. 消費者保護法針對企業經營者在定型化契約中所用之條款，有非常多的規定。下列敘述何者正確？　(A)
   (A) 企業經營者應給與消費者定型化契約書。但依其契約之性質致給與顯有困難者，不在此限
   (B) 企業經營者應向消費者明示定型化契約條款之內容；明示其內容顯有困難者，應以顯著之方式，公告其內容後，該條款立即成為契約之內容
   (C) 定型化契約書經消費者簽名或蓋章者，企業經營者應給與消費者該定型化契約書副本
   (D) 定型化契約條款如有疑義時，應為有利於雙方當事人之解釋
   　【109年普】

第十四條（契約之一般條款不構成契約內容之要件）

1. 定型化契約條款未經記載於定型化契約中而依正常情形顯非消費者所得預見者，其法律效果為何？　(B)
   (A) 視為默示承諾該條款　(B) 該條款不構成契約之內容
   (C) 視為解除契約　(D) 契約無效　【92年特】

第十五條（牴觸個別磋商條款之約定）

1. 下列對於定型化契約中條款的敘述，何者錯誤？　(C)
   (A) 定型化契約條款如有疑義時，應為有利於消費者之解釋
   (B) 契約之主要權利或義務，因受條款之限制，致契約之目的難以達成者，對消費者顯失公平，契約無效
   (C) 定型化契約中之定型化契約條款牴觸個別磋商條款之約定者，其牴觸部分，應以定型化契約條款為有效
   (D) 定型化契約條款雖未經記載於定型化契約中者，由企業經營者向消費者明示其內容，並經消費者同意受其拘束者，該條

款即為契約之內容　　　　　　　　　　　　　【98年普】

2. 定型化契約中之定型化契約條款牴觸個別磋商條款之約定者，其牴觸部分？　　　　　　　　　　　　　　　　　　　　　　(B)
   (A) 效力未定　(B) 無效　(C) 構成契約之內容　(D) 不得撤銷
   　　　　　　　　　　　　　　　　　　　　　　　【106年普】

第十六條（契約部份無效之情形）

1. 甲向乙建設公司購買預售屋，並簽訂定型化契約，該契約中有「屋簷面積計入買賣價格」之定型化契約條款。請問該預售屋買賣定型化契約效力為何？　　　　　　　　　　　　　　　　　　(D)
   (A) 無效，因為違反預售屋買賣定型化契約應記載及不得記載事項
   (B) 無效，因為顯失公平
   (C) 有效，因為甲已同意該契約所有條款
   (D) 有效，因為以一部無效為原則　　　　　　　【103年普】

第十七條（公告定型化契約記載事項）

1. 中央主管機關得擬訂特定行業定型化契約應記載或不得記載事項。下列應記載或不得記載事項之敘述何者錯誤？　　　　(D)
   (A) 中央主管機關公告應記載之事項，雖未記載於定型化契約，仍構成契約之內容
   (B) 違反中央主管機關公告之定型化契約應記載或不得記載事項之定型化契約，其定型化契約條款無效
   (C) 企業經營者使用定型化契約者，主管機關得隨時派員查核
   (D) 不得記載事項得包括預付型交易之履約擔保　【111年普】

2. 依消費者保護法第17條之規定，定型化契約應記載事項，依契約之性質及目的，其內容不包括下列那一項？　　　　　　(B)
   (A) 預付型交易之履約擔保　(B) 企業經營者之義務或責任之免除
   (C) 契約之終止權　(D) 違反契約之法律效果　　　【111年普】

3. 依消費者保護法規定，有關定型化契約應記載或不得記載事項之規定，下列何者正確？　(B)
   (A) 應公告後報請行政院備查
   (B) 中央主管機關為預防消費糾紛，保護消費者權益，促進定型化契約之公平化，得選擇特定行業擬訂之
   (C) 違反公告之定型化契約，其定型化契約條款不構成契約之內容。但消費者得主張該條款仍構成契約之內容
   (D) 中央主管機關公告應記載之事項，雖未記載於定型化契約，經消費者主張，仍構成契約之內容　【112年普】

第十八條

1. 企業經營者在提供契約條款供他人參考時，下列那一種表示內容不會屬於定型化契約條款之一部分？　(A)
   (A) 以書面傳真提供給單一個別客戶之優惠條款內容
   (B) 以電視字幕放映提供之廣告字幕
   (C) 以書面產品型錄提供之內容
   (D) 以網際網路提供之廣告資訊　【111年普】

第三節　特種買賣

第十九條（通訊或訪問交易之解約）

1. 依消費者保護法規定，關於特種交易之敘述何者正確？　(C)
   (A) 通訊交易係指企業經營者未經邀約而與消費者在公共場所或其他場所等所定之契約
   (B) 訪問交易之消費者，除有合理例外情事，得於收受商品後7日內，以退回商品或書面通知方式解除契約，無須說明理由
   (C) 通訊交易違反消費者解約權所為之約定，其約定無效
   (D) 企業經營者應於收到消費者退回商品通知之次日起7日內，返還消費者已支付之對價　【106年普】

2. 根據消費者保護法，通訊交易或訪問交易之消費者，得於收受商品或接受服務後幾日內，以退回商品或書面通知方式解除契約？
   (A) 五日　(B) 七日　(C) 十日　(D) 十五日　　【109年普】　(B)

3. 依消費者保護法規定，下列有關通訊交易或訪問交易之消費者解除契約之敘述，何者正確？　(C)
   (A) 消費者得於收受商品或接受服務後十日內，以退回商品或書面通知方式解除契約，無須說明理由及負擔任何費用
   (B) 訪問交易有合理例外情事者，不適用消費者保護法之猶豫期間及解約權規定
   (C) 消費者依規定以書面通知解除契約者，除當事人另有個別磋商外，企業經營者應於收到通知之次日起十五日內，至原交付處所或約定處所取回商品
   (D) 企業經營者應於取回商品、收到消費者退回商品或解除服務契約通知之日起十五日內，返還消費者已支付之對價
   【110年普】

第二十條（保管義務）

1. 下列對未經消費者要約而對之郵寄或投遞之商品之敘述何者錯誤？　(A)
   (A) 未經消費者要約而對之郵寄或投遞之商品，消費者負保管義務
   (B) 未經消費者要約而對之郵寄或投遞之商品之寄人，經消費者定相當期限通知取回而逾期取回者，視為拋棄其寄投之商品
   (C) 未經消費者要約而對之郵寄或投遞之商品之寄人，雖未經通知，但在寄送後逾1個月未經消費者表示承諾，而仍不取回其商品者，視為拋棄其寄投之商品
   (D) 消費者得請求償還因寄送物所受之損害，及處理寄送物所支出之必要費用
   【99年普】

第二十一條（分期付款買賣契約之應記載事項）

1. 關於消費者保護法所稱分期付款買賣，以下何者正確？ (D)
   - (A) 指買賣契約約定消費者支付頭期款，餘款分期支付之交易型態
   - (B) 預售屋分期付款買賣，價金分期給付，是消費者保護法有關分期付款買賣
   - (C) 分期付款買賣契約書未記載利率者，其利率按現金交易價格週年利率百分之六計算之
   - (D) 分期付款買賣契約書應記載各期價款與其他附加費用合計之總價款與現金交易價格之差額 【108年普】

2. 關於企業經營者與消費者分期付款買賣契約之敘述，下列何者正確？ (A)
   - (A) 企業經營者應於契約書載明各期價款與其他附加費用合計之總價款與現金交易價格之差額
   - (B) 企業經營者未於契約書記載總價款者，消費者不負現金交易價格加計週年利率百分之五以外價款之給付義務
   - (C) 企業經營者未於契約書記載利率者，其利率按總價款週年利率百分之六計算之
   - (D) 企業經營者未於契約書記載利率者，消費者不負現金交易價格以外價款之給付義務 【109年普】

3. 企業經營者與消費者簽訂定型化之分期付款買賣契約，依消費者保護法規定，該契約書應載明之事項不包含下列那一項？ (B)
   - (A) 頭期款
   - (B) 企業經營者保留契約內容或期限之變更權或解釋權
   - (C) 各期價款與其他附加費用合計之總價款與現金交易價格之差額
   - (D) 利率 【111年普】

第二十二條（企業經營者對消費者所負之義務，不得低於廣告之內容）

1. 消費者保護法關於企業經營者對於廣告內容之規定，下列何者正確？ (C)
   (A) 製作廣告之媒體經營者應確保廣告內容之真實，其對消費者所負之義務不得低於廣告之內容
   (B) 企業經營者對消費者從事與分期付款買賣有關之交易時，應於廣告上明示應付所有總費用之年百分率
   (C) 刊登或報導廣告之媒體經營者明知或可得而知廣告內容與事實不符者，就消費者因信賴該廣告所受之損害與企業經營者負連帶責任
   (D) 企業經營者得預先約定限縮信賴該廣告之賠償責任範圍
   【107年普】

2. 甲於網路上看到乙不動產開發商委託丙廣告媒體經營者刊登不動產買賣廣告後，向乙購買了一戶房屋。於交屋後發現有廣告不實的爭議。下列敘述何者錯誤？（第22、23、43條） (B)
   (A) 乙應確保廣告內容之真實，其對甲所負之義務不得低於廣告之內容。乙之商品或服務廣告內容，於契約成立後，應確實履行
   (B) 甲可以向消費者保護團體提出廣告爭議之申訴、調解，或是直接向直轄市或縣（市）消費爭議調解委員會申請調解
   (C) 丙明知或可得而知廣告內容與事實不符者，就甲因信賴該廣告所受之損害與企業經營者負連帶責任
   (D) 甲與乙因商品或服務發生廣告之消費爭議時，甲得向企業經營者、消費者保護團體或消費者服務中心或其分中心申訴
   【109年普】

3. 甲建商於預售屋銷售廣告單中表示：「現場簽約，贈送德國進口高級廚衛設備」。首次購屋者乙於建商接待中心看完樣品屋後， (C)

隨即與銷售人員丙簽定預售屋買賣契約書。惟交屋時，始發現建商所贈送者，係國產中等品質設備，與廣告內容不符。就此案例，下列敘述，何者正確？

(A) 廣告係要約引誘，對甲並不具拘束力
(B) 廣告內容若未經甲、乙合意成為個別磋商條款，並訂入預售屋買賣契約中，對甲不生效力
(C) 廣告內容即為契約內容，於契約成立後，甲應確實履行
(D) 甲得以廣告內容係媒體經營者所為，未註記其公司名稱，主張免除履約責任　　　　　　　　　　　　【113年普】

第四節　消費資訊之規範

第二十三條（媒體經營者之連帶責任）

1. 有關消費資訊之規範，依消費者保護法規定，下列何者錯誤？　　(C)
   (A) 企業經營者應確保廣告內容之真實，其對消費者所負之義務不得低於廣告之內容
   (B) 企業經營者之商品或服務廣告內容，於契約成立後，應確實履行
   (C) 媒體經營者刊登或報導廣告之內容與事實不符者，就消費者因信賴該廣告所受之損害與企業經營者負連帶責任
   (D) 輸入之商品或服務，應附中文標示及說明書，其內容不得較原產地之標示及說明書簡略　　　　　　【112年普】

第二十四條（商品及服務之標示）

1. 下列對於消費者資訊的敘述，何者錯誤？　　(B)
   (A) 某減肥藥品廠商廣告不實，為該廠商刊登廣告之媒體經營者明知廣告內容與事實不符者，就消費者因信賴該廣告所受之損害也須與企業經營者負連帶責任
   (B) 某進口食品的外包裝已經加註安全警語，輸入後的中文標示

就可以不必重複標示

(C) 企業經營者對消費者保證商品之品質時，即使消費者不要求，也應主動出具書面保證書

(D) 企業經營者對於所提供之商品應按其性質及交易習慣，不得誇張其內容或為過大之包裝　　　　　　　　　　【98年普】

2. 輸入之商品或服務，須以何種方式為之？　　　　　　　(A)
(A) 應附中文標示　(B) 得附中文標示　(C) 無須附中文標示
(D) 應附中文及外文標示　　　　　　　　　　【106年普】

第二十五條（書面保證書及其應載事項）

1. 關於企業經營者對消費者保證服務品質時，應主動出具書面保證書，以下何者不屬於消費者保護法第25條規定之服務品質保證書應載明事項？　　　　　　　　　　　　　　　　　　(B)
(A) 服務有批號者，其批號　(B) 服務之對象
(C) 保證之內容　(D) 保證期間及其起算方法　　　【102年普】

2. 依消費者保護法之規定，企業經營者對消費者保證商品或服務之品質所出具之保證書，應載明下列那一事項？　　　(D)
(A) 商品價格　(B) 使用方法　(C) 警告標示　(D) 交易日期
　　　　　　　　　　　　　　　　　　　　　　　【104年普】

3. 依消費者保護法規定，企業經營者對消費者保證商品或服務品質所出具之書面保證書，應載明事項不包括下列何者？　(C)
(A) 商品或服務之名稱　(B) 保證之內容　(C) 製造日期
(D) 製造商之名稱、地址　　　　　　　　　　　【106年普】

第三章　消費者保護團體

第二十七條（消費者保護團體之性質與宗旨）

1. 消費者保護團體之設立宗旨為何？　　　　　　　　　(B)

(A) 處理消費爭議，提起消費訴訟
(B) 保護消費者權益，推行消費者教育
(C) 提供消費資訊，編印發行刊物
(D) 接受消費者申訴，調解消費爭議 【102 年普】

2. 關於消費者保護團體，下列何者正確？ (C)
(A) 消費者保護團體以社團法人、財團法人或行政法人為限
(B) 消費者保護團體之任務為監督消費者保護主管機關及指揮消費者保護官行使職權
(C) 消費者保護團體從事商品或服務檢驗，發表檢驗結果而有錯誤時，應使相關企業經營者有澄清之機會
(D) 消費者保護團體為商品或服務之調查、檢驗時，請求政府予以協助時，政府不應允許 【112 年普】

第二十八條（消費者保護團體之任務）

1. 下列何者非消費者保護團體之任務？ (D)
(A) 消費者意見之調查、分析、歸納
(B) 接受消費者申訴，調解消費爭議
(C) 處理消費爭議，提起消費訴訟
(D) 消費者保護計畫之研擬、修訂及執行成果檢討 【95 年普】

2. 下列有關消費者保護官之職掌，何者錯誤？ (C)
(A) 提起不作為訴訟　(B) 調解消費爭議
(C) 提起消費者損害賠償訴訟　(D) 接受消費者申訴 【99 年普】

第四章　行政監督

第三十四條（可為證據之物之扣押）

1. 根據消費者保護法規定，有關主管機關對於企業經營者所販售食品所為行政監督之敘述，以下何者錯誤？ (B)

(A) 認為企業經營者提供之食品有損害消費者生命、身體、健康或財產之虞者，應即進行調查

(B) 於調查有必要時，得就地抽樣商品，加以檢驗，對於可為證據之食品，得自行扣押之

(C) 直轄市或縣（市）主管機關辦理檢驗，得委託設有與檢驗項目有關之檢驗設備之消費者保護團體辦理之

(D) 對消費者已發生重大損害而情況危急時，除命其限期回收或銷燬外，應即在大眾傳播媒體公告企業經營者之名稱、地址、商品或為其他必要之處置 【102年普】

第三十六條（地方主管機關採取必要措施）

1. 依消費者保護法規定，直轄市或縣（市）政府對於建商興建預售屋商品出售予消費者所為之行政監督的敘述，下列何者錯誤？ (A)

    (A) 直轄市或縣（市）政府認為建商提供之預售屋有損害消費者生命、身體、健康或財產之虞者，應即進行調查。於調查完成後，不得公開其經過及結果

    (B) 直轄市或縣（市）政府於調查時，對於可為證據之物，得聲請檢察官扣押之

    (C) 直轄市或縣（市）政府對於建商提供之商品或服務，經調查認為確有損害消費者生命、身體、健康或財產，或確有損害之虞者，應命其限期改善、回收或銷燬

    (D) 直轄市或縣（市）政府於建商提供之商品或服務，對消費者已發生重大損害或有發生重大損害之虞，而情況危急時，除命其限期改善、回收或銷燬之處置外，應即在大眾傳播媒體公告企業經營者之名稱、地址、商品、服務、或為其他必要之處置 【104年普】

2. 依消費者保護法之規定，下列有關消費者保護團體之敘述，何者錯誤？ (D)

    (A) 消費者保護團體以社團法人或財團法人為限

(B) 消費者保護團體之任務包含接受消費者申訴，調解消費爭議
(C) 消費者保護團體為商品或服務之調查、檢驗時，得請求政府予以必要之協助
(D) 消費者保護團體對於企業經營者提供之商品，認為有損害消費者健康之虞者，得命其回收　　　　　　　　　【104年普】

第四十條（消費者保護委員會之設置）

1. 依消費者保護法規定，政府對於消費者保護立法或行政措施，其應徵詢意見的對象不包括下列何者？　　　　　　　　　　　　(A)
   (A) 一般民眾　(B) 相關行業　(C) 學者專家
   (D) 消費者保護團體　　　　　　　　　　　　　　【97年普】

第四十一條（消費者保護委員會之職掌）

1. 下列何者為消費者保護委員會之職掌？　　　　　　　　　　(D)
   (A) 商品或服務價格之調查、比較、研究、發表
   (B) 消費者保護刊物之編印發行
   (C) 接受消費者申訴，調解消費爭議
   (D) 消費者保護之教育宣導、消費資訊之蒐集及提供　【95年普】

第四十二條（消費者服務中心之設置）

1. 直轄市、縣（市）政府應設何單位辦理消費者之諮詢服務、教育宣導、申訴等事項？　　　　　　　　　　　　　　　　　(C)
   (A) 消費者保護團體　(B) 消費爭議調解委員會
   (C) 消費者服務中心　(D) 消費者保護委員會　　　【102年普】

第五章　消費爭議之處理

第一節　申訴與調解

第四十三條（申訴之處理期限）

1. 依消費者保護法之規定，下列有關消費爭議處理的敘述，何者錯誤？ (C)
   (A) 消費者得向企業經營者提出申訴
   (B) 消費爭議之調解程序得不公開
   (C) 消費者不得直接向法院提起訴訟
   (D) 企業經營者所屬之代表得為消費爭議調解委員　　【100年普】

2. 依消費者保護法規定，企業經營者對於消費者之申訴，應於申訴之日起幾日內妥適處理？ (C)
   (A) 7日　(B) 10日　(C) 15日　(D) 20日　　【106年普】

3. 消費者與企業經營者因商品或服務發生消費爭議，消費者向企業經營者申訴時，企業經營者對於消費者的申訴，以下何者正確？ (B)
   (A) 從企業經營者接獲消費者申訴的當日開始起算十日內予以妥適處理
   (B) 從企業經營者接獲消費者申訴的當日開始起算十五日內予以妥適處理
   (C) 從消費者為申訴的那一天開始起算十五日內予以妥適處理
   (D) 從消費者為申訴的那一天開始起算十日內予以妥適處理
   　　【108年普】

4. 企業經營者對於消費者之申訴，依消費者保護法規定，應於申訴之日起，至多幾日內妥適處理之？ (C)
   (A) 七日　(B) 十日　(C) 十五日　(D) 三十日　　【111年普】

第四十四條（調解）

1. 下列敘述，何者錯誤？ (C)

(A) 主管機關認為不動產經紀業者之廣告內容誇大不實，有影響消費者權益時，得令業者證明該廣告之真實性
(B) 不動產經紀業者對消費者保證之服務品質時，應主動出具書面保證書；未出具者，仍應就其保證之品質負責
(C) 消費者與不動產經紀業者發生消費爭議，經申訴未獲妥適處理時，得向中央消費爭議調解委員會申請調解
(D) 消費訴訟，得由消費關係發生地之法院管轄　　【90年特】

第四十四條之一（消費爭議調解事件之受理）

1. 依消費者保護法之規定，消費者與企業經營者因商品或服務發生消費爭議，申請調解時，消費爭議調解事件之受理及程序進行等事項，由下列何者定之？
(A) 消費爭議調解委員會　(B) 消費者保護團體
(C) 行政院　(D) 公平交易委員會　　【96年普】 (C)

第四十五條（消費爭議調解委員會之設置）

1. 依消費者保護法之規定，直轄市、縣（市）政府之消費爭議調解委員會主席，應由誰擔任？
(A) 直轄市、縣（市）政府代表
(B) 消費者保護官
(C) 消費者保護團體代表
(D) 企業經營者所屬職業團體代表　　【97年普】 (B)

2. 依消費者保護法第45條之規定，直轄市、縣（市）政府應設消費爭議調解委員會，並置委員幾名？
(A)5至7名　(B)5至9名　(C)7至21名　(D)9至15名【99年普】 (C)

第四十五條之一（調解程序不公開）

1. 消費者與不動產經紀業經營者因商品或服務發生消費爭議時，依消費者保護法之規定，關於爭議的解決方式，下列敘述何者錯 (C)

誤？
(A) 消費者得向不動產經紀業經營者、消費者保護團體或消費者服務中心或其分中心申訴
(B) 消費者向 (A) 等對象申訴未能獲得妥適處理時，得向直轄市或縣（市）消費爭議調解委員會申請調解
(C) 調解程序，於直轄市、縣（市）政府或其他適當之處所行之，其程序得公開
(D) 調解委員、列席協同調解人及其他經辦調解事務之人，對於調解事件之內容，除已公開之事項外，應保守秘密

【104 年普】

第四十五條之二（職權提出解決事件之方案）

1. 依消費者保護法之規定，關於消費爭議之調解，調解委員得斟酌一切情形以及雙方利益之平衡，於不違反雙方當事人主要意思範圍內，依職權提出解決爭議之方案，但至少應經參與調解委員超過多少比例之同意？
   (A) 五分之四　(B) 四分之三　(C) 三分之二　(D) 二分之一

【97 年普】　(D)

2. 關於消費爭議調解委員會的敘述，下列何者正確？
   (A) 直轄市、縣（市）政府應設消費爭議調解委員會，置委員 5 至 11 名
   (B) 調解程序，於直轄市、縣（市）政府或其他適當之處所行之，其程序應公開
   (C) 關於消費爭議之調解，當事人不能合意但已甚接近者，調解委員得斟酌一切情形，求兩造利益之平衡，於不違反兩造當事人之主要意思範圍內，依職權提出解決事件之方案，並送達於當事人
   (D) 當事人對於經參與調解委員過半數同意提出解決事件之方案，得於送達後 20 日之不變期間內，提出異議　【105 年普】

(C)

第四十五條之三（異議之效力）

1. 依消費者保護法規定，關於消費爭議之處理，當事人對於調解委員依職權提出之解決方案若有異議，最遲得於送達後幾日內提出？
   (A) 7 日　(B) 10 日　(C) 15 日　(D) 20 日　　【106 年普】　(B)

2. 消費爭議調解委員會於不違反消費爭議兩造當事人之主要意思範圍內，依職權所提出解決事件之方案，當事人得於該方案送達後幾日內，提出異議，就視為調解不成立？
   (A) 10 日　(B) 15 日　(C) 20 日　(D) 30 日　　【110 年普】　(A)

第四十五條之四（小額消費爭議）

1. 消費者保護法針對小額消費爭議，另定有職權調解程序。所謂「小額」之額度為多少？
   (A) 十萬元　(B) 二十萬元　(C) 三十萬元　(D) 四十萬元
   　　　　　　　　　　　　　　　　　　　　　　　【102 年普】　(A)

2. 依消費者保護法規定，關於小額消費爭議之調解，當事人之一方無正當理由，不於調解期日到場之處理方式為何？　(D)
   (A) 調解委員得斟酌一切情形，求兩造利益之平衡，於不違反兩造當事人之主要意思範圍內，依職權提出解決事件之方案，並送達於當事人。前項方案，應經參與調解委員過半數之同意
   (B) 調解委員得斟酌一切情形，求兩造利益之平衡，於不違反兩造當事人之主要意思範圍內，依職權提出解決事件之方案，並送達於當事人。前項方案，應經全體調解委員過半數之同意
   (C) 調解委員得審酌情形，依到場當事人一造之請求或依職權提出解決方案，並送達於當事人。前項方案，應經參與調解委員過半數之同意
   (D) 調解委員得審酌情形，依到場當事人一造之請求或依職權提出解決方案，並送達於當事人。前項方案，應經全體調解委

員過半數之同意 【110年普】

3. 依消費者保護法之規定，關於小額消費爭議，當事人之一方無正當理由，不於調解期日到場者，下列何者錯誤？ (A)
   (A) 調解委員得審酌情形，依到場當事人一造之請求或依職權提出解決方案，此方案應經參與調解委員過半數之同意
   (B) 該解決方案之送達，不適用公示送達規定
   (C) 當事人對該解決方案，得於送達後十日之不變期間內，提出異議；未於異議期間內提出異議者，視為已依該解決方案成立調解
   (D) 當事人於異議期間提出異議，經調解委員另定調解期日，無正當理由不到場者，視為依該解決方案成立調解 【112年普】

第四十六條（調解書之效力）

1. 依消費者保護法規定，下列有關調解之敘述何者正確？ (D)
   (A) 消費爭議調解委員會，由委員互推主席
   (B) 依消費者保護法第四十五條之二，有關一般消費爭議經委員會依職權調解提出之解決方案，應經全體調解委員過半數之同意
   (C) 當事人對委員會依職權調解之方案，得於送達後十五日之不變期間內，提出異議
   (D) 調解成立者應作成調解書。調解書之作成及效力，準用鄉鎮市調解條例第二十五條至第二十九條之規定 【103年普】

2. 依消費者保護法規定，消費者與企業經營者間因商品或服務所生之爭議，得選擇申訴、調解及訴訟途徑，尋求救濟。下列有關申請調解之敘述，何者正確？ (D)
   (A) 調解屬於司法解決途徑
   (B) 申訴與調解並無先後之分，未提起申訴仍得申請調解
   (C) 調解須向直轄市、縣（市）政府消費者保護官申請
   (D) 調解成立者，調解書經法院核定後，與民事確定判決有同一之效力 【108年普】

第二節 消費訴訟

第四十七條（消費訴訟之管轄）

1. 關於消費訴訟之敘述，依消費者保護法之規定，下列何者錯誤？ (A)
   - (A) 訴訟管轄權專屬消費者住所地之法院
   - (B) 法院為企業經營者敗訴之判決時，得依職權宣告減免擔保之假執行
   - (C) 地方法院得設立消費專庭審理之
   - (D) 地方法院之分院亦得設立消費專庭審理之 【96 年普】

第四十八條（消費專庭之設立）

1. 消費者甲向企業經營者乙提起消費訴訟，下列敘述何者正確？ (D)
   - (A) 法院為甲敗訴之判決時，得依職權宣告為減少擔保之假執行。果爾，乙得在判決確定前，聲請法院強制執行甲的財產
   - (B) 法院為乙敗訴之判決時，得依職權宣告為免除擔保之假處分
   - (C) 法院為乙敗訴之判決時，得依職權宣告為減少擔保之假扣押
   - (D) 法院為乙敗訴之判決時，得依職權宣告為免除擔保之假執行。果爾，甲得在判決確定前，聲請法院強制執行乙的財產

   【103 年普】

第四十九條（消費者保護團體之訴訟權）

1. 依消費者保護法規定，下列有關消費者保護團體提起團體訴訟之敘述，何者錯誤？ (A)
   - (A) 消費者保護團體許可設立二年以上，置有消費者保護專門人員，且申請內政部評定優良者，得以自己之名義提起訴訟
   - (B) 消費者保護團體依規定提起訴訟者，應委任律師代理訴訟
   - (C) 消費者保護團體對於同一之原因事件，致使眾多消費者受害時，得受讓二十人以上消費者損害賠償請求權後，以自己名

義，提起訴訟
(D) 消費者保護團體得以自己之名義，提起第 50 條消費者損害賠償訴訟或第 53 條不作為訴訟　　　　　【110 年普】

2. 消費者保護團體依消費者保護法提起消費者損害賠償訴訟之要件，下列何者正確？
(A) 消費者保護團體許可設立三年以上
(B) 消費者保護團體申請行政院評定優良者
(C) 得委任律師代理訴訟
(D) 消費者保護團體不得向消費者請求報酬，但得請求預付或償還必要費用　　　　　【112 年普】

第五十條（消費者損害賠償請求權）

1. 針對臺灣社會發生食品安全問題（如黑心油），消費者得依消費者保護法第 50 條所定消費者保護團體訴訟（以下簡稱「消保團體訴訟」）尋求救濟。下列敘述何者正確？
(A) 多數受害之消費者得申請組成消保團體之組織，以便立即以團體自己名義，逕向法院提起消費者團體損害訴訟
(B) 消保團體於受讓 20 人以上消費者損害賠償請求權，得以自己名義提起訴訟。消費者於言詞辯論終結前，不得終止讓與該損害賠償請求權
(C) 消保團體依法提出消保團體訴訟者，應委任律師代理訴訟
(D) 消保團體就消費者團體損害賠償訴訟，於扣除訴訟、支付予律師之必要費用以及得向消費者請求之報酬後，將訴訟結果所得之賠償交付該讓與請求權之消費者　　　　　【105 年普】

2. 設若消費者保護基金會對於同一之原因事件，致使眾多消費者受害時，受讓甲、乙、丙等 20 位消費者損害賠償請求權後，以自己名義，提起消費訴訟。以下敘述何者正確？
(A) 如甲僅有非財產上損害賠償請求權，因該權利具一身專屬性，故不得讓與給消費者保護基金會

(B)

(B)

(C)

(B)

(B) 該訴訟繫屬中，如乙終止讓與損害賠償請求權，消費者保護基金會仍具當事人適格
(C) 在該訴訟判決前，丙均得終止讓與損害賠償請求權，並通知法院
(D) 消費者保護基金會應將該訴訟結果所得賠償，交付甲、乙、丙等20位消費者，不得扣除訴訟費用　　【103年普】

3. 消費者因使用商品或接受服務，造成權利受損，依消費者保護法規定得提起團體訴訟，向企業經營者求償。有關團體訴訟之敘述，下列何者正確？　　(B)
   (A) 至少有五十人將損害賠償請求權讓與經主管機關核定之優良消費者保護團體
   (B) 消費者保護團體係以自己名義提起訴訟
   (C) 損害賠償僅限於財產上之損害，不包括非財產上之損害
   (D) 消費者團體就此項訴訟，得向消費者請求報酬　　【108年普】

第五十一條（懲罰性賠償金）

1. 依消費者保護法之規定，關於消費訴訟事件，下列敘述何者錯誤？　　(B)
   (A) 因不動產經紀業經營者之故意所致之損害，消費者得請求損害額5倍以下之懲罰性賠償金
   (B) 因不動產經紀業經營者之過失所致之損害，消費者得請求損害額3倍以下之懲罰性賠償金
   (C) 法院為不動產經紀業經營者敗訴之判決時，得依職權宣告減免擔保之假執行
   (D) 消費者保護團體以自己之名義提起訴訟時，其標的價額超過新臺幣60萬元者，超過部分免繳裁判費　　【104年普】

第五十二條（訴訟之免繳裁判費）

1. 依消費者保護法之規定，消費者保護團體以自己之名義提起第　　(A)

50 條訴訟，其標的價額超過多少金額，其超過部分免繳裁判費
(A) 新臺幣六十萬元　(B) 新臺幣八十萬元
(C) 新臺幣一百萬元　(D) 新臺幣二百萬元　　【100 年普】

第五十三條（停止或禁止命令）

1. 對於企業經營者重大違反消費者保護法有關保護消費者規定之行為，下列何者得向法院訴請禁止之？ | (A)
   (A) 消費者保護官　(B) 消費者服務中心
   (C) 消費爭議調解委員會　(D) 直轄市或縣（市）政府【89 年特】

第五十四條（選定當事人）

1. 因同一消費關係而被害之甲、乙、丙，依民事訴訟法之規定，選定甲與乙起訴請求損害賠償。以下敘述何者正確？ | (C)
   (A) 此為法定訴訟擔當　(B) 甲與乙稱為選定人
   (C) 甲與乙稱為選定當事人
   (D) 該訴訟繫屬中，同一消費關係之其他被害人丁與戊在法院判決前，均得併案請求賠償　　【103 年普】

2. 有關消費者保護法第五十四條消費者集體訴訟之相關規定，下列敘述何者錯誤？ | (A)
   (A) 集體訴訟之公告曉示後，其他被害人得於一定之期間內表明併案請求賠償。前述之期間，至少應有七日
   (B) 併案請求賠償之書狀，應以繕本送達於兩造
   (C) 集體訴訟之公告應黏貼於法院牌示處
   (D) 公告應登載新聞紙，其費用由國庫墊付　　【103 年普】

第六章　罰則

第五十六條（罰則）

1. 企業經營者若未依商品標示法等法令為商品進行標示，經主管機關通知改正而逾期不改正者，得處新臺幣多少金額的罰鍰？
   (A) 一萬元以上十萬元以下　(B) 二萬元以上二十萬元以下
   (C) 三萬元以上三十萬元以下　(D) 五萬元以上五十萬元以下
   　　　　　　　　　　　　　　　　　　　　　【98 年普】

(B)

第五十六條之一

1. 企業經營者違反消費者保護法之定型化契約應記載或不得記載事項者，經主管機關令其限期改正而屆期不改正者，第一次處多少罰鍰？
   (A) 新臺幣一萬元以上十萬元以下
   (B) 新臺幣二萬元以上二十萬元以下
   (C) 新臺幣三萬元以上三十萬元以下
   (D) 新臺幣十萬元以上一百萬元以下　　　　【109 年普】

(C)

第五十七條（罰則）

1. 依消費者保護法規定，企業經營者使用定型化契約者，主管機關得隨時派員查核，倘阻撓調查，依法最高將處新臺幣多少萬元以下罰鍰？
   (A) 十　(B) 十五　(C) 二十　(D) 三十　　　　【101 年普】

(D)

第五十八條（罰則）

1. 直轄市或縣（市）政府對於企業經營者提供之商品，經過調查，認為確有損害消費者的健康，應命其限期回收或銷燬，如果企業違反此規定者，得處新臺幣多少金額的罰鍰？

(D)

(A) 二萬元以上二十萬元以下　(B) 三萬元以上三十萬元以下
(C) 五萬元以上五十萬元以下
(D) 六萬元以上一百五十萬元以下　　　　　　　　【98年普】

第五十九條（罰則）

1. 企業經營者所提供之商品或服務，對消費者已發生重大損害者，主管機關得對其處新臺幣多少元之罰鍰？　(C)
   (A) 三萬元以上五十萬元以下　(B) 十萬元以上一百萬元以下
   (C) 十五萬元以上一百五十萬元以下
   (D) 三十萬元以上三百萬元以下　　　　　　　　【88年普】

第六十條（停止營業之情形）

1. 企業經營者於下列違反消費者保護法之情形，何者所適用罰則所定之法定罰鍰額度為最高？　(A)
   (A) 地方政府針對企業經營者提供之商品或服務，經調查認為確有損害消費者身體健康者，命其為限期回收或其他必要處置，而企業經營者拒不遵從者
   (B) 企業經營者未依商品標示法等法令為商品或服務之標示
   (C) 企業經營者對消費者保證商品或服務之品質時，未主動出具書面保證書
   (D) 企業經營者使用定型化契約時，拒絕、規避或阻撓主管機關之派員查核　　　　　　　　【105年普】

第六十一條（處罰）

1. 依消費者保護法應予處罰者，其他法律有較重處罰之規定時：　(B)
   (A) 依消費者保護法處罰　(B) 依其他法律之較重處罰
   (C) 主管機關得任意則一處罰　(D) 沒有相關規定　　【89年普】

肆　公寓大廈管理條例

第一章　總則

第二條（主管機關）

1. 公寓大廈治安維護配合事項由何機關訂定？　　　(B)
   (A) 行政院　(B) 內政部　(C) 縣市政府
   (D) 公寓大廈管理委員會　　　　　　　　　【90年特】

第三條（名詞定義）

1. 依公寓大廈管理條例規定，下列敘述何者最正確？　(D)
   (A) 約定共用部分係指公寓大廈共用部分經約定供共同使用者
   (B) 約定專用部分係指公寓大廈專有部分經約定供特定區分所有權人使用者
   (C) 共用部分係指公寓大廈之一部分，具有使用上之獨立性，且為區分所有之標的者
   (D) 區分所有係指數人區分一建築物而各有其專有部分，並就其共用部分按其應有部分有所有權　　　　　【101年普】

2. 依公寓大廈管理條例之規定，下列有關公寓大廈規約之敘述，何者錯誤？　　　　　　　　　　　　　　　　　　　(A)
   (A) 規約是指公寓大廈住戶為增進共同利益，確保良好生活環境，經管理委員會決議之共同遵守事項
   (B) 公寓大廈樓頂平台依法得設置廣告物時，規約如另有規定並向主管機關報備有案者，仍應受該規約之限制
   (C) 禁止住戶飼養動物之特別約定，非經載明於規約者，不生效力
   (D) 區分所有權之繼受人應於繼受前閱覽規約，並於繼受後遵守規約所定一切權利義務事項　　　　　　　【104年普】

3. 依公寓大廈管理條例之規定，下列之定義何者正確？ (D)
   (A) 約定專用部分：指公寓大廈專有部分經約定供共同使用者
   (B) 管理負責人：指由區分所有權人會議決議執行建築物管理維護事務之公寓大廈管理服務人員或管理維護公司
   (C) 專有部分：指數人區分一建築物而各有其專有部分，並就其共用部分按其應有部分有所有權
   (D) 公寓大廈：指構造上或使用上或在建築執照設計圖樣標有明確界線，得區分為數部分之建築物及其基地　【111年普】

第二章　住戶之權利義務

第四條（專有部分）

1. 公寓大廈規約不得約定下列何種事項？ (D)
   (A) 主任委員職務之執行權限　(B) 住戶違反義務之處理方式
   (C) 停車場使用管理辦法　(D) 專有部分之出售限制　【100年普】

2. 甲、乙、丙、丁為A公寓大廈的區分所有權人，並為基地的共有人，乙將其基地應有部分與專有部分賣給戊，丁得否主張先買權？ (D)
   (A) 得依民法規定主張先買權　(B) 得依土地法規定主張先買權
   (C) 得依公寓大廈管理條例規定主張先買權
   (D) 不得就基地應有部分主張先買權　【103年普】

3. 關於公寓大廈住戶之權利義務，下列何者正確？ (B)
   (A) 區分所有權人除法律另有限制外，對其共有部分，得自由使用、收益、處分，並排除他人干涉
   (B) 區分所有權人對專有部分之利用，不得有妨害建築物之正常使用及違反區分所有權人共同利益之行為
   (C) 專有部分不得與其所屬建築物共用部分之應有部分及其基地所有權或地上權之應有部分分離而為移轉，但設定負擔則可

分別為之

(D) 於住戶因維護、修繕專有部分、約定專用部分或設置管線，必須進入或使用他住戶專有部分或約定專用部分時，應經管理負責人或管理委員會之同意後方得為之　　【112 年普】

4. 按公寓大廈之共有部分為區分所有人所分別共有。下列關於共有部分之使用、收益及處分權能之說明，何者與公寓大廈管理條例之規定不符？　　(C)

(A) 各區分所有權人按其共有之應有部分比例，對建築物之共用部分有使用收益之權。但另有約定者從其約定

(B) 共用部分得約定供特定區分所有權人使用。但有違法令使用限制之規定者，不得約定專用

(C) 共用部分之應有部分應隨同專有部分一併移轉或設定負擔。但另有約定者從其約定

(D) 共用部分之拆除，應依區分所有權人會議之決議為之

【113 年普】

第五條

1. 一樓露台屬於全體住戶共有，為了有效利用露台空間，住戶間常會將露台給該特定住戶使用，此露台稱為？　　(C)
(A) 專有部分　(B) 共用部分　(C) 約定專用部分
(D) 約定共用部分　　【113 年普】

第六條（住戶應遵守事項）

1. 公寓大廈之住戶於維護、修繕專有部分、約定專用部分或設置管線，必須使用共用部分時，以下敘述何者正確？　　(C)
(A) 得自由進入或使用，但應修復或補償所生損害
(B) 應經管理服務人之同意
(C) 應經管理負責人或管理委員會之同意
(D) 應經區分所有權人會議之同意　　【102 年普】

2. 依公寓大廈管理條例之規定，公寓大廈之住戶應遵守事項，下列敘述何者正確？　(A)
   (A) 於維護、修繕專有部分、約定專用部分或行使其權利時，不得妨害其住戶之安寧、安全及衛生
   (B) 他住戶因維護、修繕專有部分、約定專用部分或設置管線，必須進入或使用其專有部分或約定專用部分時，得拒絕
   (C) 管理負責人或管理委員會因維護、修繕共用部分或設置管線，必須進入或使用其專有部分或約定專用部分時，得拒絕
   (D) 於維護、修繕專有部分、約定專用部分或設置管線，必須使用共用部分時，不需經管理負責人或管理委員會之同意後為之
   【104 年普】

3. 公寓大廈內連通數個專有部分之樓梯間，依公寓大廈管理條例相關規定屬於何種型態？　(C)
   (A) 分別所有部分　(B) 共同公共部分　(C) 共用部分
   (D) 獨立部分　【105 年普】

4. 約定專用部分係指公寓大廈共用部分經約定供特定區分所有權人使用者。請問，就公寓大廈管理條例之規定，下列敘述何者錯誤？　(A)
   (A) 於維護、修繕約定專用部分，必須使用共用部分時，應經區分所有權人會議之同意後為之
   (B) 公寓大廈本身所占之地面不得為約定專用部分
   (C) 規約除應載明專有部分及共用部分範圍外，約定專用部分之範圍及使用主體，非經載明於規約者，不生效力
   (D) 成立之約定專用部分變更時，應經使用該約定專用部分之區分所有權人同意。但該約定專用顯已違反公共利益，經管理委員會或管理負責人訴請法院判決確定者，不在此限【109 年普】

5. 下列有關定型化契約條款敘述中那幾項是正確的？①企業經營者在定型化契約中所用之定型化契約條款如有疑義時，條款內容應本公平之解釋，不應偏向企業經營者或消費者　②企業經營者在　(C)

與消費者訂立定型化契約前，須至少提供三十日以內之合理審閱期間，供消費者審閱全部條款內容　③企業經營者以定型化契約條款訂定之使消費者拋棄合理審閱期間之條款為有效條款　④定型化契約中之主要權利或義務條款，因受條款之限制，致契約之目的難以達成者顯失公平，故為無效。
(A)②③　(B)①③　(C)②④　(D)①②④　　【111年普】

第七條（共用部分不得約定專用之範圍）

1. 公寓大廈共用部分不得獨立使用供作專有部分，其為下列何者非不得為約定專用部分？　　　　　　　　　　　　　　　　(C)
   (A) 公寓大廈本身所占之地面　(B) 社區內各巷道、防火巷弄
   (C) 非連通數個專有部分之樓梯或走廊
   (D) 公寓大廈之主要樑柱之構造　　　　　　　　　【106年普】

2. 公寓大廈共用部分原則上不得獨立使用供做專有部分，依公寓大廈管理條例之規定，下列何者屬得為約定專用部分：　　　(B)
   (A) 連通數個專有部分之走廊或樓梯，及其通往室外之通路或門廳；社區內各巷道、防火巷弄
   (B) 無固定使用方法，非屬區分所有權人生活利用上不可或缺之共用部分
   (C) 公寓大廈基礎、主要樑柱、承重牆壁、樓地板及屋頂之構造
   (D) 公寓大廈本身所占之地面　　　　　　　　　　【107年普】

3. 下列何者，得為公寓大廈約定專用部分？　　　　　　　　　(D)
   (A) 連通數個專有部分之走廊或樓梯，及其通往室外之通路或門廳
   (B) 社區內各巷道、防火巷弄
   (C) 公寓大廈基礎、主要樑柱、承重牆壁、樓地板及屋頂之構造
   (D) 樓頂平臺　　　　　　　　　　　　　　　　　【108年普】

4. 公寓大廈共用部分不得獨立使用供做專有部分。依公寓大廈管理條例之規定，其為特定情形者，並不得為約定專用部分。下列情形非屬前述之特定情形？　　　　　　　　　　　　　　　(C)

(A) 公寓大廈本身所占之地面
(B) 公寓大廈基礎、主要樑柱、承重牆壁、樓地板及屋頂之構造
(C) 其他有固定使用方法，並屬區分所有權人生活利用上不可或缺之專用部分
(D) 連通數個專有部分之走廊或樓梯，及其通往室外之通路或門廳；社區內各巷道、防火巷弄　　　　　　　　　【111 年普】

第八條（公寓大廈外圍使用之限制）

1. 依公寓大廈管理條例規定，公寓大廈住戶對於非屬專有部分之利用情形，下列敘述何者正確？ (C)
   (A) 住戶得經管理委員會主委同意，於外牆面設置廣告看板
   (B) 有 12 歲以下兒童之住戶，如未依規約或未經區分所有權人會議決議之同意，不得擅自於外牆開口部或陽臺設置不妨礙逃生且不突出外牆面之防墜設施
   (C) 有 12 歲以下兒童之住戶，得於外牆開口部或陽臺設置不妨礙逃生且不突出外牆面之防墜設施，無庸經規約或區分所有權人會議決議同意，但設置理由消失者，住戶應予改善或回復原狀
   (D) 住戶得經頂樓住戶之許可，於樓頂平台加蓋廟宇神壇

   【105 年普】

2. 公寓大廈外牆面設置廣告物，除應依法令規定辦理外，下列敘述何者正確？ (C)
   (A) 該公寓大廈規約另有規定，即應受該規約之限制
   (B) 該公寓大廈管理委員會會議已有決議，即應受該管理委員會會議決議之限制
   (C) 該公寓大廈規約另有規定，經向直轄市、縣（市）主管機關完成報備有案者，即應受該規約之限制
   (D) 該公寓大廈管理委員會會議已有決議，經向直轄市、縣（市）主管機關完成報備有案者，即應受該管理委員會會議決議之

限制　　　　　　　　　　　　　　　　　　　【105 年普】

3. 依公寓大廈管理條例規定，關於供區分所有權人使用部分之敘述，下列何者錯誤？　(B)
   (A) 區分所有權人除法律另有限制外，對其專有部分得自由使用、收益、處分
   (B) 獨立建築物所有權之牆壁，以牆之外緣為界。故該牆所屬之區分所有權人得於區分所有人權會議決議同意後，於外牆設置廣告物
   (C) 專有部分之共同壁修繕費用，若修繕費係因可歸責於區分所有權人之事由所致，全數由該區分所有權人負擔
   (D) 公寓大廈通往室外之通路不得為約定專用部分　【106 年普】

4. 依公寓大廈管理條例規定，有關公寓大廈外牆開口部或陽台設置防墜設施的條件，下列何者錯誤？
   (A) 有十二歲以下兒童之住戶　(B) 有六十五歲以上老人之住戶
   (C) 防墜設施須不妨礙逃生且不突出外牆面
   (D) 應經管理委員會之同意　　　　　　　　【107 年普】

5. 有關公寓大廈周圍上下、外牆面設置防墜設施之規定，下列何者錯誤？　(A)
   (A) 須公寓大廈有十二歲以下兒童或六十歲以上老人之住戶
   (B) 須於外牆開口部或陽臺設置
   (C) 防墜設施須不妨礙逃生且不突出外牆面
   (D) 防墜設施設置後，設置理由消失且不符公寓大廈管理條例之限制者，區分所有權人應予改善或回復原狀　【112 年普】

第九條（共用部分之使用權）

1. 公寓大廈各區分所有權人係按何比例對建築物之共用部分及其基地有使用收益之權？　(B)
   (A) 按其專有部分面積比例　(B) 按其共有之應有部分比例
   (C) 按其基地共有部分面積比例

(D) 按其專有部分及共有部分合計之面積比例　　　【96年普】

第十條（修繕、管理、維護費用）

1. 某公寓大廈社區將原本為甲所有之專有部分，經約定後供共同使用。請問該約定共用部分，於公寓大廈管理條例之規定中，下列敘述何者錯誤？　　(B)
   (A) 公寓大廈之起造人於申請建造執照時，應檢附資料包含約定共用部分標示之詳細圖說及規約草約。於設計變更時亦同
   (B) 約定共用部分之修繕、管理、維護，由專有部分區分所有權人甲負擔之
   (C) 約定共用部分，若涉及公共環境清潔衛生之維持、公共消防滅火器材之維護、公共通道溝渠及相關設施之修繕，其費用政府得視情況予以補助
   (D) 專有部分經依區分所有權人會議約定為約定共用部分者，應經甲之同意，否則不生效力　　　【109年普】

2. 有關公寓大廈專有部分、共用部分之修繕義務及費用負擔，下列敘述何者錯誤？　　(C)
   (A) 專有部分之修繕，由各該區分所有權人為之，並負擔其費用
   (B) 共用部分之修繕，由管理負責人或管理委員會為之。其費用由公共基金支付或由區分所有權人按其共有之應有部分比例分擔之
   (C) 共用部分之修繕，係因可歸責於區分所有權人之事由所致者，由區分所有權人為之，並負擔其費用。但規約另有規定者，從其規定
   (D) 共用部分之重大修繕，應依區分所有權人會議之決議為之。其費用，由公共基金支付或由區分所有權人按其共有之應有部分比例分擔　　　【113年普】

第十一條（共用部分之拆除、重大修繕或改良）

1. 依公寓大廈管理條例之規定，共用部分指公寓大廈專有部分以外之其他部分及不屬專有之附屬建築物，而供共同使用者。關於共用部分，下列敘述何者錯誤？ (D)
   (A) 專有部分不得與其所屬建築物共用部分之應有部分及其基地所有權或地上權之應有部分分離而為移轉或設定負擔
   (B) 管理負責人或管理委員會因維護、修繕共用部分或設置管線，必須進入或使用其專有部分或約定專用部分時，不得拒絕
   (C) 各區分所有權人按其共有之應有部分比例，對建築物之共用部分及其基地有使用收益之權。但另有約定者從其約定
   (D) 共用部分及其相關設施之拆除、重大修繕或改良，應依管理委員會之決定為之　　　　　　　　　　　　　【107年普】

2. 公寓大廈專有部分以外之其他部分及不屬專有之附屬建築物，而供共同使用者，為共用部分。公寓大廈管理條例對於共用部分權利義務關係之規定，下列敘述何者錯誤？ (D)
   (A) 管理負責人或管理委員會因維護、修繕共用部分或設置管線，必須進入或使用其專有部分或約定專用部分時，不得拒絕
   (B) 共用部分之修繕費係因可歸責於區分所有權人或住戶之事由所致者，由該區分所有權人或住戶負擔。其費用若區分所有權人會議或規約另有規定者，從其規定
   (C) 各區分所有權人按其共有之應有部分比例，對建築物之共用部分及其基地有使用收益之權。但另有約定者從其約定
   (D) 共用部分及其相關設施之拆除，應由管理負責人或管理委員會決定為之　　　　　　　　　　　　　【109年普】

第十二條（專有部分修繕費之負擔）

1. 專有部分之樓地板維修時，原則上維護費用應由誰負擔？ (A)
   (A) 樓地板上下方區分所有權人，共同負擔

(B) 全體區分所有權人，共同負擔

(C) 由樓地板上方之區分所有權人負擔

(D) 由公寓大廈公共基金負擔　　　　　　　　　【106 年普】

2. 公寓大廈專有部分之共同壁及樓地板或其內之管線，其維修費用，以下敘述何者正確？　　　　　　　　　　　　　　　　　　(B)

(A) 修繕費係因非可歸責於區分所有權人之事由所致者，由該區分所有權人負擔

(B) 由該共同壁雙方或樓地板上下方之區分所有權人共同負擔

(C) 由公共基金負擔　　(D) 由管理委員會負擔　　【108 年普】

3. 3 樓住戶因浴室漏水，經抓漏後發現是 3、4 樓樓地板內之管線自然損壞導致漏水，請問修繕費用由誰負擔？　　　　　　　(D)

(A) 3 樓　　(B) 4 樓　　(C) 3、4 樓之住戶共同負擔

(D) 3、4 樓之區分所有權人共同負擔　　　　　　【113 年普】

第十三條（必須重建之法定事由）

1. 依公寓大廈管理條例規定，公寓大廈之重建，原則上不須經下列何者之同意？　　　　　　　　　　　　　　　　　　　　　(D)

(A) 基地所有權人　(B) 地上權人　(C) 典權人　(D) 抵押權人

【101 年普】

2. 依公寓大廈管理條例規定，因重大瓦斯氣爆引發火災肇致該公寓大廈有危害公共安全之虞，擬進行重建時，下列敘述何者錯誤？　(A)

(A) 應經全體區分所有權人及基地所有權人、地上權人或典權人之同意

(B) 需經區分所有權人會議決議

(C) 當區分所有權人不同意法定會議之決議又不出讓區分所有權，管理委員會得訴請法院命區分所有權人出讓其區分所有權及其基地所有權應有部分

(D) 重建之建造執照之申請，其名義以區分所有權人會議之決議為之　　　　　　　　　　　　　　　　　　　　　【103 年普】

3. 依公寓大廈管理條例之規定，因地震、水災、風災、火災或其他重大事變，肇致危害公共安全，而需要辦理公寓大廈之重建者，下列敘述何者錯誤？　　　(D)
   (A) 公寓大廈依此事由所為之重建，不須經全體區分所有權人及基地所有權人、地上權人或典權人之同意
   (B) 經區分所有權人會議決議重建時，區分所有權人不同意決議又不出讓區分所有權或同意後不依決議履行其義務者，管理負責人或管理委員會得訴請法院命區分所有權人出讓其區分所有權及其基地所有權應有部分
   (C) 重建之建造執照之申請，其名義以區分所有權人會議之決議為之
   (D) 管理負責人或管理委員會依公寓大廈管理條例之規定，訴請法院命不同意決議又不出讓區分所有權之區分所有權人出讓其區分所有權及其基地所有權應有部分後，對於該受讓人仍應徵詢其意見，不當然視為同意重建　　【107年普】

第十四條

1. 某老舊公寓社區因近來地震頻繁嚴重毀損，有危害公共安全之虞。經召開臨時區分所有權人會議，在符合公寓大廈管理條例第30條及第31條規定下，決議同意重建。惟甲自始即反對重建，於臨時會議時，亦投下反對票。依公寓大廈管理條例之規定，應如何處理？　　　(B)
   (A) 因未經全體區分所有權人之同意，該公寓社區不得進行重建
   (B) 管理負責人或管理委員會得訴請法院命甲出讓其區分所有權及其基地所有權應有部分
   (C) 管理負責人或管理委員會得訴請法院將甲強制遷離
   (D) 管理負責人或管理委員會得請求主管機關為必要之處置　　【113年普】

第十五條（依使用執照及規約使用之義務）

1. 住戶應依使用執照所載明用途及規約使用專有部分、約定專用部分，不得擅自變更。住戶違反前項規定，應由何者予以制止？ (D)
   (A) 住戶委員會　(B) 管理服務人　(C) 警察機關
   (D) 管理負責人或管理委員會制止，並報直轄市、縣（市）主管機關處理並要求回復原狀　【97年普】

第十六條（維護公共安全、公共衛生與公共安寧之義務）

1. 關於公寓大廈住戶行為規範之敘述，下列何者錯誤？ (B)
   (A) 住戶不得於大樓之公共密閉處所吸菸，以免影響其他住戶健康
   (B) 針對開放空間，在直轄市、縣（市）政府核准範圍內，住戶縱依規約或區分所有權人會議決議許可得使用該空間，亦不得為營業目的使用
   (C) 住戶於公寓大廈內依法經營餐飲業者，應依中央主管機關所定保險金額投保公共意外責任保險
   (D) 住戶飼養動物，不得妨礙公共衛生、公共安寧及公共安全。但法令或規約另有禁止飼養之規定時，從其規定　【105年普】

2. 下列有關公寓大廈管理之敘述，何者錯誤？ (C)
   (A) 住戶雖有繳管理費用，但仍不得任意棄置垃圾、惡臭物質
   (B) 住戶不得於私設通路、防火間隔、防火巷弄等處所堆置雜物
   (C) 住戶於開放空間及退縮空地，經管理委員會核准後，在核准範圍內得自行設置廣告物
   (D) 住戶飼養動物時，應遵守規定，不得妨礙公共衛生、公共安寧以及公共安全　【106年普】

3. 依公寓大廈管理條例之規定，開放空間及退縮空地，在直轄市、縣（市）政府核准範圍內，應經下列何種程序，始得供營業使用？ (B)
   (A) 經向直轄市、縣市主管機關申請許可之許可函

(B) 依規約或區分所有權人會議決議

(C) 依管理負責人或管理委員會之決定

(D) 依開放空間及退縮空地鄰近之區分所有權人之同意

【107 年普】

4. 依據公寓大廈管理條例規定，下列敘述何者正確？　(B)

(A) 在住戶互相協議同意之下，住戶在樓梯間即得放置雜物

(B) 未經申請主管建築機關之核准，住戶為修繕時不得破壞建築物之主要構造

(C) 住戶對於退縮空地，不得依規約或區分所有權人會議決議供營業使用

(D) 依規約或區分所有權人會議決議，住戶即可在公共走道加設鐵門

【110 年普】

第十七條（投保公共意外責任保險）

1. 甲住戶於公寓大廈內依法經營餐飲業，以下敘述何者錯誤？　(C)

(A) 甲應投保公共意外責任保險

(B) 乙為同一大廈之住戶，其投保火災保險之保險費若因甲之行為而增加時，得要求甲補償其差額

(C) 甲因營業所產生的喧囂為正常情況，不屬法令所規範之「妨害公共安寧」範疇

(D) 甲仍應依規約使用其專有部分，不得擅自變更　【90 年特】

2. 依公寓大廈管理條例規定，住戶於公寓大廈內依法經營下列何種類營業，應投保公共意外責任保險？　(C)

(A) 服飾精品店　(B) 書店　(C) 義大利麵店　(D) 生活寢具店

【97 年普】

第十八條（公共基金之設置及來源）

1. 向上大樓已成立管理委員會，並將公共基金存放銀行專戶。住戶希望閒置的公共基金能獲取較銀行存款更高的投資報酬，擬交付　(B)

信託。試問：依公寓大廈管理條例規定，應如何處理？
(A) 經管理委員會決議後，由負責財務管理之管理委員交付信託
(B) 經區分所有權人會議決議後，由管理委員會交付信託
(C) 由管理委員會主任委員直接交付信託
(D) 由負責財務管理之管理委員直接交付信託　　【108年普】

2. 公寓大廈公共基金之來源及運用、管理方式，下列何者正確？　(D)
(A) 起造人就公寓大廈領得建造執照一年內之管理維護事項，應按工程造價一定比例或金額提列為公共基金
(B) 區分所有權人依管理委員會決議繳納公共基金
(C) 公共基金經區分所有權人會議決議交付信託者，由管理委員會主任委員交付信託
(D) 公共基金應設專戶儲存，並由管理負責人或管理委員會負責管理　　【110年普】

3. 有關公寓大廈公共基金之設置，下列何者錯誤？　(B)
(A) 起造人就公寓大廈領得使用執照一年內之管理維護事項，應按工程造價一定比例或金額提列
(B) 起造人於該公寓大廈使用執照申請時，應提出繳交公庫代收之證明；於公寓大廈召開區分所有權人會議時，由公庫代為撥付
(C) 公共基金應設專戶儲存，並由管理負責人或管理委員會負責管理
(D) 公共基金經區分所有權人會議決議交付信託者，其運用應依區分所有權人會議之決議為之　　【112年普】

第十九條（區分所有權人對公共基金之權利）

1. 依公寓大廈管理條例規定，有關公寓大廈之公共基金，下列敘述何者正確？　(A)
(A) 區分所有權人對於公共基金之權利應隨區分所有權之移轉而移轉；不得因個人事由為讓與、扣押、抵銷或設定負擔

(B) 公共基金應設專戶儲存，其運用應依管理委員會會議之決議為之
(C) 起造人應按建築物銷售總金額一定比例或金額提列公共基金
(D) 起造人於該公寓大廈建造執照申請時，應提出繳交各直轄市、縣（市）主管機關公庫代收公共基金之證明【103年普】

2. 張先生在甲社區居住20年，每年均按月繳交管理費納入公共基金，今年張先生因搬家而出售位於該社區的房地產給陳先生，請問張先生對於該公共基金的權利，依公寓大廈管理條例之規定，應如何處理？　　　　　　　　　　　　　　　　　　　　　　(B)
(A) 用剩的部分退回給張先生　(B) 隨著該房地產移轉給陳先生
(C) 抵繳張先生應負擔的銀行貸款
(D) 抵繳張先生應負擔的搬家費用　　　　　　　　　　【104年普】

3. 關於公寓大廈之公共基金，下列敘述何者正確？　　　　　　(C)
(A) 起造人就公寓大廈領得使用執照三年內之管理維護事項，應按工程造價一定比例或金額提列
(B) 區分所有權人依管理委員會議決議繳納
(C) 區分所有權人對於公共基金之權利應隨區分所有權之移轉而移轉
(D) 區分所有權人積欠應繳納之公共基金已逾一期或達相當金額，經催告仍不給付者，管理負責人或管理委員會得訴請法院命其給付　　　　　　　　　　　　　　　　　　【109年普】

第二十條（公共基金移交程序）

1. 理想社區98年1月召開區分所有權人會議之後，改選委員成立新的管理委員會，若97年的管理委員會拒絕移交公共基金收支帳冊，經催告於幾日內仍不公告或移交時，得報請主管機關或訴請法院命其移交？　　　　　　　　　　　　　　　　　　(A)
(A) 七日　(B) 十日　(C) 十五日　(D) 三十日　　【98年普】

2. 下列有關公寓大廈管理條例中對公共基金規範之敘述何者錯誤？　(C)

(A) 公共基金應設專戶儲存

(B) 公共基金由管理負責人或管理委員會負責管理

(C) 管理負責人或管理委員會負責管理之公共基金應不定期將其收支、保管及運用情形公告

(D) 公共基金之運用應依區分所有權人會議之決議為之【99年普】

第二十一條（積欠公共基金之催討程序）

1. 甲公寓大廈管理委員會欲對積欠管理費的住戶乙行使權利，問甲得否成為訴訟上的原告？
    (A) 得，因為甲有當事人能力　(B) 得，因為甲有權利能力
    (C) 不得，因為甲無權利能力　(D) 不得，因為甲並非法人

【103年普】　(A)

2. 公寓大廈住戶積欠應繳納之公共基金或應分擔之費用，下列何者情形管理委員會得訴請法院命其給付？
    (A) 已逾二期，經定相當期間催告仍不給付者，得向法院起訴請求
    (B) 雖金額尚未相當，仍可向法院起訴請求
    (C) 只要一逾期未繳，即可向法院起訴請求
    (D) 視住戶態度決定催討與否或由管理委員會自行吸收

【106年普】　(A)

3. 依公寓大廈管理條例之規定，區分所有權人或住戶積欠應繳納之公共基金或應分擔或其他應負擔之費用，至少逾多少期或達相當金額，經定相當期間催告仍不給付者，管理負責人或管理委員會得訴請法院命其給付應繳之金額及遲延利息？
    (A) 一期　(B) 二期　(C) 三期　(D) 六期　【111年普】　(B)

第二十二條（強制出讓之要件）

1. A封閉式公寓大廈為區分所有建物。下列敘述，何者正確？
    (A) A公寓大廈專有部分的無權占有人甲，並非住戶，故並無積欠該大廈應負擔費用的問題

(C)

(B) A 公寓大廈每年至少應召開住戶大會一次
(C) 針對 A 公寓大廈區分所有人乙積欠管理費，現行法有法定優先受償權的規定
(D) A 公寓大廈於一定要件下，得以該辦公、商場部分召開區分所有權人會議 【103 年普】

2. 區分所有權人違反公寓大廈管理條例第 22 條，管理委員會得依區分所有權人會議之決議，訴請法院命區分所有權人出讓其區分所有權及其基地所有權應有部分；於判決確定後 3 個月內不自行完成者，經管理委員會聲請法院拍賣之所得，除其他法律另有規定外，於積欠本條例應分擔之費用，其受償順序的敘述，下列何者正確？ (B)
(A) 優先於普通抵押權 　(B) 與第一順位抵押權同
(C) 與普通抵押權同 　(D) 與一般債權同 【105 年普】

3. 公寓大廈之區分所有權人因違反規約情節重大者，管理委員會如何要求區分所有權人出讓其區分所有權及其基地所有權應有部分？ (B)
(A) 依管理委員會議之決議訴請法院命其強制出讓
(B) 依區分所有權人會議之決議訴請法院命其強制出讓
(C) 依管理委員會議之決議報請直轄市、縣（市）政府強制執行
(D) 依區分所有權人會議之決議報請直轄市、縣（市）政府強制執行 【110 年普】

第二十三條（住戶規約之訂定及範圍）

1. 下列有關公寓大廈規約之敘述，何者正確？ (C)
(A) 由管理委員會訂定
(B) 內政部訂頒之「公寓大廈規約範本」具強制效力，公寓大廈訂定規約不得違反該範本之內容
(C) 就住戶違反義務之處理方式，非經載明於規約，不生效力
(D) 規約訂定後，應向主管機關報備，始生效力 【108 年普】

2. 規約除應載明專有部分及共用部分範圍外，有特定之情形，非經 (D)

載明於規約者,不生效力。下列敘述何者非屬之？
(A) 違反義務之處理方式
(B) 禁止住戶飼養動物之特別約定
(C) 財務運作之監督規定
(D) 他住戶因維護、修繕專有部分,必須進入或使用其專有部分或約定專用部分時,不得拒絕　　　【111年普】

3. 依現行公寓大廈管理條例規定,公寓大廈住戶可以飼養動物？　(B)
(A) 原則可以,但社區管委會有權禁止住戶飼養動物
(B) 原則可以,但規約另有禁止飼養之規定時,則依規約約定
(C) 原則禁止,但社區管委會有權開放住戶飼養動物
(D) 原則禁止,但規約有權開放住戶飼養動物　　　【113年普】

第二十四條（繼受人之權利義務與無權佔有人之義務）

1. A公寓大廈規約約定住戶不得養貓,新搬進的住戶甲不願遵守,有無理由？　(D)
(A) 有理由,因為依相關法規規定,住戶可以在公寓大廈中養寵物
(B) 有理由,因為甲未參與之前規約的討論
(C) 有理由,因為甲在買受前,無從知悉該規約的內容
(D) 無理由,因為甲應繼受合法規約所定事項　　　【103年普】

2. 大樓規約約定1樓露台屬於1樓甲使用,嗣後3樓所有權人乙將其房地產權出售並過戶給丙,請問該規約對丙繼受人有無效力？　(A)
(A) 依公寓大廈管理條例第24條規定,區分所有權之繼受人丙,應於繼受後遵守原區分所有權人依規約所定之一切權利義務事項
(B) 丙未在規約簽章,對其不生效力
(C) 丙不知有該規約約定,對其不生效力
(D) 該規約僅能拘束原區分所有權人乙　　　【113年普】

第三章　管理組織

第二十五條（區分所有權人會議之召開）

1. 召開區分所有權人會議的臨時會議，除了發生重大事故有及時處理之必要以外，還可以由區分所有權人人數多少比例以上及其區分所有權比例合計多少比例以上，以書面載明召集之目的及理由請求召集？
   (A) 二分之一，三分之二　(B) 三分之一，三分之一
   (C) 五分之一，五分之一　(D) 五分之一，五分之三　【98 年普】　(C)

2. 依公寓大廈管理條例規定，區分所有權人召開定期會議之頻率為：
   (A) 每半年至少應召開定期會議 1 次
   (B) 每季至少應召開定期會議 1 次
   (C) 每年至少應召開定期會議 1 次
   (D) 每兩年至少應召開定期會議 1 次　【105 年普】　(C)

3. 依公寓大廈管理條例規定，關於召開區分所有權人會議，下列敘述何者錯誤？
   (A) 每年至少應召開定期會議一次
   (B) 發生重大事故有及時處理之必要，經管理委員會請求者，應召開臨時會議
   (C) 須經區分所有權人三分之一以上及其區分所有權比例合計三分之一以上，以書面載明召集之目的及理由請求召集者，始得召開臨時會議
   (D) 區分所有權人會議可由具區分所有權人身分之管理委員為召集人　【106 年普】　(C)

第二十六條（非封閉式公寓大廈規約之訂定）

1. 依公寓大廈管理條例之規定，非封閉式之公寓大廈集居社區其地　(A)

面層為各自獨立之數幢建築物,且區內屬住宅與辦公、商場混合使用,其辦公、商場之出入口各自獨立之公寓大廈,各該幢內之辦公、商場部分,得就該幢或結合他幢內之辦公、商場部分,經其區分所有權人過多少比例之書面同意,及全體區分所有權人會議決議或規約明定法定事項後,以該辦公、商場部分召開區分所有權人會議,成立管理委員會,並向直轄市、縣(市)主管機關報備?
(A) 二分之一　(B) 三分之二　(C) 五分之三　(D) 四分之三

【107 年普】

第二十七條(區分所有權之計算方式)

1. 關於區分所有權人會議之出席人數與表決權之計算,於任一區分所有權人所有之專有部分之個數超過全部專有部分個數總合之多少比例以上者,其超過部分不予計算?　　　　　　　　　　(C)
(A) 二分之一　(B) 三分之一　(C) 五分之一　(D) 十分之一

【102 年普】

第二十八條(起造人召集會議)

1. 公寓大廈建築物所有權登記之區分所有權人數及其區分所有權比例在多少以上,起造人應於三個月內召開區分所有權人會議,成立管理委員會?　　　　　　　　　　　　　　　　　　　(B)
(A) 五分之一、五分之一　(B) 二分之一、二分之一
(C) 三分之一、三分之二　(D) 三分之二、四分之三　【100 年普】

2. 依公寓大廈管理條例規定,區分所有權人因故無法出席區分所有權人會議時,得以書面委託代理人出席。下列何者不是公寓大廈管理條例所規定的代理人?　　　　　　　　　　　　　　(D)
(A) 承租人　(B) 有行為能力之直系血親
(C) 其他區分所有權人　(D) 管理服務人　　　　【103 年普】

3. 依公寓大廈管理條例之規定,下列何者非公寓大廈起造人之法定　(B)

義務？
(A) 按工程造價一定比例提列公共基金
(B) 公寓大廈建築物所有權登記達法定比例後，於三個月內召開管理委員會第一次會議
(C) 依使用執照所記載用途及建物測繪後，辦理建物所有權第一次登記
(D) 將公寓大廈共用設施設備、圖說、手冊等資料，會同主管機關檢測，確認其功能正常無誤後，移交給管理委員會
【104 年普】

4. 依據公寓大廈管理條例有關起造人之規定，下列敘述何者錯誤？(第 56、57、58 條) (D)
(A) 公寓大廈建築物之起造人有召集第 1 次區分所有權人會議之義務
(B) 公寓大廈建築物起造人要領得建造執照，始可辦理公寓大廈銷售
(C) 公寓大廈建築物起造人負有移交共用部分等之義務及移交期限
(D) 公寓大廈建築物之起造人於申請使用執照時，應檢附規約草約
【110 年普】

5. 依公寓大廈管理條例規定，起造人於符合下列何種情形後三個月內，應召集區分所有權人召開區分所有權人會議，成立管理委員會或推選管理負責人，並向直轄市、縣（市）主管機關報備？ (A)
(A) 公寓大廈建築物所有權登記之區分所有權人達半數以上及其區分所有權比例合計半數以上
(B) 公寓大廈建築物所有權登記之區分所有權人達半數以上及其區分所有權比例合計三分之二以上
(C) 公寓大廈建築物所有權登記之區分所有權人達三分之二以上及其區分所有權比例合計半數以上
(D) 公寓大廈建築物所有權登記之區分所有權人達三分之二以上及其區分所有權比例合計三分之二以上
【113 年普】

第二十九條（管理委員會、管理負責人之成立）

1. 公寓大廈成立管理委員會者，其主任委員應如何產生？ (C)
   (A) 由全體區分所有權人選舉選出　(B) 由全體住戶選舉選出
   (C) 由管理委員互推　(D) 由地方主管機關指派　　【95年普】

2. 公寓大廈管理委員會管理委員之選任、解任、權限與其委員人 (A)
   數、召集方式及事務執行方法等規定，除規約外，依何方式產
   生？
   (A) 區分所有權人會議之決議　(B) 管理委員會會議之決議
   (C) 由中央主管機關定之　(D) 由地方主管機關定之　【95年普】

3. 依公寓大廈管理條例規定，關於管理委員會主任委員之選任，下 (C)
   列敘述何者正確？
   (A) 連選得連任　(B) 不得連選連任　(C) 連選得連任一次
   (D) 未規定　　　　　　　　　　　　　　　　　　【97年普】

4. 公寓大廈應成立管理委員會或推選管理負責人。下列何種管理委 (D)
   員，不受連選得連任一次之限制？
   (A) 主任委員　(B) 監察委員　(C) 財務委員　(D) 消防委員
   　　　　　　　　　　　　　　　　　　　　　　　【109年普】

第三十條（召開會議之通知方法）

1. 安心社區擬於近日召開區分所有權人定期會議，討論社區管理事 (C)
   宜，同時選任新的管理委員。社區規約對於定期會議之召集程序
   及管理委員之選任事項，未定有特別規定。請問：管理委員會主
   任委員召集會議時，下列何項程序有違公寓大廈管理條例之規
   定？
   (A) 於開會前十日通知各區分所有權人
   (B) 以書面通知載明開會內容
   (C) 逕以公告代替書面通知，公告期間多於二日
   (D) 有關管理委員之選任事項，在開會通知中載明並公告之

【108 年普】

第三十一條（區分所有權人會議之決議方式）

1. 區分所有權人會議決議，除規約另有規定外，應有出席人數多少比例以上及其區分所有權比例占出席人數區分所有權多少比例以上之同意行之？ (C)
   (A) 三分之二，三分之二　(B) 三分之二，四分之三
   (C) 四分之三，四分之三　(D) 四分之三，五分之四　【97 年普】

第三十二條（未獲致決議時重新開議之要件）

1. 依公寓大廈管理條例第三十二條有關區分所有權人會議未獲致決議，重新開議之規定，下列敘述何者正確？ (B)
   (A) 其開議除規約另有規定出席人數外，應有區分所有權人三分之二以上及其區分所有權比例合計三分之二以上出席
   (B) 應以出席人數過半數及其區分所有權比例占出席人數區分所有權合計過半數之同意作成決議
   (C) 決議之會議紀錄各區分所有權人得於十日內以書面表示反對意見
   (D) 書面反對意見未超過出席區分所有權人及其區分所有權比例合計半數時，該決議視為成立　【103 年普】

第三十三條（區分所有權之決議效力）

1. 在公寓大廈樓頂平臺設置廣告物，除應依法令規定辦理外，尚應受何限制？ (C)
   (A) 管理委員會之決議　(B) 管理負責人之許可
   (C) 區分所有權人會議決議　(D) 頂層住戶同意　【102 年普】

2. 有關公寓大廈區分所有權人會議決議之特別生效要件，下列何者正確？ (C)
   (A) 無線電台基地台等類似強波發射設備，設置於屋頂者，應經

頂層住戶同意；設置其他樓層者，應經該樓層住戶同意
(B) 約定專用部分變更時，應經使用該約定專用部分之區分所有權人同意。但該約定專用顯已違反公共利益，經區分所有權人會議決議者，不在此限
(C) 專有部分經依區分所有權人會議約定為約定共用部分者，應經該專有部分區分所有權人同意
(D) 共用部分經依區分所有權人會議約定為約定專用部分者，應經該專有部分區分所有權人同意　　　　【110 年普】

第三十四條（會議記錄之作成送達與公告）

1. 區分所有權人會議應作成會議紀錄，載明開會經過及決議事項，由主席簽名，於會後最長幾日內送達各區分所有權人並公告之？(B)
    (A) 十日　(B) 十五日　(C) 二十日　(D) 三十日　【100 年普】

第三十五條（請求閱覽或影印之權利）

1. 利害關係人於必要時，請求閱覽規約及區分所有權人之會議紀錄，管理負責人或管理委員會應如何處理？(C)
    (A) 依法院判決提供　(B) 依區分所有權人會議議決提供
    (C) 不得拒絕應予以提供閱覽　(D) 主管機關命令提供　【97 年普】

2. 關於區分所有權之繼受人，應於繼受前向管理負責人或管理委員會請求閱覽或影印之文件，不包括以下何者？(B)
    (A) 會計憑證　(B) 區分所有權人名冊　(C) 公共基金餘額
    (D) 管理委員會會議紀錄　　　　【102 年普】

第三十六條（管理委員會之職務範圍）

1. 下列何者非公寓大廈管理委員會之職務？(B)
    (A) 住戶共同事務應興革事項之建議
    (B) 公寓大廈共用部分之重大修繕或改良
    (C) 公寓大廈及其周圍之安全及環境維護事項

(D) 管理服務人之委任、僱傭及監督　　　　　　【102 年普】

2. 下列何者不是公寓大廈管理委員會之職務？　　　　　　　　　　(B)
   (A) 管理服務人之委任、僱傭及監督
   (B) 共用部分、約定專用部分及其附屬設施設備之點收及保管
   (C) 公寓大廈發生重大事故有及時處理之必要，請求召開區分所有權人臨時會議
   (D) 住戶違規情事之制止及相關資料之提供　　　　【110 年普】

3. 依公寓大廈管理條例之規定，有關公寓大廈管理委員會職務之敘述，下列何者正確？　　　　　　　　　　　　　　　　　　　　(B)
   (A) 住戶大會決議事項之執行
   (B) 住戶違規情事之制止及相關資料之提供
   (C) 共有及共用部分之清潔、維護、重大修繕及改良
   (D) 住戶共同事務應興革事項之決定與管理　　　　【112 年普】

第三十七條

1. 以下有關公寓大廈區分所有權人會議及管理委員會兩者間關係之說明，何者錯誤？（第 37、38、39 條）　　　　　　　　　　　(C)
   (A) 管理委員會有執行區分所有權人會議決議事項之義務
   (B) 管理委員會會議決議之內容不得違反區分所有權人會議決議
   (C) 管理委員會不得為訴訟之原告或被告，如起訴或被訴時，應通知區分所有權人擔當訴訟
   (D) 管理委員會應向區分所有權人會議負責，並向其報告會務
   　　　　　　　　　　　　　　　　　　　　　　　【108 年普】

第三十八條（管理委員會於民事訴訟上有當事人能力）

1. 下列有關公寓大廈管理委員會之敘述，何者錯誤？　　　　　　(B)
   (A) 管理委員會有當事人能力
   (B) 管理委員會為原告或被告時，應將訴訟事件要旨速告地方主管機關

(C) 管理委員會應向區分所有權人會議負責，並向其報告會務

(D) 管理委員會主任委員對外代表管理委員會　【95年普】

2. 依公寓大廈管理條例規定，下列有關管理委員會敘述何者錯誤？　(B)

(A) 管理委員會係指由區分所有權人選任住戶若干人為管理委員所設立之組織

(B) 管理委員會不具有當事人能力

(C) 管理委員會會議決議之內容不得違反區分所有權人會議決議

(D) 管理委員會之職務包括約定共用部分及其附屬設施設計之點收及保管　【101年普】

第三十九條（管理委員會之義務）

1. 下列有關公寓大廈管理委員會之敘述，何者錯誤？　(C)

(A) 管理委員會有當事人能力

(B) 管理委員會為原告或被告時，應將訴訟事件要旨速告區分所有權人

(C) 管理委員會應向區分所有權人會議召集人負責，並向其報告會務

(D) 管理委員會會議決議之內容不得違反區分所有權人會議決議　【102年普】

2. 依公寓大廈管理條例之規定，公寓大廈管理委員會應向下列何者負責，並向其報告會務？　(B)

(A) 直轄市、縣（市）主管機關　(B) 區分所有權人會議

(C) 管理委員會主任委員　(D) 管理負責人　【104年普】

第四章　管理服務人

第四十一條

1. 關於公寓大廈管理維護公司之執業，下列何者正確？　(D)

(A) 應經直轄市、縣（市）政府許可及辦理公司登記，並向直轄市、縣（市）政府申領登記證後，始得執業
(B) 應經直轄市、縣（市）政府許可及辦理公司登記，並向中央主管機關申領登記證後，始得執業
(C) 應經中央主管機關許可及辦理公司登記，並向直轄市、縣（市）政府申領登記證後，始得執業
(D) 應經中央主管機關許可及辦理公司登記，並向中央主管機關申領登記證後，始得執業　　　　　　　　　　【112年普】

第四十四條（受僱之管理服務人員執行業務規定）

1. 下列有關公寓大廈營運與管理維護之敘述，何者錯誤？　(B)
   (A) 公寓大廈管理員以受僱人身分簽名或蓋章代收稅單即生送達效力
   (B) 管理服務人得同時受聘於二家以上之管理維護公司
   (C) 公寓大廈利害關係人於必要時，得請求閱覽或影印會計憑證
   (D) 管理委員之選任事項，不得以臨時動議提出　　【99年普】

2. 關於公寓大廈營運與管理維護的敘述，下列何者正確？　(B)
   (A) 住戶共同事務應興革事項之決議，為管理委員會的職務之一
   (B) 受僱於公寓大廈管理維護公司之管理服務人員，不得同時受聘於2家以上之管理維護公司
   (C) 利害關係人請求閱覽或影印規約，管理委員於必要時得拒絕之，並應召集區分所有權人會議臨時會議
   (D) 公寓大廈之住戶非該專有部分之區分所有權人者，除區分所有權人會議之決議或規約另有規定外，不得被選任、推選為管理委員、主任委員或管理負責人　　　　【105年普】

第五章 罰則

第四十九條（罰則）

1. 區分所有權人未依區分所有權人會議之決議繳納公共基金者，下述有關罰則之規定，何者為最正確？ (D)
   (A) 處新臺幣二萬元以上五萬元以下罰鍰，並得令其限期改善或履行義務；屆期不改善或不履行者，得連續處罰
   (B) 處新臺幣三萬元以上十萬元以下罰鍰，並得令其限期改善或履行義務；屆期不改善或不履行者，得連續處罰
   (C) 處新臺幣四萬元以上十五萬元以下罰鍰，並得令其限期改善或履行義務；屆期不改善或不履行者，得連續處罰
   (D) 處新臺幣四萬元以上二十萬元以下罰鍰，並得令其限期改善或履行義務；屆期不改善或不履行者，得連續處罰【101年普】

2. 區分所有權人對專有部分之利用，不得有妨害建築物之正常使用及違反區分所有權人共同利益之行為。違反者，得處以新臺幣多少元之罰鍰？ (D)
   (A) 一千元以上五千元以下　(B) 三千元以上一萬五千元以下
   (C) 三萬元以上十五萬元以下　(D) 四萬元以上二十萬元以下
   【102年普】

3. 關於公寓大廈公共基金的敘述，下列何者正確？ (D)
   (A) 公共基金其來源之一為起造人就公寓大廈領得使用執照2年內之管理維護事項，應按工程造價一定比例或金額提列
   (B) 區分所有權人對於公共基金之權利不應隨區分所有權之移轉而移轉；得因個人事由為讓與、扣押、抵銷或設定負擔
   (C) 區分所有權人積欠應繳納之公共基金已逾六期或達相當金額，經定相當期間催告仍不給付者，管理負責人或管理委員會得訴請法院命其給付應繳之金額及遲延利息
   (D) 區分所有權人未繳納公共基金時，主管機關依公寓大廈管理

條例處新臺幣 4 萬元以上 20 萬元以下罰鍰，並得令其限期改善或履行義務　　　　　　　　　　【105 年普】

4. 在規約並未特別約定之情形下，一層一戶之住戶在樓梯間與走廊置放鞋櫃，並將安全門上鎖防止他人出入該樓層。下列敘述，何者正確？ (B)
   (A) 住戶不得於樓梯間與共同走廊間堆置雜物。若有違反，管理委員會有權制止並移除鞋櫃與剪斷鎖頭
   (B) 主管機關得處該住戶新臺幣 4 萬元以上 20 萬元以下罰鍰，並限期改善
   (C) 管理委員會促請該住戶改善，若於 3 個月內仍未改善，管理委員會得依區分所有權人會議決議，強制其遷離
   (D) 若該住戶拒絕依照區分所有權人會議決議遷離並完成移轉登記手續者，管理委員會得聲請法院拍賣之　　　　【106 年普】

5. 住戶違反公寓大廈管理條例第 9 條第 2 項關於公寓大廈變更使用限制規定，以下敘述何者錯誤？ (D)
   (A) 直轄市、縣（市）主管機關得令住戶限期改善；屆期不改善者，得連續處罰之
   (B) 住戶經制止而不遵從者，由直轄市、縣（市）主管機關處 4 萬元以上 20 萬元以下罰鍰
   (C) 管理委員會應予制止，並得按其性質請求各該主管機關為必要之處置。如有損害並得請求損害賠償
   (D) 由管理委員會促請住戶改善，住戶於 3 個月內仍未改善者，由管理委員會決議訴請法院強制其遷離　　　　【110 年普】

第五十條（罰則）

1. 從事公寓大廈管理維護業務之管理維護公司之管理服務人員沒有領得中央主管機關的認可證，而接受公寓大廈管理委員會之委任執行公寓大廈管理維護服務業務者，除了由直轄市、縣（市）主管機關勒令其停止執行業務以外，並處多少罰鍰？ (A)

(A) 新臺幣四萬元以上二十萬元以下
(B) 新臺幣二萬元以上十萬元以下
(C) 新臺幣三千元以上一萬五千元以下
(D) 新臺幣一千元以上五千元以下　　　　　　　【98年普】

第六章　附則

第五十四條（催告事項）

1. 公寓大廈管理條例所定應行催告之事項，由管理負責人或管理委員會以下列何種方式為之？ (A)
   (A) 書面　(B) 公告　(C) 面告　(D) 電話通知　　　【89年特】

第五十五條（施行前管理委員會之成立或管理負責人之推選）

1. 公寓大廈管理條例施行前已取得何種執照之公寓大廈，應依該條例規定成立管理組織？ (C)
   (A) 使用執照　(B) 營業執照　(C) 建造執照　(D) 雜項執照
   【90年特】

第五十六條（建物所有權登記）

1. 公寓大廈之起造人或區分所有權人應依使用執照所記載之用途及測繪規定，辦理何種登記？ (A)
   (A) 建物所有權第一次登記　(B) 土地總登記
   (C) 所有權變更登記　(D) 管理者變更登記　　　【100年普】

2. 依公寓大廈管理條例之規定，公寓大廈之起造人或區分所有權人應依使用執照所記載之用途及法定之測繪規定，辦理建物所有權第一次登記。下列敘述何者錯誤？ (D)
   (A) 獨立建築物所有權之牆壁，以牆之外緣為界
   (B) 建築物共用之牆壁，以牆壁之中心為界

(C) 附屬建物以其外緣為界辦理登記

(D) 無隔牆設置者,以建築執照竣工平面圖區分範圍為界,其面積應包括四周牆壁之厚度 【107 年普】

第五十七條

1. 依公寓大廈管理條例規定,有關起造人責任之敘述,下列何者錯誤? (C)
   (A) 就公寓大廈領得使用執照一年內之管理維護事項,起造人應按工程造價一定比例或金額提列公共基金
   (B) 公寓大廈之起造人,非經領得建造執照,不得辦理銷售
   (C) 公寓大廈之起造人於申請建造執照時,應檢附專有部分、共用部分、約定專用部分、約定共用部分標示之詳細圖說及規約
   (D) 起造人應將公寓大廈共用部分、約定共用部分與其附屬設施設備等,確認其功能正常無誤後,移交管理委員會或管理負責人 【112 年普】

第五十八條(銷售及讓售之限制)

1. 依公寓大廈管理條例規定,下列對於供作共同使用部分之法定停車空間的敘述,何者是錯誤的? (A)
   (A) 建商不得將未售出之停車空間,出租予區分所有權人以外之人 (D)
   (B) 建商不得單獨將停車空間售予未購買主建物之人
   (C) 區分所有權人不得分別單獨出售主建物或停車空間
   (D) 區分所有權人得單獨將停車空間售予同棟建築物之其他區分所有權人 【100 年普】

2. 下列關於公寓大廈、區分所有建物的敘述,何者正確? (A)
   (A) 公寓大廈之建築業者甲,不得將共用部分,包含法定空地、法定停車空間及法定防空避難設備,讓售於特定人乙
   (B) 公寓大廈有 13 歲兒童之住戶丙,外牆開口部或陽臺得設置

不妨礙逃生且不突出外牆面之防墜設施
(C) 規約之內容顯失公平者，不同意規約的區分所有人丁應於規約成立後六個月內訴請法院撤銷之
(D) 公寓大廈起造人戊，非經領得使用執照，不得辦理銷售

【103年普】 (D)

3. 關於公寓大廈起造人行為規範之敘述，下列何者錯誤？
(A) 起造人非經領得建造執照，不得辦理銷售
(B) 起造人應就領得使用執照1年內之管理維護事項，提列一定比例金額作為公共基金，並於使用執照申請時，繳交各地方主管機關公庫代收之證明
(C) 起造人應移交公寓大廈共用部分及設施予管理委員會或管理負責人
(D) 起造人得將法定停車空間讓售於特定人，以增加公共基金收入來源

【105年普】

第五十九條之一（爭議事件調處委員會之設立）

1. 依公寓大廈管理條例規定，直轄市、縣（市）政府得聘請資深之專家、學者及建築師、律師，並指定公寓大廈及建築管理主管人員，組設何種委員會處理公寓大廈爭議事件？
(A) 公寓大廈爭議事件調解委員會
(B) 公寓大廈爭議事件調處委員會
(C) 公寓大廈爭議事件調查委員會
(D) 公寓大廈爭議事件審議委員會

【105年普】 (B)

第六十條（規約範本）

1. 公寓大廈之規約範本，由何機關定之？
(A) 內政部　(B) 行政院公平交易委員會
(C) 行政院消費者保護委員會　(D) 直轄市、縣（市）政府

【102年普】 (A)

搭配「選擇題 100 分」，順利考上不動產經紀人

感謝曾教授及大日師資群的教導！感恩！

從事不動產仲介業近 15 年，109 年下決心參加不動產經紀人考試，農曆年後參加大日不動產經紀人班。

課程跟隨大日課表安排，對整個課程內容，考試注意事項，重點整理，有很明確的瞭解。除上課外，依照教授指導排定讀書計畫，並養成規律的生活作息。

練習歷年考題申論題，練字及整理近 10 年申論重點，寫過一次有印象，搭配讀書計畫複習再寫，會更加瞭解。課本內的題目，也會看看出題重點。寫申論，字漂亮了，書寫版面美觀，看到題目會下標題。

從歷屆考題的選擇題中自我測驗，第一次錯很多，但跟著讀書計畫複習，第二次、第三次測驗進步了……也能統計常出錯的部分再去熟悉。搭配選擇題 100 分，比較各法條常出題類型……抓出不熟常錯部分，縮小範圍，讀起來更輕鬆，勤做選擇題拿到基本分數。

安排讀書計畫，設定各科欲拿取分數，整理出考試重點，縮小讀書範圍，讀起來更輕鬆。考前總複習加深理解掌握重點。考試或許帶點運氣，但有努力才可能有那好運氣的機會。

謝謝曾教授及大日教授群老師平日的鼓勵及細心教導，收益良多，也順利錄取不動產經紀人。謝謝，感恩！

學生　林志明 敬上
110 年 4 月 15 日

第 2 篇 土地法與土地相關稅法概要

壹　土地法

第一編　總則

第一章　法例

第二條（土地分類）

1. 土地法將土地依其使用分為四類，其中第三類為交通水利用地，下列何者非屬交通水利用地項目？
   (A) 溝渠　(B) 池塘　(C) 湖泊　(D) 堤堰　　【100 年普】　(B)

2. 依土地法規定，碼頭、墳場屬於下列何種用地？
   (A) 直接生產用地　(B) 交通水利用地
   (C) 建築用地　(D) 其他用地　　【102 年普】　(C)

3. 下列何者是土地法第二條所稱之直接生產用地？
   (A) 水源地　(B) 溝渠　(C) 湖泊　(D) 水道　　【103 年普】　(A)

第四條（公有土地）

1. 土地法所定義公有土地與國有土地兩者意涵範圍之關係為何？
   (A) 公有土地小於國有土地　(B) 公有土地等於國有土地
   (C) 公有土地大於國有土地　(D) 公有土地與國有土地無關係
   【100 年普】　(C)

2. 下列土地何者屬於土地法第四條所稱的公有土地？
   (A) 所有權人登記為台灣糖業股份有限公司
   (B) 所有權人登記為臺灣石門農田水利會
   (C) 所有權人登記為國家中山科學研究院
   (D) 所有權人登記為埔里鎮　　【108 年普】　(D)

第五條（土地改良物）

1. 依土地法規定關於農作改良物之定義，下列何者不屬之？　(B)
   (A) 農作物　(B) 維護保育　(C) 水利土壤之改良
   (D) 農作物以外之其他植物　　　　　　　　　【102 年普】

第七條（土地債券意義）

1. 土地法所稱土地債券，係指何種金融機構依法所發行之債券？　(B)
   (A) 中央銀行　(B) 土地銀行　(C) 合作金庫銀行
   (D) 農業金庫銀行　　　　　　　　　　　　　【95 年普】

第二章　地權

第十條（私有土地與國有土地）

1. 依土地法之規定，私有土地之所有權消滅者，其最終歸屬為何？　(A)
   (A) 國有土地　(B) 直轄市有土地
   (C) 縣（市）有土地　(D) 鄉（鎮、市）有土地　【99 年普】

2. 登記於臺灣糖業股份有限公司名下的土地，依其土地登記之權屬　(D)
   係為：
   (A) 公有土地　(B) 國有土地　(C) 直轄市有土地　(D) 私有土地
   　　　　　　　　　　　　　　　　　　　　　【103 年普】

第十一條（土地他項權利設定）

1. 以在他人土地為農作、森林、養殖、畜牧、種植竹木或保育為目　(D)
   的而設定之土地他項權利，稱為下列何者權利？
   (A) 地上權　(B) 耕作權　(C) 農役權　(D) 農育權　【99 年普】

2. 請問下列何者為土地法所創設之他項權利？　(C)
   (A) 典權　(B) 農育權　(C) 耕作權　(D) 不動產役權　【99 年普】

3. 我國物權係採法定主義，於土地所有權以外之其他不動產物權，謂之他項權利，依民法及土地法之規定，下列何者非屬物權？
(A) 抵押權　(B) 農育權　(C) 耕作權　(D) 租賃權　【112年普】 (D)

第十二條（私有土地所有權消滅與回復）

1. 下列有關私有土地地權之敘述何者正確？
   (A) 私有土地，因天然變遷成為湖澤或可通運之水道時，仍有其所有權
   (B) 私有土地，因天然變遷成為湖澤或可通運之水道時，由國家發放補償後收歸國有
   (C) 私有土地，因天然變遷成為湖澤或可通運之水道時，其所有權視為消滅
   (D) 湖澤及可通運之水道，如因水流變遷而自然增加時，其接連地之所有權人，自然取得其所有權　【103年普】 (C)

第十三條（湖澤岸地自然增加之優先取得）

1. 依土地法規定，湖澤即可通運之水道及岸地，如因水流變遷而自然增加時，下列何者可優先依法取得其所有權或使用受益之權？
   (A) 其接連地之所有權人　(B) 其接連地之使用權人
   (C) 其接連地之抵押權人　(D) 其接連地之地上權人　【90年特】 (A)

第三章　地權限制

第十四條（不得為私有土地）

1. 依土地法第14條之規定，不得私有的土地，若已成為私有者，則如何處理之？
   (A) 得依法徵收之　(B) 得照價收買
   (C) 逕登記為國有土地　(D) 所有權視為消滅　【101年普】 (A)

2. 下列土地，何者非屬土地法規定不得為私有之土地？　(C)
   (A) 礦泉地　(B) 瀑布地　(C) 國家公園土地　(D) 名勝古蹟
   【107年普】

第十五條（不得私有之礦）

1. 附著於土地之礦，其權利如何處理？　(B)
   (A) 得因土地所有權及於土地之上下而成為私有
   (B) 不得因土地所有權之取得而成為私有
   (C) 煤礦為土地所有權人私有
   (D) 得因土地所有權具有絕對效力而成為私有　【88年特】

第十六條（私有土地所有權行使之限制）

1. 私有土地所有權之移轉、設定負擔或租賃，如有妨害基本國策　(C)
   者，中央地政機關得報請下列何機關制止之？
   (A) 立法院　(B) 司法院　(C) 行政院　(D) 監察院　【108年普】

2. 依土地法規定，私有土地所有權之移轉或租賃，妨害基本國策　(C)
   者，下列何者得報請行政院制止之？
   (A) 監察院　(B) 國有財產署　(C) 中央地政機關
   (D) 不動產經紀人員獎懲委員會　【111年普】

3. 依土地法規定，關於地權及地權限制，下列何者正確？　(D)
   (A) 台灣糖業股份有限公司所有土地為公有土地
   (B) 私有土地，因天然變遷成為湖澤或可通運之水道時，其所有
       權絕對消滅
   (C) 湖澤及可通運之水道及岸地，如因水流變遷而自然增加時，
       其接連地之使用權人，有優先依法取得其所有權或使用受益
       之權
   (D) 私有土地所有權之移轉、設定負擔或租賃，妨害基本國策
       者，中央地政機關得報請行政院制止之　【113年普】

第十七條（不得移轉、設定負擔或租賃於外人之土地）

1. 外國人因繼承而取得我國林地者，下列敘述何者不符土地法之規定？　　　　　　　　　　　　　　　　　　　　　　　　　(C)
   (A) 應於辦理繼承登記完畢之日起 3 年內出售與本國人
   (B) 逾期 3 年未出售者，應由地方地政機關移送請國有財產局辦理公開標售
   (C) 應於辦理繼承登記完畢之日起 3 年內依法徵收或將標售所得歸於國庫
   (D) 土地法修正施行前已因繼承取得第 17 條第 1 項所列各款土地，尚未辦理繼承登記者，亦適用同條第 2 項之規定【96 年普】

2. 下列何者可移轉（不包括繼承）、設定負擔或租賃於外國人？　(C)
   (A) 林地　(B) 漁地　(C) 牧地　(D) 鹽地　　　　　　【100 年普】

3. 依土地法規定，下列何種土地不得移轉、設定負擔或租賃於外國人？　　　　　　　　　　　　　　　　　　　　　　　　　(C)
   (A) 農地　(B) 墳場用地　(C) 礦地　(D) 學校用地　　【109 年普】

4. 依土地法第 17 條規定，下列何項土地得租賃於外國人？　　(B)
   (A) 林地　(B) 牧地　(C) 漁地　(D) 鹽地　　　　　　【111 年普】

第十八條（平等互惠原則）

1. 土地法規定，外國人在我國取得或設定土地權利，是基於何種原則？　　　　　　　　　　　　　　　　　　　　　　　　　(C)
   (A) 外交原則　(B) 建交換使　(C) 平等互惠　(D) 不平等條約
   　　　　　　　　　　　　　　　　　　　　　　　　　【96 年普】

第十九條（外人租購土地用途之限制）

1. 下列有關外國人取得我國土地之規定，何者正確？　　　　　(C)
   (A) 外國人依土地法規定取得土地時，應檢附相關文件，申請內政部核准

(B) 農、林、漁、牧用地不得移轉、設定負擔或租賃於外國人
(C) 外國人依土地法規定取得之土地，其面積及所在地點，應受該管直轄市或縣（市）政府依法所定之限制
(D) 外國人為有助於國內重大建設、整體經濟或農牧經營之投資所取得之土地，應先經行政院核准　　　【106 年普】

2. 依土地法規定，外國人投資有助於國內重大建設、整體經濟或農牧經營而需要取得土地時，應先經下列何者程序？（第 1 項）　(B)
(A) 中央地政機關備查　(B) 中央目的事業主管機關同意
(C) 該直轄市或縣（市）民意機關同意
(D) 該直轄市或縣（市）政府層請行政院同意　　　【110 年普】

3. 依土地法之規定，外國人為供自用、投資或公益之目的使用，得取得所需之土地，其面積及所在地點，應受該管直轄市或縣（市）政府依法所定之限制，下列何種用途不屬之？　(A)
(A) 長照機構　(B) 住宅
(C) 醫院　(D) 營業處所、辦公場所、商店及工廠　【112 年普】

第二十條（外人租購土地之程序）

1. 外國人依特許經營之事業購買之土地，如因故停業時，其土地如何處理？　(B)
(A) 由政府徵收之　(B) 通知於三年內出售
(C) 由政府沒收之　(D) 由原地主按原價收回之　　　【89 年特】

2. 法國籍之蒙娜麗沙小姐欲於臺南市購買商店用地，則依法其應向何單位申請核准？　(D)
(A) 內政部地政司　(B) 國防部
(C) 行政院經濟建設委員會　(D) 臺南市政府　　　【99 年普】

第四章　公有土地

第二十五條（地方政府處分或出租公有土地之權限）

1. 下列有關直轄市或縣（市）政府對於其所管公有土地之敘述何者正確？
   (A) 非經該管區內行政機關同意，不得處分或設定負擔或為超過十年期間之租賃
   (B) 非經該管區內行政機關同意，不得處分或設定負擔或為超過二十年期間之租賃
   (C) 非經該管區內民意機關同意，並經行政院核准，不得處分或設定負擔或為超過十年期間之租賃
   (D) 非經該管區內民意機關同意，並經行政院核准，不得處分或設定負擔或為超過二十年期間之租賃　　【103年普】 (C)

2. 依土地法規定，直轄市或縣（市）政府對於其所經管公有土地，須經民意機關同意，並經行政院核准後，方得進行一定行為。下列行為何者屬之？
   (A) 訂定5年租約　(B) 無償撥用　(C) 設定負擔　(D) 臨時使用
   　【105年普】 (C)

第二十六條（撥用公地之手續）

1. 直轄市或縣（市）政府對於其所管公有土地之處理，下列何者依土地法規定免經民意機關同意之程序？
   (A) 處分　(B) 設定負擔　(C) 撥用　(D) 超過十年期間之租賃
   　【102年普】 (C)

2. 依土地法規定，公有土地之撥用程序為何？
   (A) 各級政府機關需用公有土地時，應商同該管直轄市或縣（市）民意機關層請行政院核准撥用
   (B) 各級政府機關需用公有土地時，應商同該管直轄市或縣 (B)

（市）政府層請行政院核准撥用
(C) 各級政府機關需用公有土地時，應商同該管直轄市或縣（市）民意機關層請內政部核准撥用
(D) 各級政府機關需用公有土地時，應商同該管直轄市或縣（市）政府層請內政部核准撥用　　　　　【106年普】

第五章　地權調整

第二十八條（私有土地面積之限制）

1. 下列何者，非屬土地法規定限制私有土地面積最高額時應考量之因素？ (B)
   (A) 土地性質　(B) 國家經濟政策　(C) 地方情形　(D) 土地種類
   【90年特】

2. 就土地法之規定而言，下列何者不須經民意機關之同意？ (A)
   (A) 限制私有土地面積之最高額　(B) 荒歉時之減租或免租
   (C) 直轄市有土地之處分　(D) 限制城市地方每人自住之房屋間數
   【90年特】

第二十九條（超額土地之強制出賣或徵收補償）

1. 依土地法規定，私有土地超出直轄市或縣（市）政府所限制土地面積最高額時，額外土地應如何處理？ (A)
   (A) 限期分割出賣，逾期得徵收之
   (B) 強制出租，否則由該管政府徵收
   (C) 限期放領，逾期得照價收買
   (D) 視土地種類及性質而定
   【98年普】

第三十四條之一（共有土地或建物之處分、變更及設定負擔）

1. 甲向乙承租A地耕作，租約未經公證，租期自99年1月28日 (D)

起至 106 年 1 月 27 日止，而乙於租期內將系爭 A 地以 60 萬元出售予丙，並於 101 年移轉予丙。乙雖未以書面通知甲行使先買權，然其確曾以口頭通知甲，而為甲所明確知悉，甲卻故意壓低價格，明示不願以 60 萬元購買，僅欲以 50 萬元買受，未行使先買權，並經證人證實上開情事。甲已知悉系爭買賣條件，待系爭 A 地價格上漲 3 倍餘後，以數年前之價格主張優先承購，有無理由？

(A) 有理由，因乙違背土地法書面通知先買權的義務在先，故甲仍得主張先買權

(B) 有理由，因乙違背民法書面通知先買權的義務在先，故甲仍得主張先買權

(C) 有理由，因乙違背耕地三七五減租條例書面通知先買權的義務在先，故甲仍得主張先買權

(D) 無理由，因有其他證據證明通知，且縱認通知不生效力，甲如已主張讓與不破租賃，並持續付租金給丙，則甲先買權的主張已屬權利失效　　　　　　　　【105 年普】

2. 依相關規定與實務見解，關於地權與地用的敘述，下列何者最正確？　　　　　　　　　　　　　　　　　　　　　　(A)

(A) 甲與乙分別共有 A 地，則甲出賣其應有部分時，乙有先買權，且該先買權得預先拋棄

(B) 甲將其 B 基地出租於乙，乙於 B 地蓋有 C 屋，則於租賃期間，甲將 B 地出賣時，乙有先買權，且該先買權不得預先拋棄

(C) 甲於 88 年將其 D 耕地出租於乙，則於租賃期間，甲將 D 地出賣時，乙有先買權，且該先買權得預先拋棄

(D) 甲於 89 年將其 E 基地出租於乙蓋 F 屋，約定租賃期間 20 年，則於 105 年時，乙請求甲會同申請地上權登記的權利已消滅　　　　　　　　　　　　　　　　【105 年普】

3. 甲、乙、丙、丁、戊、己等六人分別共有 A 地，其中的甲、乙、丙、丁將 A 地全部出賣給戊。依近年最高法院判決見解，(A)

下列敘述何者正確？
(A) 甲、乙、丙、丁得將 A 地有償處分給戊
(B) 甲、乙、丙、丁不得將 A 地有償處分給戊，因為共有人不得為土地法第 34 條之 1 第 1 項的受讓人
(C) 甲、乙、丙、丁不得將 A 地有償處分給戊，因為有利害衝突顯失公平情形，難認正當
(D) 甲、乙、丙、丁將 A 地出賣給戊時，因為並非出賣應有部分，故戊不得主張先買權　　　　　　【105 年普】

4. 土地法第 34 條之 1 第 1 項有關以多數決處分共有土地之規定，下列處分方式，何者不適用該規定？ (D)
    (A) 設定農育權　(B) 設定不動產役權
    (C) 設定典權　　(D) 辦理共有物分割　　　【107 年普】

5. 下列土地他項權利，何者為土地法所創設？ (C)
    (A) 地上權　(B) 農育權　(C) 耕作權　(D) 不動產役權【107 年普】

6. 甲乙丙丁共有 A 地，各有應有部分四分之一，甲乙丙三人未經丁之同意即將 A 地出賣給戊並為移轉登記，請問此物權移轉行為之效力為何？ (A)
    (A) 有效　(B) 無效
    (C) 未得共有人全體同意，係屬無權處分效力未定
    (D) 債權行為效力未定，物權移轉行為亦受其影響而效力未定
    　　　　　　　　　　　　　　　　　　　　　　　【107 年普】

7. 依法得分割之共有土地或建築改良物，共有人不能自行協議分割者，任何共有人得申請該管直轄市、縣（市）地政機關調處，不服調處者，應於接到調處通知後幾日內向司法機關訴請處理？ (A)
    (A) 十五日　(B) 二十日　(C) 二十五日　(D) 三十日【108 年普】

8. 關於不動產共有關係，依土地法第 34 條之 1 規定，下列敘述何者正確？ (D)
    (A) 甲、乙、丙共有一筆土地，其應有部分各三分之一，該地之應有部分出賣時，地上權人、典權人或房屋承租人有依同樣

條件優先購買之權
(B) 土地共有人欲出租共有土地於他人時，得以共有人過半數及其應有部分合計過半數之同意行之
(C) 區分所有建物之專有部分連同其基地應有部分之所有權一併移轉與同一人所有者，應適用土地法第34條之1第4項規定
(D) 依法得分割之共有土地或建築改良物，共有人不能自行協議分割者，任何共有人得申請該管直轄市、縣（市）地政機關調處。不服調處者，應於接到調處通知後十五日內，向司法機關訴請處理，屆期不起訴者，依原調處結果辦理之【109年普】

9. 下列有關共有不動產處分等之敘述，何者錯誤？ (B)
   (A) 共有土地或建築改良物的處分、變更及設定地上權、農育權、不動產役權或典權，應有共有人過半數及其應有部分合計過半數之同意
   (B) 共有土地或建築改良物的處分、變更或設定負擔，共有人應事先以書面通知他共有人；如不能以書面通知時，應依法公示催告之
   (C) 共有人對共有土地或建築改良物的處分、變更及設定地上權、農育權、不動產役權或典權，對於他共有人應得之對價或補償，負連帶清償責任
   (D) 甲乙丙公同共有一筆土地，甲依法得出賣該共有土地時，乙丙得以同一價格單獨優先承購 【111年普】

10. 依土地法第34條之1規定，共有土地之處分、變更，下列何比例之同意，方得行之？ (D)
    (A) 共有人三分之一及其應有部分合計過二分之一之同意
    (B) 共有人二分之一及其應有部分合計過三分之一之同意
    (C) 共有人合計逾三分之二之同意
    (D) 應有部分合計逾三分之二之同意 【111年普】

11. 依土地法規定，關於共有土地之處分，下列何者正確？ (C)
    (A) 應以共有人半數及其應有部分半數之同意行之

(B) 應有部分合計三分之二者，其人數不予計算
(C) 共有人不能以書面通知他共有人者，應公告之
(D) 共有人不得單獨處分其應有部分　　　　　【112 年普】

12. 依土地法第三十四條之一執行要點規定，有關共有人權利之行使，下列何者錯誤？　　　　　　　　　　　　　　　　　(D)
(A) 部分共有人就共有土地或建築改良物為處分、變更及設定地上權、農育權、不動產役權或典權，應就共有物之全部為之
(B) 部分共有人依本法條規定為處分、變更或設定負擔前，應先行通知他共有人
(C) 出賣共有土地或建築改良物時，他共有人得以出賣之同一條件共同或單獨優先購買
(D) 他共有人於接到出賣通知後二十日內不表示者，其優先購買權視為放棄　　　　　　　　　　　　　　　【112 年普】

13. 依土地法規定，依法得分割之共有土地，共有人不能自行協議分割者，任何共有人得申請該管直轄市、縣（市）地政機關調處，不服調處者，應於接到調處通知後幾日內向司法機關訴請處理，屆期不起訴者，依原調處結果辦理之？
(A) 七日　(B) 十日　(C) 十五日　(D) 三十日　【113 年普】

14. 甲乙丙丁戊共有 A 地，持分各五分之一。甲乙丙三人擬依土地法第 34 條之 1 規定，將 A 地出售予戊，下列敘述何者正確？　(B)
(A) 不適法，出售為有償讓與行為，應依民法規定，經共有人全體同意始得為之
(B) 不適法，共有人不得為受讓人
(C) 適法，甲乙丙三人已符合共有人過半數及其應有部分合計過半數之同意的行使要件
(D) 適法，買賣契約業經甲乙丙戊同意，縱使戊未經計算在同意人數及應有部分內，仍得依土地法第 34 條之 1 辦理
　　　　　　　　　　　　　　　　　　　　　【113 年普】

第三十四條之二（不動產糾紛調處委員會之設置）

1. 依土地法第 34 條之 2 所設之不動產糾紛調處委員會，其法定列舉應聘請之調處委員為何？　　　　　　　　　　　　　　　　　(B)
   (A) 地價、財稅、建設及不動產經紀人
   (B) 地政、營建、法律及地方公正人士
   (C) 地政士、建築、法務及黨政代表
   (D) 地方民意代表及不動產交易糾紛當事人 【96 年普】

2. 直轄市或縣（市）地政機關為處理土地法有關不動產之糾紛，應設置下列何項委員會？　　　　　　　　　　　　　　　　　　　(A)
   (A) 不動產糾紛調處委員會　(B) 不動產糾紛調解委員會
   (C) 不動產爭議處理委員會　(D) 不動產仲裁委員會 【104 年普】

第二編　　地籍

1. 我國現行土地登記制度係：　　　　　　　　　　　　　　　　(D)
   (A) 採契據登記制　(B) 托崙斯登記制
   (C) 採權利登記制　(D) 兼採托崙斯登記制與權利登記制
   【89 年普】

2. 下列各種不同種類之登記原因，何者係限制登記名義人處分其土地權利所為之登記？　　　　　　　　　　　　　　　　　　　　(C)
   (A) 更正　(B) 更名　(C) 查封　(D) 清償 【98 年普】

第一章　　通則

第三十七條（土地登記之定義及土地登記規則之制定）

1. 甲於 105 年 9 月 1 日將其 A 屋和其坐落的 B 地出售於乙。在未有特約的情形，下列敘述何者正確？　　　　　　　　　　　　　(D)

(A) 乙就 A 屋和 B 地應繳納奢侈稅　(B) 乙就 B 地應繳納契稅
(C) 乙就 B 地應繳納土地增值稅　(D) 乙應繳納印花稅

【105 年普】

第三十七條之一（土地登記之代理）

1. 老王不具土地登記專業代理人資格，其因自己所有土地出售給老張而代理雙方到土地登記機關申辦移轉登記時，登記機關應如何處理？ (D)
  (A) 不予受理　(B) 予以駁回　(C) 予以補正　(D) 予以受理

【102 年普】

第四十一條（登記之土地）

1. 土地法第 2 條第 3 類及第 4 類土地，免予編號登記者，依同法第 41 條規定，但因何項理由，必須編號登記？ (A)
  (A) 地籍管理　(B) 地權調整　(C) 公用徵收　(D) 公地放領

【96 年普】

第四十三條（土地登記之公信力）

1. 土地法第四十三條：「依本法所為之登記，有絕對效力。」係為保護下列何種人而設？ (D)
  (A) 登記名義人　(B) 土地所有權人　(C) 真正權利人
  (D) 善意第三人

【88 年特】

第二章　地籍測量

第四十四條（地籍測量之辦理次序）

1. 依據土地法規定，地籍測量辦理的次序如何？①圖根測量②戶地測量③三角測量、三邊測量或精密導線測量④計算面積⑤製圖 (C)

(A) ①②③④⑤　(B) ②①③④⑤　(C) ③①②④⑤
(D) ③②①④⑤　　　　　　　　　　【96年普】

第四十四條之一（設立界標）

1. 土地所有權人於地籍測量時所設立之界標，應保存多長時間？ (D)
   (A)十年　(B)十五年　(C)二十年　(D)永久保存　【95年普】

第四十六條之一（地籍重測）

1. 依土地法之規定，下列何者不屬地籍圖重測之原因？ (A)
   (A)界址糾紛　(B)比例尺變更
   (C)地籍原圖滅失　(D)地籍原圖破損　　　　【99年普】

2. 有關已辦理過地籍測量之地區，實施地籍圖重測與土地複丈之原因與目的，下列何者正確？ (A)
   (A)地籍圖重測之原因包括地籍原圖破損、滅失等重大原因
   (B)土地複丈之原因包括原土地測量疏失、比例尺變更等原因
   (C)地籍圖重測之目的為訂正地籍原圖
   (D)土地複丈之目的為重新測製新的地籍原圖　【105年普】

第四十六條之二（地籍重測之程序）

1. 依土地法規定，有關地籍圖重測，界址認定的順序為何？①現使用人之指界②土地所有權人親自指界③參照舊地籍圖④鄰地界址⑤地方習慣 (B)
   (A)②①④③⑤　(B)②④①③⑤　(C)①②③④⑤
   (D)④①②③⑤　　　　　　　　　　【101年普】

2. 重新實施地籍測量，遇有土地所有權人因設立界標或到場指界發生界址爭議時，地政機關應如何處理？ (D)
   (A)逕行參照舊地籍圖施測
   (B)請當事人逕行向法院提起確認界址之訴，俟判決確定後再行辦理

(C) 逕行依地方習慣施測

(D) 準用土地法第 59 條第 2 項規定之調處程序處理之 【107 年普】

3. 依土地法規定,有關地籍測量之相關規定,下列何者錯誤? (B)

(A) 地籍測量時,土地所有權人應設立界標,並永久保存之

(B) 地籍測量,如由該管直轄市或縣(市)政府辦理,其實施計畫應經該地方之地政機關核定

(C) 重新實施地籍測量時,土地所有權人應於地政機關通知之限期內,自行設立界標,並到場指界

(D) 重新實施地籍測量之結果,應予公告,其期間為三十日

【112 年普】

第四十六條之三(地籍重測之公告及錯誤更正)

1. 重新實施地籍測量時,已依法設立界標之土地所有權人,於重測結果公告後認為測量結果有錯誤者,應如何辦理? (A)

(A) 土地所有權人得於公告期間內,向該管地政機關繳納複丈費,聲請複丈

(B) 土地所有權人得於公告期滿後,向該管地政機關申請重新實施地籍測量

(C) 應由該管地政機關予以調處,不服調處者,應於接到調處通知後 15 日內,向司法機關訴請處理

(D) 應由該管地政機關予以調處,不服調處者,應於接到調處通知後 15 日內,循行政救濟程序辦理 【106 年普】

2. 有關重新實施地籍測量時,依土地法規定,下列敘述何者正確? (A)

(A) 土地所有權人發生界址爭議時,應由該管直轄市或縣(市)地政機關予以調處

(B) 土地所有權人不服界址爭議調處者,應於接到調處通知後三十日內,向司法機關訴請處理

(C) 土地所有權人認為測量結果有錯誤時,得於重測結果公告期滿三十日內聲請複丈

(D) 重測結果未經聲請複丈者，地政機關應即據以辦理土地更正登記 【110年普】

第三章　土地總登記

第四十八條（辦理土地總登記之次序）

1. 關於土地總登記之程序，如何決定其次序之先後？①接受文件、審查並公告②公布登記區及登記期限③調查地籍④登記發給書狀並造冊
   (A) ①②③④　(B) ②③①④　(C) ③①②④　(D) ③②①④　(D)
   【92年特】

第五十三條

1. 依土地法第53條規定，因地籍整理而發現之公有土地，下列敘述何者正確？
   (A) 視為無主土地　(B) 應辦理囑託登記
   (C) 地政機關逕為登記
   (D) 登記時所有權人欄註明為縣（市）有　(C)
   【109年普】

2. 依土地法之規定，無保管或使用機關之公有土地及因地籍整理而發現之公有土地，應如何處理？
   (A) 由該管直轄市或縣（市）地政機關囑託登記，其所有權人欄註明為國有
   (B) 由該管直轄市或縣（市）地政機關逕為登記，其所有權人欄註明為國有
   (C) 由該管直轄市或縣（市）地政機關囑託登記，其所有權人欄註明為直轄市或縣（市）有
   (D) 由該管直轄市或縣（市）地政機關逕為登記，其所有權人欄註明為直轄市或縣（市）有　(B)
   【110年普】

第五十四條（時效取得土地之所有權登記）

1. 和平繼續占有之土地，依民法第七百六十九條或第七百七十條之規定，得請求登記下列何種權利？
 (A) 地上權　(B) 所有權　(C) 永佃權　(D) 典權　【92年特】　(B)

第五十七條（逾期不為登記及不補繳證明文件之制裁）

1. 依土地法第57條規定之無主土地，由地政機關依法公告期滿，無人提出異議，即辦理何項登記？
 (A) 無主土地之登記　(B) 國有土地之登記
 (C) 直轄市有或縣（市）有之登記　(D) 暫未登記　【96年普】　(B)

第五十八條（公告期限）

1. 有關土地總登記，經聲請而逾限未補繳證明文件者之情形，下列何者錯誤？
 (A) 其土地視為無主土地
 (B) 由該管直轄市或縣（市）地政機關公告之
 (C) 公告期間不得少於十五日
 (D) 公告期滿，無人提出異議，即為國有土地之登記　【112年普】　(C)

第五十九條（土地權利關係人提出異議及起訴程序）

1. 依土地法之規定，土地所有權人因設立界標或到場指界發生爭議時，應由該管直轄市或縣、市地政機關予以調處，若有不服調處，應於接到調處通知後幾日內訴請司法機關處理？
 (A) 十日　(B) 十五日　(C) 二十日　(D) 二十五日　【89年普】　(B)

2. 依土地法規定，土地權利關係人，在公告期間內，如有異議，得向該管直轄市或縣（市）地政機關以書面提出，並應附具證明文件。該管直轄市或縣（市）地政機關應依下列何種方式處理？
 (A) 調處　(B) 調解　(C) 仲裁　(D) 起訴　【98年普】　(A)

3. A 地原地目為「田」，經所有權人甲申請變更地目為「建」，嗣乙地政事務所認該地目變更係屬違法，請示丙縣政府如何處理，俟丙決議後，乙乃依丙決議之原則，維持「建」地目之登記，惟於 A 地之土地登記簿標示部其他登記事項欄註記：「本土地涉及違法地目變更，土地使用管制仍應受原『田』地目之限制」，並通知甲。依最高行政法院決議見解，甲如不服該註記，是否得循行政訴訟途徑請求救濟？ (C)
(A) 該註記為行政處分，故甲得提起撤銷訴訟請求救濟
(B) 該註記為行政處分，故甲得提起課予義務訴訟請求救濟
(C) 該註記為事實行為，故甲得提起一般給付訴訟請求救濟
(D) 該註記並非行政處分，故甲不得循行政訴訟途徑請求救濟
【105 年普】

第六十條（占有喪失）

1. 甲有 A 地，乙有 B 地，二地相鄰，因地界不規則，雙方為建屋方便，故約定將相鄰部分的界址取直，因而逾越原界址的土地，均同意對方建屋，但未辦理土地所有權移轉登記，其後甲將 A 地出賣並移轉登記於丙。下列敘述何者正確？ (D)
(A) 目前實務上認為該界址取直的約定得予以登記
(B) 最高法院決議認為本件有民法第 796 條越界建築規定之適用
(C) 最高法院決議認為該等土地之約定交互使用是使用借貸
(D) 最高法院決議認為丙不能主張乙係無權占有而請求拆屋還地
【105 年普】

第六十一條（土地權利訴訟案件之審判）

1. 政府依土地法辦理何項業務期間，當地司法機關應設專庭，受理土地權利訴訟案件，並應速予審判？ (A)
(A) 土地總登記期間　(B) 地籍圖重測期間
(C) 土地整體開發　(D) 非都市土地使用編定
【96 年普】

第六十五條（土地總登記之繳納）

1. 土地總登記，謂於一定期間內就直轄市或縣（市）土地之全部為土地登記。依土地法規定，土地總登記，土地所有權人應按下列何者繳納登記費千分之二？
   (A) 公告現值　(B) 公告地價　(C) 法定地價　(D) 申報地價

   (D)

   【98 年普】

第六十八條（地政機關之損害賠償責任）

1. 土地法規定，因登記錯誤、遺漏致受損害者，原則上應由誰負損害賠償責任？
   (A) 地政士　(B) 地政機關
   (C) 不動產經紀人　(D) 辦理登記人員

   (B)

   【99 年普】

2. 因登記錯誤遺漏或虛偽致受有損害者，由該地政機關負損害賠償責任，此項損害賠償之請求，如經該地政機關拒絕，受損害人得採取下列何種處理方式？（第 68、71 條）
   (A) 向行政院申訴　(B) 向立法院告發　(C) 向司法機關起訴
   (D) 向監察院告發

   (C)

   【108 年普】

第六十九條（更正登記之聲請）

1. 利害關係人於登記完畢後發現登記錯誤或遺漏時，依法應申請上級機關查明核准辦理下列何種登記？
   (A) 更名登記　(B) 更正登記　(C) 塗銷登記　(D) 標示變更登記

   (B)

   【99 年普】

第七十條（登記儲金之來源及用途）

1. 因登記錯誤遺漏或虛偽致受損害者，由該地政機關負損害賠償責任。地政機關應自所收登記費，提存多少作為登記儲金，專備土地法第 68 條所定賠償之用？

   (C)

(A) 百分之一　(B) 百分之五　(C) 百分之十　(D) 百分之二十
【103年普】

2. 依土地法之規定，有關土地登記之損害賠償，下列何者錯誤？ (C)
   (A) 因登記錯誤遺漏或虛偽致受損害者，由該地政機關負損害賠償責任
   (B) 登記人員或利害關係人，於登記完畢後，發見登記錯誤或遺漏時，非以書面聲請該管上級機關查明核准後，不得更正
   (C) 地政機關所負之損害賠償，如因登記人員之重大過失所致者，由該人員及地政機關負連帶損害賠償責任，撥歸登記儲金
   (D) 損害賠償之請求，如經該地政機關拒絕，受損害人得向司法機關起訴
   【112年普】

第七十一條（損害賠償之請求）

1. 土地登記錯誤、遺漏或虛偽致受損害者，損害賠償之請求，如經地政機關拒絕，依土地法規定，受損害人得依下列何種方式處理？ (A)
   (A) 向司法機關起訴　(B) 向該管直轄市或縣（市）政府申請調處
   (C) 向鄉、鎮、市調解委員會申請調解　(D) 向地政機關申請仲裁
   【98年普】

2. 依土地法規定，土地登記損害賠償之請求，如經該地政機關拒絕，受損害人得向下列何者起訴？ (D)
   (A) 監察院　(B) 行政院　(C) 立法院　(D) 司法機關【109年普】

第四章　土地權利變更登記

第七十二條（土地權利之變更登記）

1. 私有土地所有權消滅之情形眾多，下列何者為相對消滅之情形？ (C)
   (A) 因逾期未辦理土地總登記而消滅　(B) 因土地流失而消滅

(C)因買賣而消滅　(D)因拋棄而消滅　　　　　　【105年普】

2. 甲有 A 地一筆，關於「甲同意 A 地無償供不特定公眾通行」的資訊，依相關規定與實務見解，下列敘述何者正確？　(C)
   (A)該資訊屬土地法規定應登記事項，且得登錄於土地參考資訊檔內
   (B)該資訊屬土地法規定應登記事項，但無法登錄於土地參考資訊檔內
   (C)該資訊非屬土地法規定應登記事項，但得登錄於土地參考資訊檔內
   (D)該資訊非屬土地法規定應登記事項，且無法登錄於土地參考資訊檔內　　　　　　【105年普】

第七十三條（聲請人及聲請期限）

1. 土地法規定繼承登記應自繼承開始之日起，多久期限內申請之，逾期申請將被處以罰鍰？　(C)
   (A)1 個月　(B)3 個月　(C)6 個月　(D)1 年　　　　　　【99年普】

2. 關於土地權利變更登記，下列何者正確？　(D)
   (A)其係繼承登記者，應由全體繼承人聲請之
   (B)其係繼承登記者，依法應自繼承開始之日起二個月內為之
   (C)聲請逾期者，每逾一個月得處應納登記費額二倍之罰鍰
   (D)罰鍰最高不得超過應納登記費額二十倍　　　　　　【107年普】

第七十三條之一（未聲請繼承登記之土地或建築改良物之代管）

1. 下列有關逾期未辦繼承登記土地之處理程序，何者正確？　(D)
   (A)自繼承開始之日起逾 1 年未辦理繼承登記者，直轄市或縣市地政機關查明後，應公告繼承人於 6 個月內聲請登記
   (B)逾期未辦理繼承登記，經限期聲請登記仍未聲請者，地政機關予以列冊管理期間為 10 年
   (C)經地政機關列冊管理，期滿仍未聲請登記者，由地政機關將

該土地或建築改良物清冊移請行政執行署公開標售

(D) 經公開標售之土地，自登記完畢之日起 10 年內，原權利人得檢附證明文件按其法定應繼分，申請發給價金【106 年普】

3. 逾期未辦繼承登記之土地，經依土地法第 73 條之 1 規定程序列冊管理期滿，移請國有財產署標售五次不成，而登記為國有者，自登記完畢之日起多少年內，原權利人得檢附證明文件按其法定應繼分請求國有財產署發給價金？ (A)

(A) 10 年　(B) 12 年　(C) 15 年　(D) 20 年　【107 年普】

4. 關於繼承登記，下列何項敘述錯誤？ (B)

(A) 繼承登記，得自繼承開始之日起，六個月內為之。申請逾期者，每逾一個月得處應納登記費額一倍之罰鍰

(B) 自繼承開始之日起逾六個月未辦繼承登記者，經該管直轄市或縣市地政機關查明後，應即公告繼承人於三個月內申請登記；逾期仍未申請者，得由地政機關予以列冊管理

(C) 前項列冊管理期間為十五年，逾期仍未申請登記者，由地政機關將該土地或建築改良物清冊移請財政部國有財產署公開標售

(D) 標售所得之價款應於國庫設立專戶儲存，繼承人得依其法定應繼分領取，逾十年無繼承人申請提領該價款者，歸屬國庫

【108 年普】

5. 土地或建築改良物，自繼承開始之日起逾 1 年未辦理繼承登記者，依土地法之規定，其處理程序何者正確？ (B)

(A) 經縣市地政機關查明後，應即公告繼承人於 6 個月內聲請登記；逾期仍未聲請者，得由地政機關予以列冊管理

(B) 繼承人占有或第三人占有無合法使用權者，於標售後喪失其占有之權利；土地或建築改良物租賃期間超過 5 年者，於標售後以 5 年為限

(C) 標售所得之價款應於國庫設立專戶儲存，繼承人得依其法定應繼分領取。逾 15 年無繼承人申請提領該價款者，歸屬國庫

(D) 標售土地或建築改良物前應公告 10 日，繼承人、合法使用

人或其他共有人就其使用範圍依序有優先購買權【109 年普】

6. 依土地法規定，未辦理繼承登記之土地經列冊管理達多久後，逾期仍未聲請登記者，該土地應如何處理？　(A)
   (A) 列冊管理期間為 15 年，由財務部國有財產署公開標售
   (B) 列冊管理期間為 15 年，由地政機關公開標售
   (C) 列冊管理期間為 20 年，由法院公開拍賣
   (D) 列冊管理期間為 20 年，逕登記為國有土地　【110 年普】

7. 下列有關未辦繼承登記不動產處理方式之敘述，何者正確？　(D)
   (A) 未辦繼承登記不動產，於繼承開始之日起逾六個月未辦理繼承登記者，該管直轄市或縣市地政機關於查明後，應即公告繼承人於一個月內聲請登記
   (B) 未辦繼承登記不動產，由該管直轄市或縣市地政機關列冊管理期間為十年
   (C) 未辦繼承登記不動產，逾期仍未辦繼承而由該管直轄市或縣市地政機關公開標售時，土地或建築改良物租賃期間未超過五年者，於標售後以五年為限
   (D) 逾期未辦繼承登記不動產於經公開標售之價款儲存設立在國庫專戶時，繼承人得依其法定應繼分申請領取　【111 年普】

8. 依土地法規定，有關繼承登記，下列何者正確？　(C)
   (A) 繼承登記應於繼承開始之日起一個月內為之，否則視為逾期登記
   (B) 繼承開始之日起逾三個月未辦理繼承登記者，經該管直轄市或縣市地政機關查明後，應即公告繼承人於一年內聲請登記
   (C) 逾期未聲請繼承登記之土地，經地政機關列冊管理十五年，逾期仍未聲請繼承登記者，由地政機關將該土地清冊移請財政部國有財產署公開標售
   (D) 標售逾期未辦繼承登記土地所得之價款，逾十五年無繼承人申請提領該價款者始得歸屬國庫　【112 年普】

9. 依土地法規定，逾期未辦繼承之土地於標售時，有關優先購買權　(A)

人之順序依序為何？
(A) 繼承人、合法使用人、其他共有人
(B) 其他共有人、合法使用人、繼承人
(C) 合法使用人、繼承人、其他共有人
(D) 繼承人、其他共有人、合法使用人　　　【113 年普】

10. 依土地法規定，下列有關逾期未辦繼承登記案件應由地政機關書面通知繼承人之情形，何者正確？　(C)
    (A) 自繼承開始之日起逾一年未辦理繼承登記者，經該管直轄市或縣市地政機關查明後，應即公告繼承人於六個月內聲請登記，並以書面通知繼承人
    (B) 列冊管理期間為十五年，列冊管理期間該管直轄市或縣市地政機關應每年清查並書面通知繼承人辦理繼承登記
    (C) 列冊管理期間屆滿，逾期仍未聲請登記者，由地政機關書面通知繼承人及將該土地或建築改良物清冊移請財政部國有財產署公開標售
    (D) 標售土地或建築改良物前應公告三個月，並書面通知繼承人、共有人或合法使用人依序行使優先購買權　【113 年普】

第七十四條（聲請變更登記應繳付之文件）

1. 依土地法之規定，聲請為土地權利變更登記，應檢附什麼文件？　(B)
   (A) 原發土地所有權狀及地段圖
   (B) 原發土地所有權狀及地段圖或土地他項權利證明書
   (C) 原發土地所有權狀及地段圖及土地他項權利證明書
   (D) 原發土地所有權狀或地段圖及土地他項權利證明書
   　　　　　　　　　　　　　　　　　　　　　　　【106 年普】

第七十五條之一（法院囑託登記應優先辦理）

1. 聲請為土地權利變更登記之案件，在登記尚未完畢前，登記機關接獲法院為何種囑託登記時，應即改辦之？　(C)

(A) 查封登記、預告登記　(B) 假處分登記、滅失登記
(C) 假扣押登記、破產登記　(D) 輔助宣告登記、監護宣告登記

【111年普】

第七十六條（變更登記之登記費）

1. 甲將其所有 X 地號土地出售予乙後，由甲會同乙申辦土地買賣移轉登記時，請問本案應按何標準計收千分之一的登記費？ (D)
   (A) 該筆土地的公告現值　(B) 該筆土地的公告地價
   (C) 該筆土地的買賣實價　(D) 該筆土地的申報地價　【108年普】

2. 依土地法規定，聲請為土地權利變更登記，應繳納登記費，下列敘述何者正確？ (C)
   (A) 由權利人與義務人雙方共同按公告地價或權利價值千分之一繳納登記費
   (B) 由權利人按公告現值或權利價值千分之二繳納登記費
   (C) 由權利人按申報地價或權利價值千分之一繳納登記費
   (D) 由義務人按公告現值或權利價值千分之二繳納登記費

【110年普】

第七十八條（免納登記費）

1. 下列何種登記免納登記費？ (B)
   (A) 土地總登記　(B) 限制登記　(C) 繼承登記
   (D) 共有物分割登記　【106年普】

2. 下列何種登記，應繳納登記費？ (A)
   (A) 土地權利信託登記　(B) 土地權利塗銷登記
   (C) 土地標示變更登記　(D) 因土地重劃之變更登記　【107年普】

3. 甲有 A 屋，與乙簽訂買賣契約但尚未為移轉登記，乙對甲的 A 屋移轉請求權申請預告登記。下列敘述何者最正確？ (A)
   (A) 該預告登記為保全登記、暫時登記，其登記免納登記費
   (B) 該預告登記，對於因繼承、強制執行、徵收、法院判決而為

之新登記,無排除之效力
(C) 預告登記完畢後,如甲將 A 屋移轉於丙,該處分絕對無效
(D) 嗣後甲欲就 A 屋申辦抵押權次序變更登記時,應檢附乙的同意書,始得為之　　　　　　　　　　　【109 年普】

第七十九條之一(預告登記之原因及要件)

1. 甲將其 A 屋賣給乙,但尚未為移轉登記,關於乙就 A 屋的移轉請求權申請預告登記,下列敘述何者錯誤? (B)
   (A) 乙得單獨申請該預告登記,申請時並應提出甲的同意書
   (B) 乙申請該預告登記時,法條規定甲於例外時應親自到場,其規範意旨在於確認身分及同意的真意,而非使甲成為登記申請人
   (C) 該預告登記為保全登記、暫時登記,其登記免納登記費
   (D) 甲如將 A 屋移轉於丙,學理上稱該移轉為中間處分
   　　　　　　　　　　　【105 年普】

2. 預告登記,對於因下列何種事由而為之新登記,具有排除之效力? (A)
   (A) 土地交換　(B) 徵收　(C) 強制執行　(D) 法院判決【107 年普】

3. 預告登記,對於因下列何種法律行為或事實而為之新登記,無排除之效力? (C)
   (A) 重劃　(B) 繼承　(C) 徵收　(D) 都市更新　　【108 年普】

第七十九條之二(工本費閱覽費之繳納)

1. 下列何者,不屬於土地法所規定之登記規費? (D)
   (A) 書狀費　(B) 工本費　(C) 閱覽費　(D) 審查費　【90 年特】

第三編　土地使用

第一章　通則

第八十七條（空地、及擬制空地）

1. 依土地法規定，凡土地建築改良物價值不及所占地基申報地價百分之多少者，視為空地？　　　　　　　　　　　　　　　　　(B)
   (A) 十　(B) 二十　(C) 三十　(D) 五十　　　　【89年特】

第八十八條（荒地之定義）

1. 依土地法規定，凡編為農業或其他直接生產用地卻未依法使用者，稱為：　　　　　　　　　　　　　　　　　　　　　　　(B)
   (A) 空地　(B) 荒地　(C) 廢地　(D) 農地　　　【90年特】

2. 依土地法規定，凡編為下列何種用地，未依法使用者，為荒地？(B)
   (A) 建築用地　(B) 直接生產用地　(C) 交通水利用地
   (D) 其他土地　　　　　　　　　　　　　　　　【92年特】

第八十九條（空地、荒地之強制收買）

1. 依土地法規定，市縣地政機關對於管轄區之那種土地，得劃定區域，規定規限，強制依法使用？　　　　　　　　　　　　　　(B)
   (A) 私有耕地及建地　(B) 私有荒地及空地
   (C) 公有荒地及空地　(D) 公有耕地及建地　　【88年普】

第三章　房屋及基地租用

第九十四條（準備房屋之建築及其租金之限制）

1. 城市地方，應由政府建築相當數量之準備房屋，供人民承租自住(A)

之用。依土地法規定，政府準備房屋之租金，以不超過土地及其建築物價額年息多少為限？
(A)百分之八　(B)百分之十　(C)百分之十二　(D)百分之十五
【100年普】

第九十七條（城市房屋租金之限制及效力）

1. 依最高法院民事庭會議決議的見解，下列敘述何者正確？　(D)
   (A) 甲將位於城市地方的 A 基地出租於乙蓋房屋供營業用，則乙不得請求甲協同申請地上權之登記
   (B) 甲、乙、丙等三人共有 A 地，應有部分均等，甲與乙將 A 地全部設定有償地上權於丁時，丙依法得以同樣條件優先取得地上權
   (C) 甲、乙、丙等三人公同共有 A 地，甲出賣其應有部分於丁時，乙與丙之先買權的競合，依其應有部分比例定之
   (D) 甲將位於城市地方的 A 屋出租於乙供營業用，則其租金得超過 A 屋及其基地申報總價年息百分之十
   【105年普】

第九十八條（擔保金利息之抵充及計算）

1. 依土地法規定，房屋租用相關規定，下列何者錯誤？（第1項）　(D)
   (A) 城市地方房屋之租金，以不超過土地及其建築物申報總價年息百分之十為限
   (B) 約定房屋租金，超過土地法規定者，該管直轄市或縣（市）政府得依土地法所定標準強制減定之
   (C) 房屋租金擔保之金額，不得超過二個月房屋租金之總額
   (D) 以現金為租賃之擔保者，其現金視為租金之一部【110年普】

第九十九條（擔保金額之限制）

1. 依土地法規定，下列關於基地租用之敘述，何者正確？　(B)
   (A) 租約訂立後逾二個月，承租人即不得請求出租人會同申請土

地權登記

(B) 已交付之擔保金超過法定限度者，承租人得以超過之部分抵付房租

(C) 基地租用發生爭議時，應準用耕地租用爭議調處程序調處之

(D) 為堆置建材之需，而租用土地，亦屬基地租用　【90年特】

2. 依土地法之規定，以現金為租賃之擔保者，其現金利息視為租金之一部，而該擔保之金額，不得超過幾個月房屋租金之總額？

(A) 1個月　(B) 2個月　(C) 3個　(D) 4個月　【99年普】 (B)

第一百條（房屋租賃收回房屋之限制）

1. 依實務見解，關於地籍、地用與地稅的敘述，下列何者錯誤？ (D)

(A) 甲有已登記的A地，在占有人乙向地政機關申請時效取得地上權登記之前，甲向乙提起拆屋還地訴訟，倘乙於該訴訟繫屬中提起反訴，請求確認其地上權登記請求權存在及命甲容忍其辦理地上權登記，且其提起反訴於程序上並無不合，法院自應就其為訴訟標的之法律關係存否，為實體上裁判

(B) 甲有一工廠之A鐵塔，為專供機械設備用之建築物，可認為非房屋稅課徵之對象

(C) 原住民甲於山坡地範圍內的A原住民保留地取得農育權，並繼續自行經營滿5年，則甲得無償取得A地所有權

(D) 甲將其A基地出租於乙蓋B屋，於租賃期間，B屋因故滅失，則甲得收回A地　【105年普】

2. 依土地法第100條之規定，出租人因下列何項情形，得收回房屋？ (C)

(A) 承租人積欠租金額，除擔保金抵償外，達1個月

(B) 承租人損壞出租人之房屋或附著財物，為相當之賠償時

(C) 出租人收回自住或重新建築時

(D) 承租人以房屋供合於法令之使用時　【106年普】

3. 甲有A屋一棟，出租給乙居住使用。依土地法第100條之規 (C)

定，出租人因下列何項情形，得收回房屋？
(A) 承租人乙因疾病、意外產生有長期住院療養之需要時
(B) 承租人乙積欠租金額，以擔保金抵償之後，尚有1個月租金未繳時
(C) 承租人乙違反民法第443條第1項規定，將該屋轉租給他高中同學時
(D) 承租人乙因為工作調動，無法繼續居住時　　【109年普】

第一百零一條（房屋租用爭議之調處及處理）

1. 因房屋租用發生爭議，不服調處者，依法得向何機關訴請處理？ (C)
   (A) 調解委員會　(B) 監察機關　(C) 司法機關　(D) 地政機關
   【99年普】

第一百零二條（聲請為地上權之登記）

1. 甲於租用基地建築房屋後，依土地法規定，應由出租人與甲於下列何項期間內，聲請該管直轄市或縣（市）地政機關為地上權之登記？ (D)
   (A) 租用契約訂立後二十年內
   (B) 設定地上權契約訂立後二個月內
   (C) 申請地上權登記之請求權消滅時效後二個月內
   (D) 租用契約訂立後二個月內　　　　　　　　【104年普】

2. 為保護基地承租人，依土地法規定，租用基地建築房屋，應由出租人與承租人會同聲請該管直轄市或縣（市）地政機關為何種權利之登記？ (B)
   (A) 租賃權　(B) 地上權　(C) 典權　(D) 不動產役權　【107年普】

第一百零三條（租賃收回基地之限制）

1. 依土地法第103條規定，租用建築房屋之基地，非因下列何種情形，出租人不得收回？ (B)

(A) 出租人收回自住或重新建築時　(B) 承租人違反租賃契約時
(C) 承租人積欠租金額，除擔保金抵償外，達 2 個月以上時
(D) 承租人損壞出租人之房屋或附著財物，而不為相當之賠償時
【106 年普】

2. 依土地法規定，關於租用建築房屋之基地，下列何者，非屬出租人得收回之情形？ (A)
(A) 出租人收回自行建築時　(B) 契約年限屆滿時
(C) 承租人以基地供違反法令之使用時
(D) 承租人轉租基地於他人時
【107 年普】

3. 依土地法規定，租用建築房屋之基地，發生下列何種情形時，出租人不得收回？ (C)
(A) 承租人以基地供違反法令之使用時
(B) 承租人轉租基地於他人時
(C) 承租人積欠租金額，除以擔保現金抵償外，達二個月以上時
(D) 承租人違反租賃契約時
【111 年普】

第一百零四條（基地之優先購買權）

1. 甲有 A 地與坐落 A 地上之 B 屋，但僅將 A 地自願出賣並移轉於乙；經查 B 屋並非區分所有建物，亦非農舍。下列敘述何者正確？ (D)
(A) 甲僅將 A 地出賣並移轉於乙，違反處分一體化的法律規定
(B) 甲與乙間就 A 地視為已有租賃關係
(C) 甲與乙間就 A 地有法定地上權關係
(D) 日後甲出賣其 B 屋時，乙得主張先買權
【105 年普】

2. 關於優先購買權之種類與效力，依土地法第 104 條規定，下列何者正確？ (D)
(A) 基地出賣時，長期占有人具有優先購買權
(B) 基地出賣時，地上權人、典權人與承租人有依同樣條件優先購買之權，其順序以抽籤決定之

(C) 基地出賣時，優先購買權人於接到通知後 30 日內未表示者，視同放棄優先購買權

(D) 基地出賣時，地上權人之優先購買權效力大於共有土地他共有人之優先購買權效力 【105 年普】

3. 下列有關基地房屋之優先購買權敘述，何者正確？ (D)
   (A) 基地出賣時，抵押權人有依同樣條件優先購買之權
   (B) 房屋出賣時，抵押權人有依同樣條件優先購買之權
   (C) 優先購買權人，於接到出賣通知後一個月內不表示者，其優先權視為放棄
   (D) 出賣人未通知優先購買權人而與第三人訂立買賣契約者，其契約不得對抗優先購買權人 【108 年普】

4. 依土地法規定，下列有關建築基地出賣時行使優先購買權之敘述，何者錯誤？ (D)
   (A) 地上權人、典權人或承租人有依同樣條件優先購買之權
   (B) 優先購買權人，於接到出賣通知後十日內不表示者，其優先權視為放棄
   (C) 出賣人未通知優先購買權人而與第三人訂立買賣契約者，其契約不得對抗優先購買權人
   (D) 基地承租人與基地共有人行使優先購買權發生競合時，其順序以登記之先後定之 【113 年普】

第四章　耕地租用

第一百零七條（承租人之優先承買權或承典權）

1. 甲於 101 年 5 月 20 日將其 A 耕地出租於乙。下列敘述何者正確？ (D)
   (A) 甲與乙約定該租賃契約租期 7 年，如未訂立書面契約，則視為不定期限租賃
   (B) 租期屆滿後，如乙仍為 A 地之使用收益，而甲不即表示反對

之意思，則視為不定期限繼續契約
(C) 在租賃期間，甲如自願出賣 A 地於丙，對乙有先買權通知的不真正義務（對己義務、間接義務）
(D) 在租賃期間，法院如拍賣 A 地而由丙拍定，實務上認為法院對乙有先買權的通知義務，待乙放棄先買權後，法院始通知丙繳價金　　　　　　　　　　　　　　　　　【105 年普】

第一百零八條（轉租之禁止）

1. 耕地承租人經出租人承諾，將耕地全部或一部轉租於他人，則其轉租之效力如何？ (B)
   (A) 得終止　(B) 無效　(C) 得撤銷　(D) 效力未定　【92 年特】

2. 依土地法規定，下列有關耕地租用之敘述何者有誤？ (C)
   (A) 耕地地租，承租人得依習慣以農作物代繳
   (B) 出租人收回耕地自耕時，不定期限租用耕地契約終止
   (C) 經出租人同意後，承租人得將部分耕地轉租他人
   (D) 出租人出賣耕地時，承租人有依同樣條件優先承買之權
   【96 年普】

第一百十三條（地租之一部支付）

1. 耕地承租人不能按其支付應交地租之全部，而以一部支付時，下列敘述何者為正確？ (B)
   (A) 出租人得拒絕接受　(B) 出租人不得拒絕接受
   (C) 承租人得因出租人收受而推定為減租之承諾
   (D) 承租人得因出租人收受而視為減租之承諾　【92 年特】

第一百一十四條（不定期耕地租賃契約終止之限制）

1. 依土地法規定，不定期耕地租約得以終止之情形，並不包含下列何者？ (D)
   (A) 耕地依法變更其使用時

(B) 承租人將一部分耕地轉租於他人

(C) 承租人非因不可抗力繼續一年不為耕作者

(D) 地租積欠達一年之總額時 【101年普】

2. 下列何者係土地法規定,依不定期限租用耕地之契約,得終止之狀況? (C)

(A) 承租人收回自耕時　(B) 出租人放棄其耕作權利時

(C) 地租積欠達二年之總額時

(D) 承租人死亡而僅有高齡之繼承人時 【103年普】

第一百一十五條（耕作權利放棄）

1. 依土地法規定,承租人非因不可抗力繼續幾年不為耕作者,視為放棄耕作權利? (B)

(A)3年　(B)1年　(C)2年　(D)5年 【96年普】

第一百一十九條（承租人之耕地特別改良權）

1. 依土地法規定的耕地特別改良,承租人如何為之? (D)

(A)得徵求出租人同意後為之　(B)得向出租人先給予改良費後為之

(C)得申請政府核准後為之　(D)得自由為之 【88年普】

第五章　荒地使用

第一百二十三條

1. 依土地法之規定,遇有荒歉,直轄市或縣（市）政府得按照當地當年收穫實況為減租或免租之決定。但應經何機關同意? (C)

(A)行政院　(B)財政部　(C)民意機關　(D)農業發展委員會

【110年普】

第一百三十三條（耕作權及土地所有權之取得）

1. 荒地承墾人自墾竣之日起，繼續耕作滿幾年可無償取得土地所有權？
   (A) 三年　(B) 五年　(C) 七年　(D) 十年　　【95 年普】　(D)

2. 依土地法規定，公有荒地之承墾人自墾竣之日起，無償取得所領墾土地之何種權利？
   (A) 所有權　(B) 使用權　(C) 地上權　(D) 耕作權　【102 年普】　(D)

第六章　土地重劃

第一百四十一條（土地所有人得共同請求土地重劃）

1. 土地重劃得因重劃區內土地所有權人過半數，而其所有土地面積，除公有土地外，超過重劃區內土地總面積一半者之共同請求，由何機關核准為之？
   (A) 內政部土地測量局核准為之
   (B) 內政部土地重劃工程處核准為之
   (C) 直轄市或縣（市）地政機關核准為之
   (D) 直轄市或縣（市）建設機關核准為之　　【103 年普】　(C)

第四編　土地稅

第一章　通則

第一百四十四條（土地稅種類）

1. 下列何者非屬土地法所規定之土地稅範疇？
   (A) 地價稅　(B) 房屋稅　(C) 土地增值稅　　　　　　　　　　(B)

(D) 土地改良物稅　　　　　　　　　　　　　【89年普】

第二章　地價及改良物價

第一百四十八條（法定地價）

1. 土地所有權人依土地法所申報之地價稱為：　　　　　　　　(A)
   (A) 法定地價　(B) 公告現值　(C) 標準地價　(D) 公告地價
   　　　　　　　　　　　　　　　　　　　　　　【98年普】

第一百五十七條（聲請照價收買）

1. 依法照價收買土地時，應經下列何機關之核准？　　　　　　(C)
   (A) 直轄市或縣（市）工務機關　(B) 直轄市或縣（市）地政機關
   (C) 直轄市或縣（市）政府　(D) 內政部　　　【90年特】

2. 有關土地法及平均地權條例規定照價收買之時機，下列何者正　(C)
   確？
   (A) 所有權人申報地價未達公告現值之百分之八十時
   (B) 荒地限期使用並經加徵荒地稅滿2年後仍不使用者
   (C) 土地所有權人認為標準地價過高，不能為其百分之二十以內
       增減之申報時，得聲請該管直轄市或縣（市）政府照價收買
   (D) 私有土地超過最高限額限期1年未出售或使用者【105年普】

第四章　土地增值稅

第一百八十二條（課徵之對象）

1. 依相關法條之規定，下列何者定需課土地增值稅？　　　　　(A)
   (A) 兄弟相互贈與土地
   (B) 區段徵收之土地，以現金補償其地價者

(C) 作農業使用之農業用地，移轉與自然人時
(D) 依都市計畫法指定之公共設施保留地尚未被徵收前之移轉

【99 年普】

第六章　土地稅之減免

第一百九十一條（公有土地及建築物之免稅）

1. 國有土地供公立大學教室使用之土地，其地價稅為： (A)
   (A) 免徵　(B) 千分之二　(C) 千分之六　(D) 千分之十　【89 年特】

第一百九十二條（私有土地稅減免之情形）

1. 無償供公共使用之私有土地，如巷道用地，其地價稅之課徵規定 (A)
   為：
   (A) 地價稅全免　(B) 按千分之二課徵
   (C) 按千分之六課徵　(D) 按千分之十課徵　【88 年特】

第五編　土地徵收

第一章　通則

第二百一十二條（區段徵收）

1. 依土地法之規定，就一定區域內之土地，予以重新分宗整理，而 (A)
   為全區土地之徵收，稱為：
   (A) 區段徵收　(B) 保留徵收　(C) 一併徵收　(D) 土地徵收

【89 年普】

2. 依土地法規定，下列哪一項原因徵收土地，政府得為區段徵收？ (A)
   (A) 因國防設備之興辦　(B) 因交通事業之興辦

(C) 因水利事業之興辦　(D) 因政府機關及其他公共建築之需要

【88 年普】

第二百一十三條（保留徵收）

1. 就舉辦事業將來所需用之土地，在未需用以前，預為呈請核定公布其徵收範圍，並禁止妨礙徵收之使用。土地法稱之為：
(A) 預告徵收　(B) 預設徵收　(C) 限定徵收　(D) 保留徵收

【96 年普】　(D)

2. 依土地法之規定，為舉辦下列何種公共事業之需，依法為保留徵收時，其保留徵收期間得延長至五年？
(A) 水利事業　(B) 國防設施　(C) 公共事業　(D) 公共衛生

【90 年特】　(B)

第二百一十四條（保留徵收期間）

1. 依土地法規定，實施保留徵收者，其保留期間，原則上，除非申請延長，否則不得超過幾年？
(A) 三　(B) 七　(C) 十　(D) 無保期限之限制　　【89 年特】　(A)

2. 土地法規定，政府為開闢交通路線，得為保留徵收，其期間不得超過三年，逾期不徵收，視為廢止。但得申請核定延長保留徵收期間；其延長期間，以幾年為限？
(A) 五年　(B) 十年　(C) 十五年　(D) 二十年　　【97 年普】　(A)

第二百一十六條（對接連地損害之補償）

1. 依土地法之規定，徵收之土地，因其使用影響於接連土地，致不能為從來之利用時，該接連土地所有權人有何權利？
(A) 請求排除侵害　(B) 請求合併徵收
(C) 請求一併徵收　(D) 請求相當賠償　　【90 年特】　(D)

第二百一十七條（殘餘地之一併徵收）

1. 依土地法規定，徵收土地之殘餘部分，面積過小或形勢不整，致不能為相當使用時，所有權人得於徵收公告期滿多久以內，向直轄市或縣（市）地政機關要求一併徵收之？　　　　　　　(C)
   (A) 一個月　(B) 三個月　(C) 六個月　(D) 一年　【89 年特】

第二百一十九條（原土地所有權人之買回權）

1. 私地被政府依法徵收後，原土地所有權人故得依法聲請收回其土地，惟其事由，係因可歸責何人者，不得聲請收回？　　　　　(B)
   (A) 徵收人或興辦事業人　(B) 原土地所有權人或使用人
   (C) 須用土地人　(D) 徵收請求人　【88 年特】

2. 私有土地經徵收後，原土地所有權人得向該管市、縣地政機關聲請收回其土地之要件，下列敘述，何者錯誤？　　　　　　　　(A)
   (A) 徵收補償發給完竣之次日起十年內
   (B) 未依徵收計畫開始使用
   (C) 未依核准徵收原訂興辦事業使用
   (D) 須繳清原受領之徵收價額　【88 年特】

第二章　徵收程序

第二百二十七條（公告與通知）

1. 土地徵收應公告若干日？　　　　　　　　　　　　　　　(B)
   (A) 十五日　(B) 三十日　(C) 四十五日　(D) 六十日　【88 年特】

第二百三十二條（公告後移轉設定負擔等之限制）

1. 在徵收公告前，因下列哪一項原因，即使土地徵收已公告，仍可於公告期間內聲請登記移轉所有權？　　　　　　　　　　　(D)

(A) 買賣　(B) 占有　(C) 贈與　(D) 繼承　　　　　　【88年特】

第二百三十三條（地價及其它補償費之發給）

1. 依土地法之規定，關於土地徵收補償，下列敘述何者正確？ (D)
   (A) 土地改良物補償費需用土地人估定之
   (B) 補償費之發給，由需用土地人直接為之
   (C) 補償費應於徵收公告後十五日內發給之
   (D) 交通事業用地之補償費，得以土地債券搭發補償之　【90年特】

2. 政府依法徵收土地或土地改良物應發給之補償費，應於何時發給之？ (D)
   (A) 公告日起 30 日內　(B) 內政部核准徵收之日起 15 日內
   (C) 通知到達之日起 15 日內　(D) 公告期滿後 15 日內　【96年普】

第二百三十五條（被徵收土地所有人權利義務之終止）

1. 某甲土地被徵收時，依規定甲對其土地之權利義務何時終止？ (C)
   (A) 公告徵收期滿時　(B) 徵收移轉時
   (C) 應受之補償費發給完竣時　(D) 需用土地人開始使用時
   　　　　　　　　　　　　　　　　　　　　　　【95年普】

2. 關於徵收不動產的敘述，下列何者錯誤？ (D)
   (A) 甲出賣 A 地於乙，但 A 地仍登記為甲所有；嗣後 A 地經政府依法徵收，則乙得向甲請求讓與其徵收補償請求權
   (B) 甲與乙二人公同共有的 A 地被徵收，該徵收補償金仍為甲與乙二人公同共有
   (C) 甲將其 A 地設定最高限額抵押權於乙，嗣後 A 地被徵收，甲取得的徵收補償金為 A 地的代位物
   (D) 甲的 A 地被徵收，於 A 地登記於需用土地人乙之時，甲始喪失 A 地所有權　　　　　　　　　　　　　【105年普】

第三章 徵收補償

第二百三十七條（地價及補償費之提存）

1. 下列有關徵收補償之敘述，何者正確？　　　　　　　　　　(D)
   (A) 徵收補償完竣以前，需用土地人一律不准使用被徵收土地
   (B) 徵收補償一律以現金補償，絕無例外
   (C) 徵收補償得視政府之財政狀況而為分期給付
   (D) 應受補償人拒絕領取徵收補償時，應將該徵收補償提存
   【88年特】

第二百三十九條（被徵收土地應補償之地價）

1. 依土地法規定，被徵收土地應補償之地價標準中，對已依法規定　(B)
   地價，其所有權經過移轉者，係以何種地價為準？
   (A) 法定地價　(B) 最後移轉時之地價
   (C) 最後移轉時之標準地價　(D) 徵收當期之公告土地現值
   【88年普】

第二百四十四條（改良物遷移費）

1. 下列何者，係屬於土地法或平均地權條例規定之法定徵收補償？　(A)
   (A) 土地改良物遷移費　(B) 營業損失補償費
   (C) 拆遷救濟費　(D) 自動拆遷獎勵金
   【90年特】

貳 平均地權條例

第一章 總則

第三條（名詞定義）

1. 平均地權條例所稱之空地，包含下列何種定義之土地？ (C)
   (A) 雖建築使用，但其建築改良物價值不及所占基地公告現值百分之十
   (B) 雖建築使用，但其建築改良物價值不及所占基地公告地價百分之十
   (C) 雖建築使用，但其建築改良物價值不及所占基地申報地價百分之十
   (D) 雖建築使用，但其建築改良物價值不及所占基地移轉現值百分之十 【97年普】

2. 平均地權條例對於農業用地之定義，下列敘述何者正確？ (B)
   (A) 僅指都市土地農業區、保護區範圍內土地
   (B) 指非都市土地或都市土地農業區、保護區範圍內土地，依法供農作、森林、養殖、畜牧及保育使用者
   (C) 指非都市土地或都市土地農業區、保護區、風景區範圍內土地，依法供農作使用者
   (D) 僅指非都市土地供農作使用者 【105年普】

第五條（土地債券之發行）

1. 依平均地權條例規定，下列何種情形取得土地所需之資金，得由中央或直轄市主管機關發行土地債券？ (D)
   (A) 一般徵收　(B) 市地重劃　(C) 權利變換　(D) 區段徵收
   【100年普】

第七條（收買、徵收等土地之出售）

1. 政府基於下列何種事由取得之土地，得隨時公開出售，不受土地法第 25 條之限制？
   (A) 一併徵收之土地機　(B) 區段徵收之土地
   (C) 地政機關開墾之土地　(D) 河流改道新增之土地　【95 年普】 　(B)

2. 依平均地權條例規定，政府依法取得而得以隨時公開出售，不受土地法第 25 條限制之土地者，下列何項取得之土地不屬之？
   (A) 照價收買　(B) 土地重劃　(C) 區段徵收　(D) 權利變換
   【102 年普】 　(D)

第十一條（耕地徵收承租之補價）

1. 依平均地權條例規定，依法徵收之土地為出租耕地時，土地所有權人應如何補償耕地承租人？ 　(A)
   (A) 以其所得之補償地價，扣除土地增值稅後餘額之三分之一，補償耕地承租人
   (B) 以其所得之補償地價加四成後，扣除土地增值稅後餘額之三分之一，補償耕地承租人
   (C) 以其所得之補償地價，扣除土地增值稅後餘額之三分之二，補償耕地承租人
   (D) 以其所得之補償地價加四成後，扣除土地增值稅後餘額之三分之二，補償耕地承租人　【97 年普】

2. 公有出租耕地，經依法辦理無償撥用時，其應補償耕地承租人之費用，依平均地權條例規定，應由下列何者負擔？ 　(C)
   (A) 出租機關　(B) 耕地原管理機關　(C) 需地機關
   (D) 耕地原主管機關　【104 年普】

第十二條（地籍總歸戶辦法）

1. 平均地權條例施行區域內，地籍總歸戶作業程序及收費等事項之 　(B)

辦法，其核定者為何？
(A) 內政部　(B) 行政院　(C) 財政部
(D) 直轄市或縣（市）政府　　　　　　　　　【96 年普】

第二章　規定地價

第十四條（重新規定地價）

1. 依平均地權條例，規定地價後，每幾年重新規定地價一次？
   (A) 每半年　(B) 每一年　(C) 每二年　(D) 每三年　【97 年普】　(C)

第十五條（公告期限之核定）

1. 下列有關規定地價之規定，何者錯誤？　　　　　　　　　　　　(D)
   (A) 規定地價後，每 2 年重新規定地價一次。但必要時得延長之。重新規定地價者，亦同。
   (B) 舉辦規定地價或重新規定地價時，土地所有權人未於公告期間申報地價者，以公告地價 80% 為其申報地價
   (C) 已規定地價之土地，應按申報地價，依法徵收地價稅
   (D) 直轄市或縣（市）主管機關為辦理規定地價，應分區調查最近 2 年之土地買賣價格或收益價格　　【106 年普】

2. 關於規定地價，依平均地權條例之規定，下列敘述何者正確？　　(B)
   (A) 規定地價後，每三年重新規定地價一次。但必要時得延長之
   (B) 直轄市或縣（市）主管機關辦理規定地價或重新規定地價時，須分區調查最近一年之土地買賣價格或收益價格
   (C) 土地所有權人申報之地價未滿公告地價百分之八十時，得徵收之
   (D) 土地所有權人未於公告期間申報地價者，以公告地價為其申報地價　　　　　　　　　　　　　　　　【109 年普】

第十六條（申報地價）

1. 依平均地權條例規定，舉辦規定地價或重新規定地價時，私有土地所有權人未於公告期間申報地價者，以下列何者為其申報地價？
   (A) 公告地價　(B) 公告地價之百分之八十
   (C) 公告地價之百分之一百二十　(D) 公告地價之百分之九十

   (B)

   【104 年普】

2. 依規定民國 109 年需辦理重新規定地價，下列對規定地價或重新規定地價之敘述，何項錯誤？
   (A) 規定地價或重新規定地價後，每二年重新規定地價一次，但必要時得延長之
   (B) 須分區調查最近一年之土地買賣價格或收益價格
   (C) 公告及申報地價，其期限為三十日
   (D) 申報地價未滿公告地價百分之八十時，得照價收買或以公告地價為其申報地價

   (D)

   【108 年普】

第三章　照價徵稅

第十七條（地價稅之徵收）

1. 依平均地權條例規定，已規定地價之土地，係按何種地價依法徵收地價稅？
   (A) 標準地價　(B) 法定地價　(C) 申報地價　(D) 公告現值

   (C)

   【90 年特】

2. 依平均地權條例規定，應納地價稅額因公告地價調整致納稅義務人繳納困難者，得於規定繳納期間內，向稅捐稽徵機關申請延期繳納，延期繳納期間最長不得逾多久？
   (A) 3 個月　(B) 6 個月　(C) 1 年　(D) 3 年

   (B)

   【110 年普】

第十八條（地價稅之稅率及累進起點）

1. 依平均地權條例規定，地價稅之累進起點地價，係為各該直轄市或縣（市）土地多少公畝之平均地價？
   (A)五　(B)七　(C)九　(D)十
   【89年特】　(B)

2. 直轄市或縣（市）政府計算累進起點地價時，不包括下列何種土地？
   (A)信託土地　(B)出典土地　(C)免稅土地　(D)自用住宅用地
   【97年普】　(C)

第十九條（累進課稅之方法）

1. 依平均地權條例規定，地價稅採累進稅率，其最高稅率為何？
   (A)千分之五十　(B)千分之五十五　(C)千分之六十
   (D)千分之六十五
   【90年特】　(B)

2. 下列有關平均地權條例及土地稅法中有關累進課地價稅之敘述，何者正確？（平均地權條例第19條；土地稅法第16條）
   (A)超過累進起點地價未達五倍者，就其超過部分課徵千分之三十
   (B)超過累進起點地價五倍至十倍者，就其超過部分課徵千分之三十五
   (C)超過累進起點地價十倍至十五倍者，就其超過部分課徵千分之四十
   (D)超過累進起點地價十五倍至二十倍者，就其超過部分課徵千分之四十五
   【108年普】　(D)

第二十條（自用住宅用地地價稅之計徵）

1. 老王在台北市有一筆自用住宅土地，面積為二公畝，依現行規定，其地價稅按下列何種稅率計徵？
   (A)千分之一　(B)千分之二　(C)千分之三　(D)千分之四
   【95年普】　(B)

2. 土地所有權人申請適用特別稅率之自用住宅用地面積須符合下列 | (D)
何種規定？
(A) 都市土地面積未超過三公頃部分，及非都市土地面積未超過
七公頃部分
(B) 都市土地面積未超過五公畝部分，及非都市土地面積未超過
九公畝部分
(C) 都市土地面積及非都市土地面積合計未超過十公頃部分
(D) 都市土地面積未超過三公畝部分，非都市土地面積未超過七
公畝部分 【95年普】

第二十一條（本條所列事業直接使用之土地地價稅）

1. 下列事業直接使用之土地，何者非按千分之十計徵地價稅？ | (C)
(A) 工業用地　(B) 寺廟教堂用地　(C) 農業用地
(D) 公眾使用停車場用地 【96年普】

2. 依土地稅法規定，有關地價稅優惠稅率與減免，下列何者正確？ | (A)
(A) 已辦妥寺廟登記之寺廟，按千分之十計徵地價稅
(B) 依法核定之工業區土地按千分之六優惠稅率計徵地價稅
(C) 都市計畫公共設施保留地，在保留期間仍為建築使用者，統
按千分之二計徵地價稅
(D) 經目的事業主管機關核准設立之私立公園、體育場所使用範
圍內之土地，免徵地價稅 【98年普】

第二十四條（公有土地之課稅）

1. 依平均地權條例規定，公有土地非供公用使用者，其地價稅稅率 | (D)
為何？
(A) 免徵　(B) 千分之二　(C) 千分之六　(D) 千分之十 【90年特】

2. 下列敘述何者正確？ | (B)
(A) 自用住宅用地之所有，以一處為限
(B) 公有土地得按基本稅率徵收地價稅

(C) 公共設備保留地供自用住宅使用時,免徵地價稅

(D) 照價收買土地時,其地上建築改良物一律一併收買 【90 年特】

第二十六條(私有空地之限期使用及課稅或收買)

1. 依平均地權條例之規定,經依規定限期建築增建改建或重建之土地,其新建之改良物不及所占基地申報地多少百分比,直轄市或縣(市)政府不予核發建築執照? (D)
   (A) 10　(B) 20　(C) 30　(D) 50　　　　　　　　　【98 年普】

2. 依平均地權條例規定,對私有空地之處置,下列何者錯誤? (A)
   (A) 規定照價收買者,以收買當期之平均市價為準
   (B) 逾期未建築、增建、改建或重建者,按該宗土地應納地價稅基本稅額加徵二倍至五倍之空地稅或照價收買
   (C) 依規定限期建築、增建、改建或重建之土地,其新建之改良物價值不及所占基地申報地價百分之五十者,直轄市或縣(市)政府不予核發建築執照
   (D) 直轄市或縣(市)政府對於私有空地,得視建設發展情形,分別劃定區域,限期建築、增建、改建或重建 【112 年普】

第二十六條之一(農地閒置之加徵荒地稅)

1. 依土地法及平均地權條例對於空地及荒地之規定,下列敘述何者錯誤? (D)
   (A) 土地法規定,土地建築改良物價值不及所占地基申報地價 20% 者,視為空地
   (B) 平均地權條例規定,空地係指已完成道路、排水及電力設施,於有自來水地區並已完成自來水系統,而仍未依法建築使用;或雖建築使用,而其建築改良物價值不及所占基地申報地價 10%,且經直轄市或縣(市)政府認定應予增建、改建或重建之私有及公有非公用建築用地
   (C) 土地法規定,凡編為農業或其他直接生產用地,未依法使用

者為荒地
(D) 平均地權條例規定，農業用地閒置不用，經直轄市或縣（市）政府報經行政院農業委員會核准通知限期使用或命其委託經營，逾期仍未使用或委託經營者，按應納田賦加徵 1 倍至 3 倍之荒地稅　　　　　　　　　　【106 年普】

第四章　照價收買

第二十八條（照價收買之程序）

1. 下列有關照價收買之程序規定，請依先後順序排列之：①報准照價收買②公告照價收買③給付地價④逾期不繳交書狀者，宣告其書狀無效　　　　　　　　　　　　　　　　　　　　(C)
   (A) ①②③④　(B) ②①③④　(C) ①②④③　(D) ②①④③
   　　　　　　　　　　　　　　　　　　　　　【90 年特】

2. 實施照價收買時，土地補償費應於幾日內給付？　　　　(B)
   (A) 十五日　(B) 三十日　(C) 五十日　(D) 六十日　【89 年特】

第三十條（土地交付）

1. 依平均地權條例規定，照價收買之土地，其所有權人應於受領地價完竣之次日起幾日內，將其土地交付予政府？　　　(D)
   (A) 十五日　(B) 二十日　(C) 三十日　(D) 六十日　【90 年特】

2. 平均地權條例規定照價收買後之土地，其權屬應為？　　(B)
   (A) 國有　(B) 直轄市、縣（市）有　(C) 鄉鎮有
   (D) 公營事業有　　　　　　　　　　　　　　【108 年普】

第三十一條（照價收買之地價計算）

1. 下列有關「公告土地現值」的敘述，何者正確？　　　　(B)
   (A) 計算累進起點地價的依據　(B) 照價收買之地價標準

(C) 係公有土地標售之底價　(D) 公告時期是每年的七月一日

【88 年特】

2. 依平均地權條例規定，農業用地閒置不用，經加徵荒地稅滿三年仍不使用者，得照價收買。下列收買地價標準何者正確？
(A) 收買當期之公告地價　(B) 收買當期之申報地價
(C) 收買當期之公告土地現值　(D) 收買當期之市價 【104 年普】

(C)

第五章　漲價歸公

第三十五條之一

1. 平均地權條例第 35 條之 1 規定，私人捐贈予財團法人供興辦社會福利事業使用之土地，免徵土地增值稅；但有三種情形之一者，除追補應納之土地增值稅外，並處應納土地增值稅額二倍之罰鍰。下列何者不是規範中的情形？
(A) 未辦理用地變更者　(B) 未按捐贈目的使用土地者
(C) 違反各該事業設立宗旨者
(D) 土地收益未全部用於各該事業者　　　　【110 年普】

(A)

第三十五條之二（配偶贈與土地再移轉之課稅）

1. 配偶相互贈與之土地，其土地增值稅之徵收情況為：
(A) 得申請不課徵　(B) 按百分之十徵收　(C) 減半徵收
(D) 免徵　　　　　　　　　　　　　　　　　【97 年普】

(A)

2. 下列何種移轉得不課徵土地增值稅？
(A) 配偶相互贈與之土地　(B) 交換土地　(C) 買賣土地
(D) 在土地上設定典權　　　　　　　　　　【96 年普】

(A)

第三十五條之三（信託財產土地移轉所有權不課稅之情形）

1. 依平均地權條例規定，土地為信託財產者，因信託行為成立，而

(A)

於委託人與受託人間移轉土地所有權者,其土地增值稅應如何課徵?
(A)不課徵　(B)依一般規定課徵　(C)減徵百分之二十
(D)減徵百分之四十　　　　　　　　　　　　　　【90年特】

第三十六條（徵收時期及計算）

1. 下列何者是土地增值稅的課稅基礎? 　　　　　　　　　　(C)
   (A)累進起點地價　(B)公告土地現值　(C)土地漲價總數額
   (D)申報地價　　　　　　　　　　　　　　　　【106年普】

第三十七條之一（課稅）

1. 依土地稅法規定,土地為信託財產者,於信託關係存續中,地價　(A)
   稅之納稅義務人為:
   (A)受託人　(B)委託人　(C)受益人　(D)管理人　【98年普】

第四十條（增值稅稅率）

1. 關於土地增值稅之規定,下列何者只規定在平均地權條例中?　(B)
   (A)公告土地現值應調整至一般正常交易價格
   (B)公告土地現值,不得低於一般正常交易價值之一定比例。是
   　項一定比例,應逐年接近一般正常交易價格
   (C)全國平均之公告土地現值調整達一般正常交易價格百分之九
   　十以上時,第33條第1項之稅率應檢討修正
   (D)因修正稅率造成直轄市政府及縣（市）政府稅收之實質損
   　失,於財政收支劃分法修正擴大中央統籌分配稅款規模之規
   　定施行前,由中央政府補足之,並不受預算法第23條有關
   　公債收入不得充經常支出之用之限制　　　　　【101年普】
2. 有關長期持有土地之土地增值稅減徵,依平均地權條例第40條　(A)
   之規定,下列敘述何者最正確?
   (A)持有土地年限超過二十年以上者,就其土地增值稅超過第一

項最低稅率部分減徵百分之二十
(B) 持有土地年限超過三十年以上者，就其土地增值稅超過第一項最低稅率部分減徵百分之四十
(C) 持有土地年限超過四十年以上者，就其土地增值稅超過第一項最低稅率部分減徵百分之六十
(D) 持有土地年限超過五十年以上者，就其土地增值稅超過第一項最低稅率部分減徵百分之八十 【101年普】

第四十一條（增值稅稅率）

1. 下列有關自用住宅之敘述，何者正確？ (D)
   (A) 出售時，土地增值稅稅率為 40%　(B) 地價稅稅率為 10%
   (C) 都市土地面積不得超過七公畝
   (D) 出售時，適用優惠之土地增值稅率，以一次為限 【89年特】

2. 土地所有權人持有多筆自用住宅用地，同時出售，課徵土地增值稅時，下列規定何者不適用？ (A)
   (A) 受處數限制，並以一處為限　(B) 受次數限制，並以一次為限
   (C) 由土地所有權人提出申請　(D) 受自用住宅面積限制 【90年特】

第四十二條（被徵收或重劃土地增值稅之減徵）

1. 經重劃之土地，於重劃後第一次移轉時，其土地增值稅減徵多少？ (B)
   (A) 百分之五十　(B) 百分之四十　(C) 百分之三十
   (D) 百分之二十 【96年普】

第四十二條之一（區段徵收土地增值稅之減免）

1. 區段徵收之土地以抵價地補償其地價者，於領回抵價地後第一次移轉時，其土地增值稅有何優惠規定？ (C)
   (A) 免徵　(B) 減徵百分之二十　(C) 減徵百分之四十
   (D) 減徵百分之七十 【92年特】

第四十六條（土地現值表之編製）

1. 平均地權條例第四十六條規定，直轄市或縣（市）政府對於轄區內之土地，應經常調查其地價動態，繪製地價區段圖並估計何種地價後，提經地價評議委員會評定，據以編製土地現值表，並於每年一月一日公告？
   (A) 宗地地價　(B) 申報地價　(C) 區段地價　(D) 單位地價

   【97年普】　(C)

2. 依規定每年何時公告土地現值法？
   (A) 1月1日　(B) 2月1日　(C) 7月1日　(D) 8月1日　【99年普】　(A)

第四十七條（移轉或典權登記與不動產交易實價資訊之登錄）

1. 依平均地權條例規定，土地所有權移轉之權利人應於買賣案件辦竣所有權移轉登記多久內，向主管機關申報登記土地及建物成交案件實際資訊？
   (A) 十五日　(B) 二十日　(C) 三十日　(D) 六十日　【101年普】　(C)

2. 依平均地權條例規定，關於依法申報登錄成交案件之實際資訊，下列敘述何者錯誤？
   (A) 登錄之資訊，除涉及個人資料外，得提供政府機關利用
   (B) 主管機關得以區段化、去識別化方式提供查詢
   (C) 主管機關得委任所屬機關辦理
   (D) 政府機關對於已登錄之不動產交易價格，應即作為課稅之依據

   【102年普】　(D)

3. 土地所有權移轉或設定典權時，權利人、義務人、地政士、不動產經紀業申報土地移轉現值之責任，下列何者有誤？
   (A) 權利人及義務人應於訂定契約之日起三十日內，共同申報其土地移轉現值
   (B) 依規定得由權利人單獨申請登記者，權利人得單獨申報其移轉現值

   (D)

(C) 買賣案件委託地政士申請登記者，應由地政士申報登錄

(D) 買賣案件委由不動產經紀業居間或代理成交，均應由不動產經紀業申報登錄
【103 年普】

4. 依平均地權條例之規定，土地所有權移轉或設定典權時，權利人及義務人應於訂定契約之日起幾日內，檢同契約及有關文件，共同申請土地所有權移轉或設定典權登記，並共同申報其土地移轉現值？ (C)

(A) 10 日　(B) 20 日　(C) 30 日　(D) 40 日
【109 年普】

第四十七條之一（移轉現值之審核標準）

1. 土地所有權移轉，其申報移轉現值之審核標準，以下所述何者正確？ (D)

(A) 申報人於訂定契約之日起三十日內申報者，以受理申報機關收件日當期之公告土地現值為準

(B) 依法院判決移轉登記者，以法院判決宣判日當期之公告土地現值為準

(C) 經法院拍賣之土地，無論拍定價額是否低於公告土地現值，以拍定價額為準

(D) 遺贈之土地，以遺贈人死亡日當期之公告土地現值為準
【97 年普】

2. 遺贈之土地，以何時之公告土地現值為準，課徵土地增值稅？ (D)

(A) 以遺贈人死亡日起算的第十日

(B) 以遺贈人死亡日起算的第五日

(C) 以受遺贈者表示接受遺贈之日

(D) 以遺贈人死亡日
【96 年普】

3. 土地所有權移轉或設定典權時，倘雙方當事人共同申報之移轉現值，經審核超過當期公告土地現值者，應以下列何者為準，依規定徵收土地增值稅？ (C)

(A) 按當期公告土地現值　(B) 按前次移轉現值

(C) 按雙方當事人自行申報之移轉現值

(D) 按稅捐機關查證之移轉現值 【104 年普】

4. 依平均地權條例規定，土地所有權移轉或設定典權時，有關申報移轉現值之審核標準，下列敘述何者正確？ (D)

(A) 遺贈之土地，以遺贈人簽立遺囑當期之公告土地現值為準

(B) 申報人逾訂定契約之日起三十日始申報者，以訂約日當期之公告土地現值為準

(C) 依法院判決移轉登記者，以法院終局判決日當期之公告土地現值為準

(D) 經法院拍賣之土地，以拍定日當期之公告土地現值為準

【111 年普】

第四十七條之三

1. 依平均地權條例規定，下列銷售預售屋者相關規定之敘述，何者錯誤？ (D)

(A) 應於銷售前將預售屋買賣定型化契約，報請預售屋坐落基地所在之直轄市、縣（市）主管機關備查

(B) 原則上應於簽訂買賣契約書之日起三十日內，向直轄市、縣（市）主管機關申報登錄資訊

(C) 向買受人收受定金，應以書面契據確立買賣價金等事項，並不得約定不利於買受人之事項

(D) 向買受人收受定金所訂立之書面契據，得轉售予第三人

【111 年普】

2. 依平均地權條例之規定，委託不動產經紀業代銷預售屋者，應於何時向直轄市、縣（市）主管機關申報登錄資訊？

(A) 應於簽訂買賣契約之日起至少十日內申報

(B) 應於簽訂買賣契約之日起至少十五日內申報

(C) 應於簽訂買賣契約之日起三十日內申報

(D) 應於簽訂買賣契約之日起四十五日內申報 【112 年普】

第四十七條之四

1. 依平均地權條例之規定，預售屋或新建成屋買賣契約之買受人，於簽訂買賣契約後，不得讓與或轉售買賣契約與第三人，並不得自行或委託刊登讓與或轉售廣告，但於下列何種情形不在此限？ (A)
   (A) 配偶、直系血親或二親等內旁系血親間之讓與或轉售
   (B) 配偶、直系姻親或二親等內旁系姻親間之讓與或轉售
   (C) 配偶、直系姻親或二親等內旁系血親間之讓與或轉售
   (D) 配偶、直系血親或二親等內旁系姻親間之讓與或轉售
   【112年普】

2. 依平均地權條例規定，預售屋或新建成屋買賣契約之買受人，於簽訂買賣契約後，不得讓與或轉售買賣契約與第三人，但經其他中央主管機關公告得讓與或轉售之情形並經直轄市、縣（市）主管機關核准者，不在此限。買受人據此得讓與或轉售之戶（棟）數為何？ (C)
   (A) 全國每一年以一戶（棟）為限
   (B) 全國每一年以二戶（棟）為限
   (C) 全國每二年以一戶（棟）為限
   (D) 全國每二年以三戶（棟）為限
   【113年普】

第五十一條（漲價歸公收入）

1. 土地增值稅之收入，不得供下列何種用途使用？ (A)
   (A) 土地登記儲金　(B) 興建國民住宅　(C) 促進農業發展
   (D) 農村建設
   【90年特】

第六章　土地使用

第五十四條（補償及折抵）

1. 各級主管機關依平均地權條例規定辦理區段徵收時，得以抵價地折價抵付補償地價，請問其留作抵價地總面積，係以何者為原則？　(C)
   (A) 以徵收總面積百分之四十為原則
   (B) 以徵收總地價百分之五十為原則
   (C) 以徵收總面積百分之五十為原則
   (D) 以徵收總地價百分之四十為原則　【88年普】

2. 區段徵收抵價地總面積，依法不得少於徵收總面積百分之多少？　(A)
   (A) 四十　(B) 四十五　(C) 五十　(D) 六十　【89年特】

第五十五條（抵價地之發給）

1. 辦理區段徵收，經土地所有權人申請，可以折算抵付補償地價之可建築用地，稱為：　(A)
   (A) 抵價地　(B) 抵費地　(C) 抵稅地　(D) 折價地　【96年普】

第五十五條之二（區段徵收範圍土地之處理方式）

1. 依平均地權條例之規定，區段徵收範圍內之土地，經規劃整理後，於處理時，下列何種公共設施用地，無償登記為直轄市、縣（市）或鄉（鎮、市）所有？　(A)
   (A) 停車場　(B) 加油站　(C) 市場　(D) 機關用地　【90年特】

2. 區段徵收範圍內之土地，經規劃整理後，依平均地權條例第五十五條之二規定處理之，請問該條文對安置原住戶所需土地如何處理？　(C)
   (A) 交原土地所有權人領回　(B) 得由原住戶優先買回
   (C) 讓售與原住戶使用　(D) 由徵收機關標售　【88年普】

第五十六條（辦理市地重劃地區）

1. 依平均地權條例之規定，土地所有權人組織重劃會辦理市地重劃，應由重劃區內土地所有權人多少以上，而其所有土地面積亦達多少以上者之同意？
   (A) 私有土地所有權人三分之一；私有土地面積三分之一
   (B) 全體土地所有權人三分之二；全體土地面積三分之二
   (C) 私有土地所有權人二分之一；私有土地面積二分之一
   (D) 全體土地所有權人二分之一；全體土地面積二分之一

   【98年普】 | (C)

第五十七條（優先實施土地重劃）

1. 依平均地權條例之規定，在何種情況下得申請該管直轄市或縣（市）政府核准後優先實施市地重劃？
   (A) 適當地區內之私有土地所有權人半數以上，而其所有土地面積超過區內私有土地總面積半數者之同意
   (B) 適當地區內之私有土地所有權人三分之二以上，而其所有土地面積超過區內私有土地總面積半數者之同意
   (C) 適當地區內之私有土地所有權人半數以上，而其所有土地面積超過區內私有土地總面積三分之二以上之同意
   (D) 適當地區內之私有土地所有權人三分之二以上，而其所有土地面積超過區內私有土地總面積三分之二以上之同意　【99年普】

   | (A)

第五十八條（土地重劃之獎勵）

1. 依平均地權條例規定，為促進土地利用，擴大辦理市地重劃，得獎勵土地所有權人自行組織重劃會辦理市地重劃，下列對獎勵土地所有權人辦理市地重劃之敘述，何者錯誤？
   (A) 減半收取土地權利變更登記及換發權利書狀費用
   (B) 土地所有權人參加自辦市地重劃所需費用，得向政府指定之

   | (A)

銀行或實施平均地權基金申請低利貸款
　　(C) 自辦市地重劃區抵費地出售時，不計徵土地增值稅
　　(D) 免徵或減徵地價稅與田賦　　　　　　　【109年普】
2. 下列何者不屬於平均地權條例獎勵土地所有權人自行辦理市地重　(D)
　　劃事業之獎勵事項？
　　(A) 優先興建重劃區之公共設施
　　(B) 免收或減收換發權利書狀費用
　　(C) 免徵或減徵地價稅與田賦
　　(D) 給予免息之重劃貸款　　　　　　　　　【111年普】

第五十九條（重劃地區核定後之處置）

1. 依平均地權條例之規定，重劃地區選定後，政府得公告禁止區內　(B)
　　土地移轉，其禁止期間最長不得超過：
　　(A) 六個月　(B) 一年六個月　(C) 二年六個月　(D) 三年六個月
　　　　　　　　　　　　　　　　　　　　　　　【100年普】

第六十條（公共設施用地及各項費用之共同負擔）

1. 市地重劃區內，未列為依法共同負擔的其他公共設施用地，於辦　(B)
　　理交換分配時，應以何項土地優先指配？
　　(A) 該重劃區之抵價地　(B) 該重劃地區之公有土地
　　(C) 其他重劃區之抵費地　(D) 該重劃區之私有土地　【96年普】
2. 依平均地權條例規定，下列何種公共設施用地，非屬參加市地重　(D)
　　劃土地所有權人應共同負擔之用地？
　　(A) 國民中學用地　(B) 廣場用地
　　(C) 兒童遊樂場用地　(D) 機關用地　　　　　【104年普】
3. 依平均地權條例規定，實施市地重劃時，重劃區內供公共使用之　(B)
　　道路等十項用地，應優先以下列何種土地抵充？
　　(A) 原廣場、綠地、停車場、零售市場地
　　(B) 原公有道路、溝渠、河川及未登記地

(C) 原兒童遊樂場、鄰里公園、國民小學、國民中學地
(D) 原國有地、學產地、直轄市縣（市）有地、鄉鎮（市）有地
【111 年普】

第六十條之二（分配結果之公告通知及提出異議）

1. 依平均地權條例規定，市地重劃分配結果公告期間，土地所有權人對分配結果提出異議，經主管機關調處不成者，下列有關後續處理之敘述，何者正確？　(A)
   (A) 由主管機關報請上級主管機關裁決之
   (B) 由主管機關提請不動產糾紛調處委員會調處之
   (C) 由異議人循民事訴訟程序訴請司法機關裁判
   (D) 由異議人提起行政訴訟謀求救濟　　【104 年普】

第六十一條（發展較緩地區土地重劃之辦理）

1. 依平均地權條例規定，那一地區辦理市地重劃時，得先辦理測量、分配、登記及交接工作完成，而對公共設施建設工程，則視都市發展情形，另行辦理？　(D)
   (A) 新設都市地區　(B) 舊都市地區
   (C) 都市土地開發新社區　(D) 都市發展較緩地區　【88 年普】

第六十二條（土地重劃效力）

1. 市地重劃後，重行分配與原土地所有權人之土地，自分配結果確定之日起，依法視為下列何者之土地？　(C)
   (A) 抵費地　(B) 抵價地
   (C) 原土地所有權人原有之土地　(D) 依法撥用之土地　【96 年普】

2. 依平均地權條例之規定，市地重劃後，重行分配與原土地所有權人之土地，自何時起視為其原有之土地？　(B)
   (A) 市地重劃核定之日　(B) 分配結果確定之日
   (C) 地籍整理完成之日　(D) 土地權利登記之日　【100 年普】

第六十二條之一（應拆遷土地改良物之公告及限期）

1. 辦理市地重劃時，依平均地權條例之規定，下列何者應予公告？　(A)
   (A) 拆遷土地改良物　(B) 註銷耕地租約　(C) 註銷他項權利
   (D) 限期接管土地　　　　　　　　　　　　　　【90年特】

第六十三條（註銷租約及請求補償）

1. 出租之公、私有耕地，因實施市地重劃致不能達到原租賃之目的　(D)
   者，直轄市或縣（市）政府依法如何處理？
   (A) 逕予分配土地予租用人　(B) 協調租用當事人變更為基地租用
   (C) 重新調整分配為耕地　(D) 逕為註銷其租約並通知當事人
   　　　　　　　　　　　　　　　　　　　　　　【102年普】

2. 耕地以外之出租土地，因市地重劃而不能達到原租賃之目的者，　(D)
   承租人得終止租約，並得向出租人請求如何之補償？
   (A) 按重劃計畫書公告當期公告土地現值扣除預計土地增值稅後
   　　餘額之三分之一
   (B) 按重劃計畫書公告當期公告土地現值之三分之一
   (C) 相當六個月租金　(D) 相當一年租金　【107年普】

3. 出租之公、私有耕地因實施市地重劃致不能達到原租賃之目的　(C)
   者，可由直轄市或縣（市）政府逕為註銷其租約並通知當事人，
   如重劃後分配土地者，承租人得請求之補償，下列何項為正確？
   (A) 按重劃計畫書公告當期該土地公告土地現值減除預計土地增
   　　值稅後餘額之三分之一
   (B) 按重劃計畫書公告當期該土地查估之市價減除預計土地增值
   　　稅後餘額之三分之一
   (C) 按重劃計畫書公告當期該土地之公告土地現值之三分之一
   (D) 按重劃計畫書公告當期該土地查估之市價之三分之一
   　　　　　　　　　　　　　　　　　　　　　　【108年普】

第六十三條之一（終止租約及請求補償）

1. 出租之私有基地因實施市地重劃致不能達到原租賃之目的者，承租人得終止租約，並得向出租人請求多少之補償？ (B)
   (A) 相當二年租金之補償　　(B) 相當一年租金之補償
   (C) 相當二個月租金之補償
   (D) 相當公告土地現值十分之一之補償　　【97 年普】

第六十四條（權利視為消滅及請求補償）

1. 依平均地權條例規定，土地建築改良物經設定抵押權，因市地重劃致不能達成其設定目的者，其權利視為消滅。抵押權人得向土地所有權人請求下列何項處理？ (A)
   (A) 以其所分配之土地設定抵押權
   (B) 按重劃計畫書公告當期該土地之公告土地現值三分之一之補償
   (C) 按重劃計畫書公告當期該土地之公告土地現值三分之二之補償
   (D) 相當於二年租金額之補償　　【97 年普】

第六十五條（請求權行使之期限）

1. 土地改良物經設定抵押權，因市地重劃致不能達其設定目的者，視為消滅。抵押權人得向土地所有權人請求以其所分配之土地，設定抵押權。請問該請求權之行使，依平均地權條例規定，應於何時為之？ (B)
   (A) 應於重劃分配結果公告之次日起一個月內為之
   (B) 應於重劃分配結果確定之次日起二個月內為之
   (C) 應於重劃計畫公告期滿之次日起一個月內為之
   (D) 應於重劃範圍公告確定之次日起二個月內為之　　【88 年普】

第七十一條（私有建地面積之限制）

1. 依平均地權條例規定，為避免私人壟斷，應對私有土地面積有最 (A)

高額之限制。其相關限制內容，下列何者正確？
(A) 對於未建築私有建築用地最高面積以 10 公畝為限
(B) 對於宅地最高面積以 10 公畝為限
(C) 超額土地當於 1 年內出售
(D) 逾期未出售之土地，政府得予以徵收　　【105 年普】

2. 依平均地權條例之規定，直轄市或縣（市）政府對於尚未建築之私有建築用地之處理方式，下列何項敘述錯誤？（第 71、72 條）　(D)
(A) 除有特殊情形外，應限制尚未建築用地面積最高額以十公畝為限
(B) 對於超額私有建築用地，應通知土地所有權人於二年內出售或建築使用
(C) 逾期未出售或未建築使用者，得予照價收買
(D) 照價收買價格，按收買當時查估之正常市價　　【108 年普】

第七十二條（超額土地之限期出售使用）

1. 依平均地權條例規定，超額未建築之私有建築用地，政府應通知其土地所有權人，於多久期限內出售或建築使用？　(C)
(A) 六個月　(B) 一年　(C) 二年　(D) 三年　　【90 年特】

2. 依平均地權條例規定，直轄市或縣（市）政府對於尚未建築之超額私有建築用地之處理，下列敘述，何者正確？　(D)
(A) 應通知土地所有權人於三年內出售
(B) 應通知土地所有權人於三年內建築使用
(C) 逾期未出售或未建築使用者，得予強制拍賣
(D) 逾期未出售或未建築使用者，得予照價收買　　【107 年普】

第七十三條（承購或承租土地之限期使用）

1. 私有空地經照價收買後再行出售者，其承購人原則上應自承購之日起多久期限內興工建築？　(A)
(A) 一年　(B) 一年六個月　(C) 二年　(D) 二年六個月　【90 年特】

第七十四條（私有空地限期使用）

1. 平均地權條例第 74 條規定，依第 26 條規定限期建築之土地，有下列三種情形之一者，土地所有權人應於接到限期使用通知後，與承租人、借用人或地上權人協議建築、增建或改建；協議不成時，得終止租約、借貸或撤銷地上權。下列何者是規範中的情形？ (A)
   (A) 土地所有權人將其土地出租、貸與或設有地上權者
   (B) 土地所有權人將其土地設定典權或設定不動產役權者
   (C) 土地所有權人將其所有之農作改良物出租或貸與他人使用者
   (D) 土地承典人或地役權人將其所有建築改良物出租或貸與他人使用者 【110 年普】

第七十六條（耕地租約之終止）

1. 依平均地權條例規定，出租耕地經依法終止租約，實際收回耕地屆滿多久後，不依照使用計畫建築使用者，直轄市或縣（市）政府得照價收買之？ (A)
   (A) 一年　(B) 六個月　(C) 三個月　(D) 一個月　【100 年普】

2. 關於耕地終止租約與補償，依平均地權條例規定，下列敘述何者正確？ (D)
   (A) 耕地出租人依規定終止租約收回耕地時，應補償承租人為改良土地所支付之費用及已收穫之農作改良物
   (B) 耕地出租人依規定終止租約，實際收回耕地屆滿二年後，不依照使用計畫建築使用者，直轄市或縣（市）政府得照價收買之
   (C) 耕地出租人依規定終止租約收回耕地時，承租人得向出租人請求按公告當期該土地之公告土地現值三分之一之補償
   (D) 出租耕地經依法編為建築用地者，出租人為收回自行建築或出售作為建築使用時，得終止租約　【109 年普】

第七十九條之一（管制私人購屋）

1. 依平均地權條例規定，有關私法人買受供住宅使用之房屋，下列何者正確？　(B)
   (A) 應檢具切結書，經中央主管機關許可
   (B) 中央主管機關審核其使用計畫，以合議制方式辦理
   (C) 私法人取得之房屋，於登記完畢後十年內不得辦理預告登記
   (D) 許可之文件有效期限為二年　【113年普】

第七章　罰則

第八十一條（未移轉登記出售之處罰）

1. 依平均地權條例之規定，土地買賣未辦竣權利移轉登記，承買人再行出售該土地時，處應納登記費多少倍以下之罰鍰？　(D)
   (A) 5倍　(B) 10倍　(C) 15倍　(D) 20倍　【106年普】

第八十一條之一（受贈土地財團法人違法之處罰）

1. 財團法人受贈土地並獲准免納土地增值稅者，若未按捐贈目的使用土地時，將被處應納土地增值稅額幾倍之罰鍰？　(B)
   (A) 一倍　(B) 二倍　(C) 三倍　(D) 四倍　【95年普】

第八十一條之二（違反申報登錄制度之處罰）

1. 有關平均地權條例對違反申報登錄之規定中，直轄市、縣（市）主管機關應先令其限期改正，屆期未改正者，處新臺幣六千元以上三萬元以下罰鍰，並令其限期改正；屆期未改正者，按次處罰的情形係指下列何種狀況？（第4項）　(B)
   (A) 申報登錄價格資訊不實　(B) 申報登錄價格以外資訊不實
   (C) 未依限申報登錄資訊、申報登錄價格或交易面積資訊不實

(D) 金融機構、權利人、義務人、地政士或不動產經紀業規避、妨礙或拒絕查核 【110年普】

2. 依平均地權條例規定，預售屋買受人將已付定金，確立買賣標的物及價金等事項之書面契據，轉售予第三人時，由直轄市、縣（市）主管機關按戶（棟）處罰新臺幣多少元？（第6項第2款） (C)
   (A) 三萬元以上十五萬元以下罰鍰
   (B) 六萬元以上三十萬元以下罰鍰
   (C) 十五萬元以上一百萬元以下罰鍰
   (D) 三十萬元以上一百萬元以下罰鍰 【110年普】

3. 依平均地權條例規定，權利人及義務人應於買賣案件申請所有權移轉登記時，申報登錄資訊，未共同申報登錄資訊者，直轄市、縣（市）主管機關應令其限期申報登錄資訊；屆期未申報登錄資訊，買賣案件已辦竣所有權移轉登記者，處多少罰鍰，並令其限期改正？ (A)
   (A) 新臺幣三萬元以上十五萬元以下罰鍰
   (B) 新臺幣六萬元以上三十萬元以下罰鍰
   (C) 新臺幣十五萬元以上五十萬元以下罰鍰
   (D) 新臺幣三十萬元以上一百萬元以下罰鍰 【113年普】

第八十三條（土地壟斷投機罪）

1. 下列何者是平均地權條例對以經營土地買賣，違背土地法律，從事土地壟斷、投機者所定之處罰規定？ (B)
   (A) 處三年以下有期徒刑，並得併科七千元以上罰金
   (B) 處三年以下有期徒刑，並得併科七千元以下罰金
   (C) 處三年以上有期徒刑，並得併科七千元以上罰金
   (D) 處三年以上有期徒刑，並得併科七千元以下罰金 【103年普】

2. 下列有關平均地權條例對以經營土地買賣，違背土地法律，從事土地壟斷、投機者處罰規定之敘述，何者正確？ (B)

(A) 處一年以下有期徒刑，並得併科五千元以下罰金
(B) 處三年以下有期徒刑，並得併科七千元以下罰金
(C) 處一年以下有期徒刑，並得併科八千元以下罰金
(D) 處三年以下有期徒刑，並得併科一萬元以下罰金【110 年普】

平均地權條例施行細則

第一章　通則

第四條（自用住宅用地）

1. 某筆土地及其地上房屋分別屬於甲、乙所，甲並於該地辦竣戶籍登記；試問：甲、乙二人之關係為下列何者時，該筆土地不得申請為自用住宅用地？
   (A) 祖孫　(B) 母子　(C) 夫妻　(D) 兄弟　　【90年特】　(D)

第十一條（改良土地）

1. 下列何者非平均地權條例所稱之改良土地？
   (A) 水土保持　(B) 埋設管道　(C) 開挖水溝　(D) 設定負擔
   　　　　　　　　　　　　　　　　　　　　　　【97年普】　(D)

2. 平均地權條例施行細則規定所稱改良土地中，下列何者係屬農地改良事項？
   (A) 埋設基地管道　(B) 鋪築基地道路
   (C) 土壤改良及防風設施　(D) 整平或填挖基地　【102年普】　(C)

第三章　照價徵稅

第三十一條（按自用住宅用地課稅之申報）

1. 自用住宅用地合乎地價稅優惠稅率時：　(C)
   (A) 由稅捐稽徵機關主動查核
   (B) 必須於地價稅開徵前六十日前提出申請
   (C) 由土地所有權人填具申請書並附證明文件申請核定

(D) 由稅捐稽徵機關實地勘查認定 【90年特】

第四十二條（加徵空地稅倍數之擬定）

1. 空地稅之徵收按該宗土地應納地價稅基本稅額二至五倍加徵，有關加徵倍數之核定機關為： (D)
   (A) 鄉市公所　(B) 縣市政府　(C) 省政府　(D) 行政院【90年特】

第四章　照價收買

第四十八條（照價收買土地之處理）

1. 照價收買之土地建有房屋者，政府將其處理讓售時，依法其讓售之對象不包括何者？ (B)
   (A) 地上權人　(B) 典權人
   (C) 土地承租人　(D) 房屋所有權人　　　　【89年特】

2. 依平均地權條例規定，照價收買之土地為空地時，除依規定讓售給有合併使用必要之鄰地所有權人外，應做何種處理？ (D)
   (A) 出租　(B) 撥用　(C) 借用　(D) 標售　　　【95年普】

第五章　漲價歸公

第五十五條（物價指數）

1. 下列何者應按政府公告之物價指數調整後，再行計算其土地漲價總數額？ (D)
   (A) 土地重劃負擔　(B) 土地改良費
   (C) 工程受益費　(D) 原規定地價或前次移轉時申報之現值
   【96年普】

第六十五條（分割土地現值計算）

1. 土地合併後，各共有人應有部分價值與其合併前之土地價值相等者，免徵土地增值稅，請問所稱「土地價值」之計算，係以下列何者為準？
   (A) 土地合併前之公告地價　(B) 土地合併時之市場地價
   (C) 土地合併時之公告土地現值　(D) 土地合併前之評定價值
   【96年普】　(C)

第六章　土地使用

第七十九條之二（區段徵收業務之辦理）

1. 依平均地權條例施行細則規定，區段徵收業務得委託事業機構、法人等辦理；但下列何者，不屬於得委託之事項？
   (A) 地籍測量　(B) 區段徵收工程之規劃
   (C) 區段徵收之公告　(D) 土地改良物價值之查估　【90年特】　(C)

第八十一條（土地重劃前之調查）

1. 依平均地權條例施行細則之規定，政府實施市地重劃時，有關查估重劃前後地價，提經地價評議委員會評定後，有其規定之作用，下列何者不屬之？
   (A) 計算公共用地負擔　(B) 計算費用負擔
   (C) 計算標售抵費地之底價　(D) 土地交換分配及變通補償
   【104年普】　(C)

第八十二條（名詞定義）

1. 關於市地重劃區內之土地改良物或墳墓拆遷補償費，係屬下列何項計算之範圍？　(A)

(A) 重劃費用　(B) 工程費用
(C) 整地費用　(D) 公共用地施工費用　　　　【104 年普】

第八十四條（未建築土地之折價抵付）

1. 市地重劃後折價抵付之土地，得按底價讓售與法定所需之用地，下列何者有誤？ (A)
   (A) 安置原住戶所需　(B) 公共事業所需
   (C) 國民住宅所需　(D) 行政院專案核准者　　　【96 年普】

2. 依平均地權條例規定，參加重劃之土地所有權人，得以重劃區內未建築土地折價抵付其應負擔之重劃費用，此等土地稱為： (D)
   (A) 抵稅地　(B) 抵價地　(C) 折價地　(D) 抵費地　【90 年特】

3. 某直轄市市政府因辦理市地重劃而登記為該直轄市有之抵費地，於出售時其程序為何？ (D)
   (A) 應經內政部同意　(B) 應經行政院同意
   (C) 應經該直轄市議會同意　(D) 該直轄市政府可自行公開標售
   　　　　　　　　　　　　　　　　　　　　　　【102 年普】

參　土地徵收條例

第一章　總則

第一條（立法目的）

1. 政府為促進產業創新開發產業園區，徵收私有土地，其徵收補償標準應優先適用下列何種法律？　　　　　　　　　　　　　　　(D)
   (A) 產業創新條例　(B) 平均地權條例　(C) 土地法
   (D) 土地徵收條例　　　　　　　　　　　　　　【104 年普】

第三條（徵收私有土地興辦事業之種類）

1. 國家因公益需要，依土地徵收條例「明定之事業」中，何者得依法徵收私有土地？　　　　　　　　　　　　　　　　　　　　　(B)
   (A) 祭祀公業　(B) 文化事業　(C) 黨政事業　(D) 勞工事業
   　　　　　　　　　　　　　　　　　　　　　　　【96 年普】

第三條之一（興辦公益事業勘選土地）

1. 有關徵收土地地點選擇，下列何者為非？　　　　　　　　　　(A)
   (A) 興辦公益事業應避免使用公有土地或國營事業土地
   (B) 特定農業區農牧用地，除零星夾雜難以避免者外，不得徵收
   (C) 申請徵收之土地，遇有登錄之歷史建築應於可能範圍內避免之
   (D) 興辦公益事業應儘量避免耕地　　　　　　　　【103 年普】

2. 甲有 A 耕地一筆，在 99 年 8 月 8 日將 A 地出租於乙，於租賃期間，A 地被徵收並經徵收執行機關囑託登記機關登記為需用土地人丙所有，乙得否主張其為優先購買權人，因而請求塗銷 A 地的該登記？　　　　　　　　　　　　　　　　　　　　　　(D)
   (A) 得，因為乙的先買權具物權效力

(B) 得，因為承租人先買權的規定得類推適用於徵收的情形
(C) 否，因為 A 地並非基地，亦非有三七五租約的耕地
(D) 否，因為土地徵收具公益的政策目的　　　　【105 年普】

3. 依土地徵收條例規定，關於特定農業區農牧用地之徵收，下列何者錯誤？　　　　　　　　　　　　　　　　　　　　　(D)
   (A) 除零星夾雜難以避免者外，不得徵收。但國防所必須或經行政院核定之重大建設所需者，不在此限
   (B) 除零星夾雜難以避免者外，不得徵收。但交通所必須或經行政院核定之重大建設所需者，不在此限
   (C) 特定農業區經行政院核定為重大建設須辦理徵收者，若有爭議，應依行政程序法舉行聽證
   (D) 特定農業區經行政院核定為重大建設須辦理徵收者，若有爭議，應依行政程序法舉行公聽會　　　　【107 年普】

第三條之二（興辦事業徵收土地評估因素）

1. 土地徵收條例規定，需用土地人因興辦事業而徵收土地時，應綜合何種因素，以評估是否具備公益性及必要性？①社會因素　②經濟因素　③文化及生態因素　④地價因素　　　　　　　　　　　　(A)
   (A) ①②③　(B) ①②④　(C) ①③④　(D) ②③④　【102 年普】

第四條（區段徵收）

1. 依土地徵收條例規定，下列各款情形，何者非屬得為區段徵收之適用者？　　　　　　　　　　　　　　　　　　　　(C)
   (A) 新設都市地區實施開發建設者
   (B) 都市土地之工業區變更為住宅區者
   (C) 都市土地之住宅區變更為商業區者
   (D) 都市土地之農業區變更為建築用地者　　　　【99 年普】

2. 依土地徵收條例之規定，下列何者得依法實施區段徵收？　　　　　　　　　　　　　　　　　　　　　　　　　　　(C)
   (A) 配合區域整體發展者　(B) 促進農地再生產者

(C) 非都市土地實施開發建設者　(D) 配合原住民聚落更新者

【104 年普】

第五條（土地改良物不予徵收之情形）

1. 徵收土地時，其土地改良物如屬於依法令規定不得建造者，應如何處理？ (B)
   (A) 一併徵收之
   (B) 由直轄市或縣（市）主管機關通知所有權人限期遷移或拆除
   (C) 由直轄市或縣（市）主管機關協調清理並列入徵收補償範圍
   (D) 由需用土地人逕行除去，不予補償　　　　　　【97 年普】

2. 徵收土地時，其土地改良物原應一併徵收。但下列情形何者得不受此一限制？ (A)
   (A) 墳墓及其他紀念物必須遷移
   (B) 依法令規定得建造之建築改良物
   (C) 土地改良物所有權人要求取回，並自公告期滿之日起三十日內自行遷移
   (D) 農作改良物之種類或數量與正常種植情形不相當者，其全部之農作改良物　　【103 年普】

第八條（一併徵收之要件、程序及期限）

1. 土地徵收條例規定，徵收土地之殘餘部分面積過小或形勢不整，致不能為相當之使用者，所有權人得於徵收公告之日起多久之時間內，向該管直轄市或縣（市）主管機關申請一併徵收，逾期不予受理？ (B)
   (A) 二年內　(B) 一年內　(C) 六個月內　(D) 三個月內【97 年普】

2. 依土地徵收條例規定，徵收土地之殘餘部分面積過小或形勢不整，致不能為相當之使用者，所有權人得向何機關申請一併徵收？ (B)
   (A) 需用土地人　(B) 該管直轄市或縣（市）主管機關

(C) 內政部　(D) 行政院　　　　　　　　　　　【107年普】

第二章　徵收程序

第九條（原土地所有權人照原徵收補償價收回土地）

1. 被徵收之土地，除區段徵收及土地徵收條例或其他法律另有規定外，有下列何種情形，原土地所有權人得於徵收公告之日起 20 年內，向該管直轄市或縣（市）主管機關申請照原徵收補償價額收回其土地，不適用土地法第 219 條之規定？ (C)
   (A) 徵收補償費發給完竣屆滿一年，未依徵收計畫開始使用者
   (B) 徵收補償費發給完竣屆滿二年，未依徵收計畫開始使用者
   (C) 依原徵收計畫開始使用後未滿五年，不繼續依原徵收計畫使用者
   (D) 依原徵收計畫開始使用後未滿十年，不繼續依原徵收計畫使用者
   　　　　　　　　　　　　　　　　　　　　　【103年普】

2. 被徵收之土地，有下列何種情形時，原土地所有權人得於徵收公告之日起 20 年內，向該管直轄市或縣（市）主管機關申請照原徵收補償價額收回其土地？ (C)
   (A) 徵收補償費發給完竣屆滿 2 年，未依徵收計畫開始使用者
   (B) 徵收土地之殘餘部分面積過小或形勢不整，致不能為相當之使用者
   (C) 未依核准徵收原定興辦事業使用者
   (D) 依原徵收計畫開始使用後未滿 6 年，不繼續依原徵收計畫使用者
   　　　　　　　　　　　　　　　　　　　　　【106年普】

3. 關於原土地所有權人申請已徵收土地之收回權，依土地徵收條例規定，下列敘述何者錯誤？ (B)
   (A) 被徵收之土地，依原徵收計畫開始使用後未滿五年，不繼續依原徵收計畫使用者

(B) 原土地所有權人應於該管直轄市或縣（市）主管機關通知後三個月內繳還原受領之補償地價及地價加成補償，逾期視為放棄收回權

(C) 申請收回土地案件，應由該管直轄市或縣（市）主管機關受理

(D) 被徵收之土地，徵收補償費發給完竣屆滿三年，未依徵收計畫開始使用者　【109年普】

第十條（事業計畫之申請許可）

1. 下列何者非為土地徵收時依法應進行之程序？　(C)
(A) 協議價購　(B) 舉辦公聽會
(C) 舉辦聽證會　(D) 舉辦說明會　【100年普】

第十一條（公益用地之取得）

1. 依土地徵收條例第11條規定協議價購，應由需用土地人依何種價格與所有權人協議？　(C)
(A) 土地公告現值加四成　(B) 市場正常收益價格
(C) 市場正常交易價格　(D) 毗鄰該地之平均公告土地現值
【101年普】

2. 依土地徵收條例規定，有關徵收之程序，下列何者正確？　(C)
(A) 特定農業區經行政院核定為重大建設須辦理徵收者，應依行政程序法舉行聽證
(B) 需用土地人於事業計畫報請目的事業主管機關許可後，應舉行公聽會
(C) 協議價購時，依其他法律規定有優先購買權者，無優先購買權之適用
(D) 需用土地人於所有權人拒絕參與協議或經開會未能達成協議時，則改申請徵收　【113年普】

第十五條（專家學者、民間團體及相關機關代表之遴聘）

1. 依土地徵收條例規定，中央主管機關為審議徵收案件，應遴聘（派）專家學者、民間團體及相關機關代表，以合議制方式辦理之。其中專家學者及民間團體代表不得少於多少比例？　(A)
   (A) 二分之一　(B) 三分之二　(C) 四分之三　(D) 五分之二
   【101 年普】

第十六條（核定原則）

1. 甲乙均對同一筆土地申請徵收，若渠等之興辦事業性質皆相同，主管機關應以下列何者為核定原則？　(C)
   (A) 需用土地人之組織大小　(B) 需用土地人負擔之補償費多寡
   (C) 需用土地人申請之先後　(D) 需用土地人之組織階層高低
   【95 年普】

2. 同一土地有二以上需用土地人申請徵收時，其核定原則為：　(C)
   (A) 以其申請書之安置計畫妥善性為核定原則
   (B) 以其申請之單位層級為核定原則
   (C) 以興辦事業性質之輕重為核定原則
   (D) 以興辦事業規模之大小為核定原則
   【100 年普】

第十九條（補償費）

1. 徵收土地應發給之補償費由何人負擔？何人發給？　(C)
   (A) 由行政院負擔，由需用土地人轉發
   (B) 由內政部負擔，由直轄市或縣（市）主管機關轉發
   (C) 由需用土地人負擔，由直轄市或縣（市）主管機關轉發
   (D) 由直轄市或縣（市）主管機關負擔，由內政部轉發
   【97 年普】

2. 有關土地徵收補償之性質，下列何者正確？　(D)
   (A) 補償內容僅有地價補償　(B) 屬於一般犧牲

(C) 屬於損害賠償　(D) 屬於損失補償　　　　　【105年普】

第二十條（補償費）

1. 土地徵收條例規定，徵收土地或土地改良物應發給之補償費，應於公告期滿後幾日內發給之？ (B)
   (A) 十日　(B) 十五日　(C) 三十日　(D) 六十日　【97年普】

2. 徵收土地或土地改良物應發給之補償費，需用土地人應於公告期滿後十五日內將補償費繳交該管直轄市或縣（市）主管機關發給完竣，逾期者該部分土地或土地改良物之法律效力為何？ (B)
   (A) 仍具徵收效力　(B) 徵收從此失其效力
   (C) 被徵收之所有權人得申請撤銷徵收
   (D) 需用土地人得申請保留徵收　　　　　【111年普】

第二十一條（被徵收土地所有權人權利義務之終止）

1. 依法被徵收土地之所有權人，對於其被徵收土地權利義務終止時機之認定，下列何者正確？ (C)
   (A) 公告徵收之日　(B) 公告徵收期滿之日
   (C) 應受補償費發給完竣時
   (D) 土地經完成登記為需用土地人管有時　【104年普】

第二十二條（異議之提出、復議及行政救濟）

1. 依土地徵收條例規定，徵收補償價額經複議或行政救濟結果有變動者，其應補償價額差額，應於其結果確定之日起多久期限內發給之？ (D)
   (A) 十日　(B) 十五日　(C) 一個月　(D) 三個月　【90年特】

第二十五條

1. 依土地徵收條例第25條規定，被徵收之土地，所有權人死亡未辦竣繼承登記，其徵收補償費如何處理？ (D)

(A) 歸屬國庫　(B) 納入平均地權基金

(C) 歸目的事業主管機關所有

(D) 得由部分繼承人按其應繼分領取之　　　　【109 年普】

第二十六條（徵收補償保管專戶）

1. 拒絕受領之徵收補償費，依土地徵收條例規定存入專戶保管，並通知應受補償人。自通知送達發生效力之日起，最長逾幾年未領取之補償費，歸屬國庫？（第 26 條第 1 項） (C)
   (A) 5 年　(B) 10 年　(C) 15 年　(D) 20 年　　　　【110 年普】

2. 依土地徵收條例規定，因受領遲延、拒絕受領或不能受領之補償費，下列何者正確？ (C)
   (A) 依提存法提存於直轄市或縣（市）主管機關於國庫設立之土地徵收補償費保管專戶
   (B) 直轄市或縣（市）主管機關應於補償費發給期限屆滿之日起三個月內存入專戶保管
   (C) 保管專戶儲存之補償費應給付利息
   (D) 已依規定繳存專戶保管之徵收補償費，自徵收公告期滿之日起，逾十五年未領取者，歸屬國庫　　　　【112 年普】

3. 依土地徵收條例規定，有關直轄市或縣（市）主管機關應於國庫設立土地徵收補償費保管專戶部分，下列何者錯誤？ (A)
   (A) 自通知送達發生效力之日起，逾十年未領取之補償費，歸屬國庫
   (B) 應於規定應發給補償費之期限屆滿次日起三個月內存入專戶保管
   (C) 保管未受領之徵收補償費，不適用提存法之規定
   (D) 未受領之徵收補償費，依規定繳存專戶保管時，視同補償完竣　　　　【113 年普】

第二十七條（進入被徵收土地內工作之限制及例外）

1. 下列何類徵收事業之需用土地人在補償費未發給完竣前，或未核定發給抵價地前，因公共安全急需，得先進入被徵收土地內工作？
   (A) 國防事業、平價住宅事業、水利事業
   (B) 交通事業、水利事業、社會福利事業
   (C) 高齡化事業、少子化事業、防疫事業
   (D) 國防事業、交通事業、水利事業　　　　　　【111年普】　(D)

第三章　徵收補償

第三十條（補償地價之基準及加成補償）

1. 各直轄市、縣（市）主管機關應經常調查轄區地價動態，提交地價評議委員會評定被徵收土地市價變動幅度，作為調整徵收補償地價之依據，此一頻率需多久期間為之？
   (A) 每月提交　(B) 每季提交　(C) 每六個月提交
   (D) 每十二個月提交　　　　　　　　　　　　【103年普】　(C)

2. 依據土地徵收條例之規定，有關被徵收之土地、建築改良物、農作改良物之補償規定，下列敘述何者正確？　(B)
   (A) 徵收土地應按照徵收當期之公告現值加成補償其地價
   (B) 都市計畫區內之公共設施保留地，應按毗鄰非公共設施保留地之平均市價補償其地價
   (C) 建築改良物之補償費，按起造當時該建築改良物之價格估定之
   (D) 農作改良物之補償費，於農作改良物被徵收時與其孳息成熟時期相距在一年以內者，按其種植及培育費用，並參酌現值估定之　　　　　　　　　　　　　　　　　　【103年普】

第三十一條（建築改良物及農作改良物之補償）

1. 有關徵收補償，依土地徵收條例相關規定，下列敘述何者正確？　(A)
   (A) 農作改良物之補償費，於農作改良物被徵收時與其孳息成熟時期相距在 1 年以內者，按成熟時之孳息估定之
   (B) 徵收當期市價指徵收公告期滿次日起算第十日經地價評議委員會評定之當期市價
   (C) 建築改良物之補償費，按起造當時該建築改良物之重建價格估定之
   (D) 被徵收土地在都市計畫區內之公共設施保留地，應按毗鄰公共設施保留地之平均市價補償其地價　【109 年普】

2. 依土地徵收條例規定，建築改良物之補償費，按徵收當時該建築改良物之下列何種價格估定之？（第 31 條第 1 項）　(C)
   (A) 市價　(B) 重置價格　(C) 重建價格　(D) 房屋評定現值
   　【110 年普】

3. 依土地徵收條例規定，有關徵收補償費，下列何者正確？　(D)
   (A) 在都市計畫區內之公共設施保留地，應按照徵收當期之市價補償其地價
   (B) 徵收補償之地價，由不動產估價師評定之
   (C) 建築改良物之補償費，按徵收當時該建築改良物之重置價格估定之
   (D) 農作改良物之補償費，於農作改良物被徵收時與其孳息成熟時期相距在一年以內者，按成熟時之孳息估定之　【113 年普】

第三十三條（合法營業損失之補償）

1. 依土地徵收條例規定，下列有關徵收補償之敘述，何者正確？　(D)
   (A) 一般地價補償依徵收當期之公告土地現值為準
   (B) 公共設施保留地按毗鄰非公共設施保留地之平均公告土地現值，補償其地價

(C) 徵收補償地價必要時得加成補償，加成成數最高四成

(D) 原供合法營業使用之建築改良物，因徵收致營業停止所受之損失，依法應予補償　　　　　　　　　　　　【90 年特】

第四章　區段徵收

第三十九條（現金補償原則）

1. 區段徵收之抵價地總面積，以徵收總面積百分之多少為原則？　　(A)
 (A) 50　(B) 45　(C) 40　(D) 30　　　　　　【106 年普】

2. 區段徵收土地時，地價補償得經土地所有權人申請，以徵收後可供建築之抵價地折算抵付，而抵價地總面積，以徵收總面積百分之五十為原則，如因情況特殊，經上級主管機關核准者，不在此限，但不得少於百分之四十；惟曾經農地重劃者，該重劃地區部分之抵價地不得少於多少？　　(B)
 (A) 百分之四十三　(B) 百分之四十五　(C) 百分之四十七
 (D) 百分之四十九　　　　　　　　　　　　【108 年普】

第四十條（發給抵價地之申請程序及處理程序）

1. 依土地徵收條例規定實施區段徵收時，原土地所有權人不願領取現金補償者，應於下列何期間內，檢具有關證明文件，以書面向主管機關申請發給抵價地？　　(A)
 (A) 徵收公告期間　(B) 徵收補償地價發放時
 (C) 分配抵價地公告時　(D) 舉行公聽會期間　　【102 年普】

2. 實施區段徵收時，申請發給抵價地者，對其被徵收土地之權利義務，於何時終止？　　(B)
 (A) 向直轄市或縣（市）主管機關申請發給抵價地時
 (B) 接到直轄市或縣（市）主管機關核定發給抵價地通知時
 (C) 直轄市或縣（市）主管機關將抵價地登記為申請人所有時

(D) 直轄市或縣（市）主管機關將抵價地點交申請人接管時

【107 年普】

第四十四條（區段徵收範圍內土地之處理方式）

1. 區段徵收規劃整理後之可建築用地，依土地徵收條例規定得以讓售者，下列何項用地不屬之？ (B)
   (A) 安置原住戶用地　(B) 抵價地
   (C) 國民住宅用地　(D) 經行政院專案核准所需之土地 【104 年普】

2. 依土地徵收條例規定，區段徵收範圍內土地，經規劃整理後，有關其處理方式，下列敘述何者錯誤？ (D)
   (A) 抵價地發交被徵收土地所有權人領回
   (B) 國民住宅用地得以讓售　(C) 安置原住戶所需土地得以讓售
   (D) 可供建築土地依規定標租時，其期限不得逾二十五年

【111 年普】

3. 依土地徵收條例規定，有關區段徵收範圍內土地，經規劃整理後之處理方式，下列何者正確？ (C)
   (A) 抵費地發交被徵收土地所有權人領回
   (B) 零售市場無償登記為當地直轄市有、縣（市）有或鄉（鎮、市）有
   (C) 標租時，其期限不得逾九十九年
   (D) 安置原住戶土地得以標售 【113 年普】

第五章　徵收之撤銷及廢止

第四十九條（辦理撤銷或廢止徵收之情形）

1. 已公告徵收之土地，需用土地人應切實按核准計畫及所定期限使用。在未依徵收計畫完成使用前，需用土地人應每年檢討其興辦事業計畫，並由其上級事業主管機關列管。有下列那種情形，應 (C)

辦理撤銷徵收？
(A) 因工程變更設計，致原徵收之土地不在工程用地範圍內
(B) 土地徵收計畫開始使用前，興辦之事業改變、興辦事業計畫經註銷、開發方式改變或取得方式改變
(C) 公告徵收時，都市計畫已規定以市地重劃或其他方式開發
(D) 已依徵收計畫開始使用，尚未依徵收計畫完成使用之土地，因情事變更，致原徵收土地之全部或一部已無徵收之必要
【108 年普】

2. 依土地徵收條例規定，已公告徵收之土地，因作業錯誤，致原徵收之土地不在工程用地範圍內者，應如何處理？ (B)
(A) 應辦理廢止徵收　(B) 應辦理撤銷徵收
(C) 應辦理徵收收回　(D) 應辦理徵收失效　　【111 年普】

3. 已公告徵收之土地，依徵收計畫開始使用前，興辦之事業改變時，依土地徵收條例之規定，下列何者正確？ (B)
(A) 應撤銷徵收　(B) 應廢止徵收
(C) 土地所有權人得行使收回權　(D) 應舉行聽證　【112 年普】

4. 依土地徵收條例規定，有關徵收之撤銷或廢止之敘述，下列何者錯誤？ (B)
(A) 撤銷或廢止徵收，由需用土地人向中央主管機關申請之
(B) 在未依徵收計畫完成使用前，需用土地人應每年檢討其興辦事業計畫，並由該管直轄市或縣（市）政府列管
(C) 依徵收計畫開始使用前，開發方式改變，應廢止徵收
(D) 因作業錯誤，致原徵收之土地不在工程用地範圍內，應撤銷徵收
【113 年普】

第五十條（辦理撤銷徵收之程序）

1. 需用土地人依規定申請撤銷徵收時，應向何機關申請之？ (D)
(A) 土地所在之直轄市、縣（市）政府　(B) 行政院
(C) 總統府　(D) 內政部　　　　　　　　【95 年普】

2. 依土地徵收條例之規定，下列敘述何者正確？
(A) 撤銷或廢止徵收者，徵收前原設定之他項權利及耕地租約得予回復
(B) 撤銷或廢止徵收者，如原土地所有權人及他項權利人申請於發給之抵價地上設定抵押權或典權時，其原抵押權或典權不予回復
(C) 撤銷或廢止徵收，由需用土地人向中央主管機關申請之
(D) 撤銷或廢止徵收，由該管直轄市或縣（市）主管機關單獨向中央主管機關申請之　　　　　　　　　　　　【111年普】

第六章　附則

第五十六條（徵收之土地，提供民間機構投資建設）

1. 依土地徵收條例第56條規定，政府依法徵收之土地，得於徵收計畫書載明各種開發方式提供民間機構投資建設。下列何者不屬之？ (D)
(A) 設定地上權或出租　(B) 聯合開發或委託開發
(C) 信託或合作經營　(D) 調整地形或整體開發　　【104年普】

第五十七條（地上權之取得）

1. 需用土地人興辦交通事業徵收私有土地之地上權，因事業之興辦，致土地不能為相當之使用時，土地所有權人得於下列何段期間內請求需用土地人徵收其土地所有權？ (D)
(A) 自徵收公告之日起一年內　(B) 自徵收公告之日起五年內
(C) 自補償費發給完竣屆滿一年之次日起五年內
(D) 自施工之日起至完工後一年內　　　　　　　　【104年普】

第五十八條（徵用私有土地或土地改良物之要件、程序、及使用補償費）

1. 依土地徵收條例規定，因興辦臨時性公共建設工程而徵用土地時，每年其使用補償費應如何計算？
   (A) 依市價　(B) 依公告土地現值
   (C) 依公告土地現代加四成
   (D) 依公告期滿第十五日之公告土地現值百分之十　【99年普】　(D)

2. 依土地徵收條例有關徵用之規定，下列敘述，何者正確？
   (A) 國家因興辦繼續性之公共建設工程，得徵用私有土地或土地改良物
   (B) 徵用期間逾六年，或二次以上徵用，期間合計逾六年者，需用土地人應於申請徵用前，以書面通知
   (C) 土地或土地改良物所有權人於收到徵用通知書之日起三十日內，得請求需用土地人徵收所有權
   (D) 因徵用而請求徵收土地或土地改良物所有權者，必要時所有權人得申請收回其土地或土地改良物　【107年普】　(C)

第五十九條（優先購買權）

1. 依土地徵收條例第59條規定，關於私有土地經依徵收計畫使用後，依法變更原使用目的，而由土地管理機關標售該土地之案件，下列敘述何者錯誤？
   (A) 應公告一個月
   (B) 被徵收之原他項權利人得申請恢復其權利
   (C) 被徵收之原土地所有權人或其繼承人有依同樣條件優先購買權
   (D) 於區段徵收之土地不適用本條項之規定　【102年普】　(B)

2. 下列有關土地徵收條例的優先購買權敘述，何者正確？　(A)
   (A) 行使主體係被徵收之原土地所有權人或其繼承人
   (B) 行使原因須被徵收土地經依徵收計畫使用後，依法變更原使

用目的而讓售
(C) 行使條件須與讓售條件相同，且應公告三個月
(D) 行使期間須於讓售決定後十日內表示優先購買　【108 年普】

肆　區域計畫法

第一章　總則

第一條（立法目的）

1. 下列何者不是區域計畫法之立法目的？ (C)
   (A) 促進土地及天然資源之保育利用
   (B) 人口及產業活動之合理分布
   (C) 促進市、鎮、鄉街有計畫之均衡發展
   (D) 以加速並健全經濟發展，改善生活環境，增進公共福利

   【101 年普】

第四條（主管機關）

1. 依區域計畫法規定，區域計畫之中央主管機關，下列何者正確？ (B)
   (A) 行政院　(B) 內政部　(C) 國家發展委員會　(D) 營建署

   【104 年普】

第二章　區域計畫之擬定、變更、核定與公告

第六條（區域計畫之擬定機關）

1. 關於區域計畫之擬定機關，以下所述何者錯誤？ (B)
   (A) 跨越兩個省（市）行政區以上之區域計畫，由中央主管機關擬定
   (B) 跨越兩個縣（市）行政區以上之區域計畫，由省主管機關擬定
   (C) 跨越兩個鄉、鎮（市）行政區以上之區域計畫，由縣主管機關擬定

(D) 跨越兩個鄉、鎮（市）行政區以上之區域計畫，應擬定而未能擬定時，上級主管機關得視實際情形，指定擬定機關或代為擬定 【97年普】

2. 跨越兩個縣行政區以上之區域計畫由何機關擬定之？　　(B)
(A) 行政院　(B) 內政部　(C) 經濟部
(D) 內政部區域計畫委員會 【97年普】

第八條（資料之配合提供）

1. 區域計畫之擬定機關為擬定計畫，得依法要求誰配合提供必要之資料？　　(A)
(A) 有關政府機關或民間團體　(B) 有關專家、學者或事業體
(C) 有關民眾或地主　(D) 國內外人士或網站 【97年普】

第十條（公告實施）

1. 依區域計畫法規定，區域計畫核定後，擬定計畫之機關應於接到核定公文之日起幾日內公告實施，並將計畫圖說發交各有關地方政府及鄉、鎮（市）公所分別公開展示？　　(A)
(A) 四十日　(B) 五十日　(C) 六十日　(D) 七十日　【100年普】

第十一條（區域計劃實施之效力）

1. 區域計畫公告實施後，凡依區域計畫應擬定下列何種計畫或已有計畫而須變更者，當地都市計畫主管機關應按規定期限辦理擬定或變更手續？　　(D)
(A) 主要計畫　(B) 綱要計畫　(C) 細部計畫　(D) 特定區計畫
【103年普】

第十三條（區域計畫之變更）

1. 區域計畫公告實施後，擬定計畫之機關應視實際發展情況，每幾年通盤檢討一次，並作必要之變更？　　(C)

(A) 每一年　(B) 每二年　(C) 每五年　(D) 每十年　【97 年普】

2. 下列何者非區域計畫法規定區域計畫得隨時檢討變更之原因？　(C)
   (A) 發生或避免重大災害　(B) 興辦重大開發或建設事業
   (C) 為適應國防或經濟發展之需要
   (D) 區域建設推行委員會之建議　【106 年普】

第三章　區域土地使用管制

第十五條（非都市土地分區管制）

1. 依區域計畫法之規定，區域計畫公告實施後，有關直轄市或縣　(B)
   （市）政府應製定非都市土地使用分區圖，並編定各種使用地，於報經上級主管機關核備後實施管制，請指出該使用分區圖及使用地之製定與編定的依據為何？
   (A) 非都市土地之開發計畫　(B) 非都市土地分區使用計畫
   (C) 非都市土地產業發展計畫　(D) 非都市土地管制計畫
   【104 年普】

第十五條之一（分區變更之程序）

1. 依區域計畫法之規定，直轄市或縣（市）政府基於法定理由，得　(A)
   報經上級主管機關核定，逕為辦理分區變更。請指出下列何者為所稱之法定理由？
   (A) 為加強資源保育須檢討變更使用分區者
   (B) 為促進區域土地權利調整者
   (C) 為實施中央重大建設事業者
   (D) 為區域建設推行委員會之建議者　【104 年普】

2. 區域計畫法有關非都市土地許可開發之規定，下列敘述，何者錯　(B)
   誤？
   (A) 開發許可前，應先將申請開發案提報各該區域計畫委員會審

議之
(B) 申請開發許可，申請人應先取得開發地區內全部土地及建築物之所有權
(C) 開發許可後，辦理分區或用地變更前，應將開發區內公共設施用地完成分割移轉登記為各該直轄市、縣（市）有或鄉、鎮（市）有，並繳交開發影響費
(D) 直轄市、縣（市）政府受理開發申請案後，除情形特殊者外，應於六十日內報請各該區域計畫擬定機關審議【107年普】

第十五條之二

1. 依非都市土地使用管制規則規定，關於區域計畫擬定機關核發開發許可後，直轄市或縣（市）政府應報經區域計畫擬定機關廢止原開發許可之情形，下列敘述何者錯誤？ (C)
   (A) 興辦事業計畫經目的事業主管機關廢止或依法失其效力、整地排水計畫之核准經直轄市或縣（市）政府廢止或水土保持計畫之核准經水土保持主管機關廢止或依法失其效力
   (B) 申請人自行申請廢止
   (C) 與水源供應、鄰近之交通設施、排水系統、電力、電信及垃圾處理等公共設施及公用設備服務未能相互配合者
   (D) 違反核定之土地使用計畫、目的事業或環境影響評估等相關法規，經該管主管機關提出要求處分並經限期改善而未改善
   【109年普】

第十五條之三（開發影響費）

1. 區域計畫法明定開發影響費得成立基金，請指出其法定之用途為何？ (C)
   (A) 為實施非都市土地分區使用管制行政之用
   (B) 作為區域建設推行委員會會務之用
   (C) 作為改善或增建相關公共設施之用

(D) 為提供政府興建住宅社區及改善農村環境專用　　【96年普】

2. 依區域計畫法規定，有關開發影響費之敘述，下列何者正確？　(A)
    (A) 開發影響費得以開發區內可建築土地抵充之
    (B) 開發影響費之收費範圍及標準，由直轄市、縣（市）主管機關定之
    (C) 開發影響費得成立基金；其收支保管及運用辦法，由中央主管機關定之
    (D) 開發影響費之徵收，不適用於都市土地　　【101年普】

第五章　罰則

第二十一條（罰則）

2. 依區域計畫法第21條規定，直轄市或縣（市）政府對於違反非都市土地管制使用者之處罰，下列何項罰則錯誤？　(A)
    (A) 處新臺幣六萬元以上五十萬元以下罰鍰
    (B) 得限期令其變更使用、停止使用
    (C) 拆除其地上物恢復原狀
    (D) 經限期繳納而逾期間不繳納罰鍰者，移送法院強制執行
    【102年普】

3. 下列有關違反區域計畫管制使用土地者之處罰規定，何者錯誤？　(D)
    (A) 由該管直轄市、縣（市）政府處新臺幣6萬元以上30萬元以下罰鍰
    (B) 經限期變更使用、停止使用或拆除地上物恢復原狀而不遵從者，得按次處罰
    (C) 經限期變更使用而不遵從者，並得停止供水、供電、封閉、強制拆除或採取其他恢復原狀之措施
    (D) 不依限變更土地使用者，除依強制執行法辦理外，並得處6個月以下有期徒刑或拘役　　【106年普】

區域計畫法施行細則

第十一條

1. 依區域計畫法施行細則規定，下列何者為非都市土地得劃定之使用區？ (D)
   (A) 商業區　(B) 住宅區　(C) 住商混合區　(D) 一般農業區
   【102 年普】

2. 非都市土地依區域計畫法施行細則之規定，得劃定幾種使用區？編定幾種使用地？（第 11、13 條） (D)
   (A) 十種使用區；十八種使用地
   (B) 十種使用區；十九種使用地
   (C) 十一種使用區；十八種使用地
   (D) 十一種使用區；十九種使用地
   【108 年普】

第十三條

1. 依區域計畫法施行細則規定，供山坡地範圍外之農業區內建築使用之土地，依規定編定為何種土地？ (A)
   (A) 甲種建築用地　(B) 乙種建築用地
   (C) 丙種建築用地　(D) 丁種建築用地
   【102 年普】

2. 依據區域計畫法，政府依法編定之各種使用地，其土地能供使用之性質，下列何者為是？ (C)
   (A) 甲種建築用地係供鄉村區內建築使用者
   (B) 乙種建築用地係供山坡地範圍外之農業區內建築使用者
   (C) 丙種建築用地係供森林區、山坡地保育區、風景區及山坡地範圍之農業區內建築使用者
   (D) 生態保護用地係供國土保安使用者
   【103 年普】

伍　非都市土地使用管制規則

第一章　總則

第二條

1. 根據我國土地使用計畫法系之規定，下列何種使用分區在都市與非都市土地中，均有可能存在？
   (A) 山坡地保育區　(B) 特定農業區　(C) 鄉村區　(D) 工業區
   【98 年普】

   (D)

第四條

1. 山坡地範圍內風景區之土地，在未編定使用地之類別前，依法適用下列何種用地之管制？
   (A) 觀光用地　(B) 林業用地　(C) 遊憩用地
   (D) 特定目的事業用地
   【99 年普】

   (B)

第二章　容許使用、建蔽率及容積率

第六條

1. 非都市土地經劃定使用分區並編定使用地類別，應依其容許使用之項目及許可使用細目使用。但中央目的事業主管機關認定為重大建設計畫所需之臨時性設施，經徵得使用地之中央主管機關及有關機關同意後，得核准為臨時使用。中央目的事業主管機關於核准時，應函請直轄市或縣（市）政府將臨時使用用途及期限等資料，依相關規定程序登錄於何處？（第 1 項）
   (A) 土地登記謄本　(B) 土地參考資訊檔　(C) 土地使用分區證明

   (B)

(D) 非都市土地許可使用書　　　　　　　【110 年普】

第七條

1. 山坡地範圍內森林區、山坡地保育區及風景區之土地，在未編定使用地類別之前，適用那項用地之管制？　　　　　　　　　　　　　　(A)
   (A) 林業用地　(B) 遊憩用地　(C) 生態保護用地
   (D) 國土保安用地　　　　　　　　　　【106 年普】

2. 依非都市土地使用管制規則規定，山坡地範圍內之土地，在未編定使用地類別前，適用林業用地之管制，下列何者不包含在內？　　　(C)
   (A) 森林區　(B) 風景區　(C) 國家公園區　(D) 山坡地保育區
   【107 年普】

3. 山坡地範圍內森林區、山坡地保育區及風景區之土地，在未編定使用地之類別前，適用何種管制？　　　　　　　　　　　　　　　(A)
   (A) 林業用地　(B) 農牧用地　(C) 國土保安用地
   (D) 原住民保留地　　　　　　　　　　【108 年普】

第八條

1. 依非都市土地使用管制規則規定，土地使用編定後，其原有使用或原有建築物不合土地使用分區規定者，其使用限制，下列敘述何者錯誤？　　　　　　　　　　　　　　　　　　　　　　　　(B)
   (A) 在政府令其變更使用或拆除建築物前，得為從來之使用
   (B) 原有建築物除准修繕和增建外，不得改建
   (C) 若該土地或建築物，對公眾安全、衛生及福利有重大妨礙者，該管直轄市或縣（市）政府應限期令其變更或停止使用、遷移、拆除或改建
   (D) 政府令其變更或停止使用，所受損害應予適當補償
   【110 年普】

第九條

1. 有關非都市土地容積率最高上限規定，下列何者有誤？ (D)
   (A) 甲種建築用地：容積率百分之二百四十
   (B) 乙種建築用地：容積率百分之二百四十
   (C) 丁種建築用地：容積率百分之三百
   (D) 特定目的事業用地：容積率百分之一百二十 【100 年普】

2. 依非都市土地使用管制規則規定，鹽業、礦業、水利用地之建蔽率與容積率，係由何中央主管機關會同建築管理、地政機關訂定？ (A)
   (A) 經濟部　(B) 內政部　(C) 行政院農業委員會
   (D) 交通部 【101 年普】

3. 依非都市土地使用管制規則規定，下列何者為甲種建築用地之建蔽率及容積率？ (A)
   (A) 建蔽率 60%，容積率 240%　(B) 建蔽率 60%，容積率 120%
   (C) 建蔽率 40%，容積率 240%　(D) 建蔽率 40%，容積率 120%
   【102 年普】

4. 依規定，非都市土地甲種建築用地之建蔽率為百分之六十，容積率為百分之二百四十。倘甲有 1 筆 100 坪的甲種建築用地想規劃蓋 1 棟豪宅自住，請問甲的房屋每層樓最大建坪有幾坪？可蓋幾層樓高？ (A)
   (A) 最大建坪 60 坪，4 層樓高　(B) 最大建坪 60 坪，5 層樓高
   (C) 最大建坪 100 坪，2 層樓高　(D) 最大建坪 100 坪，3 層樓高
   【111 年普】

第三章　土地使用分區變更

第十一條

1. 非都市土地申請開發社區之計畫，達到下列何種規模時，應辦理土地使用分區變更為鄉村區？　(A)
   (A) 五十戶或土地面積在一公頃以上
   (B) 五十戶或土地面積在二公頃以上
   (C) 一百戶或土地面積在二公頃以上
   (D) 一百戶或土地面積在三公頃以上　【104 年普】

2. 非都市土地申請開發達一定規模者，應辦理土地使用分區變更，下列何項敘述錯誤？　(D)
   (A) 申請開發社區之計畫達五十戶或土地面積在一公頃以上，應變更為鄉村區
   (B) 申請開發為工業使用之土地面積達十公頃以上，應變更為工業區
   (C) 申請開發遊憩設施之土地面積達五公頃以上，應變更為特定專用區
   (D) 申請開發高爾夫球場之土地面積達五公頃以上，應變更為特定專用區　【108 年普】

第十二條

1. 各級政府機關為執行區域計畫而研擬之風景區計畫，依非都市土地使用管制規則之程序申請變更為風景區，其面積以若干為原則？（離島地區除外）　(A)
   (A) 25 公頃以上　(B) 35 公頃以上　(C) 20 公頃以下
   (D) 50 公頃以上　【96 年普】

2. 依非都市土地使用管制規則規定，各級政府為執行區域計畫，得就各區域計畫所列重要風景及名勝地區研擬下列何項計畫？　(A)

(A) 風景區計畫　(B) 特定專用區計畫　(C) 生態保育區計畫
(D) 觀光遊憩區計畫　　　　　　　　　　　　　　　　【102 年普】

第四章　使用地變更編定

第二十七條

1. 依據非都市土地之變更編定原則，使用分區為鄉村區之土地，可以變更編定為何種使用地？ (B)
   (A) 甲種建築用地　(B) 乙種建築用地　(C) 丙種建築用地
   (D) 丁種建築用地　　　　　　　　　　　　　　　　【100 年普】

第三十一條

1. 根據非都市土地使用管制規則之規定，既有合法之工廠，得因設置污染防治設備，將毗連農牧用地申請變更編定為下列何種用地？ (D)
   (A) 甲種建築用地　(B) 乙種建築用地　(C) 丙種建築用地
   (D) 丁種建築用地　　　　　　　　　　　　　　　　【98 年普】

第三十八條之一

1. 為九二一震災地區住宅重建，經縣（市）政府依實施區域計畫地區建築管理辦法第 4 條之 1 規定公告位於車籠埔斷層線二側各多少公尺建築管制範圍內之甲種、乙種或丙種建築用地，於震災前已有合法建築物，經全倒或已自動拆除者，除有特定情形者外，土地所有權人得申請其他自有土地變更編定，並將原有甲種、乙種或丙種建築用地，一併申請變更編定為國土保安用地。 (B)
   (A) 十公尺　(B) 十五公尺　(C) 二十公尺　(D) 二十五公尺
   　　　　　　　　　　　　　　　　　　　　　　　　【101 年普】

第四十四條

1. 依非都市土地使用管制規則規定，申請變更編定為遊憩用地者，申請人應依其事業計畫設置必要之保育綠地及公共設施；其設置之保育綠地不得少於變更編定面積之比例為例？
   (A) 百分之五　(B) 百分之十　(C) 百分之二十　(D) 百分之三十

   (D)

   【100 年普】

第四十五條

1. 依非都市土地使用管制規則，原住民保留地地區住宅興建計畫，由鄉（鎮、市、區）公所整體規劃，經直轄市或縣（市）政府核准者，於森林區、山坡地保育區、風景區及山坡地範圍內之農業區者，得變更編定為何種建築用地？
   (A) 甲種建築用地　(B) 乙種建築用地　(C) 丙種建築用地
   (D) 丁種建築用地

   (C)

   【97 年普】

第五章　附則

第五十二條之一

1. 非都市土地申請開發案件，申請人擬具之興辦事業計畫，土地位屬山坡地範圍內者，除有法規所定之特殊情形者外，其最低開發面積規模之限制，下列何者正確？
   (A) 五公頃　(B) 十公頃　(C) 十五公頃　(D) 二十公頃

   (B)

   【104 年普】

陸　都市計畫法

第一章　總則

第五條（都市計畫之依據）

1. 都市計畫應依據現在及既往情況，並預計幾年內之發展情形訂定之？　(A)
   (A) 二十五年　(B) 十五年　(C) 十年　(D) 五年　【97、108 年普】

第七條（用語定義）

1. 都市計畫法中所稱之優先發展區，係指預計在多少年內，必須優先規劃、建設發展之都市計畫地區？　(B)
   (A) 五年　(B) 十年　(C) 十五年　(D) 二十五年　【101 年普】

2. 都市計畫法規範之都市計畫事業，不包括下列那一項？　(D)
   (A) 公共設施實質建設之事業　(B) 新市區建設實質建設之事業
   (C) 舊市區更新實質建設之事業　(D) 開發許可實質建設之事業
   【101 年普】

3. 都市計畫法所定義的都市計畫事業，下列何者不包括在內？　(B)
   (A) 公共設施建設　(B) 新市鎮建設
   (C) 新市區建設　(D) 舊市區更新建設　【105 年普】

4. 都市計畫應依據現在及既往情況，並預計未來幾年內之發展情形訂定之？　(C)
   (A) 十五年　(B) 二十年　(C) 二十五年　(D) 三十年　【108 年普】

第二章　都市計畫之擬定、變更、發布及實施

第九條（分類）

1. 依都市計畫法之規定，都市計畫分為那三種？　　　　　　　　　　(A)
   (A) 市（鎮）計畫、鄉街計畫、特定區計畫
   (B) 市（鎮）計畫、鄉街計畫、區域計畫
   (C) 市（鎮）計畫、區域計畫、特定區計畫
   (D) 區域計畫、鄉街計畫、特定區計畫　　　　　　【97 年普】

第十一條（鄉街計畫）

1. 依都市計畫法規定，人口集居達三千，而其中工商業人口占就業　(C)
   總人口百分之五十以上之地區，應擬定下列何種計畫？
   (A) 市計畫　(B) 鎮計畫　(C) 鄉街計畫　(D) 特定區計畫
   　　　　　　　　　　　　　　　　　　　　　　【104 年普】

第十二條（特定區計畫）

1. 根據都市計畫法之規定，為發展工業而劃定特定地區，應擬定下　(C)
   列何種計畫？
   (A) 市（鎮）計畫　(B) 鄉街計畫　(C) 特定區計畫
   (D) 區域計畫　　　　　　　　　　　　　　　　【98 年普】

第十四條之四

1. 依所得稅法之規定，個人依第 14 條之 4 前 2 項規定計算之房　(C)
   屋、土地交易所得，減除當次交易依土地稅法第 30 條第 1 項規
   定公告土地現值計算之土地漲價總數額後之餘額，不併計綜合所
   得總額，按相關規定稅率計算應納稅額，其在中華民國境內居住
   之個人應納稅額，下列何者正確？
   (A) 持有房屋、土地之期間在二年以內者，稅率為百分之三十五

(B) 持有房屋、土地之期間超過二年，未逾五年者，稅率為百分之二十五

(C) 因財政部公告之調職、非自願離職或其他非自願性因素，交易持有期間在五年以下之房屋、土地者，稅率為百分之二十

(D) 個人以自有土地與營利事業合作興建房屋，自土地取得之日起算五年內完成並銷售該房屋、土地者，稅率為百分之二十五
【112 年普】

第十五條（主要計畫書）

1. 依都市計畫法之規定，市鎮計畫應先擬定主要計畫書，其表明之事項不包括：
   (A) 人口成長、分布、組成　(B) 土地使用分區管制內容
   (C) 住宅及其他土地使用之配置
   (D) 主要道路及其他公眾運輸系統　【100 年普】　(B)

2. 依都市計畫法規定，主要計畫實施進度以五年為一期，最長不得超過多少年？
   (A) 十年　(B) 十五年　(C) 二十五年　(D) 三十年　【101 年普】　(C)

3. 依都市計畫法之規定，市鎮計畫之主要計畫書，除用文字、圖表說明外，應附主要計畫圖，其比例尺不得小於多少？
   (A) 五百分之一　(B) 一千分之一　(C) 一萬分之一
   (D) 一萬五千分之一　【112 年普】　(C)

第十七條（分區發展次序之訂定）

1. 依都市計畫法第 17 條規定，都市計畫內屬於第一期優先發展之地區，應於細部計畫發布後，最多幾年內應完成公共設施？
   (A) 一年內　(B) 三年內　(C) 五年內　(D) 七年內　【102 年普】　(C)

2. 依都市計畫法規定，未發布細部計畫地區，應限制其建築使用及變更地形。但主要計畫發布至少已逾多少年以上，而能確定建築線者，得依有關建築法令之規定，由主管建築機關指定建築線，　(B)

核發建築執照？

(A) 一年　(B) 二年　(C) 三年　(D) 五年　　　【104年普】

3. 都市計畫地區於訂定分區發展優先次序後，第一期發展地區應於主要計畫發布實施後，多久期限完成細部計畫？並於細部計畫發布後，多久期限完成公共設施建設？　　　　　　　　　　(D)

(A) 五年內完成細部計畫，細部計畫發布後二年內完成公共設施建設

(B) 四年內完成細部計畫，細部計畫發布後三年內完成公共設施建設

(C) 三年內完成細部計畫，細部計畫發布後四年內完成公共設施建設

(D) 二年內完成細部計畫，細部計畫發布後五年內完成公共設施建設
【111年普】

第十九條（公開展覽）

1. 下列有關都市計畫主要計畫之擬定及核定程序規定，何者錯誤？(D)

(A) 主要計畫擬定後，應先送由該管政府或鄉、鎮、縣轄市都市計畫委員會審議

(B) 縣政府所在地及縣轄市之主要計畫由內政部核定

(C) 地方政府於接到主要計畫核定公文之日起30日內，應將主要計畫書、圖發布實施

(D) 主要計畫經該管政府都市計畫委員會審議後，應公開展覽30天及舉行說明會
【106年普】

2. 依都市計畫法規定，主要計畫擬定後經該管政府都市計畫委員會審議修正，或經內政部指示修正者，後續如何辦理？(A)

(A) 免再公開展覽及舉行說明會　(B) 再公開展覽

(C) 再舉行說明會　(D) 再公開展覽及舉行說明會　【113年普】

第二十條

1. 依都市計畫法規定，有關主要計畫之核定，下列何者正確？ (A)
   (A) 鎮及鄉街之主要計畫由內政部核定
   (B) 直轄市之主要計畫由行政院核定
   (C) 特定區計畫由縣（市）政府擬定者，由內政部核定，轉報行政院備案
   (D) 特定區計畫由內政部訂定者，由行政院核定 【113 年普】

第二十二條（細部計畫）

1. 依都市計畫法之規定，下列何者非屬細部計畫書及細部計畫圖表明之事項？ (A)
   (A) 主要道路及其他公眾運輸系統 (B) 居住密度及容納人口
   (C) 事業及財務計畫 (D) 土地使用分區管制 【103 年普】

2. 依都市計畫法第 22 條規定，下列何者非細部計畫應以細部計畫書及細部計畫圖應表明之事項？ (A)
   (A) 名勝、古蹟及具有紀念性或藝術價值應予保存之建築
   (B) 居住密度及容納人口 (C) 土地使用分區管制
   (D) 道路系統 【106 年普】

第二十六條

1. 有關土地利用計畫之通盤檢討相關規定，下列何者正確？ (C)
   (A) 全國國土計畫每五年通盤檢討一次
   (B) 直轄市、縣（市）國土計畫每十年通盤檢討一次
   (C) 都市計畫每三年內或五年內至少應通盤檢討一次
   (D) 區域計畫每十年通盤檢討一次 【112 年普】

第二十七條（變更）

1. 依都市計畫法規定，都市計畫經發布實施後，下列何者非屬應視 (B)

實際情況迅行辦理都市計畫變更之情事？
(A) 因水災或其他重大事變遭受損壞時
(B) 因土地權利人權利遭受重大損失時
(C) 為適用經濟發展之需要
(D) 為配合中央、直轄市或縣（市）興建之重大設施時【101 年普】

2. 依都市計畫法之規定，關於都市計畫之變更，下列敘述何者正確？ (D)
(A) 都市計畫之變更，如直接限制一定區域人民之權利者，則其性質即屬公法上之觀念通知
(B) 都市計畫之變更屬法規性質，並非行政處分，都市計畫個別變更範圍外之人民，如因都市計畫個別變更致其權利或法律上利益受侵害時，無法提起行政訴訟以資救濟
(C) 為適應國防或經濟發展之需要而變更都市計畫時，應以通盤檢討變更之方式辦理
(D) 為避免重大災害之發生而變更都市計畫時，應以個案迅行變更之方式辦理　　　　　　　　　　　　　　　【109 年普】

第二十七條之一

1. 土地權利關係人依都市計畫法第 24 條規定自行擬定或變更細部計畫時，主管機關得要求土地權利關係人提供或捐贈都市計畫變更範圍內之那些回饋項目予當地直轄市、縣（市）政府或鄉、鎮、縣轄市公所？①公共設施用地　②可建築土地　③樓地板面積　④一定金額 (D)
(A) 僅①④　(B) 僅①②③　(C) 僅②③④　(D) ①②③④
【110 年普】

第三章　土地使用分區管制

第四十條（建築管理）

1. 都市計畫發布實施後，應依何法之規定，實施建築管理？ (A)
   (A) 建築法　(B) 建築技術規則　(C) 建築師法
   (D) 建築管理規則　　　　　　　　　　【106年普】

第四章　公共設施用地

第四十二條（公共設施用地）

1. 下列有關都市計畫法中公共設施用地之設置規定，何者錯誤？ (B)
   (A) 公共設施用地，應就人口、土地使用、交通等現狀及未來發展趨勢，決定其項目、位置與面積
   (B) 公共設施用地應儘先利用適當之私有土地
   (C) 公園、體育場所、綠地、廣場及兒童遊樂場，應依計畫人口密度及自然環境，作有系統之布置，除具有特殊情形外，其占用土地總面積不得少於全部計畫面積10%
   (D) 道路系統、停車場所及加油站，應按土地使用分區及交通情形與預期之發展配置之。鐵路、公路通過實施都市計畫之區域者，應避免穿越市區中心　　　　【106年普】

第四十五條（遊樂場所等之布置）

1. 依都市計畫法規定，都市計畫區內之公園、體育場所、綠地、廣場及兒童遊樂場，應依計畫人口密度及自然環境，作有系統之布置，除具有特殊情形外，其占用土地總面積不得少於全部計畫面積百分之幾？ (A)
   (A) 百分之十　(B) 百分之十二　(C) 百分之十五

(D) 百分之十七　　　　　　　　　　　　　　【108 年普】

第四十六條（公共設施之配置）

1. 依都市計畫法規定，下列何種公共設施應按閭鄰單位或居民分布情形適當配置之？ (A)
   (A) 社會福利設施　(B) 垃圾處理場　(C) 污水處理廠
   (D) 屠宰場　　　　　　　　　　　　　　【109 年普】

2. 都市計畫地區範圍內，應視實際情況，分別設置公共設施用地，其設置標準之規定，下列何者正確？ (B)
   (A) 應就人口分布、所得及納稅能力、地價高低、產業進駐情形等現狀，決定其項目、位置與面積，以增進市民活動之便利，及確保良好之都市生活環境
   (B) 中小學校、社教場所、社會福利設施、市場、郵政、電信、變電所、衛生、警所、消防、防空等公共設施，應按閭鄰單位或居民分布情形適當配置之
   (C) 公園、體育場所、綠地、廣場及兒童遊樂場，應依計畫人口密度及自然環境，作有系統之布置，除具有特殊情形外，其占用土地總面積不得少於全部計畫面積百分之二十
   (D) 道路系統、停車場所及加油站，應按土地使用分區及交通情形與預期之發展配置之。鐵路、公路通過實施都市計畫之區域者，應以市區中心為規劃重點，以增進市民活動之便利
   　　　　　　　　　　　　　　　【113 年普】

第四十八條（公共設施保留地之取得）

1. 依都市計畫法指定之公共設施保留地供公用事業設施之用者，由各該事業機構依法予以徵收或購買；其餘由該管政府或鄉、鎮、縣轄市公所取得之，下列取得方式何者為非？ (B)
   (A) 徵收　(B) 都市更新　(C) 市地重劃　(D) 區段徵收　【103 年普】

2. 依都市計畫法指定供公用事業設施使用之公共設施保留地，應由 (A)

各該事業機構依法徵收或購買；其餘由公用事業設施所屬政府或鄉、鎮、縣轄市公所依何種方式取得？
(A) 徵收、區段徵收、市地重劃
(B) 協議價購、公私土地交換、都市更新
(C) 都市更新、市地重劃、區段徵收
(D) 徵收、協議價購、公私土地交換　　　　　【111年普】

第四十九條（地價補償之計算標準）

1. 都市計畫區內之公共設施保留地其加成補償標準之規定，下列何者為正確？ (A)
   (A) 由當地直轄市、縣（市）地價評議委員會於評議當年期公告土地現值時評議之
   (B) 由當地鄉、鎮地價評議委員會於評議當年期公告土地現值時評議之
   (C) 由當地直轄市、縣（市）政府於公告徵收公共設施保留地時評定之
   (D) 一律依都市計畫法規定加四成，並於徵收公共設施保留地時公告之　　　　　【98年普】

2. 依都市計畫法徵收或區段徵收之公共設施保留地，其地價補償以徵收當期毗鄰非公共設施保留地之平均公告土地現值為準，必要時得加成補償之。但加成最高以不超過多少為限？ (D)
   (A) 百分之十　(B) 百分之二十　(C) 百分之三十
   (D) 百分之四十　　　　　【99年普】

第五十條

1. 依都市計畫法規定，下列有關公共設施保留地之使用管制規定，何者錯誤？ (D)
   (A) 公共設施保留地在未取得前，得申請為臨時建築使用
   (B) 不得為妨礙其指定目的之使用，但得繼續為原來之使用或改

為妨礙目的較輕之使用
(C) 私有公共設施保留地得申請與公有非公用土地辦理交換，不受土地法、國有財產法及各級政府財產管理法令相關規定之限制
(D) 地上物除准修繕外，不得增建或改建。當地政府認有必要時，得令其清除地上物或遷移，且不得請求補償【113年普】

第五十條之一（所得稅遺產稅或贈與稅之免徵）

1. 下列有關公共設施保留地之稅賦優惠規定，何者錯誤？　(C)
   (A) 公共設施保留地徵收時之地價加成補償部分，免徵所得稅
   (B) 公共設施保留地因繼承而移轉者，免徵遺產稅
   (C) 公共設施保留地因贈與而移轉者，免徵贈與稅
   (D) 公共設施保留地為建築使用者，依千分之六稅率計徵地價稅
   【97年普】

第五十條之二（土地交換辦法之訂定）

1. 私有公共設施保留地得申請與公有非公用土地辦理交換，其劃設逾多少年未經政府取得者，得優先辦理交換？　(D)
   (A) 十年　(B) 十五年　(C) 二十年　(D) 二十五年　【104年普】

2. 私有公共設施保留地得申請與公有非公用土地辦理交換，依都市計畫法之規定，不受下列那些法規相關規定之限制？①土地法　②所得稅法　③國有財產法　④各級政府財產管理法令　(C)
   (A) ②④　(B) ②③④　(C) ①③④　(D) ①②③④　【110年普】

第五十一條（公共設施保留地之使用限制）

1. 下列有關公共設施保留地之使用限制規定，何者錯誤？　(C)
   (A) 公共設施保留地在未取得前，得申請為臨時建築使用
   (B) 公共設施保留地不得為妨礙其指定目的之使用
   (C) 公共設施保留地不得繼續為原來之使用

(D) 公共設施保留地得改為妨礙目的較輕之使用　　【97年普】

2. 都市計畫法有關公共設施保留地之規定，下列敘述何者正確？ (D)
   (A) 公共設施保留地劃設逾二十五年未經政府取得者，得優先辦理徵收
   (B) 公共設施保留地，其地價補償以徵收當期毗鄰公共設施保留地之平均公告土地現值為準，必要時得加成補償之
   (C) 都市計畫公共設施保留地臨時建築使用辦法，由直轄市、縣（市）政府定之
   (D) 依法指定之公共設施保留地，得繼續為原來之使用或改為妨礙目的較輕之使用　　【109年普】

第五十三條（私人投資之土地取得）

1. 依都市計畫法規定，獲准投資都市計畫事業之私人，其所需公共設施用地為公有者，如何取得該用地？ (D)
   (A) 得逕為使用或借用　(B) 得申請政府收買或徵收
   (C) 得申請該公地主管機關撥用
   (D) 得申請該公地管理機關租用　　【96年普】

2. 依都市計畫法規定，獲准投資辦理都市計畫事業之私人或團體，其所需用之公共設施用地，屬於私有而無法協議收購者，得依下列何種方式取得？ (D)
   (A) 請求該管地方政府以交換方式取得
   (B) 請求該管地方政府實施徵收
   (C) 請求該管地方政府照價收買
   (D) 應備妥價款，申請該管直轄市或縣（市）政府代為收買之
   【102年普】

第六十四條（更新方式）

1. 都市更新處理方式，有重建、整建及維護三種。關於整建的定義，下列陳述何者最正確？ (C)

(A) 係為全地區之徵收、拆除原有建築、重新建築、住戶安置，並得變更其土地使用性質或使用密度
(B) 加強區內土地使用及建築管理，改進區內公共設施，以保持其良好狀況
(C) 強制區內建築物為改建、修建、維護或設備之充實，必要時，對部分指定之土地及建築物徵收、拆除及重建，改進區內公共設施
(D) 強制區內建築物為改建、修建、維護或設備之充實，必要時對部分指定之土地及建築物重劃、拆除及重建，改進區內公共設施
【101年普】

第六十八條（土地及地上物之徵收）

1. 依都市計畫法之規定，辦理更新計畫，對於更新地區範圍內之土地及地上物，得依法實施何種方法取得？ (D)
   (A) 市地重劃　(B) 聯合開發　(C) 開發許可
   (D) 徵收或區段徵收
   【101年普】

第八十三條之一（容積移轉辦法之訂定）

1. 依都市計畫法第83條之1規定，下列何者非屬得以容積移轉方式辦理者？ (D)
   (A) 公共設施保留地之取得　(B) 公共開放空間之提供
   (C) 歷史建築之保存　(D) 農業用地之保護
   【99年普】

都市更新條例

第四十六條（更新地區內土地及建物稅捐減免原則）

1. 依都市更新條例規定，都市更新地區內，對於不願參加權利變換而領取現金補償者，有關稅捐之減免，下列何者正確？
   (A) 減徵土地增值稅百分之四十
   (B) 減徵土地增值稅及契稅百分之三十
   (C) 免徵土地增值稅　(D) 免徵地價稅及房屋稅　　【104 年普】

(A)

柒　土地稅法

第一章　總則

第一節　一般規定

第一條（土地稅分類）

1. 依土地稅法之規定，土地稅之分類為： (D)
   (A) 地價稅、契稅及土地增值稅　(B) 贈與稅、田賦及地價稅
   (C) 房屋稅、契稅及土地增值稅
   (D) 地價稅、田賦及土地增值稅　　　　　　　【90年特】

第三條（納稅義務人）

1. 依土地稅法規定，下列何者非為地價稅或田賦之納稅義務人？ (B)
   (A) 土地所有權人　(B) 設有抵押權土地，為抵押權人
   (C) 設有典權土地，為典權人　(D) 承領土地，為承領人
   【100年普】

2. 下列土地關係人，何者非屬土地稅法第3條所定之地價稅納稅義務人？ (C)
   (A) 承領土地，為承領人　(B) 承墾土地，為耕作權人
   (C) 權屬不明土地，為主管稅捐稽徵機關指定之土地使用人
   (D) 設有典權土地，為典權人　　　　　　　【107年普】

3. 依土地稅法規定，關於地價稅之納稅義務人，下列何項敘述錯誤？（第3、3-1條） (B)
   (A) 信託土地，於信託關係存續中，為受託人
   (B) 設有典權土地，為出典人　(C) 承領土地，為承領人
   (D) 承墾土地，為耕作權人　　　　　　　【108年普】

第三條之一（合併計算地價總額）

1. 依土地稅法規定，以土地為信託財產，信託利益之受益人為委託人者，其地價稅之計算，該土地應與誰在同一直轄市或縣（市）轄區內所有之土地合併計畫地價總額？
   (A) 委託人　(B) 受託人　(C) 受益人
   (D) 由受託人與受益人推派一人　　　　　　【101 年普】　(A)

2. 土地為信託財產者，於信託關係存續中，以何人為地價稅或田賦之納稅義務人？
   (A) 委託人　(B) 受託人　(C) 受益人　(D) 信託監察人【107 年普】　(B)

第四條（代繳）

1. 依土地稅法之規定，主管稽徵機關得指定土地使用人負責代繳其使用部分之地價稅或田賦，下列何項非屬所規範者？
   (A) 土地進行訴訟者　(B) 權屬不明者
   (C) 納稅義務人行蹤不明者
   (D) 土地所有權人申請由占有人代繳者　　　【112 年普】　(A)

第五條（增值稅納稅義務人）

1. 有關土地增值稅之課徵時機，不包括下列何者？
   (A) 設定典權　(B) 土地交換　(C) 土地買賣　(D) 設定地上權
   　　　　　　　　　　　　　　　　　　　　　【98 年普】　(D)

2. 依土地稅法規定，關於土地增值稅之納稅義務人，何者為正確？
   (A) 土地設定典權時之典權人
   (B) 受託人就受託土地於信託關係存續中，有償移轉時之委託人
   (C) 土地贈與時之贈與人
   (D) 土地交換時之原所有權人　　　　　　　【100 年普】　(D)

3. 父親贈與一幢透天建築物給兒子，在正常情況下依土地稅法與契約條例之規定，下列有關應納稅負之敘述，何者最正確？　　　　　　　(D)

(A) 父親應繳納土地增值稅與契稅
(B) 父親應繳納土地增值稅，兒子應繳納契稅
(C) 兒子應繳納土地增值稅，父親應繳納契稅
(D) 兒子應繳納土地增值稅與契稅　　　　　【101年普】

4. 下列關於地價稅及土地增值稅納稅義務人之敘述，何者為是？ (D)
   (A) 設有典權土地，地價稅之納稅義務人為出典人
   (B) 贈與土地，土地增值稅之納稅義務人為贈與人
   (C) 土地為分別共有者，地價稅之納稅義務人為管理人
   (D) 土地買賣約定由買方負擔者，土地增值稅之納稅義務人為原所有權人。
　　　　　　　　　　　　　　　　　　　　　【103年普】

第五條之二（課徵土地增值稅）

1. 受託人就受託土地，於信託關係存續中有償移轉所有權時，以何者為納稅義務人，課徵土地增值稅？ (B)
   (A) 免徵　(B) 受託人　(C) 委託人　(D) 監察人　【99年普】

2. 下列敘述何者錯誤？ (B)
   (A) 甲將一筆建地信託於乙，不課徵土地增值稅
   (B) 受託人乙依信託契約將受託之建地移轉給歸屬人丙，不課徵土地增值稅
   (C) 受託人乙將受託之建地移轉還給委託人甲，不課徵土地增值稅
   (D) 受託人乙將受託之建地移轉給新受託人丁，不課徵土地增值稅
　　　　　　　　　　　　　　　　　　　　　【102年普】

第七條

1. 依土地稅法規定，土地所有權人第一次出售其自用住宅用地，其適用自用住宅用地特別稅率之要件，下列敘述何者正確？（第7條第1項） (A)
   ①都市土地面積未超過三公畝部分和非都市土地面積未超過七公畝部分

②其土地增值稅統就該部分之土地漲價總數額按百分之十徵收之
③需土地於出售前 5 年內，不曾供營業使用或出租者
④土地所有權人與其配偶及未成年直系親屬需於該地辦竣戶籍登記
(A) ②　(B) ①②　(C) ①②④　(D) ③④　　　　【110 年普】

第二節　名詞定義

第九條（自用住宅用地）

1. 關於土地稅法所稱自用住宅用地之敘述，下列何者錯誤？　(D)
   (A) 土地所有權人於該地辦竣戶籍登記，且無出租或供營業用之住宅用地
   (B) 土地所有權人之配偶於該地辦竣戶籍登記，且無出租或供營業用之住宅用地
   (C) 土地所有權人之直系親屬於該地辦竣戶籍登記，且無出租或供營業用之住宅用地
   (D) 土地所有權人之旁系血親於該地辦竣戶籍登記，且無出租或供營業用之住宅用地　　　【97 年普】

2. 土地稅法第 9 條所稱自用住宅用地，下列何者正確？　(A)
   (A) 土地所有權人於該地辦竣戶籍登記，且無出租或供營業用之住宅用地
   (B) 土地所有權人之兄弟於該地辦竣戶籍登記，且無出租或供營業用之住宅用地
   (C) 土地所有權人之旁系親屬於該地辦竣戶籍登記，且無出租或供營業用之住宅用地
   (D) 土地所有權人配偶之姊妹於該地辦竣戶籍登記，且無出租或供營業用之住宅用地　　　【102 年普】

第十條（農、工、礦用地）

1. 土地稅法規定農業用地移轉與自然人時，得申請不課徵土地增值稅。此處所稱農業用地，下列規定何者錯誤？ (C)
   - (A) 農業發展條例第 3 條第 11 款所稱之耕地
   - (B) 依區域計畫法劃定為各種使用分區內所編定之林業用地、養殖用地、水利用地、生態保護用地、國土保安用地及供農路使用之土地，或上開分區內暫未依法編定用地別之土地
   - (C) 依區域計畫法劃定為農業區、山坡地保育區、森林區以外之分區內所編定之農牧用地
   - (D) 依都市計畫法劃定為農業區、保護區內之土地　【106年普】

第十一條（空地）

1. 土地稅法所稱之空地，應指下列何者建築用地？ (C)
   - (A) 私有及國有建築用地　(B) 私有及公有公用建築用地
   - (C) 私有及公有非公用建築用地
   - (D) 私有建築用地為限　【88年普】

2. 土地稅法對於建築使用而其建築改良物價值不及所占基地申報地價一定比例時，做為空地認定之參考條件之一，其比例為： (B)
   - (A) 百分之五　(B) 百分之十　(C) 百分之十五　(D) 百分之二十
   【90年特】

第十二條（公告現值）

1. 土地稅法規定了各項名詞的定義，下列敘述何者錯誤？ (D)
   - (A) 都市土地，指依法發布都市計畫範圍內之土地；非都市土地，指都市土地以外之土地
   - (B) 自用住宅用地，指土地所有權人或其配偶、直系親屬於該地辦竣戶籍登記，且無出租或供營業用之住宅用地
   - (C) 工業用地，指依法核定之工業區土地及政府核准工業或工廠

使用之土地

(D) 公告現值，指直轄市及縣（市）政府依平均地權條例公告之公告地價　　　　　　　　　　　　　　　　　【101年普】

2. 依土地稅法所稱公告土地現值，係指直轄市及縣（市）政府依下列何法律規定公告之土地現值？　　　　　　　　　　　(B)

(A) 土地法　(B) 平均地權條例　(C) 不動產估價技術規則

(D) 土地稅法　　　　　　　　　　　　　　　　　【102年普】

第十三條（田賦用辭定義）

1. 土地稅法有關田賦用辭中，下列何者是指各直轄市、縣（市）地籍冊所載之土地使用類別？　　　　　　　　　　　　　　　　　(C)

(A) 等則　(B) 農作　(C) 地目　(D) 賦元　　　【96年普】

第二章　地價稅

第十五條（計徵依據）

1. 下列何者依土地稅法規定，按每一土地所有權人在每一直轄市或縣（市）轄區內，經核列歸戶冊之地價總額計徵之稅？　　(B)

(A) 田賦　(B) 地價稅　(C) 房屋稅　(D) 土地增值稅　【96年普】

第十六條（稅率）

1. 小張在某縣市僅擁有一筆住宅區之土地，面積為400平方公尺，當年度課徵地價稅的申報地價為2,000元/m2，土地上未有建物，小張想申請適用自用住宅優惠稅率，該縣市當年度累進起點地價為100萬元，小張當年度在該縣市應繳地價稅為：　　(B)

(A) 1,600元　(B) 8,000元　(C) 3,200元　(D) 4,000元【103年普】

2. 下列關於地價稅累進課徵之規定，何者正確？　　　　　　(A)

(A) 超過累進起點地價未達五倍者，就其超過部分課徵千分之十五

(B) 超過累進起點地價五倍至十倍者，就其超過部分課徵千分之二十

(C) 超過累進起點地價十倍至十五倍者，就其超過部分課徵千分之二十五

(D) 超過累進起點地價十五倍以上者，就其超過部分課徵千分之三十
【103 年普】

3. 地價稅採累進稅率，關於累進起點地價之規定，下列何者正確？ (C)
   (A) 以各該直轄市或縣（市）土地扣除工業用地、礦業用地、農業用地及免稅土地後 5 公畝之平均地價為準
   (B) 以各該直轄市或縣（市）土地扣除工業用地、礦業用地、農業用地及免稅土地後 7 公頃之平均地價為準
   (C) 以各該直轄市或縣（市）土地扣除工業用地、礦業用地、農業用地及免稅土地後 7 公畝之平均地價為準
   (D) 以各該直轄市或縣（市）土地扣除工業用地、礦業用地、農業用地及免稅土地後 5 公頃之平均地價為準　　【105 年普】

4. 下列敘述之地價稅稅率，何者錯誤？ (D)
   (A) 自用住宅用地之地價稅稅率是 2‰
   (B) 依都市計畫法規定設置供公眾使用之停車場用地之地價稅稅率是 10‰
   (C) 公有非公用土地之地價稅稅率是 10‰
   (D) 都市計畫公共設施保留地，在保留期間仍為建築使用者，地價稅稅率是 10‰
【106 年普】

5. 依土地稅法規定，地價稅之稅率，下列何者錯誤？ (C)
   (A) 地價稅之基本稅率為千分之十
   (B) 土地所有權人之地價總額未超過土地所在地直轄市或縣（市）累進起點地價者，其地價稅按千分之十稅率徵收
   (C) 土地所有權人之地價總額超過土地所在地直轄市或縣（市）累進起點地價五倍者，就其超過部分課徵千分之十五
   (D) 土地所有權人之地價總額超過土地所在地直轄市或縣（市）

累進起點地價十五倍至二十倍者，就其超過部分課徵千分之四十五
【112 年普】

第十七條（稅率）

1. 某甲於民國 102 年 3 月 1 日購買房地產 A，並於同年 4 月 1 日完成登記，購買房地產後因小孩在外縣市就學，某甲夫妻及未成年子女戶籍皆未設籍於該房地產，但某甲將父親戶籍設於該房地產，若某甲僅有房地產 A，妻及未成年子女名下亦無房地產，民國 103 年 3 月 5 日將該房地產以 1,000 萬元簽約出售，持有期間並未供營業或出租，依特種貨物及勞務稅、地價稅、房屋稅之相關課徵規定，下列何者正確？ (B)
   (A) 某甲出售房地產 A 無須課徵特種貨物及勞務稅
   (B) 某甲持有房地產 A 期間，符合申請地價稅自用住宅稅率之條件
   (C) 某甲出售房地產 A 須課徵特種貨物及勞務稅，其稅率為百分之十
   (D) 某甲持有房地產 A 期間，不符合房屋稅住家用自用稅率
   【103 年普】

2. 自用住宅用地得適用優惠稅率課徵地價稅，下列有關自用住宅用地要件之敘述，何者錯誤？ (A)
   (A) 須土地所有權人或其配偶、直系親屬於該地有居住事實並辦竣戶籍登記
   (B) 須為無出租或供營業使用之住宅用地
   (C) 土地面積，都市土地未超過三公畝部分，非都市土地未超過七公畝部分
   (D) 土地上之建築改良物屬土地所有權人或其配偶、直系親屬所有者為限
   【107 年普】

第十八條（稅率）

1. 依據土地稅法及相關法律之規定，下列有關地價稅稅率之敘述何 (A)

者正確？
(A) 工業用地按目的事業主管機關核定規劃使用者，地價稅稅率為千分之十且不累進。
(B) 經主管機關依法指定之私有古蹟及歷史建築所定著之土地，免徵地價稅。
(C) 企業或公營事業興建之勞工宿舍用地，自動工興建或取得土地所有權之日起，其用地免徵地價稅。
(D) 都市計畫公共設施保留地，在保留期間仍為建築使用，除自用住宅用地外，地價稅稅率為千分之十且不累進。【103年普】

2. 按千分之十計徵地價稅之供事業直接使用之土地，不包括下列那一項？ (B)
   (A) 工業用地　(B) 農業用地　(C) 礦業用地　(D) 動物園
   【103年普】

3. 依土地稅法規定，有關地價稅優惠稅率與減免，下列敘述何者錯誤？ (B)
   (A) 依都市計畫法劃設並經目的事業主管機關核准供公眾停車使用之停車場用地，按千分之十計徵地價稅
   (B) 經目的事業主管機關核准設立之私立公園、體育場所使用範圍內之土地，免徵地價稅
   (C) 公有土地按基本稅率徵收地價稅。但公有土地供公共使用者，免徵地價稅
   (D) 都市計畫公共設施保留地，在保留期間仍為建築使用者，除自用住宅用地依第17條之規定外，統按千分之六計徵地價稅
   【109年普】

第十九條（稅率）

1. 都市計畫公共設施保留地，在保留期間未作任何使用並與使用中之土地隔離者，其地價稅之課徵如何處理？ (C)
   (A) 按千分之二　(B) 按千分之六　(C) 免徵地價稅

(D) 減半徵收地價稅　　　　　　　　　　　　【102 年普】

2. 老王有兩筆公共設施保留地，A 地 100m2 及 B 地 150m2，分別位於桃園縣及苗栗縣，A 地為自用住宅使用，且地上有合法建物為老王所有，供全家居住，B 地則未作任何使用並與鄰地隔離，若老王名下只有這兩筆公共設施保留地，A 地當年度公告地價為 40,000 元 /m2，B 地當年度公告地價為 20,000 元 /m2，若老王未申報地價，請問對老王當年度最低應繳之地價稅總額為：　(B)
(A) 免繳地價稅　(B) 6,400 元　(C) 8,000 元　(D) 3,200 元
【103 年普】

3. 都市計畫公共設施保留地，未作任何使用並與使用中之土地隔離者，其地價稅之計徵，下列何者正確？　(A)
(A) 免徵　(B) 按千分之六稅率計徵
(C) 按千分之十稅率計徵　(D) 按千分之二稅率計徵　【112 年普】

第二十條（稅率）

1. 依土地稅法地價稅稅率之規定，下列敘述何者錯誤？　(A)
(A) 公有土地供公共使用者，稅率千分之十
(B) 基本稅率為百分之一
(C) 自用住宅用地稅率為千分之二
(D) 地價總額超過累進起點地價未達五倍者，就其超過部分課徵千分之十五　　　　　　　　　　　　【101 年普】

2. 有關地價稅之特別稅率，下列何項用地不適用千分之二之特別稅率？　(A)
(A) 公有供公共使用土地　(B) 國民住宅用地
(C) 自用住宅用地　(D) 公共設施保留地供自用住宅使用者
【105 年普】

第二十一條（空地稅）

1. 土地是否繳納空地稅由那一級政府機關核定？　(C)

(A) 行政院　(B) 內政部

(C) 縣（市）政府　(D) 省（市）政府　　　　　【89 年特】

2. 依土地稅法規定，地方政府核定應徵空地稅之土地，按該宗土地 (B)
應納地價稅基本稅額加徵多少之空地稅？

(A) 一倍至三倍　(B) 二倍至五倍　(C) 三倍至五倍

(D) 五倍至十倍　　　　　　　　　　　　　　【100 年普】

第三章　田賦

第二十二條（田賦徵收對象）

1. 未規定地價之土地，依現行稅法規定徵收之賦稅，下列何者正 (C)
確？

(A) 契稅　(B) 土地增值稅　(C) 田賦　(D) 地價稅　【90 年特】

2. 下列有關都市土地徵收田賦之敘述，何者正確？ (B)

(A) 公共設施完竣仍作農業用地使用者

(B) 依法限制建築或不能建築，仍作農業用地使用者

(C) 依都市計畫編為農業區及保護區之所有土地使用者

(D) 依都市計畫編為公共設施保留地之所有土地使用者【103 年普】

第二十二條之一（荒地稅徵收對象）

1. 農業用地閒置不用，經直轄市或縣（市）政府報經內政部核准通 (B)
知限期使用或命其委託經營，逾期仍未使用或委託經營者，按應
納田賦加徵幾倍之荒地稅？

(A) 一倍至二倍　(B) 一倍至三倍　(C) 二倍至四倍

(D) 二倍至五倍　　　　　　　　　　　　　　【97 年普】

2. 土地稅法對於農業用地的課稅規定，下列敘述何者有誤？ (D)

(A) 作農業使用之農業用地，移轉與自然人時，得申請不課徵土
地增值稅

(B) 都市土地內，依法限制建築，仍作農業用地使用者，徵收田賦

(C) 因農業生產或政策必要而休閒之農業用地，得免徵荒地稅

(D) 農業用地閒置不用，經直轄市或縣（市）政府報經內政部核准通知限期使用或命其委託經營，逾期仍未使用或委託經營者，按應納田賦加徵五倍之荒地稅　　　　【96年普】

3. 農業用地閒置不用，經加徵荒地稅滿多少年仍不使用者，得照價收買？ (C)
　　(A) 一年　(B) 二年　(C) 三年　(D) 四年　　　　【96年普】

第二十七條之一（停徵田賦）

1. 田賦之停徵，依法由何單位決定？ (C)
　　(A) 各地方政府　(B) 財政部　(C) 行政院　(D) 各地方民意機關
　　　　　　　　　　　　　　　　　　　　　　　　　　【90年特】

第四章　土地增值稅

第二十八條（徵收對象）

1. 有關土地增值稅之優惠規定，下列何者正確？ (C)
　　(A) 土地所有權人出售其自用住宅用地，得享一生一次之百分之五土地增值稅優惠稅率
　　(B) 土地所有權人於土地重劃後第一次移轉，得享土地增值稅減半徵收之優惠稅率
　　(C) 因繼承而移轉之土地，得免徵土地增值稅
　　(D) 政府出售公有土地，得享土地增值稅減半之優惠稅率
　　　　　　　　　　　　　　　　　　　　　　　　　　【105年普】

第二十八條之二（配偶贈與土地免徵）

1. 甲夫將其名下土地贈與乙妻，乙妻又將該土地賣給丙友人，則下 (C)

列敘述何者正確？
(A) 甲乙間，乙丙間之移轉，免徵土地增值稅
(B) 甲乙間，乙丙間之移轉，不課徵土地增值稅
(C) 甲乙間之移轉，不課徵土地增值稅，乙丙間之移轉，應課徵土地增值稅
(D) 乙丙間之移轉，以移轉時之移轉現值為原地價　【102年普】

2. 有關土地增值稅得申請不課徵之規定，下列何者為是？　(B)
(A) 區段徵收之土地，以現金補償其地價者
(B) 配偶間相互贈與之土地
(C) 領回抵價地不足最小建築單位面積而領取現金補償者
(D) 私有土地因繼承而移轉者　【103年普】

3. 配偶相互贈與之土地，得申請不課徵土地增值稅。但於再移轉第三人時，以該土地第一次贈與前之原規定地價或前次移轉現值為原地價，計算下列何種數值或數額，課徵土地增值稅？　(D)
(A) 公告現值　(B) 申報移轉現值　(C) 現值數額
(D) 漲價總數額　【107年普】

第二十八條之三（不課徵土地增值稅之情形）

1. 受託人解除信託行為，將信託土地所有權移轉給委託人時，由何人繳納土地增值稅？　(D)
(A) 受託人　(B) 委託人　(C) 信託監察人
(D) 不課徵土地增值稅　【95年普】

2. 土地為信託財產者，下列各款信託關係人間移轉所有權，不課徵土地增值稅之敘述，何者正確？　(A)
(A) 因信託行為成立，委託人與受託人間
(B) 信託關係存續中委託人變更時，原受託人與新受託人間
(C) 因遺囑成立之信託，於信託關係消滅時，受託人與委託人
(D) 信託契約明定信託財產之受益人為委託人者，信託關係消滅時，委託人與受益人間　【103年普】

第二十九條（出典地增值稅之退還）

1. 依土地稅法規定，下列何者不屬於免徵土地增值稅之情形？ (D)
   (A) 區段徵收之土地，以現金補償其地價者　(B) 被徵收之土地
   (C) 因繼承而移轉之土地　(D) 已規定地價之土地，設定典權時
   【102 年普】

2. 依土地稅法規定，已規定地價之土地設定典權時之預繳土地增值稅，下列何者正確？ (D)
   (A) 典權人回贖時，原繳之土地增值稅，應加計利息退還
   (B) 典權人回贖時，原繳之土地增值稅，應無息退還
   (C) 出典人回贖時，原繳之土地增值稅，應加計利息退還
   (D) 出典人回贖時，原繳之土地增值稅，應無息退還　【112 年普】

第三十條（申報移轉現值審核標準）

1. 有關公告地價與公告土地現值的差別，下列敘述何者正確？ (A)
   (A) 公告地價為課徵地價稅之依據，公告土地現值為課徵土地增值稅之依據
   (B) 公告地價每年公告 1 次，公告土地現值每 3 年公告 1 次
   (C) 公告地價比公告土地現值更貼近市價
   (D) 公告地價由地價及標準地價評議委員會評議決定之，公告土地現值由地方主管機關查估之　【105 年普】

2. 甲有 A 地一筆，並將 A 地出賣給乙，約定由乙負擔以應辦理所有權移轉登記日當期之公告土地現值計算之土地增值稅；但甲遲延辦理 A 地所有權移轉登記，致乙多繳稅額。下列敘述何者正確？ (C)
   (A) 依目前最高法院見解，由乙負擔土地增值稅的約定係屬無效
   (B) 依目前行政法院見解，由乙負擔土地增值稅的約定係屬違憲
   (C) 依目前最高法院見解，乙得向甲請求給付遲延的損害賠償
   (D) 依目前最高法院見解，乙不得向甲請求賠償　【105 年普】

3. 下列有關土地所有權移轉或設定典權，申報移轉現值之審核標 (C)

準，係以何時之當期公告土地現值為準？

(A) 申報人逾訂定契約之日起三十日始申報者，以訂約日

(B) 遺贈之土地，以遺贈人死亡後六個月

(C) 依法院判決移轉登記者，以申報人向法院起訴日

(D) 經法院拍賣之土地，以強制執行日　　　　【108年普】

4. 土地所有權辦理買賣移轉登記時，申報土地移轉現值之審核標準，下列何項敘述錯誤？　　　　　　　　　　　　　　　　(D)

(A) 申報人於訂定契約之日起三十日內申報者，以訂約日當期之公告土地現值為準

(B) 申報人逾訂定契約之日起三十日始申報者，以受理申報機關收件日當期之公告土地現值為準

(C) 遺贈之土地，以遺贈人死亡日當期之公告土地現值為準

(D) 依法院判決移轉登記者，以判決確定日當期之公告土地現值為準　　　　　　　　　　　　　　　　　　【108年普】

5. 土地所有權經法院判決移轉登記者，土地增值稅申報移轉現值之審核標準，下列何者正確？　　　　　　　　　　　　　(B)

(A) 以法院判決日當期之公告土地現值為準

(B) 以申報人向法院起訴日當期之公告土地現值為準

(C) 以法院判決送達日當期之公告土地現值為準

(D) 以申報人向主管稽徵機關申報日當期之公告土地現值為準

【112年普】

第三十條之一（免徵土地增值稅之移轉現值與免稅證明）

1. 依法免徵土地增值稅之公地出售時，稽徵機關核定其移轉現值之標準，以下列何者為準？　　　　　　　　　　　　　　(A)

(A) 實際出售價額　(B) 出售當期之公告地價

(C) 原規定地價　(D) 協議之價格　　　　　　　【90年特】

2. 依土地稅法免徵土地增值稅之土地，主管稽徵機關依相關規定核定其移轉現值並發給免稅證明，以憑辦理土地所有權移轉登記，　　　　　　　　　　　　　　　　　　　　　　　　　　(A)

下列有關移轉現值核定之敘述何者正確？
(A) 各級政府出售之公有土地，以實際出售價額為準
(B) 各級政府贈與或受贈之土地，以土地點交日之公告土地現值為準
(C) 區段徵收抵價地，以區段徵收時實際測量及登記完竣之地價為準
(D) 私人捐贈供興辦社會福利事業之土地，以社會福利事業核准日之公告土地現值為準
【110 年普】

第三十一條（漲價總數額之計算）

1. 依土地稅法規定，因重新規定地價增繳之地價稅就其移轉土地部分，准予抵繳土地增值稅之額度，以不超過土地移轉時應繳增值稅多少為限？ (C)
   (A) 百分之一　(B) 百分之三　(C) 百分之五　(D) 百分之十
   【100 年普】

2. 依土地稅法規定，土地所有權人辦理土地移轉繳納土地增值稅時，在其持有土地期間內，因重新規定地價增繳之地價稅，准予抵繳其應納之土地增值稅之總額，以不超過土地移轉時應繳增值稅總額多少為限？ (D)
   (A) 百分之一　(B) 百分之二　(C) 百分之三　(D) 百分之五
   【111 年普】

第三十三條（稅率）

1. 現行土地增值稅之稅率為何？ (B)
   (A) 百分之十、百分之二十、百分之三十
   (B) 百分之二十、百分之三十、百分之四十
   (C) 百分之三十、百分之四十、百分之五十
   (D) 百分之四十、百分之五十、百分之六十
   【97 年普】

2. 依土地稅法規定，全國平均之公告土地現值調整達一般正常交易 (D)

價格多少以上時，土地增值稅率應檢討修正？
(A) 百分之六十　(B) 百分之七十　(C) 百分之八十
(D) 百分之九十　　　　　　　　　　　　　　【98 年普】

第三十四條（徵稅標準）

1. 土地所有權人出售其自用住宅用地適用自用住宅用地稅率繳納土地增值稅後，再出售其自用住宅用地時，應已持有該土地最少幾年以上，才能再適用此優惠稅率？ (C)
   (A) 一年　(B) 五年　(C) 六年　(D) 十年　　【100 年普】

2. 下列何者不符合申請自用住宅用地之土地增值稅稅率規定？ (C)
   (A) 出售前 1 年內，未營業使用或出租
   (B) 都市土地面積未超過 3 公畝部分或非都市土地面積未超過 7 公畝部分
   (C) 土地所有權人與其配偶及未成年之受扶養親屬，適用自用住宅用地稅率者，以一處為限
   (D) 土地所有權人或其配偶、直系親屬於該地辦竣戶籍登記
   　　　　　　　　　　　　　　　　　　　　　【106 年普】

3. 土地所有權人曾使用自用住宅用地優惠稅率後，再出售其自用住宅用地，符合下列何項規定，為不受一次優惠稅率限制條件之一： (B)
   (A) 出售都市土地面積未超過 3 公畝部分或非都市土地面積未超過 7 公畝部分
   (B) 出售時土地所有權人與其配偶及未成年子女，無該自用住宅以外之房屋
   (C) 出售前持有該土地 5 年以上
   (D) 土地所有權人或其配偶、未成年子女於土地出售前，在該地設有戶籍且持有該自用住宅連續滿 5 年　　【106 年普】

4. 關於土地所有權人出售自用住宅用地時，土地增值稅適用「一生一次」之優惠稅率，下列何者正確？ (B)

(A) 土地增值稅之優惠稅率為千分之二
(B) 僅限於都市土地面積未超過三公畝部分或非都市土地面積未超過七公畝部分
(C) 土地於出售前一年內，曾供營業使用或出租
(D) 出售前應持有該土地三年以上　　　　　　　【112年普】

第三十四條之一（以自用住宅用地稅率課徵土地增值稅）

1. 土地所有權人申請按自用住宅用地稅率課徵土地增值稅時，如未於土地現值申報註明自用住宅字樣，得於那一期限前補行申請？ (B)
   (A) 申報期限屆滿之前　(B) 繳納期限屆滿之前
   (C) 繳款書寄發之前　(D) 稅額核定之前　　　【92年特】

第三十五條（退稅）

1. 依土地稅法之規定，有關土地增值稅重購土地申請退稅，下列何者錯誤？ (A)
   (A) 須先出售土地後再購買土地時才可申請退稅
   (B) 退稅額度最多以所繳納之土地增值稅為限
   (C) 土地出售與重購土地之時間，二者應在2年內
   (D) 得申請退稅之土地限於自用住宅用地、自營工廠用地及自耕農業用地　　　　　　　　　　　　　　　　　【98年普】

2. 甲出售市價2,000萬元之房屋連同基地，出售時土地公告現值總額為1,000萬元，房屋課稅現值為300萬元，繳納土地增值稅100萬元。如果甲符合自用住宅用地之規定，請問甲至少應買多少錢之房屋土地才能申請退還土地增值稅100萬元？ (B)
   (A) 不問市價，只要新購土地之公告土地現值大於900萬元
   (B) 不問市價，只要新購土地之公告土地現值大於1,000萬元
   (C) 新購之房屋現值大於300萬元，房屋連同基地之市價大於2,000萬元
   (D) 新購房屋連同基地之市價大於2,000萬元　　【106年普】

3. 土地所有權人於出售土地後，依土地稅法規定，下列何種情形得申請就其已納土地增值稅額內，退還其不足支付新購土地地價之數額？ (C)
   (A) 土地所有權人於先購買土地後，自完成移轉登記之日起二年後，始行出售土地者
   (B) 其新購土地地價超過原出售土地地價，扣除繳納房地交易所得稅後之餘額者
   (C) 自耕之農業用地出售後，於二年內另行購買仍供自耕之農業用地者
   (D) 土地出售前一年內，曾供營業使用或出租者　　【109 年普】

第三十七條（追繳）

1. 依土地稅法之規定，土地所有權人因重購土地退還土地增值稅者，其重購之土地，自完成移轉登記之日起，幾年內再行移轉時，除就該次移轉之漲價總數額課徵土地增值稅外，並應追繳原退還稅款？ (D)
   (A) 2 年　(B) 3 年　(C) 4 年　(D) 5 年　　【99 年普】

2. 下列敘述何者正確？ (C)
   (A) 個人房屋、土地交易損失，得自交易日以後五年內之房屋、土地交易所得減除之
   (B) 個人房屋、土地交易損失，得自交易日以後七年內之房屋、土地交易所得減除之
   (C) 重購之自住房屋、土地，於重購後五年內改作其他用途或再行移轉時，應追繳原扣抵或退還稅額
   (D) 重購之自住房屋、土地，於重購後七年內改作其他用途或再行移轉時，應追繳原扣抵或退還稅額　　【108 年普】

第三十九條（被徵收土地增值稅之減免）

1. 依土地稅法規定，下列敘述何者最正確？ (D)

(A) 設有典權土地，以出典人為地價稅納稅義務人
(B) 設有典權土地，以典權人為土地增值稅納稅義務人
(C) 配偶相互贈與之土地，免徵土地增值稅
(D) 經重劃之土地，於重劃後第一次移轉時，其土地增值稅減徵百分之四十
【101年普】

2. 依都市計畫法指定之公共設施保留地，尚未被徵收前之移轉，其土地增值稅之課徵，下列何者正確？　　　　　　　　　　　　　　　　(B)
   (A) 減徵百分之四十　(B) 準用被徵收之土地予以免徵之
   (C) 減半徵收之　(D) 以該土地之原地價計算漲價總數額課徵之
   【104年普】

3. 依土地稅法規定，非都市土地供公共設施使用者，在滿足規定要件下，其尚未被徵收前之移轉，免徵土地增值稅。下列有關免稅要件之敘述，何者錯誤？　　　　　　　　　　　　　　　　(C)
   (A) 經需用土地人開闢完成或依計畫核定供公共設施使用
   (B) 依法完成使用地編定　(C) 依法完成徵收公告
   (D) 經需用土地人證明
   【113年普】

第三十九條之一（區段徵收土地增值稅之減免與課徵）

1. 區段徵收土地時，有關抵價地面積及移轉時課徵土地增值稅之規定，下列何者為非？　　　　　　　　　　　　　　　　(C)
   (A) 抵價地總面積，以徵收總面積百分之五十為原則
   (B) 經農地重劃者，該重劃地區部分不得少於百分之四十五
   (C) 領回抵價地後第一次移轉時，以原土地所有人徵收時原有土地之地價為原地價
   (D) 區段徵收後，領回抵價地後第一次移轉時，其土地增值稅減徵百分之四十
   【103年普】

2. 關於區段徵收土地，於領回抵價地後第一次移轉時，用以計算漲價總數額之原地價，有其規定之標準，下列何者正確？　　　　　　(D)
   (A) 以區段徵收區之開發成本為原地價

(B) 以原土地所有權人移轉時之申報現值為原地價

(C) 以政府核定之原規定地價為原地價

(D) 以原土地所有權人實際領回抵價地之地價為原地價

【104年普】

3. 有關實施區段徵收之土地，其土地之租稅優惠，下列敘述何者錯誤？　(B)

(A) 以現金補償其地價者，免徵土地增值稅

(B) 區段徵收領回抵價地後第一次移轉，免徵土地增值稅

(C) 以抵價地補償其地價者，免徵土地增值稅

(D) 自辦理完成之日起地價稅減半徵收2年　　　【105年普】

4. 區段徵收之土地，領回抵價地後第一次移轉，應課徵土地增值稅時，原地價應如何認定？　(C)

(A) 以原土地所有權人完成移轉登記之日當期公告土地現值

(B) 以原土地所有權人權利取得之日當期公告土地現值

(C) 以原土地所有權人實際領回抵價地之地價

(D) 以原土地所有權人領得之補償地價總額　　　【106年普】

第三十九條之二（農業用地之免徵）

1. 關於土地增值稅之減徵規定，下列何者錯誤？　(C)

(A) 經重劃之土地，於重劃後第一次移轉時，其土地增值稅減徵40%

(B) 區段徵收之土地，領回抵價地後第一次移轉時，其土地增值稅減徵40%

(C) 作農業使用之農業用地，移轉與自然人時，其土地增值稅減徵40%

(D) 都市更新地區依權利變換取得之土地，於更新後第一次移轉時，減徵土地增值稅40%　　　【98年普】

2. 依土地稅法規定，作農業使用之農業用地，移轉與自然人時，下列有關土地增值稅之課徵，何者正確？　(B)

(A) 不課徵土地增值稅　(B) 得申請不課徵土地增值稅
(C) 免徵土地增值稅　(D) 得申請免徵土地增值稅　【104 年普】

第三十九條之三（申請免徵土地增值稅之程序）

1. 稅捐稽徵機關核准農業用地不課徵土地增值稅者，應於核准後幾個月內將有關資料送直轄市、縣（市）農業主管機關？ (A)
   (A) 一個月　(B) 二個月　(C) 三個月　(D) 六個月　【95 年普】

第五章　稽徵程序

第四十條（稽徵程序）

1. 依土地稅法規定，地價稅由直轄市或縣（市）主管稽徵機關按照地政機關編送之何種資料核定？ (C)
   (A) 地稅總歸戶冊及地籍異動通知　(B) 地價總冊及地籍冊
   (C) 地價歸戶冊及地籍異動通知　(D) 地價清冊及地籍清冊通知
   【88 年普】

第四十一條（特別稅率之申請）

1. 依土地稅法規定適用地價稅特別稅率之用地，土地所有權人應於每年（期）地價稅開徵幾日前提出申請，即可於當年度開始適用？ (A)
   (A) 40 日前　(B) 50 日前　(C) 60 日前　(D) 70 日前　【98 年普】

2. 工業用地之土地所有權人申請按千分之十計徵地價稅，應於何時提出申請，逾期申請者，自申請之次年期開始適用？ (C)
   (A) 每年八月三十一日　(B) 每年九月三十日
   (C) 每年（期）地價稅開徵四十日前
   (D) 每年（期）地價稅開徵六十日前　【104 年普】

第四十九條（增值稅之核定）

1. 土地所有權移轉，權利人與義務人應於訂約之日起多少日內共同向主管稽徵機關，申報土地移轉現值？
   (A) 十日　(B) 二十日　(C) 三十日　(D) 六十日　　【88年特】　(C)

2. 關於土地增值稅之納稅義務人、代繳義務人之敘述，下列何者正確？
   (A) 土地信託移轉時以委託人為納稅義務人
   (B) 土地為無償移轉者，為原所有權人
   (C) 法院土地拍定價額不足扣繳土地增值稅時，由拍賣人代繳
   (D) 依規定由權利人單獨申報土地移轉現值者，由權利人代繳
   　　【98年普】　(D)

3. 主管稽徵機關應於申報土地移轉現值收件之日起七日內，核定應納土地增值稅額，但申請按自用住宅用地稅率課徵之案件，其期間得延長為多少日？
   (A) 十日　(B) 二十　(C) 二十一日　(D) 三十日　　【101年普】　(B)

第五十條（增值稅繳納期限）

1. 依土地稅法之規定，土地增值稅納稅義務人於收到土地增值稅繳納通知書後，應於幾日內向公庫繳納？
   (A) 10日　(B) 15日　(C) 20日　(D) 30日　　【99年普】　(D)

第五十一條（繳清欠稅）

1. 欠繳土地稅之土地，在欠稅未繳清前，不得辦理移轉登記及設定何種權利？
   (A) 典權　(B) 地上權　(C) 抵押權　(D) 地役權　　【92年特】　(A)

第六章　罰則

第五十四條（罰鍰）

1. 依土地稅法規定，納稅義務人於適用特別稅率之原因、事實消滅，未向主管稽徵機關申報，致逃稅或減輕稅賦者，依何規定辦理？
   (A) 追補應納稅額，並處應納稅額二倍之罰鍰
   (B) 追補應納稅額，並處應納稅額三倍之罰鍰
   (C) 追補應納稅額，並處短匿稅額二倍之罰鍰
   (D) 追補應納稅額，並處短匿稅額三倍之罰鍰　　【97年普】　(D)

2. 土地買賣未辦竣權利移轉登記，再行出售者，處再行出售移轉現值多少比率之罰鍰？
   (A) 免罰　(B) 百分之一　(C) 百分之二　(D) 百分之五【99年普】　(C)

第五十五條之一（罰鍰）

1. 受贈土地之財團法人若未按捐贈目的使用土地，除追補應納稅額外，並處應納土地增值稅額多少倍之罰鍰？
   (A) 一倍　(B) 二倍　(C) 三倍　(D) 五倍　　　　【100年普】　(B)

土地稅法施行細則

第一章　總則

第三條（貨幣單位及小額稅之免徵）

1. 下列何種情形免徵地價稅？　　　　　　　　　　　　　　　(C)
   (A) 公有非公用土地　(B) 公共設施保留地作自用住宅使用者
   (C) 每戶稅額在新台幣一百元以下者
   (D) 自用住宅用地閒置未作任何使用者　　　　【97年普】

2. 關於免於課徵之規定，下列規定何者錯誤？　　　　　　　　(D)
   (A) 每年（期）地價稅，每戶稅額在新臺幣 100 元以下者，免予課徵
   (B) 每期田賦實際造單賦額，每戶未滿一賦元者，免予課徵
   (C) 土地增值稅稅額，在新臺幣 100 元以下者，免予課徵
   (D) 房屋稅稅額，在新臺幣 100 元以下者，免予課徵【106年普】

第二章　地價稅

第六條（累進起點地價計算公式）

1. 地價稅累進起點地價，以何種金額為單位，以下四捨五入？　(D)
   (A) 一元　(B) 十元　(C) 百元　(D) 千元　　　　【89年特】

2. 依土地稅法規定，有關累進起點地價，下列何者正確？　　　(D)
   (A) 累進起點地價，以各該直轄市或縣（市）土地七公畝之平均地價為準。只有工業用地、礦業用地及農業用地不包括在內
   (B) 土地所有權人之地價總額未超過戶籍所在地直轄市或縣（市）累進起點地價者，其地價稅按基本稅率徵收

(C) 累進起點地價以百元為單位，以下四捨五入
(D) 累進起點地價，應於舉辦規定地價或重新規定地價後當年地價稅開徵前計算完竣，並報請財政部及內政部備查
【113 年普】

第八條（適用自用住宅用地稅率之認定）

1. 下列何者非申請自住房屋稅稅率之要件？ (A)
   (A) 土地所有權人或其配偶、直系親屬於房屋所在地辦竣戶籍登記
   (B) 房屋無出租使用
   (C) 供本人、配偶或直系親屬實際居住使用
   (D) 本人、配偶及未成年子女全國合計 3 戶以內 【106 年普】

第二十條（納稅義務人及基準日）

1. 現行地價稅依土地稅法第四十條之規定，每年徵收一次者，以當年幾月幾日為納稅義務基準日？ (C)
   (A) 七月三十一日　(B) 八月十五日　(C) 八月三十一日
   (D) 九月十五日 【97 年普】

2. 甲將土地出售予乙，並於 97 年 8 月 1 日移轉登記完畢。乙又將土地設定典權予丙，並於 97 年 9 月 1 日登記完畢。請問該土地當年期之地價稅納稅義務人為何？ (B)
   (A) 甲　(B) 乙　(C) 丙　(D) 由甲、乙、丙三人自行約定 【97 年普】

3. 甲之土地於 106 年 10 月 1 日贈與並移轉登記予乙，請問 106 年期地價稅之納稅義務人為何？ (A)
   (A) 甲　(B) 乙　(C) 甲乙協議　(D) 甲乙依持有月數分別負擔
   【106 年普】

4. 甲之土地、房屋於 106 年 7 月 1 日設定典權並完成移轉登記予乙。下列有關納稅義務人之規定，何者錯誤？ (A)
   (A) 當年度地價稅之納稅義務人為甲
   (B) 107 年期房屋稅之納稅義務人為乙

(C) 典權契稅之納稅義務人為乙
(D) 土地增值稅之納稅義務人為甲 【106 年普】

第三章　田賦

第二十三條（公共設施尚未完竣前之定義）

1. 公共設施尚未完竣前，都市土地仍作農業用地使用者，徵收田賦。前述「公共設施」不包括下列那一項？ (B)
   (A) 排水系統　(B) 垃圾焚化爐　(C) 自來水　(D) 道路【96 年普】
2. 土地稅法所稱公共設施尚未完竣前之「公共設施」，係指下列何者？ (D)
   (A) 道路、自來水、排水系統、電信
   (B) 自來水、排水系統、電力、焚化設施
   (C) 電力、電信、排水系統、焚化設施
   (D) 道路、自來水、排水系統、電力 【102 年普】

第四章　土地增值稅

第四十二條（土地交換、分割及合併之增值稅）

1. 分別共有土地分割後，應如何計徵土地增值稅？ (C)
   (A) 各人所取得之土地價值與其分割前應有部分價值相等者，就其取得部分課徵土地增值稅
   (B) 各人所取得之土地價值與其分割前應有部分價值增加者，其價值增加部分課徵土地增值稅
   (C) 各人所取得之土地價值與其分割前應有部分價值減少者，其價值減少部分課徵土地增值稅
   (D) 得申請不課徵土地增值稅 【97 年普】

第五十九條（免徵土地增值稅之農業用地之列管）

1. 作農業使用之農業用地，移轉與自然人時，得申請不課徵土地增值稅。主管稽徵機關核准不課徵土地增值稅之農業用地後，應於核准後多久時間內，將有關資料送直轄市、縣（市）農業主管機關？　　　　　　　　　　　　　　　　　　　　　　　(A)
(A)一個月　(B)二個月　(C)三個月　(D)六個月　【100年普】

捌　房屋稅條例

第二條（名詞定義）

1. 房屋稅之課徵以附著於土地之各種房屋及有關增加房屋使用價值者，所增加該房屋之使用價值部分，下列何者可免併計房屋價值？　　　　　　　　　　　　　　　　　　　　　　　　　　(D)
   (A) 房屋內之太平梯　(B) 房屋內之電梯　(C) 中央系統冷氣機房
   (D) 露天游泳池　　　　　　　　　　　　　　　　【88 年特】

第四條（徵收之相對人）

1. 有關房屋稅之課徵，下列敘述，何者錯誤？　　　　　　　　　(B)
   (A) 房屋設有典權者，房屋稅向典權人徵收之
   (B) 無建造執照之房屋，免徵收房屋稅
   (C) 房屋稅每年之開徵日期，由省（市）政府定之
   (D) 政府平價配售之平民住宅，房屋稅減半徵收　　【104 年普】

2. 依據房屋稅條例規定，房屋稅之納稅義務人不包括下列何者？　(B)
   (A) 所有權人　(B) 債權人　(C) 典權人　(D) 信託受託人
   　　　　　　　　　　　　　　　　　　　　　　　【105 年普】

3. 依房屋稅條例規定，房屋為信託財產者，於信託關係存續中，下列何者為房屋稅之納稅義務人？　　　　　　　　　　　　　　(B)
   (A) 委託人　(B) 受託人　(C) 受益人　(D) 監察人　【109 年普】

4. 依房屋稅條例之規定，下列有關房屋稅納稅義務人之敘述，何者錯誤？　　　　　　　　　　　　　　　　　　　　　　　　(D)
   (A) 原則上向房屋所有人徵收之
   (B) 未辦建物所有權第一次登記且所有人不明之房屋，向使用執照所載起造人徵收之
   (C) 未辦建物所有權第一次登記且所有人不明之房屋，無使用執

照者，向建造執照所載起造人徵收之

(D) 未辦建物所有權第一次登記且所有人不明之房屋，無使用執照、亦無建造執照者，暫不徵收之 【111 年普】

第五條（稅率）

1. 李先生擁有面積 300 平方公尺的房屋 1 幢，同時供住家及非住家使用。依現行房屋稅條例之規定，其適用非住家用稅率課徵房屋稅之面積，最低不得少於多少平方公尺？ (B)
   (A) 30　(B) 50　(C) 60　(D) 150 【101 年普】

2. 非住家用房屋稅，下列規定何者最正確？ (D)
   (A) 其為營業用者，最低不得少於其房屋現值百分之一，最高不得超過百分之三。其為私人醫院、診所、自由職業事務所及人民團體等非營業用者，最低不得少於其房屋現值百分之一點五，最高不得超過百分之二點五
   (B) 其為營業用者，最低不得少於其房屋現值百分之一，最高不得超過百分之三。其為私人醫院、診所、自由職業事務所及人民團體等非營業用者，最低不得少於其房屋現值百分之二點五，最高不得超過百分之三點五
   (C) 其為營業用者，最低不得少於其房屋現值百分之三，最高不得超過百分之五。其為私人醫院、診所、自由職業事務所及人民團體等非營業用者，最低不得少於其房屋現值百分之二點五，最高不得超過百分之三點五
   (D) 其為營業用者，供營業、私人醫院、診所或自由職業事務所使用者，最低不得少於其房屋現值百分之三，最高不得超過百分之五；供人民團體等非營業使用者，最低不得少於其房屋現值百分之一點五，最高不得超過百分之二點五。【101 年普】

3. 依房屋稅條例規定，起造人持有使用執照所載用途為住家用之待銷售房屋，於起課房屋稅二年內，其房屋稅之稅率為何？ (B)
   (A) 最低不得少於其房屋現值百分之一點二，最高不得超過百分

之二點四

(B) 最低不得少於其房屋現值百分之二，最高不得超過百分之三點六

(C) 最低不得少於其房屋現值百分之二，最高不得超過百分之四點八

(D) 最低不得少於其房屋現值百分之三，最高不得超過百分之五

【113 年普】

4. 依房屋稅條例規定，下列有關自住使用之住家用房屋適用 1.2% 計徵房屋稅之要件，何者錯誤？　(C)
   (A) 無出租或供營業情形
   (B) 房屋所有人本人、配偶或直系親屬於該屋辦竣戶籍登記
   (C) 房屋所有人本人、配偶及未成年子女於全國僅持有一戶房屋且房屋現值在一定金額以下
   (D) 房屋所有人本人、配偶或直系親屬實際居住使用　【113 年普】

第六條（稅率擬定程序）

1. 依房屋稅條例之規定，房屋稅之徵收率由何者規定？　(C)
   (A) 財政部　(B) 立法院　(C) 直轄市及縣（市）政府
   (D) 當地民意機關　【101 年普】

第七條（申報稅籍）

1. 房屋稅納稅義務人應於房屋移轉完成之日起多少日內檢附有關文件，向當地主管稽徵機關申報房屋稅籍有關事項及使用情形？　(D)
   (A) 七日　(B) 十日　(C) 二十日　(D) 三十日　【101 年普】

第八條（停止課稅）

1. 房屋遇有焚毀、坍塌、拆除至不堪居住程度者，應由納稅義務人申報當地主管稽徵機關查實後，在何時間內停止課稅？　(D)
   (A) 在未修建完成期內　(B) 在未改建完成期內

(C) 在未整建完成期內　(D) 在未重建完成期內　【88年普】

第九條（評價）

1. 下列有關房屋稅之規定，何者有誤？ (D)
   (A) 納稅義務人應於房屋建造完成之日起三十日內申報房屋稅籍及使用情形
   (B) 房屋遇有焚毀、坍塌、拆除至不堪居住程度者，經當地主管稽徵機關查實後；在未重建完成期內，停止課稅
   (C) 新建、增建或改建房屋，於當期建造完成者，均須按月比例計課，未滿一個月者不計
   (D) 財政部應選派有關主管人員及建築技術專門人員組織不動產評價委員會評定房屋標準價格　【92年特】

2. 依房屋稅條例規定，不動產評價委員會應由當地民意機關及有關人民團體推派代表參加，其人數不得少於總額若干？ (D)
   (A) 三分之一　(B) 五分之三　(C) 三分之二　(D) 五分之二
   【96年普】

第十條（核價與異議）

1. 依房屋稅條例規定，主管稽徵機關應依據不動產評價委員會評定之標準，核計房屋現值。依前項規定核計之房屋現值，主管稽徵機關應通知納稅義務人。納稅義務人如有異議，得於接到通知書之日起幾日內，檢附證件，申請重行核計？ (D)
   (A) 五日　(B) 十日　(C) 十五日　(D) 三十日　【100年普】

第十一條（評定與公告）

1. 有關房屋標準價格評定，下列敘述何者有誤？ (A)
   (A) 每年重行評定一次　(B) 依其耐用年數予以折舊
   (C) 按各種建造材料所建房屋，區分種類及等級
   (D) 按房屋所處街道村里之商業交通情形評定　【96年普】

2. 依據房屋稅條例規定,房屋標準價格係由何單位公告之? (D)
   (A) 內政部　(B) 財政部　(C) 鄉鎮市區公所
   (D) 直轄市、縣(市)政府　　　　　　　　　【98年普】

3. 依房屋稅條例之規定,房屋標準價格,由不動產評價委員會依規 (C)
   定評定之,並由直轄市、縣(市)政府公告,且須多久重行評定
   一次?
   (A) 每一年　(B) 每二年　(C) 每三年　(D) 每四年　【99年普】

4. 依現行房屋稅條例規定,房屋標準價格依法定事項分別評定,下 (C)
   列何者不屬之?
   (A) 房屋建造材料
   (B) 房屋耐用年數及折舊標準
   (C) 房屋所在不同地段之地價水準
   (D) 房屋所處街道村里之地段調整率　　　　【104年普】

5. 依房屋稅條例規定,房屋標準價格由下列何委員會負責? (D)
   (A) 地價評議委員會　(B) 不動產仲裁委員會
   (C) 不動產評議委員會　(D) 不動產評價委員會　【105年普】

第十二條(徵收期)

1. 依房屋稅條例規定,房屋稅每年徵收一次。對新建、增建或改建 (C)
   之房屋,於當期建造完成者,應如何計課?
   (A) 免予計課
   (B) 一律按年減半徵收之
   (C) 按月比例計課,未滿一個月者不計
   (D) 按週比例計課,未滿一週者不計　　　　【102年普】

第十四條(免稅)

1. 下列公有房屋,何者不適用免徵房屋稅規定? (D)
   (A) 供各級政府機關員工使用之宿舍
   (B) 供各公立學校使用之辦公房屋

(B) 供郵政機構使用之房屋
(D) 供公營事業使用之房屋　　　　　　　　　　【88 年特】

第十五條（私有房屋免稅減稅之規定）

1. 下列房屋何者不得免徵房屋稅？　　　　　　　　　　　　　　　　(C)
   (A) 公立學校之校舍與辦公房屋
   (B) 經立案並完成財團法人登記之私立學校，其自有之校舍
   (C) 政府平價配售之平民住宅
   (D) 受重大災害，毀損面積佔整棟面積五成以上，必須修復始能使用之房屋　　　　　　　　　　　　　　　　　　【96 年普】

2. 私有房屋專供宗教團體為傳教佈道之教道及寺廟，免徵房屋稅，但以完成下列何項登記，且房屋為其所有者為限？　　　　　　　　(B)
   (A) 公益團體會所登記　(B) 財團法人或寺廟登記
   (C) 社團法人或教堂登記　(D) 公益信託登記　　　【96 年普】

3. 依房屋稅條例規定，私有房屋有下列何種情形，免徵房屋稅？　　(B)
   (A) 政府平價配售之平民住宅　(B) 司法保護事業所有之房屋
   (C) 合法登記之工廠供直接生產使用之自有房屋
   (D) 受重大災害，毀損面積佔整棟面積三成以上不及五成之房屋
   　　　　　　　　　　　　　　　　　　　　　　　【100 年普】

4. 依照規定，下列房屋，何者免徵房屋稅？　　　　　　　　　　　(C)
   (A) 政府平價配合之平民住宅
   (B) 合法登記之工廠供直接生產使用之自有房屋
   (C) 受重大災害，毀損面積佔整棟面積五成以上，必須修復始能使用之房屋
   (D) 受重大災害，毀損面積佔整棟面積三成以上不及五成之房屋
   　　　　　　　　　　　　　　　　　　　　　　　【101 年普】

5. 依房屋稅條例規定，私有房屋有下列情形之一者，其房屋稅減半徵收？　　　　　　　　　　　　　　　　　　　　　　　　　　(C)
   (A) 完成財團法人登記且經立案之私立學校辦公使用之自有房屋

(B) 無償供政府機關公用或供軍用之房屋

(C) 受重大災害,毀損面積佔整棟面積三成以上不及五成之房屋

(D) 農會所有之倉庫,專供糧政機關儲存公糧,經主管機關證明者 【101年普】

6. 依房屋稅條例規定,私有房屋有下列何種情形,其房屋稅減半徵收? (A)

(A) 政府平價配售之平民住宅　(B) 司法保護事業所有之房屋

(C) 無償供政府機構公用之房屋　(D) 政府配供貧民居住之房屋 【102年普】

7. 關於合法登記之工廠,提供直接生產使用之自有房屋,其房屋稅之徵收,下列何者正確? (A)

(A) 減半　(B) 免徵　(C) 按房屋現值百分之三

(D) 按房屋現值百分之一點二 【104年普】

8. 依房屋稅條例規定,私有房屋受重大災害時,有關房屋稅之減免,下列敘述何者正確? (B)

(A) 毀損面積佔整棟面積三成以上,不及五成之房屋,免徵房屋稅

(B) 毀損面積佔整棟面積五成以上,必須修復始能使用之房屋,免徵房屋稅

(C) 毀損面積佔整棟面積五成以上,其房屋稅減半徵收

(D) 毀損面積佔整棟面積五成以上,必須修復始能使用之房屋,其房屋稅減半徵收 【107年普】

9. 依房屋稅條例規定,下列敘述何者錯誤? (A)

(A) 合法登記之工廠供直接生產使用之自有房屋,免徵房屋稅

(B) 受重大災害,毀損面積佔整棟面積五成以上,必須修復始能使用之私有房屋,免徵房屋稅

(C) 房屋標準價格,每三年重行評定一次,並應依其耐用年數予以折舊,按年遞減其價格

(D) 各級政府機關及地方自治機關之公有辦公房屋及其員工宿舍,免徵房屋稅 【109年普】

第十六條（補稅與罰鍰）

1. 房屋稅納稅義務人未依限申報，除補限納稅額外，並應照漏稅額處以： (B)
   (A) 五倍以下罰鍰　(B) 二倍以下罰鍰　(C) 一倍以下罰鍰
   (D) 無罰鍰之規定　　　　　　　　　　　　　　　【90年特】

第十八條（滯納金）

1. 房屋稅納稅義務人，逾限繳日期三十日仍未繳納者，稅捐機關依法應如何處理？ (C)
   (A) 逕行拍賣房屋　(B) 逕向法院起訴
   (C) 移送法院強制執行　(D) 加徵二倍之滯納金　【90年特】

2. 下列有關房屋稅補稅、罰鍰與滯納金之敘述何者正確？ (C)
   (A) 納稅義務人未依規定期限申報，因而發生漏稅者，除責令補繳應納稅額外，並按所漏稅額處以三倍罰鍰
   (B) 納稅義務人未依規定期限申報，因而發生漏稅者，除責令補繳應納稅額外，並按所漏稅額處以五倍罰鍰
   (C) 納稅義務人未於稅單所載限繳日期內繳清應納稅款者，每逾二日按滯納數額加徵百分之一滯納金
   (D) 納稅義務人未於稅單所載限繳日期內繳清應納稅款者，每逾二日按滯納數額加徵百分之三滯納金　【103年普】

第二十二條（典賣等房屋稅）

1. 房屋買賣移轉時，前業主未繳之房屋稅應如何完納？ (C)
   (A) 由稽徵機關發單給前業主繳納
   (B) 由稽徵機關改按承受人名義直接發單給承受人繳納
   (C) 由承受人在買價內照數扣留，申報稽徵機關發單繳納
   (D) 由原業主向稽徵機關申報，再由稽徵機關發單給原業主繳納
   　　　　　　　　　　　　　　　　　　　　　　【88年特】

玖　契稅條例

第二條（徵收範圍）

1. 不動產因買賣、交換或分割而取得所有權者，均應申報繳納契稅，但在開徵何種稅目區域之土地，免徵契稅？　　　　　　　　　　(A)
   (A)土地增值稅　(B)地價稅　(C)房屋稅　(D)田賦　【97年普】
2. 不動產之贈與或因占有而取得所有權者，在開徵何項稅目區域之土地，免徵契稅？　　　　　　　　　　　　　　　　　　　　　(D)
   (A)地價稅　(B)房屋稅　(C)田賦　(D)土地增值稅　【96年普】
3. 下列何種區域之不動產移轉，可免徵契稅？　　　　　　　　　　(A)
   (A)開徵土地增值稅區域之土地　(B)開徵贈與稅區域之土地
   (C)開徵遺產稅區域之土地　(D)開徵印花稅區域之土地【95年普】

第三條（稅率）

1. 契稅稅率採：　　　　　　　　　　　　　　　　　　　　　　(B)
   (A)累進稅率　(B)比例稅率　(C)金額累進稅率
   (D)倍數累進稅率　　　　　　　　　　　　　　　　【90年特】
2. 契稅條例規定，贈與契稅為其契價百分之幾？　　　　　　　　　(C)
   (A)百分之二　(B)百分之四　(C)百分之六　(D)百分之八
   　　　　　　　　　　　　　　　　　　　　　　　　【97年普】
3. 不動產因承典而申報繳納契稅時，該典權契稅之稅率為契價之多少？　　　　　　　　　　　　　　　　　　　　　　　　　　　(B)
   (A)2%　(B)4%　(C)5%　(D)6%　　　　　　　　　　【98年普】
4. 依契稅條例規定，占有契稅為其契價多少百分比？　　　　　　　(C)
   (A)百分之二　(B)百分之四　(C)百分之六　(D)百分之八
   　　　　　　　　　　　　　　　　　　　　　　　　【100年普】
5. 下列關於契稅稅率的規定，何者最正確？　　　　　　　　　　　(A)

(A) 買賣契稅為其契價百分之六　(B) 典權契稅為其契價百分之六
(C) 交換契稅為其契價百分之六　(D) 分割契稅為其契價百分之六
【101 年普】

6. 關於契稅稅率依契稅條例之規定，下列敘述何者錯誤？ (D)
(A) 買賣契稅為其契價百分之六　(B) 贈與契稅為其契價百分之六
(C) 占有契稅為其契價百分之六　(D) 典權契稅為其契價百分之六
【109 年普】

7. 依契稅條例規定，以不動產為信託財產，受託人乙依信託本旨移轉信託財產與委託人甲以外之歸屬權利人丙時，應由何人估價立契，在規定之期限申報契稅？又其契稅稅率為何？（第 3 條第 4 款、第 7-1 條） (C)
(A) 由乙申報契稅，稅率為 6%　(B) 由乙申報契稅，稅率為 2%
(C) 由丙申報契稅，稅率為 6%　(D) 由甲申報契稅，稅率為 2%
【110 年普】

8. 依契稅條例之規定，下列何種契約的契稅稅率最低？ (C)
(A) 買賣契約　(B) 典權契約　(C) 分割契約　(D) 贈與契約
【111 年普】

第四條

1. 依契稅條例規定，買賣契稅，應由下列何者申報納稅？ (C)
(A) 銀行　(B) 出賣人　(C) 買受人　(D) 不動產仲介公司
【109 年普】

2. 依契稅條例之規定，下列敘述何者錯誤？ (A)
(A) 買賣契稅，應由出賣人申報納稅
(B) 典權契稅，應由典權人申報納稅
(C) 買賣契稅之稅率為其契價百分之六
(D) 分割契稅之稅率為其契價百分之二
【111 年普】

第五條（典權契稅）

1. 下列有關契稅納稅義務人之規定，何者錯誤？　(C)
   (A) 買賣契稅應由買受人申報納稅
   (B) 交換契稅應由交換人就承受部分申報納稅
   (C) 典權契稅應由出典人申報納稅
   (D) 贈與契稅應由受贈人申報納稅　【97年普】

2. 有關契稅之課徵，下列敘述，何者錯誤？　(C)
   (A) 在開徵土地增值稅區域之土地，免徵契稅
   (B) 占有契稅之稅率，為其契價之百分之六
   (C) 典權契稅，應由出典人申報納稅
   (D) 契稅由直轄市及縣（市）稅捐稽徵處（地方稅務局）徵收或鄉、鎮、市、區公所代徵之　【104年普】

3. 以下關於契稅之敘述，何者正確？　(C)
   (A) 買賣契稅應由出賣人申報納稅
   (B) 贈與契稅應由贈與人估價立契，申報納稅
   (C) 典權契稅，應由典權人申報納稅
   (D) 占有契稅稅率為其契價百分之二　【112年普】

第六條（交換契稅）

1. 不動產因交換而有差額給付者，該差額價款應依何種契稅稅率課徵？　(A)
   (A) 買賣　(B) 交換　(C) 贈與　(D) 分割　【90年特】

2. 依契稅條例規定，不動產交換有給付差額價款者，其差額價款，應依何稅率課徵？　(C)
   (A) 百分之二　(B) 百分之四　(C) 百分之六　(D) 百分之八
   【92年特】

第七條（贈與契稅）

1. 有關契稅之納稅義務人敘述下列何者有誤？ (D)
   (A) 分割契稅，應由分割人估價立契，申報納稅
   (B) 交換契稅，應由交換人估價立契，各就承受部分申報納稅
   (C) 占有契稅，應由占有不動產依法取得所有權之人估價立契，申報納稅
   (D) 贈與契稅，應由贈與人估價立契，申報納稅 【96年普】

第七條之一（贈與契稅之申報繳納）

1. 依契稅條例規定，甲將不動產信託與乙，嗣後受託人乙依信託本旨將該不動產移轉與歸屬權利人丙，歸屬權利人丙應申報繳納何種契稅？ (C)
   (A) 買賣契稅　(B) 交換契稅　(C) 贈與契稅　(D) 占有契稅
   【101年普】

2. 下列有關契稅納稅義務人之敘述，何者正確？ (A)
   (A) 受託人依信託本旨移轉信託財產與委託人以外之歸屬權利人時，由歸屬權利人申報納稅
   (B) 買賣契稅，應由出賣人申報納稅
   (C) 典權契稅，應由出典人申報納稅
   (D) 交換有給付差額價款者，其差額價款，應由出賣人申報納稅
   【113年普】

第十條（典權契稅）

1. 先典後賣者，得以原納典權契稅額，抵繳買賣契稅，但以下列何種為限？ (A)
   (A) 典權人與買主同一人　(B) 典權人與買主不同人
   (C) 買主須支付典權契稅額　(D) 典權不得轉讓 【96年普】

2. 出典後之房屋再賣與典權人時，納稅義務人得以原納典權契稅 (C)

額，抵繳何種稅額？
(A) 房屋稅　(B) 印花稅　(C) 買賣契稅　(D) 所得稅　【95年普】

第十二條（以變相方式取得所有權或使用權）

1. 建築物於建造完成前，因買賣而中途變更起造人名義，並取得使用執照者，應由甚麼人申報繳納契稅？ (B)
   (A) 原起造人　(B) 使用執照所載起造人　(C) 依雙方之約定
   (D) 無特別規定　　　　　　　　　　　　　　　【90年特】

2. 依契稅條例規定，凡以抵押、借貸等變相方式代替設典，取得不動產使用權者，應以何項契稅申報繳納？ (B)
   (A) 買賣　(B) 典權　(C) 交換　(D) 設定　【102年普】

3. 建築物於建造完成前，因何種原因而變更起造人名義，並取得使用執照者，應申報繳納契稅？ (B)
   (A) 繼承　(B) 贈與　(C) 設典　(D) 分割　【106年普】

第十三條（計課契稅之契價）

1. 依契稅條例之規定，契稅之課稅基礎是？ (D)
   (A) 實價　(B) 市價　(C) 房價　(D) 契價　【106年普】

2. 買賣契稅之稅率，為其契價百分之六。所稱契價，以何者為準？ (B)
   (A) 以實際買賣價格為準
   (B) 以當地不動產評價委員會評定之標準價格為準
   (C) 以當地地價及標準地價評議委員會評定之標準價格為準
   (D) 以當地建築主管機關公告之房屋造價為準　【107年普】

第十四條（免稅情形）

1. 依契稅條例規定，下列何種情形不須申報繳納契稅？ (B)
   (A) 依法領買或標購公產者
   (B) 建築物於建造完成前，因繼承而變更起造人名義者
   (C) 向法院標購拍賣之不動產者

(D) 以遷移、補償等方式支付產價而取得不動產者　　【92年特】

2. 下列何情形，不在免徵契稅範圍？　　(C)
   (A) 政府因公務需要，以公有不動產交換取得不動產所有權者
   (B) 政府經營之郵政事業，因業務使用而取得之不動產
   (C) 公立學校為販售餐飲而取得之不動產
   (D) 建築物於建造完成前，變更起造人名義者　　【96年普】

3. 依契稅條例規定，下列何種情形得免徵契稅？　　(B)
   (A) 向法院標購所得之拍賣不動產者
   (B) 政府因公務需要，以公有不動產交換取得不動產所有權者
   (C) 依法標購公產者
   (D) 先典後賣取得不動產者　　【105年普】

4. 下列何種情形免徵契稅？　　(C)
   (A) 以遷移、補償等變相方式支付產價，取得不動產所有權者
   (B) 依法領買或標購公產及向法院標購拍賣之不動產者
   (C) 開徵土地增值稅區域之土地
   (D) 以不動產為信託財產，受託人依信託本旨移轉信託財產與委託人以外之歸屬權利人時　　【106年普】

第十四條之一（不課徵契稅之情形）

1. 不動產為信託財產者，下列信託關係人間移轉所有權，何者需課徵契稅？　　(B)
   (A) 因信託行為成立，委託人與受託人間
   (B) 信託契約明定信託財產之受益人為第三人時，信託關係消滅時，受託人與受益人間
   (C) 因遺囑成立之信託，於信託關係消滅時，受託人與受益人間
   (D) 信託關係存續中受託人變更時，原受託人與新受託人間
   　　【96年普】

2. 依契稅條例之規定，以不動產為信託財產時，在信託關係人間移轉所有權時，何種情形須課徵契稅？　　(B)

(A) 因信託行為成立，委託人與受託人間

(B) 信託契約明定信託財產之歸屬人為第三人者，信託關係消滅時，委託人與歸屬人間

(C) 因信託行為不成立，委託人與受託人間

(D) 信託關係存續中受託人變更時，原受託人與新受託人間

【111 年普】

第十六條（申報契稅）

1. 張三向李四購買一間未辦建物所有權第一次登記之房屋，試問應由誰申報契稅？ (D)
   (A) 張三　(B) 李四　(C) 二人協議由一人申報
   (D) 二人共同申報
   【96 年普】

2. 甲向法院標得一戶房屋，則甲申報契稅之起算日期應以下列何者為準？ (B)
   (A) 法院開標之日　(B) 法院發給權利移轉證明書之日
   (C) 法院通知得標人之日　(D) 法院會同得標人點交之日【95 年普】

3. 納稅義務人應於不動產買賣契約成立之日起幾日內申報契稅？ (C)
   (A) 十日　(B) 十五日　(C) 三十日　(D) 六十日　【92 年特】

4. 依契稅條例之規定，不動產移轉發生糾紛時，其申報契稅之起算日期，以下列何者為準？ (C)
   (A) 應由雙方當事人會同申報日　(B) 以政府核發使用執照之日
   (C) 以法院判決確定日　(D) 以法院發給權利移轉證明書之日
   【104 年普】

5. 下列有關契稅之申報起算日規定，何者錯誤？ (D)
   (A) 不動產移轉發生糾紛時，其申報契稅之起算日期，應以法院判決確定日為準
   (B) 向政府機關標購或領買公產，以政府機關核發產權移轉證明書之日為申報起算日
   (C) 向法院標購拍賣之不動產，以法院發給權利移轉證明書之日

為申報起算日

(D) 不動產分割時，以其完成移轉登記之日為申報起算日

【106 年普】

6. 依契稅條例規定，有關申報契稅之起算日期，下列何者正確？ (B)

(A) 向政府機關標購公產，以政府機關核准產權移轉之日為申報起算日

(B) 不動產移轉發生糾紛時，以法院判決確定之日為申報起算日

(C) 向法院標購拍賣之不動產，以承買人拍定之日為申報起算日

(D) 建築物於建造完成前，因交換以承受人為建造執照原始起造人者，以主管建築機關核發使用執照之日為申報起算日

【113 年普】

第十八條（查定與補正）

1. 主管稽徵機關收到納稅義務人契稅申報案件，應於幾日內審查完竣，發單通知納稅義務人依限繳納？ (B)
   (A) 十日　(B) 十五日　(C) 三十日　(D) 六十日　【92 年特】

第二十四條（怠報金）

1. 下列有關契稅怠報金之規定，何者有誤？ (A)
   (A) 納稅義務人不依規定期限繳納稅款者，應加徵怠報金
   (B) 怠報金之計算，係每逾三日加徵應納稅額百分之一
   (C) 怠報金之加徵，最高以應納稅額為限
   (D) 納稅義務人逾三十日仍不繳納怠報金者，移送法院強制執行

【92 年特】

2. 契稅納稅義務人不依規定期限申報契稅者，每逾幾日加徵應納稅額 1%？ (C)
   (A) 一日　(B) 二日　(C) 三日　(D) 五日　【98 年普】

3. 依契稅條例規定，關於契稅之課徵，下列敘述何者錯誤？ (B)
   (A) 稽徵機關收到申報案件後，應於十五日內查定應納稅額

(B) 不依規定期限申報契稅者，每逾二日加徵百分之一滯納金

(C) 應納契稅，匿報或短報，經主管稽徵機關查得，除應補繳稅額外，並加處以應納稅額一倍以上三倍以下之罰鍰

(D) 檢舉逃漏契稅之獎金為罰鍰之百分之二十　　【101年普】

第二十五條（滯納金）

1. 契稅逾若干時間時，應加徵應納稅額百分之一之滯納金？　(A)
   (A) 二日　(B) 三日　(C) 五日　(D) 七日　　【89年特】

2. 甲未依法繳納契稅，請問目前應移送何處強制執行？　(C)
   (A) 普通法院　(B) 行政法院
   (C) 法務部行政執行署所屬行政執行分署
   (D) 財政部國有財產署　　【105年普】

第二十六條（補稅與罰鍰）

1. 納稅義務人應納契稅，如有短、匿報經主管機關查得者，除應補繳稅額外，並應加處多少罰鍰？　(D)
   (A) 所漏稅額二倍以下之罰鍰
   (B) 所漏稅額一倍以上三倍以下之罰鍰
   (C) 所納稅額二倍以下之罰鍰
   (D) 所納稅額一倍以上三倍以下之罰鍰　　【92年特】

第二十九條（徵收機關）

1. 依契稅條例規定，契稅可由何者代徵之？　(B)
   (A) 直轄市、縣（市）議會　(B) 鄉、鎮、市區公所
   (C) 監理所　(D) 地政機關　　【95年普】

第三十條（免繳怠報滯納金）

1. 依契稅條例之規定，於規定申報繳納契稅期間，因不可抗力至不能如期申報或繳納時，申報或繳納人應於不可抗力之原因消滅後　(B)

幾日內，聲明事由，方能免除加徵怠報金或滯納金之義務？
(A) 五日　(B) 十日　(C) 十五日　(D) 二十日　　【89年普】

第三十二條（檢舉獎金）

1. 依契稅條例之規定，告發或檢舉納稅義務人逃漏、匿報、短報或以其他不正當之行為逃稅者，稽徵機關得獎勵舉發人，並為舉發人絕對保守秘密，下列何者係該條例之獎勵內容？ (C)
   (A) 得頒發國光獎章給舉發人　(B) 得頒發地政貢獻獎給舉發人
   (C) 得以罰鍰百分之二十獎給舉發人
   (D) 得以罰鍰百分之三十獎給舉發人　　【103年普】

拾　所得稅法（不動產交易部分）

第四條之四（中華民國 105 年 1 月 1 日起房屋、土地，交易所得
　　　　　按新制課徵所得稅之情形）

1. 依所得稅法之規定，下列關於土地房屋交易所得稅之敘述，何者正確？   (A)
   (A) 交易之房屋、土地係於 103 年 1 月 1 日之次日以後取得，並持有期間少於 2 年者，應予課徵所得稅
   (B) 於 103 年 1 月 1 日之次日後取得依農業發展條例申請興建之農舍，應予課徵所得稅
   (C) 交易前無出租、供營業或執行業務使用者，應免納所得稅
   (D) 被徵收前先行協議價購之土地及其改良物，應予課徵所得稅
   　　　　　　　　　　　　　　　　　　　　　　　【105 年普】

2. 個人及營利事業出售依農業發展條例申請興建的農舍，應如何計徵所得稅？   (B)
   (A) 依 104 年 12 月 31 日前實施之舊制，僅就土地部分計算財產交易所得，課徵綜合所得稅
   (B) 依 104 年 12 月 31 日前實施之舊制，僅就房屋部分計算財產交易所得，課徵綜合所得稅
   (C) 依 105 年 1 月 1 日起實施之新制，房屋、土地均應按實價計算交易所得課稅
   (D) 不論新、舊制，均免徵所得稅　　　　　　　【106 年普】

第四條之五（依第四條之四交易之房屋、土地，免納所得稅之情形）

1. 依所得稅法規定，有關出售自住房屋，其房地交易所得稅之優惠，下列敘述，何者錯誤？   (B)
   (A) 免稅所得額，以按該法第 14 條之 4 第 3 項規定計算之餘額

不超過四百萬元為限

(B) 個人或其配偶、直系親屬辦竣戶籍登記、持有並居住於該房屋連續滿六年

(C) 交易前六年內，無出租、供營業或執行業務使用

(D) 個人與其配偶及未成年子女於交易前六年內未曾適用該法第4條之5第1項第1款規定　　　　　　　　　　【107年普】

第十四條之四（個人房屋、土地交易所得額或損失之計算及按持有期間依規定稅率計算應納稅額，不併計綜合所得總額）

1. 關於房地交易課徵所得稅之稅率規定，下列敘述何者錯誤？　(C)
   (A) 個人持有房屋、土地之期間在1年以內者，稅率為45%
   (B) 個人持有房屋、土地之期間超過1年，未逾2年者，稅率為35%
   (C) 個人持有房屋、土地之期間超過2年，未逾10年者，稅率為25%
   (D) 個人持有房屋、土地之期間超過10年者，稅率為15%
   　　　　　　　　　　　　　　　　　　　　　　【106年普】

2. 甲105年6月買入A房地，購入成本1,300萬元，於106年2月以2,000萬元出售A房地時，繳納土地增值稅10萬元（土地漲價總數額為100萬元），因取得、改良及移轉而支付的費用50萬元，其應納交易所得稅若干？　(C)
   (A) 1,925,000元　(B) 2,240,000元
   (C) 2,475,000元　(D) 2,880,000元　　　　　　【106年普】

3. 依105年1月1日起實施的房地合一所得稅制規定，因財政部公告之調職、非自願離職或其他非自願性因素，交易持有期間在2年以下之房屋、土地者，其稅率為何？　(C)
   (A) 45%　(B) 35%　(C) 20%　(D) 15%　　　　　【106年普】

4. 有關中華民國境內居住之個人，依所得稅法規定計算之房屋、土地交易所得，減除當次交易依土地稅法第30條第1項規定公告　(D)

土地現值計算之土地漲價總數額後之餘額，不併計綜合所得總額，其稅率計算下列何者正確？（第 3 項）

(A) 持有房屋、土地之期間在三年以內者，稅率為百分之四十五

(B) 持有房屋、土地之期間超過三年，未逾五年者，稅率為百分之三十五

(C) 持有房屋、土地之期間超過五年，未逾十年者，稅率為百分之三十

(D) 持有房屋、土地之期間超過十年者，稅率為百分之十五

【110 年普】

5. 依所得稅法規定，個人以自有土地與營利事業合作興建房屋，自土地取得之日起算五年內完成並銷售該房屋、土地者，其所得稅稅率為何？ (C)

(A) 百分之十　(B) 百分之十五　(C) 百分之二十

(D) 百分之二十五

【113 年普】

第十四條之六

1. 依所得稅法規定，陳先生在 110 年 10 月以 900 萬元出售其於 107 年以 700 萬元購入之房地產，110 年當期土地之公告現值為 800 萬元，陳先生個人未提示因取得、改良及移轉而支付之費用時，稽徵機關得以多少元計算其費用？ (B)

(A) 24 萬元　(B) 27 萬元　(C) 30 萬元　(D) 45 萬元　【110 年普】

第十四條之八

1. 依所得稅法規定，個人出售自住房屋、土地，依規定繳納之稅額，申請房地合一所得稅重購退稅之敘述，下列何者錯誤？ (B)

(A) 需自完成移轉登記之日起算二年內，重購自住房屋、土地者

(B) 得於重購自住房屋、土地完成移轉登記次日起算二年內，申請退稅

(C) 申請按重購價額占出售價額之比率，自所繳納稅額計算退還

(D) 重購之自住房屋、土地，於重購後五年內改作其他用途或再行移轉時，應追繳原退還稅額 【110 年普】

拾壹　國土計畫法

第四十五條

1. 依國土計畫法規定，縣（市）主管機關應於縣（市）國土計畫公告實施後幾年內，依中央主管機關指定之日期，公告國土功能分區圖？
(A) 一　(B) 二　(C) 三　(D) 四　【109 年普】

(D)

第 3 篇
不動產估價概要

壹　不動產估價技術規則

第一章　總則

第二條（用詞定義）

1. 下列那些因素屬於影響土地價格之個別因素？①土地形狀　②土地面積　③貸款利率　④地價稅稅率
   (A) ①②　(B) ③④　(C) ①②④　(D) ②③④　【101 年普】　(A)

2. 歐債風暴對臺灣不動產市場的影響，於此不動產估價中屬於影響價格的何種因素？
   (A) 特殊因素　(B) 個別因素　(C) 區域因素　(D) 一般因素
   【101 年普】　(D)

3. 不動產估價所稱之價格日期係指：
   (A) 接受委託估價之日期　(B) 赴勘估標的現場調查之日期
   (C) 估價報告書提出之日期
   (D) 估價報告書上勘估標的價格之日期　【101 年普】　(D)

4. 下例何者屬於具有市場性之價格？①正常價格　②限定價格　③特殊價格　④特定價格
   (A) ①②　(B) ①②③　(C) ①②④　(D) ①②③④　【101 年普】　(C)

5. 以不動產所有權以外其他權利與所有權合併為目的，如地上權人向地主購買設定地上權之土地，評估該土地之價格稱之為：
   (A) 正常價格　(B) 限定價格　(C) 特定價格　(D) 特殊價格
   【101 年普】　(B)

6. 甲公司於 A 市擁有商業區土地一宗，擬將其分割為兩筆土地，一筆做為辦公大樓使用，另一筆做為百貨公司使用，以符合商業區土地的經濟效益。今如就前述兩筆土地進行估價，則價格種類為下列何者？　(A)

(A)正常價格　(B)特殊價格　(C)限定價格　(D)特定價格
【101年普】

7. 特種貨物與勞務稅（俗稱奢侈稅）近日研議之修法動向，對不動產市場之影響，是屬於下列何種因素？ (A)
(A)一般因素　(B)區域因素　(C)個別因素　(D)期待因素
【102年普】

8. 下列何者較接近不動產估價價格種類中之正常價格？ (D)
(A)臺北市精華區標售國有土地價格
(B)實價登錄之價格
(C)奢侈稅經主管機關認定低報之銷售價格
(D)土地徵收補償所查估之市價　　【102年普】

9. 請問下列對價格日期的敘述，何者正確？ (B)
(A)不動產價格的委託日期　(B)不動產價格的基準日期
(C)不動產價格的查估日期　(D)不動產價格的交易日期
【102年普】

10. 請問下列何者非屬區域因素調整的考量項目？ (B)
(A)交通條件　(B)樓層別條件
(C)商圈發展條件　(D)學區條件　【102年普】

11. 勘估標的距離變電所遠近為以下何種影響因素？ (B)
(A)特殊因素　(B)個別因素　(C)區域因素　(D)一般因素
【102年普】

12. 以下何者為不動產估價技術規則所稱之勘估標的？①地上權　②專利權　③蘋果樹上的蘋果　④堆置田中已採收之稻穀　④未登記建物 (D)
(A)②③④　(B)①②④　(C)①②⑤　(D)①③⑤　【102年普】

13. 美國第二輪量化寬鬆（QE2）貨幣政策對臺北市不動產市場之影響，於不動產估價中屬於影響價格的何種因素？ (A)
(A)一般因素　(B)區域因素　(C)個別因素　(D)特殊因素
【103年普】

14. 不動產位於路沖，此於不動產估價中屬於影響價格的何種因素？ (C)
    (A) 一般因素　(B) 區域因素　(C) 個別因素　(D) 特殊因素
    【103 年普】

15. 某一不動產於 103 年 3 月 1 日的正常價格為 1000 萬元，綜合市場調查並參考不動產價格指數，得知 103 年 3 月 1 日至 103 年 4 月 1 日期間價格上漲一成，在其他條件不變情況下，請問 103 年 4 月 1 日的正常價格為何？ (C)
    (A) 900 萬元　(B) 909 萬元　(C) 1100 萬元　(D) 1111 萬元
    【103 年普】

16. 比較標的與勘估標的間能成立替代關係，且其價格互為影響之最適範圍，稱之為： (D)
    (A) 近鄰地區　(B) 類似地區　(C) 共同生活圈　(D) 同一供需圈
    【103 年普】

17. 依路線價法之基本原理，假設其他條件均相同，一宗土地愈接近街道部分，其價值： (C)
    (A) 愈低　(B) 不受接近街道之影響
    (C) 愈高　(D) 不變
    【103 年普】

18. 不動產位於路角地，雙面採光，此於不動產估價中屬於影響價格之何種因素？ (B)
    (A) 特殊因素　(B) 個別因素　(C) 區域因素　(D) 一般因素
    【103 年普】

19. 有一畸零地之地主擬購買鄰地合併開發，委託不動產估價師評估購買價格，此價格種類為何？ (B)
    (A) 正常價格　(B) 限定價格　(C) 特定價格　(D) 特殊價格
    【103 年普】

20. 下列有關影響不動產價格的因素，何者屬區域因素？ (A)
    (A) 地區主要道路的連接性　(B) 臨接道路寬度
    (C) 臨街寬度　(D) 宗地臨街情形
    【103 年普】

21. 房地合一課稅的相關法案，已經立法院三讀通過，總統公布，並 (A)

訂於 2016 年 1 月 1 日實施，其對不動產市場之影響是屬於下列何種因素？
(A) 一般因素　(B) 個別因素　(C) 特殊因素　(D) 區域因素
【104 年普】

22. 下列那一個區域比較可能符合不動產估價技術規則中所定義與臺北市信義區的不動產具替代關係，且其價格互為影響之「同一供需圈」？ (D)
(A) 香港上環　(B) 上海徐家匯區
(C) 紐約曼哈頓區　(D) 臺北市大安區
【104 年普】

23. 請問國內某大專院校擬購買鄰接學校之土地作為擴校之用，此以合併使用為目的之不動產買賣，係屬下列何種價格？ (B)
(A) 正常價格　(B) 限定價格　(C) 特定價格　(D) 特殊價格
【105 年普】

24. 有關特殊價格的敘述，下列何者錯誤？ (B)
(A) 總統府的估價是屬特殊價格　(B) 無法以貨幣金額表示
(C) 指對不具市場性之不動產所估計之價值
(D) 宗教建築物的估價是屬特殊價格
【105 年普】

25. 影響不動產價格的一般因素，不包含下列何者？ (C)
(A) 房地合一稅制之推動　(B) 國民所得水準
(C) 距離捷運站遠近　(D) 兩岸政策之改變
【105 年普】

26. 臺灣老年人口的比例正大幅增加，高齡化社會已成為重大議題，此屬於何種影響價格因素？ (A)
(A) 一般因素　(B) 區域因素　(C) 個別因素　(D) 特殊因素
【105 年普】

27. 某塊素地為都市計畫工業區土地，若以其變更為住宅區的前提來估價，請問評估之價格種類為： (C)
(A) 正常價格　(B) 限定價格　(C) 特定價格　(D) 特殊價格
【105 年普】

28. 不動產估價應敘明價格種類，如估價師受託辦理太平島估價，您 (D)

認為應屬於何種價格？
(A) 限定價格　(B) 正常價格　(C) 特定價格　(D) 特殊價格

【106 年普】

29. 下列何種情況，可歸類於不動產估價價格種類中之正常價格？　(C)
    (A) 實價登錄經主管機關篩選之價格
    (B) 臺北市精華區標售國有土地價格
    (C) 土地徵收補償所查估之市價
    (D) 實價課稅經主管機關認定低報之價格　【106 年普】

30. 如您於捷運地下街承租營運中，隔壁店家因故不與捷運局續租，此時您打算一併承租擴大經營，所承租之租金屬性應屬下列何者？　(D)
    (A) 市場租金　(B) 正常租金　(C) 經濟租金　(D) 限定租金

【106 年普】

31. 計量模型分析法係指「蒐集相當數量具代表性之比較標的，透過計量模型分析，求出各主要影響價格因素與比較標的價格二者之關係式，以推算各主要影響價格因素之調整率及調整額之方法。」請問應用時應符合條件中，採迴歸分析者，其調整後判定係數不得低於多少？　(B)
    (A) 0.6　(B) 0.7　(C) 0.8　(D) 0.9　【106 年普】

32. 由於不動產是一種異質的商品，因其下列何種之特徵而分割為許多地區性市場？　(A)
    (A) 區位　(B) 高程　(C) 地形　(D) 地質　【106 年普】

33. 容積移轉及容積調派制度的實施，對不動產價值發生影響的因素被稱為：　(A)
    (A) 行政條件　(B) 政治條件　(C) 社會條件　(D) 接近條件

【106 年普】

34. 某私立學校為達校產活化目的，二年前將校舍之一部分出租予另一間外語學校，今年屆期想再續約，教育主管機構要求須附估價報告書供審查，此時所估之租金在目前的估價法規被歸類為下列　(B)

何者？
(A) 正常租金　(B) 限定租金　(C) 特定租金　(D) 特殊租金
【106 年普】

35. 有關不動產估價原則中之最有效使用原則，下列敘述何者錯誤？　(D)
(A) 具有良好意識及通常之使用能力者
(B) 在合法、實質可能、正當合理、財務可行前提下者
(C) 所作得以獲致最高利益之使用
(D) 係消費者主觀效用上
【106 年普】

36. 某便利商店需承租兩間相鄰之店面，兩間店面打通後合併使用之　(C)
總面積方符合公司之需求。請問此二間店面合併為目的形成之租
賃價值，以貨幣金額表示者稱為：
(A) 正常租金　(B) 特殊租金　(C) 限定租金　(D) 合併租金
【107 年普】

37. 勘估標的是一都市邊緣之農地，未來極有可能變更為建地，今依　(C)
委託人要求針對勘估標的未來可能變更為建地情況進行估價，其
價格種類為何？
(A) 正常價格　(B) 限定價格　(C) 特定價格　(D) 特殊價格
【107 年普】

38. 甲君擬購買相鄰兩塊土地合併建築，請問在此目的下所評估出的　(B)
價值，以貨幣金額表示者，稱為：
(A) 正常價格　(B) 限定價格　(C) 特定價格　(D) 特殊價格
【108 年普】

39. 不動產面臨道路之寬度，此屬於影響不動產價格之何種因素？　(A)
(A) 個別因素　(B) 區域因素　(C) 一般因素　(D) 特別因素
【108 年普】

40. 對於估價目的為不動產買賣交易之參考所為之不動產估價，應評　(C)
估的價格為：
(A) 買方希望之價格　(B) 賣方希望之價格
(C) 市場中最可能之成交價格　(D) 買賣雙方希望價格之平均數

【108 年普】

41. 政府宣布實施空屋稅政策，此屬於何種影響價格之因素？　(C)
    (A) 個別因素　(B) 情況因素　(C) 一般因素　(D) 區域因素

【108 年普】

42. 對具有市場性之不動產，以違反經濟合理性之不動產分割為前提，查估其所形成之價值，並以貨幣金額表示者，屬下列那一種價格？　(D)
    (A) 特殊價格　(B) 特定價格　(C) 正常價格　(D) 限定價格

【108 年普】

43. 下列敘述何者為正確？　(A)
    (A) 具有市場性之不動產，以不動產所有權以外其他權利與所有權合併為目的，查估其所形成之價值，並以貨幣金額表示者，屬「限定價格」
    (B) 具有市場性之不動產，基於特定條件下形成之價值，並以貨幣金額表示者，為「特殊價格」
    (C) 對不具市場性之不動產所估計之價值，並以貨幣金額表示者，為「特定價格」
    (D) 對不具市場性之不動產，以不動產合併為目的，查估其所形成之價值，並以貨幣金額表示者，屬「限定價格」　【108 年普】

44. 正常價格的定義中，不包含下列那一要件？　(D)
    (A) 形成正常價格的不動產具備市場性
    (B) 係為有意願的買賣雙方，依專業知識分析與謹慎行動的交易
    (C) 有意願之買賣雙方不受債權債務關係或親友關係人等等壓力或脅迫
    (D) 經適當市場行銷及交易雙方條件形成之價值　【109 年普】

45. 依據不動產估價技術規則規定，不動產估價應敘明價格種類，請問辦理東沙島估價，此屬於何種價格？　(B)
    (A) 正常價格　(B) 特殊價格　(C) 限定價格　(D) 特定價格

【109 年普】

46. 政府宣布實價登錄 2.0 新制自 110 年 7 月 1 日施行，此為影響不動產價格之何種因素？ (B)
    (A) 情況因素　(B) 一般因素　(C) 區域因素　(D) 個別因素
    【110 年普】

47. 不動產所在地區對外連絡道路為中山路，路寬 30 公尺，並有兩線捷運經過。請問此為影響不動產價格之何種因素？ (C)
    (A) 情況因素　(B) 一般因素　(C) 區域因素　(D) 個別因素
    【110 年普】

48. 對不具市場性之不動產所估計之價值，並以貨幣金額表示者，為何種價格？ (D)
    (A) 正常價格　(B) 限定價格　(C) 特定價格　(D) 特殊價格
    【110 年普】

49. 土地承租人欲購買所承租土地供未來繼續使用，委託不動產估價師進行估價，其價格種類為何？ (B)
    (A) 正常價格　(B) 限定價格　(C) 特定價格　(D) 特殊價格
    【110 年普】

50. 近年受疫情影響，各地商圈人潮減少、店面空置率提高，此屬於何種價格影響因素？ (A)
    (A) 一般因素　(B) 區域因素　(C) 個別因素　(D) 總體因素
    【110 年普】

51. 平均地權條例近日研議抑制炒房之修法動向，其對不動產市場之影響，是屬於不動產估價影響因素中之下列何種因素？ (B)
    (A) 市場因素　(B) 一般因素　(C) 區域因素　(D) 個別因素
    【111 年普】

52. 不動產估價應敘明價格種類，當不動產估價師受託辦理龜山島估價，您認為應屬於何種價格種類？ (D)
    (A) 正常價格　(B) 限定價格　(C) 特定價格　(D) 特殊價格
    【111 年普】

53. 不動產估價原則是估價之根基，不動產估價技術規則對「最有效 (D)

使用」原則有所定義,請問下列敘述何者錯誤?
(A) 得以獲致最高利益之使用　(B) 基於合法、實質可能前提
(C) 正當合理、財務可行前提下者
(D) 具有超凡意識及使用能力者　　　　　　　　　【111 年普】

54. 不動產估價之限定價格指具有市場性之不動產,在下列限定條件之一所形成之價值,並以貨幣金額表示者。請問下列何者非屬限定條件? (D)
(A) 以不動產所有權以外其他權利與所有權合併為目的
(B) 以不動產合併為目的
(C) 以違反經濟合理性之不動產分割為前提
(D) 經適當市場行銷及正常交易條件形成　　　　【111 年普】

55. 不動產估價人員應針對不動產勘估標的之價格日期當時的價值進行估價,而所謂價格日期是指: (B)
(A) 估價人員撰寫估價報告書之日期
(B) 勘估標的價格之基準日期
(C) 至勘估標的現場從事調查的日期
(D) 勘估標的之交易之日期　　　　　　　　　　【111 年普】

56. 科學園區附近的農業用地,未來可能變更為建地,土地所有權人要求估價人員針對其農地未來可能變更為建地情況進行估價,請問該筆土地的價格屬於何種類? (B)
(A) 正常價格　(B) 特定價格　(C) 限定價格　(D) 特殊價格
　　　　　　　　　　　　　　　　　　　　　　【111 年普】

57. 不動產售屋廣告中「面對公園第一排」,對不動產之影響,是屬於不動產估價影響因素中之何種因素? (D)
(A) 一般因素　(B) 市場因素　(C) 區域因素　(D) 個別因素
　　　　　　　　　　　　　　　　　　　　　　【112 年普】

58. 不動產估價師受託評估總統府價值,此屬於何種價格種類? (B)
(A) 申報價格　(B) 特殊價格　(C) 特定價格　(D) 限定價格
　　　　　　　　　　　　　　　　　　　　　　【112 年普】

59. 各直轄市、縣（市）國土計畫於 110 年 4 月 30 日公告實施，此為影響不動產價格之何種因素？ (A)
    (A) 一般因素　(B) 市場因素　(C) 區域因素　(D) 個別因素
    【112 年普】

60. 下列何者非屬於不動產估價範疇？ (D)
    (A) 大鵬灣濕地　(B) 地上權房屋，如 101 大樓
    (C) 種植在山上的果樹　(D) 從果樹上摘下來的果實　【113 年普】

61. 中央銀行理監事會於 113 年第 3 季會議決議調升存款準備率及調整選擇性信用管制措施，此項宣布可能會影響不動產市場與價值，此為影響不動產價值之何種因素？ (A)
    (A) 一般因素　(B) 情況因素　(C) 區域因素　(D) 個別因素
    【113 年普】

62. 下列那種情況評估的是特殊價格？ (C)
    (A) 估價師受託辦理評估因都市計畫將公園變更為住宅用地之土地價格
    (B) 估價師受託辦理評估以土地租賃權與租賃地合併為目的之價格
    (C) 估價師受託辦理評估大甲鎮瀾宮的價格
    (D) 估價師受託辦理評估都市邊緣未來可能變更為建地的農地價格
    【113 年普】

63. 影響不動產價格的三大因素中區域因素甚為重要，下列敘述何者非屬區域因素的描述？ (B)
    (A) 王小姐的房子位於信義計畫區內房價水準很高
    (B) 張先生的房子距離大安森林公園約 50 公尺條件很好
    (C) 板橋埔墘生活圈生活機能很好
    (D) 中正紀念堂周遭的房子有很好的價值條件　【113 年普】

第四條（蒐集案例來源）

1. 不動產估價為能確切掌握土地所有權、面積、土地界線及鄰地地 (A)

號，應取得之資料為下列何者？
(A) 土地登記簿謄本及地籍圖　(B) 地籍圖及都市計畫圖
(C) 土地登記簿謄本及建物登記簿謄本
(D) 土地登記簿謄本及地形圖　　　　　　　【101 年普】

2. 依不動產估價技術規則之規定，不動產估價師應經常蒐集何者之相關交易、收益及成本等案例及資料，並詳予求證其可靠性？ (B)
   (A) 勘估標的　(B) 比較標的　(C) 買賣標的　(D) 估價標的
   　　　　　　　　　　　　　　　　　　　　　【103 年普】

3. 不動產估價師在收集比較標的之相關交易等案例及資料時，得向當事人、四鄰、其他不動產估價師、不動產經紀人員、地政士、地政機關、金融機構、公地管理機關、司法機關、媒體或有關單位收集之。請問：到實價登錄系統查詢交易案例相關資訊，屬向何者收集資料？ (C)
   (A) 不動產經紀人　(B) 地政士　(C) 地政機關　(D) 媒體
   　　　　　　　　　　　　　　　　　　　　　【108 年普】

第五條（客觀公正估價）

1. 運用估價方法從事不動產估價時，應避免： (D)
   (A) 客觀公正　(B) 運用邏輯方法
   (C) 運用經驗法則　(D) 直接取用未經檢核之案例　【96 年普】

第六條（價格種類）

1. 不動產估價，應切合何時之價值？ (A)
   (A) 價格日期當時　(B) 交易日期當時
   (C) 交換日期當時　(D) 登記日期當時　　　　【103 年普】

2. 依不動產估價技術規則之規定，評估何種價格種類時，應同時估計其正常價格？ (D)
   (A) 限定價格　(B) 正常租金　(C) 限定租金　(D) 特定價格
   　　　　　　　　　　　　　　　　　　　　　【105 年普】

3. 不動產估價，應註明其價格種類；以何種價格估價時應敘明其估價條件，並同時估計其正常價格？ (C)
   (A) 限定價格　(B) 特殊價格　(C) 特定價格　(D) 特別價格
   【111 年普】

第七條（面積認定）

1. 依不動產估價技術規則第 7 條規定：「依本規則辦理估價所稱之面積，已辦理登記者，以登記之面積為準；其未辦理登記或以部分面積為估價者，應調查註明之。」因此房地產買賣實價登錄時，如屬未登記建物，辦理申報登錄時，應如何辦理？ (D)
   (A) 仍選擇房地合併申報
   (B) 如有車位，則選擇房地加車位申報
   (C) 單純以土地申報即可
   (D) 以土地申報並應於備註欄註明之　　【102 年普】

2. 依不動產估價技術規則第 7 條規定：「依本規則辦理估價所稱之面積，已辦理登記者，以登記之面積為準」但未辦理登記或以部分面積為估價者，應如何處理？ (D)
   (A) 省略不處理　(B) 先探求未登記之原因　(C) 當作無價值
   (D) 調查註明　　【106 年普】

第二章　估價作業程序

第八條（估價作業程序）

1. 不動產估價作業程序中應確定之基本事項為： (D)
   (A) 委託人　(B) 勘察日期　(C) 估價費用　(D) 估價條件
   【103 年普】

2. 不動產估價作業程序包含下列 8 項，請問其正確程序為何？①確定估價基本事項　②擬定估價計畫　③確認勘估標的狀態　④蒐 (D)

集資料　⑤整理、比較、分析資料　⑥決定勘估標的價格　⑦運用估價方法推算勘估標的價格　⑧製作估價報告書
(A)①②③④⑤⑥⑦⑧　(B)①②④③⑤⑥⑦⑧
(C)①②③④⑤⑦⑥⑧　(D)①②④③⑤⑦⑥⑧　【104年普】(D)

3. 不動產估價作業程序依不動產估價技術規則規定，總共有八項作業程序，其中第七個步驟為何？
(A)製作估價報告書　(B)整理、比較、分析資料
(C)運用估價方法推算勘估標的價格　(D)決定勘估標的價格
【111年普】

第九條（估價基本事項）

1. 於不動產估價作業程序中，下列何者不屬於「確定估價基本事項」的內容？
(A)估價方法　(B)價格日期　(C)價格種類及條件　(D)估價目的
【105年普】(A)

2. 依據不動產估價技術規則，在進行不動產估價作業程序時，下列何者屬於估價要確定的基本事項？
(A)作業所需時間　(B)估價目的　(C)勘估標的之狀態
(D)勘估標的相關交易、收益及成本資料　【111年普】(B)

第十條（擬定估價計畫）

1. 擬定估價計畫時不包括下列那一事項？
(A)預估作業經費　(B)預估所需人力與時間
(C)確定作業步驟與擬定作業進度表　(D)確定勘估標的價格
【97年普】(D)

第十二條（蒐集比較實例）

1. 下列何者不屬不動產估價師蒐集比較實例所應依循之原則？(A)
(A)實例之價格屬限定價格、可調整為限定價格或與勘估標的價

格種類相同者

(B) 與勘估標的位於同一供需圈之近鄰地區或類似地區者

(C) 與勘估標的使用性質或使用管制相同或相近者

(D) 實例價格形成日期與勘估標的之價格日期接近者【107年普】

第十三條（確認勘估價的狀態）

1. 依不動產估價技術規則規定，應至現場勘察之事項包括？①確認影響價格之因素 ②確認勘估標的之權利狀態 ③調查比較標的之使用現況 ④攝製必要之照片 ⑤決定勘估標的之價格 (A)①②③④ (B)①②③⑤ (C)①②④⑤ (D)②③④⑤ 【96年普】 (A)

2. 確認勘估標的狀態時，應至現場勘察之事項，何者有誤？ (A)
   (A) 確定勘估標的內容 (B) 確認勘估標的之基本資料及權利狀態
   (C) 調查勘估標的及比較標的之使用現況
   (D) 確認影響價格之各項資料 【103年普】

第十五條（決定勘估價的價格）

1. 不動產估價應就不同估價方法估價所獲得之價格進行綜合比較，視不同價格所蒐集資料可信度及估價種類目的條件差異，考量價格形成因素之相近程度，決定勘估標的價格。若以契約約定租金作為不動產證券化受益證券信託利益分配基礎者，何種方法應視前項情形賦予相對較大之權重？ (C)
   (A) 比較法 (B) 直接資本化法之收益價格
   (C) 折現現金流量分析法之收益價格 (D) 成本法 【111年普】

2. 不動產估價技術規則對不動產估價方法運用的規定，下列何者錯誤？ (C)
   (A) 不動產估價師應兼採二種以上估價方法推算勘估標的之價格
   (B) 不動產估價師應就不同估價方法估價所獲得之價格進行綜合比較，就其中金額顯著差異者重新檢討

(C) 評估證券化不動產清算價格時,對於折現現金流量分析法之收益價格應賦予相對較大之權重

(D) 對於各方法試算價格應視不同價格所蒐集資料可信度及估價種類目的條件差異,考量價格形成因素之相近程度,決定勘估標的價格,並將決定理由詳予敘明　　　　【113年普】

第十六條(估價報告書應載明事項)

1. 根據不動產估價技術規則,下列何者不屬於估價報告書中應載明事項? (C)
   (A) 不動產估價師姓名及其證照字號
   (B) 價格形成之主要因素分析
   (C) 委託人之信用狀況　(D) 勘估標的使用現況　【96年普】

2. 估價報告書中勘察日期與價格日期之關係為何? (D)
   (A) 勘察日期先於價格日期　(B) 勘察日期晚於價格日期
   (C) 勘察日期與價格日期相同　(D) 不一定　【95年普】

第十七條(描述應真實確切)

1. 有關土地開發分析法之估價程序中,最後四個步驟順序如何? (D)
   (A) 估算開發或建築後總銷售金額。選擇適當之利潤率及資本利息綜合利率。估算各項成本及相關費用。計算土地開發分析價格
   (B) 估算各項成本及相關費用。估算開發或建築後總銷售金額。選擇適當之利潤率及資本利息綜合利率。計算土地開發分析價格
   (C) 選擇適當之利潤率及資本利息綜合利率。估算開發或建築後總銷售金額。估算各項成本及相關費用。計算土地開發分析價格
   (D) 估算開發或建築後總銷售金額。估算各項成本及相關費用。選擇適當之利潤率及資本利息綜合利率。計算土地開發分析價格
   【106年普】

第三章　估價方法

1. 不動產估價有三種基本方式，請問是那三種？　(A)
   (A) 成本法、比較法、收益法　(B) 收益法、區段價法、成本法
   (C) 路線價法、比較法、收益法　(D) 區段價法、比較法、收益法
   【95 年普】

第一節　比較法

第十八條（比較法定義）

1. 某大樓座落於原為住宅區變更為商業區之土地，依據目前土地使　(B)
   用管制相關法令規定，該大樓應以商業與一般事務所為其法定用
   途，今勘估標的某層建物未變更為商業區前之原核定用途為住宅
   使用，請問勘估標的之估價處理方式，下列何者較為適當？
   (A) 以現行商業區允許之商業與一般事務所估價，並於估價報告
       書中敘明
   (B) 以現行商業區允許之商業與一般事務所估價，並就住宅用途
       與建物法定用途估價之差額於估價報告書中敘明
   (C) 以原核定住宅用途估價，並於估價報告書中敘明
   (D) 以現行商業區允許之商業與一般事務所估價，同時以原核定
       住宅用途估價，再以兩者平均數為估價結論，並於估價報告
       書中敘明
   【109 年普】

2. 有關比較法的敘述下列何者錯誤？　(A)
   (A) 比較標的價格經情況調整、價格日期調整、區域因素調整及
       個別因素調整後所獲得之價格稱為比較價格
   (B) 比較法指以比較標的之價格為基礎，經比較、分析及調整等，
       以推算勘估標的價格之方法
   (C) 價格日期調整是指比較標的之交易日期與勘估標的之價格日
       期因時間之差異，致價格水準發生變動，應以適當之變動率

或變動金額，將比較標的價格調整為勘估標的價格日期之價格

(D) 比較標的與勘估標的不在同一近鄰地區內時，為將比較標的之價格轉化為與勘估標的同一近鄰地區內之價格水準的調整稱為區域因素調整　　　　　　　　　　　【113 年普】

第十九條（比較法名詞定義）

1. 土地徵收補償市價查估與區段式公告土地現值查估相較，兩者主要的差異在於下列那一影響不動產價格因素調整的考量？
   (A) 個別因素　(B) 區域因素　(C) 一般因素　(D) 特別因素
   　　　　　　　　　　　　　　　　　　　　　　　　【101 年普】　(A)

2. 預售屋的開價如高於市價一成，依此價格進行勘估標的價格調整時，此調整屬於下列何種方法之運用？
   (A) 差額法　(B) 定額法　(C) 定率法　(D) 百分率法　【101 年普】　(D)

3. 使用買賣實例比較法，如訪得之買賣實例其交易價格，係因屋主急於脫手而出售，此係：
   (A) 一般購買者不易參加，應進行個別因素修正
   (B) 利害關係人交易，應進行情況修正
   (C) 交易時具特別動機，應進行情況修正
   (D) 將負擔由購買者承受，應進行期日修正　　　【101 年普】　(C)

4. 因應財政部查稅及不動產資本利得稅改採實價認定之議題發酵，投資客黃先生於兩個月前，以低於當時市價 1 成急忙出售房地產一筆，成交價格為新臺幣 1000 萬元。如近兩個月房價又下跌 5%，則目前市價行情為何？
   (A) 新臺幣 950 萬元　(B) 新臺幣 1100 萬元
   (C) 新臺幣 1045 萬元　(D) 新臺幣 1056 萬元　　【102 年普】　(D)

5. 依不動產估價技術規則規定，請問比較法應進行比較、分析及調整之項目為何？①情況調整　②價格日期調整　③一般因素調整　④區域因素調整　⑤個別因素調整　⑥價格調整　(B)

(A) ①②③④　(B) ①②④⑤　(C) ①②③④⑤　(D) ①②③④⑤⑥

【103 年普】

6. 下列有關影響近鄰地區不動產價格水準之區域因素的敘述，何者錯誤？　(C)
   (A) 軍事禁限建與使用分區管制，影響不動產價值
   (B) 街道配置與公共設施愈完備，其不動產價值愈高
   (C) 宗地坵塊面臨街道之寬度愈寬，其不動產價值愈高
   (D) 瓦斯、上下水道等公用設備愈完備，其不動產價值愈高

【104 年普】

7. 下列有關比較法估價時之區域分析的敘述，何者正確？　(D)
   (A) 類似地區係指同一供需圈內，近鄰地區內與勘估標的使用性質相近之地區
   (B) 同一供需圈係指比較標的與勘估標的間能成立貢獻關係，且其價格互為影響之最適範圍
   (C) 近鄰地區係指勘估標的或比較標的周圍，供相同或類似用途之不動產，形成異質性較高之地區
   (D) 區域分析是要分析判定對象不動產屬於何種地區，有何特性，其對該地區內之不動產價格形成有何影響等　【104 年普】

8. 比較標的在不動產估價技術規則中係指可供與勘估標的間，按情況、價格日期及下列那些因素之差異進行比較之標的？①區域因素　②一般因素　③經濟因素　④政治因素　⑤個別因素　(A)
   (A) ①⑤　(B) ②⑤　(C) ①②③　(D) ②③④⑤　【104 年普】

9. 就住宅用地之估價而言，下列何者非屬影響價格水準之區域因素？　(C)
   (A) 公共設施、公益設施等配置狀態
   (B) 噪音、空氣污染、土壤污染等公害發生之程度
   (C) 臨接道路之寬度　(D) 離市中心之距離及交通設施狀態

【105 年普】

10. 依不動產估價技術規則之規定，下列敘述何者正確？　(C)

(A) 比較標的與勘估標的間能成立替代關係，且其價格互為影響之最適範圍稱為近鄰地區

(B) 勘估標的或比較標的周圍，供相同或類似用途之不動產，形成同質性較高之地區，稱為類似地區

(C) 所選用之比較標的與勘估標的不在同一近鄰地區內時，應進行區域因素調整

(D) 所選用之比較標的與勘估標的不在同一近鄰地區內時，應進行個別因素調整 【105年普】

11. 臺北市政府最近發布之10月份住宅價格指數，中山松山南港區標準住宅總價1,224萬元、萬華文山北投區1,080萬元，其價差達144萬元。以上的價差分析，屬下列何種運用？ (D)
(A) 定率法　(B) 比率法　(C) 定額法　(D) 差額法　【106年普】

12. 不動產估價比較法就「畸零地或有合併使用之交易」所進行之調整，是屬於何項調整？ (A)
(A) 情況調整　(B) 價格日期調整　(C) 區域因素調整
(D) 個別因素調整　【106年普】

13. 有關區域因素之調整，下列敘述何者為正確？ (A)
(A) 此項調整，係以比較標的之區域價格水準為基礎，就區域因素不同所產生之價格差異，逐項進行之分析與調整

(B) 此項調整為將勘估標的之價格轉化為與比較標的同一近鄰地區內之價格水準

(C) 所選用之比較標的係位於同一供需圈但不在同一類似地區內

(D) 所謂區域因素，指影響類似地區不動產價格水準之因素
【108年普】

14. 下列敘述何者為正確？（第19、21條） (D)
(A) 百分率法與差額法均為將影響勘估標的及比較標的價格差異的一般因素、區域因素與個別因素逐項比較進行價格調整之方法

(B) 採比較法估價時，應先進行「情況調整」，再進行「價格日

期調整」、「個別因素修正」，最後是「區域因素修正」
(C) 對勘估標的價格進行情況調整及價格日期調整
(D) 對比較標的價格進行情況調整及價格日期調整　【108 年普】

15. 比較標的於 110 年 1 月以 2,000 萬元成交，當時之價格指數為 95；勘估標的之價格日期為 110 年 9 月，價格指數為 101。假設其他條件皆相同，請問勘估標的經價格日期調整後之價格約為多少？
    (A) 2,020 萬元　(B) 2,105 萬元　(C) 2,126 萬元　(D) 2,188 萬元
    【110 年普】　(C)

16. 有一比較標的於 110 年 10 月以 800 萬元成交，當時的價格指數為 103.6%，不動產勘估標的之價格日期為 111 年 3 月，當時的價格指數為 100.3%。假設其他條件相同，請問該勘估標的經價格日期調整後的價格為多少？
    (A) 834.7 萬元　(B) 826.3 萬元　(C) 789.6 萬元　(D) 774.5 萬元
    【111 年普】　(D)

17. 依不動產估價技術規則規定，比較標的為父親賣給兒子之交易，應進行何種調整？
    (A) 情況調整　(B) 價格日期調整　(C) 區域因素調整
    (D) 個人因素調整　【112 年普】　(A)

18. 不動產市場循環受到諸多經濟因素的影響，評估不動產價格時都訂有價格日期，依價格日期評估時必須掌握那項原則？
    (A) 預測原則　(B) 變動原則　(C) 收益分配原則
    (D) 外部性原則　【113 年普】　(B)

19. 比較標的於 112 年 9 月以 3,060 萬元售出，當時房價指數為 102；勘估標的價格日期為 113 年 5 月，房價指數上漲至 105。假設其他條件相同，勘估標的經價格日期調整後的應該是多少？
    (A) 2,970 萬元　(B) 3,150 萬元　(C) 3,240 萬元　(D) 3,210 萬元
    【113 年普】　(B)

第二十條（計量模型分析法條件）

1. 依不動產估價技術規則規定，以計量模型分析法建立一有 10 個自變數的模型，應至少使用多少比較案例？
   (A) 3 個　(B) 10 個　(C) 50 個　(D) 100 個　【102 年普】 　(C)

2. 下列有關計量模型分析法之敘述，何者正確？①所蒐集之比較標的需要有相當數量且具代表性　②透過 計量模型分析　③會求出各主要影響價格因素與比較標的價格二者之差異　④用以推算各主要影響價格 因素之調整率及調整額之方法
   (A)①③④　(B)①②④　(C)①②③　(D)②③④　【104 年普】 　(B)

3. 下列那幾項條件違反不動產估價技術規則中對應用計量模型分析法之要求？①須蒐集應用計量模型分析 關係式應變數個數五倍以上之比較標的　②計量模型分析採迴歸分析者，其調整後判定係數不得高於零 點七　③截距項以外其他各主要影響價格因素之係數估計值同時為零之顯著機率不得小於百分之五
   (A)僅①②　(B)僅①③　(C)僅②③　(D)①②③　【104 年普】 　(D)

4. 下列何者符合應用計量模型分析法關係式採用 5 個自變數時所要求之所有條件？ 　(A)
   (A) 蒐集 26 個比較標的、迴歸分析調整後判定係數為 0.8、截距項以外其他各主要影響價格因素之係數估計值同時為零之顯著機率為 0.04
   (B) 蒐集 36 個比較標的、迴歸分析調整後判定係數為 0.8、截距項以外其他各主要影響價格因素之係數估計值同時為零之顯著機率為 0.95
   (C) 蒐集 60 個比較標的、迴歸分析調整後判定係數為 0.02、截距項以外其他各主要影響價格因素之係數估計值同時為零之顯著機率為 0.03
   (D) 蒐集 20 個比較標的、迴歸分析調整後判定係數為 0.8、截距項以外其他各主要影響價格因素之係數估計值同時為零之顯

著機率為 0.01　　　　　　　　　　　　　　【107 年普】

5. 依不動產估價技術規則之規定，運用計量模型分析法進行估價，下列敘述何者錯誤？ (C)
   (A) 須蒐集應用計量模型分析關係式自變數個數五倍以上之比較標的
   (B) 本法須先求出各主要影響價格因素與比較標的價格二者之關係式，以推算各主要影響價格因素之調整率及調整額之方法
   (C) 採迴歸分析者，其調整後判定係數不得低於零點八
   (D) 截距項以外其他各主要影響價格因素之係數估計值同時為零之顯著機率不得大於百分之五　　　　　　　【108 年普】

6. 內政部近年積極試辦電腦輔助大量估價（CAMA），於應用計量模型分析法應符合之條件，下列敘述何者錯誤？ (A)
   (A) 計量模型分析採迴歸分析者，相關係數不得低於零點八
   (B) 須蒐集應用計量模型分析關係式自變數個數五倍以上之比較標的
   (C) 計量模型分析採迴歸分析者，其調整後判定係數不得低於零點七
   (D) 截距項以外其他各主要影響價格因素之係數估計值同時為零之顯著機率不得大於百分之五　　　　　　　【109 年普】

7. 利用計量模型分析法進行估價，應蒐集相當數量具代表性之比較標的，在計量模型的影響不動產價格之因素中，現有 6 項區域因素，5 項個別因素，因此至少要蒐集多少數量以上之比較標的才符合不動產估價技術規則之規定？ (A)
   (A) 55 筆以上　(B) 40 筆以上　(C) 30 筆以上　(D) 25 筆以上
   　　　　　　　　　　　　　　　　　　　　　　　【111 年普】

8. 目前內政部積極推動試辦電腦估價，所應用計量模型分析法係指「蒐集相當數量具代表性之比較標的，透過計量模型分析，求出各主要影響價格因素與比較標的的價格二者之關係式，以推算各主要影響價格因素之調整率及調整額之方法。」請問應用時應符合 (A)

條件中，截距項以外其他各主要影響價格因素之係數估計值同時為零之顯著機率不得大於多少？
(A)百分之五 (B)百分之六 (C)百分之七 (D)百分之八
【111 年普】

9. 有關計量模型分析法之敘述，下列何者錯誤？ (B)
(A)計量模型分析法截距項以外其他各主要影響價格因素之係數估計值同時為零之顯著機率不得大於百分之五
(B)計量模型分析法只能用以推算各主要影響價格因素之調整率
(C)計量模型分析法可求出各主要影響價格因素與比較標的價格二者之關係式
(D)計量模型分析採迴歸分析者，其調整後判定係數不得低於零點七
【112 年普】

第二十一條（比較法估價程序）

1. 運用比較法選擇實例的條例，下列何者最不適宜？ (D)
(A)必須與勘估標的使用性質相符 (B)必須為正常價格
(C)必須與勘估標的地點相近 (D)必須為一個月以內之實例
【101 年普】

2. 依不動產估價技術規則規定，不動產估價師蒐集比較實例應依據之原則，下列敘述何者錯誤？ (D)
(A)實例價格形成日期與勘估標的之價格日期接近者
(B)與勘估標的使用性質或使用分區管制相同或相近者
(C)與勘估標的位於同一供需圈之近鄰地區或類似地區者
(D)實例之價格與勘估標的價格種類相同之特定或限定價格者
【102 年普】

3. 勘估土地時蒐集到一個半年前正常情況下之土地交易案例，以每平方公尺 30 萬元成交，其與價格日期相比跌了 2%，區域條件較勘估標的優 5%、個別條件較勘估標的優 10%，其試算價格為何？ (A)
(A) 25.137 萬元 /m^2 (B) 26.163 萬元 /m^2

(C) 35.343 萬元 /m² 　(D) 46.305 萬元 /m²　　　　【106 年普】

第二十二條（比較標的查證確認）

1. 下列何者不屬於蒐集之比較標的應查證確認事項？　　　　(C)
   (A) 交易價格及各項費用負擔方式　(B) 交易條件
   (C) 交易者之信用現況　(D) 交易日期　　　　【96 年普】

第二十三條（情況調整項目）

1. 下列那些價格不宜直接視為正常交易價格，於無法掌握調整時，(B)
   應不予採用。①親友間之買賣　②法院拍賣　③賣方支付土地增
   值稅之交易　④期待變更之價格
   (A) ①②③　(B) ①②④　(C) ②③④　(D) ①②③④　【100 年普】

2. 在使用比較法估價時，採用下列那些情況下之交易價格時，應先 (B)
   作適當之調整；該影響交易價格之情況無法有效掌握及量化調整
   時，則應不予採用？①張先生因債務人無力償債而承接其抵押給
   張先生的廠房　②父子間之不動產買賣　③王先生因為移民急賣
   手上的不動產　④財政部國有財產署標售土地　⑤臺中市政府
   向教育部價購土地
   (A) 僅③④⑤　(B) ①②③④⑤　(C) 僅①②④　(D) 僅①②③
   　　　　【104 年普】

第二十四條（價格調整呈現原則）

1. 甲君將其所有一棟透天厝以 1,275 萬元賣給其小舅子，經判斷比 (C)
   正常價格便宜一成五。試問在其他條件不變下，其正常價格應為
   多少？
   (A) 1,083.75 萬元　(B) 1,147.5 萬元　(C) 1,500 萬元
   (D) 1,416.7 萬元　　　　【104 年普】

2. 一比較標的於 102 年 8 月以 1,000 萬元成交，當時的價格指數為 (D)
   90%；勘估標的價格日期 104 年 8 月當期之價格指數為 95%。假

設其他條件相同，試問該勘估標的經價格日期調整後之價格約為多少？
(A) 947.37 萬元　(B) 950.00 萬元　(C) 1,000.00 萬元
(D) 1,055.56 萬元　　　　　　　　　　　　　　　【104 年普】

第二十五條（比較法調整率限制）

1. 依不動產估價技術規則，有關試算價格調整率之限制，何者正確？ | (A)
   (A) 區域因素調整之價格調整率不得大於百分之十五
   (B) 情況調整之價格調整率不得大於百分之十五
   (C) 價格日期調整之價格調整率不得大於百分之十五
   (D) 情況、價格日期、區域因素及個別因素調整總調整率不得大於百分之十五　　　　　　　　【103 年普】

2. 試算價格之調整運算過程中，下列何者符合不動產估價技術規則第 25 條之規定？ | (D)
   (A) 各項因素內之任一單獨項目之價格調整率為 12% 時，必須敘明理由
   (B) 各項因素內之任一單獨項目之價格調整率為 20% 時，不須敘明理由
   (C) 各項因素內之任一單獨項目之價格調整率為 30% 時，不須敘明理由
   (D) 各項因素內之任一單獨項目之價格調整率為 17% 時，必須敘明理由　　　　　　　　　【105 年普】

3. 運用比較法在試算價格之調整運算過程中，區域因素調整、個別因素調整或區域因素及個別因素內之任一單獨項目之價格調整率大於百分之 (甲)，或情況、價格日期、區域因素及個別因素調整總調整率大於百分之 (乙) 時，判定該比較標的與勘估標的差異過大，應排除該比較標的之適用。請問甲與乙各為多少？ | (D)
   (A) 甲為 10，乙為 20　(B) 甲為 10，乙為 25

(C) 甲為 15，乙為 25　(D) 甲為 15，乙為 30　　【107 年普】

4. 下列有關比較法的敘述，何者錯誤？　　　　　　　　　　　(A)

　(A) 試算價格調整運算過程中，情況因素、價格日期、區域因素、個別因素或區域因素及個別因素內之任一單獨項目之價格調整率不得大於 15%，但勘估標的性質或區位特殊，於報告書敘明者，不在此限

　(B) 試算價格調整運算過程中，情況因素、價格日期、區域因素及個別因素總調整率不得大於 30%，但勘估標的性質或區位特殊，於報告書敘明者，不在此限

　(C) 情況調整係指比較標的之價格形成條件中有非屬於一般正常情形而影響價格時，或有其他足以改變比較標的之價格之情況存在時，就該影響部分所作之調整

　(D) 估價師運用比較法估價時，應採用三件以上比較標的

【107 年普】

5. 有關比較法試算價格之調整運算過程中，遇有下列之情形，須判　(B)
　 定該比較標的與勘估標的差異過大，應排除該比較標的之適用。
　 何者為正確？

　(A) 區域因素調整率、個別因素調整率，各大於百分之三十

　(B) 區域因素及個別因素內之任一單獨項目之價格調整率大於百分之十五

　(C) 區域因素調整率與個別因素調整率之和，大於百分之三十

　(D) 比較標的性質特殊或區位特殊缺乏市場交易資料，並於估價報告書中敘明者，不在此限　　　　　　　　【108 年普】

6. 依據不動產估價技術規則規定，試算價格之調整運算過程中，情　(D)
　 況、價格日期、區域因素及個別因素等調整的總調整率大於多少
　 幅度時，判定該比較標的與勘估標的差異過大，應排除該比較標
　 的之適用？

　(A) 15%　(B) 20%　(C) 25%　(D) 30%　　　　　【109 年普】

7. 不動產估價比較法於市場成交資訊充足時廣為運用，有關比較法　(D)

之敘述,下列何者錯誤?
(A) 通常採用三件以上比較標的
(B) 試算價格之調整運算過程中,任一單獨項目之價格調整率大於百分之十五,應排除該比較標的之適用
(C) 試算價格之調整運算過程中,總調整率大於百分之三十時,應排除該比較標的之適用
(D) 其調整以差額法為原則　　　　　　　　　【111 年普】

8. 比較法估價試算價格之調整運算過程中,區域因素調整、個別因素調整或區域因素及個別因素內之任一單獨項目之價格調整率大於(甲),或情況、價格日期、區域因素及個別因素調整總調整率大於(乙)時,判定該比較標的與勘估標的差異過大,應排除該比較標的之適用。請問(甲)與(乙)各為多少?
(A)(甲)為百分之十五,(乙)為百分之十五
(B)(甲)為百分之十五,(乙)為百分之三十
(C)(甲)為百分之三十,(乙)為百分之十五
(D)(甲)為百分之三十,(乙)為百分之三十　　【112 年普】

(B)

第二十六條(試算價格採用限制)

1. 某份不動產估價報告書比較法三個比較標的價格為:新臺幣 12.9、12.6、13.7 萬元/坪,所推估勘估標的之試算價格分別為:新臺幣 10、9、11.5 萬元/坪,下列敘述何者正確?
(A) 比較標的一調幅違反規定　(B) 比較標的二調幅違反規定
(C) 比較標的二及比較標的三試算價格差距違反規定
(D) 勘估標的整體條件較比較標的佳　　　　　【102 年普】

(C)

2. 依不動產估價技術規則規定,下列有關勘估標的試算價格之敘述,何者有誤?
(A) 試算價格之間差距達百分之二十以上者,應排除該試算價格之適用

(B)

(B) 試算價格間的差距，以高低價格之差除以各價格平均值計算

(C) 試算價格應就價格偏高或偏低者加以重新檢討

(D) 經檢討確認適當合理者，始得作為決定比較價格之基礎

【103 年普】

3. 如果同一勘估標的運用比較法估價，所得三個試算價格有相當差距時，下列何者是決定其比較價格最好的方法？ (C)
   (A) 取中間值　(B) 取平均值
   (C) 就價格偏高或偏低者重新檢討
   (D) 賦予 45%、30%、25% 加權決定　　　【104 年普】

4. 依不動產估價技術規則第 26 條規定，檢討後試算價格之間差距達多少以上者，應排除該試算價格之適用？ (B)
   (A) 30%　(B) 20%　(C) 15%　(D) 10%　　【105 年普】

5. 下列有關勘估標的與比較標的調整及試算價格求取之敘述，何者正確？ (D)
   (A) 差異調整以差額法為原則　(B) 差異調整以定性分析法為原則
   (C) 偏高或偏低檢討後試算價格間差距仍達 10% 以上者，應排除適用
   (D) 偏高或偏低檢討後試算價格間差距仍達 20% 以上者，應排除適用　　　　　　　　　　　　　　　　　　　　　【106 年普】

6. 採用比較法經比較調整後求得之勘估標的試算價格，應就＋價格偏高或偏低者重新檢討，經檢討確認適當合理者，始得作為決定比較價格之基礎。檢討後試算價格之間差距仍達百分之二十以上者，應排除該試算價格之適用。前者所稱百分之二十以上之差距係指： (A)
   (A) 高低價格之差除以高低價格平均值達百分之二十以上者
   (B) 高低價格之差除以最高價格達百分之二十以上者
   (C) 高低價格平均值除以最高價格達百分之二十以上者
   (D) 高低價格平均值除以高低價格之差達百分之二十以上者
   【107 年普】

7. 王先生手中取得一份不動產估價報告書，比較法推估過程中三個比較案例的價格依序為新臺幣 63 萬元 / 坪、64.5 萬元 / 坪、68.5 萬元 / 坪，所推估之試算價格依序分別為新臺幣 45 萬元 / 坪、50 萬元 / 坪、57.5 萬元 / 坪，下列敘述何者正確？　　　(C)
   (A) 比較案例一總調整率不符規定
   (B) 比較案例三總調整率不符規定
   (C) 比較案例一與比較案例三試算價格之差距不符規定
   (D) 比較案例一與比較案例二之試算價格較接近，應給予較高之權重　　　【107 年普】

8. 經比較調整後求得之勘估標的試算價格，應就價格偏高或偏低者重新檢討，經檢討後試算價格差距如下，何者應排除該試算價格之適用？　　　(A)
   (A) 百分之二十五　(B) 百分之十五　(C) 百分之十
   (D) 百分之五　　　【108 年普】

9. 比較法以比較標的價格為基礎，下列那一項比較標的在正常情況下應排除適用？　　　(D)
   (A) 比較標的 A 的比較因素調整中，情況調整率 +5%，價格日期調整率 -9%，區域因素調整率 -12%，個別因素調整率 +10%
   (B) 比較標的 B 的比較因素調整中，情況調整率 +5%，價格日期調整率 -9%，區域因素調整率 +12%，個別因素調整率 +10%
   (C) 比較標的 C 的比較因素調整中，情況調整率 +5%，價格日期調整率 +9%，區域因素調整率 -12%，個別因素調整率 -10%
   (D) 比較標的 D 的比較因素調整中，情況調整率 -5%，價格日期調整率 -9%，區域因素調整率 -12%，個別因素調整率 -10%　　　【109 年普】

10. 不動產估價比較法經比較調整後求得之勘估標的試算價格，應就價格偏高或偏低者重新檢討，經檢討確認適當合理者，始得作為決定比較價格之基礎。檢討後試算價格之間差距仍達多少以上　　　(D)

者，應排除該試算價格之適用？
(A) 百分之五　(B) 百分之十　(C) 百分之十五　(D) 百分之二十

【111年普】

11. 不動產估價技術規則第 26 條第 1 項：經比較調整後求得之勘估標的試算價格，應就價格偏高或偏低者重新檢討，經檢討確認適當合理者，始得作為決定比較價格之基礎。檢討後試算價格之間差距仍達百分之二十以上者，應排除該試算價格之適用。若比較標的一、二、三之試算價格分別為 79 萬元/坪，77 萬元/坪及 95 萬元/坪，下列敘述何者正確？
(A) 三個試算價格之間皆符合排除條件
(B) 三個試算價格之間皆不符合排除條件
(C) 比較標的一與三之間符合排除條件
(D) 比較標的二與三之間符合排除條件 【113年普】

(D)

12. 依據不動產估價技術規則規定試算價格的價格決定，那一項不適用？
(A) 試算價格調整過程中，任一單獨項目之價格調整率大於 15% 時應排除
(B) 試算價格調整過程中，總調整率大於 20% 應排除
(C) 試算價格調整過程中，總調整率大於 30% 應排除
(D) 試算價格調整過程中，試算價格之間差距達 20% 以上應排除

【113年普】

(B)

第二十七條（決定比較價格）

1. 有關比較法之敘述，下列何者錯誤？
(A) 比較標的價格為基礎，經比較、分析及調整等，以推算勘估標的價格之方法
(B) 不動產估價師應採用五件以上比較標的
(C) 區域因素及個別因素進行價格調整時，其調整以百分率法為原則

(B)

(D) 以比較法所求得之價格為比較價格　　　【105 年普】

第二節　收益法

1. 下列何種估價方式，係以未來期望利益來計算不動產價值？　(C)
   (A) 比較方式　(B) 成本方式　(C) 收益方式　(D) 預期開發法
   【98 年普】

第二十八條（收益法分類）

1. 下列有關不動產估價三大基本方法之敘述，何者正確？　(B)
   (A) 比較法運用重置觀點得出比較價格
   (B) 收益法運用投資觀點得出收益價格
   (C) 成本法運用未來成本得出成本價格
   (D) 比較法運用交易觀點得出成交價格　　　【104 年普】

第二十九條（直接資本化法定義）

1. 有關直接資本化法的敘述，下列何者錯誤？　(B)
   (A) 直接資本化法所求得之價格為收益價格
   (B) 指勘估標的過去平均一年期間之客觀淨收益，應用價格日期當時適當之收益資本化率推算勘估標的價格之方法
   (C) 直接資本化法之收益資本化率可由加權平均資金成本法求取
   (D) 直接資本化法之客觀淨收益應以勘估標的作最有效使用之客觀淨收益為基準，並參酌鄰近類似不動產在最有效使用情況下之收益推算之　　　【105 年普】

2. 下列何種估價方法，係以未來期望利益計算不動產價值？　(B)
   (A) 成本法　(B) 收益法　(C) 比較法　(D) 土地開發分析法
   【105 年普】

3. 有關直接資本化法，下列敘述何者為正確？　(C)
   (A) 指勘估標的過去平均一年期間之客觀淨收益，應用價格日期當時適當之收益資本化率推算勘估標的價格之方法

(B) 指勘估標的過去平均三年期間之客觀淨收益，應用價格日期當時適當之收益資本化率推算勘估標的價格之方法

(C) 指勘估標的未來平均一年期間之客觀淨收益，應用價格日期當時適當之收益資本化率推算勘估標的價格之方法

(D) 指勘估標的未來平均三年期間之客觀淨收益，應用價格日期當時適當之收益資本化率推算勘估標的價格之方法【108年普】

4. 以下直接資本化法之定義敘述，何者為正確？ (B)

(A) 係指勘估標的未來平均1年期間之客觀淨收益，應用調查日期當時適當之收益資本化率推算勘估標的價格之方法

(B) 係指勘估標的未來平均1年期間之客觀淨收益，應用價格日期當時適當之收益資本化率推算勘估標的價格之方法

(C) 係指比較標的未來平均1年期間之客觀淨收益，應用價格日期當時適當之收益資本化率推算勘估標的價格之方法

(D) 係指比較標的未來平均3年期間之客觀淨收益，應用價格日期當時適當之收益資本化率推算勘估標的價格之方法

【109年普】

第三十條（直接資本化法公式）

1. 下列有關直接資本化法計算收益價格公式之敘述，何者正確？ (B)
   (A) 勘估標的未來平均一年期間之客觀總收益 × 收益資本化率
   (B) 勘估標的未來平均一年期間之客觀總收益 ÷ 收益資本化率
   (C) 勘估標的過去平均一年期間之客觀總收益 × 收益資本化率
   (D) 勘估標的過去平均一年期間之客觀總收益 ÷ 收益資本化率

【104年普】

2. 某出租型不動產之年總收益為100萬元，若總費用率為總收益的40%，收益資本化率4%，則該不動產之收益價格應為多少？ (C)
   (A) 1,000萬元　(B) 1,200萬元　(C) 1,500萬元　(D) 2,500萬元

【106年普】

3. 勘估標的為辦公大樓之第10層，建物登記面積50坪，每月每坪 (C)

正常租金收入為 2,000 元，該建物大樓經合理市場分析推算空置率為 5%，勘估標的每年地價稅、房屋稅及保險費等相關總費用推算為 200,000 元。請問該建物以直接資本化法估價時，推算其有效總收入為多少？（第 30、36 條）
(A) 940,000 元　(B) 1,000,000 元　(C) 1,140,000 元
(D) 1,200,000 元　　　　　　　　　　　　　　【109 年普】

4. 某房地之淨收益 100 萬元／年，其中建物淨收益 60 萬元／年。假設土地、建物之收益資本化率分別為 2%、4%，請問土地收益價格為？ (B)
(A) 1,000 萬元　(B) 2,000 萬元　(C) 2,500 萬元　(D) 5,000 萬元
【110 年普】

5. 有一不動產平均每年每坪之淨收益為 3,000 元，若收益資本化率為 5%，該不動產每坪之收益價格為： (C)
(A) 8 萬元　(B) 7 萬元　(C) 6 萬元　(D) 5 萬元　　【112 年普】

第三十一條（折現現金流量分析定義）

1. 不動產估價技術規則第 31 條規定，何種估價方法得適用於以投資為目的之不動產投資評估？ (B)
(A) 直接資本化法　(B) 折現現金流量分析　(C) 剩餘法
(D) 分配法　　　　　　　　　　　　　　　　　【101 年普】

2. 不動產估價由三大方法所推估之價值，於綜合決定勘估標的價格時，下列敘述何者錯誤？ (D)
(A) 屬於不動產估價程序之後段步驟
(B) 過程中應就其中金額顯著差異者重新檢討
(C) 應視不同價格所蒐集資料可信度及估價種類目的條件差異，考量價格形成因素之相近程度判斷
(D) 以經濟租金作為不動產證券化受益證券信託利益分配基礎者，折現現金流量分析之收益價格應視前項情形賦予相對較大之權重　　　　　　　　　　　　　　【102 年普】

第三十二條（折現現金流量分析公式）

1. 請問折現現金流量分析之計算公式中，為下列何者？ (D)
   (A) 收益價格　(B) 淨收益　(C) 折現率　(D) 期末價值
   【101年普】

2. 請問折現現金流量分析之公式，n'為下列何者？ (D)
   (A) 物理耐用年數　(B) 經濟耐用年數
   (C) 殘餘耐用年數　(D) 折現現金流量分析期間 【102年普】

3. 某甲擬投資購買一不動產，預計每年可以獲得10萬元淨收益，第三年年底預計可以200萬元出售，假設折現率為5%，請問合理的價格約為多少？ (B)
   (A) 173萬元　(B) 200萬元　(C) 227萬元　(D) 232萬元【103年普】

第三十三條（契約及經濟租金）

1. 依不動產估價技術規則之規定，以不動產證券化為估價目的，採折現現金流量分析法估價時，各期淨收益應以下列何者為計算原則？ (A)
   (A) 勘估標的之契約租金　(B) 勘估標的之經濟租金
   (C) 比較標的之契約租金　(D) 比較標的之經濟租金 【104年普】

2. 客觀淨收益之評估，應符合何種估價原則，以作為評估之基準？ (A)
   (A) 最有效使用原則　(B) 替代原則　(C) 適合原則
   (D) 外部性原則
   【105年普】

3. 依不動產估價技術規則之規定，以不動產證券化為估價目的，採折現現金流量分析法估價時，各期淨收益應以勘估標的之何種租金為計算原則？ (D)
   (A) 實質租金　(B) 經濟租金　(C) 支付租金　(D) 契約租金
   【105年普】

4. 不動產估價師應兼採二種以上估價方法推算勘估標的價格。以契約約定租金作為不動產證券化受益證券信託利益分配基礎者，何 (C)

種方法之價格應賦予相對較大之權重？
(A) 成本法　(B) 土地開發分析法　(C) 折現現金流量分析法
(D) 比較法　　　　　　　　　　　　　　　　　【108 年普】

5. 國內已有不動產證券化的個案，依據不動產估價技術規則規定，以契約約定租金作為不動產證券化受益證券信託利益分配基礎者，何種價格應視不同價格所蒐集資料可信度及估價種類目的條件差異，考量價格形成因素之相近程度情形賦予相對較大之權重？　　　(D)
(A) 比較法之實例價格　(B) 土地開發分析價格
(C) 直接資本化法之收益價格
(D) 折現現金流量分析法之收益價格　　　　　【109 年普】

6. 依不動產估價技術規則規定，下列有關租金之兩種敘述，何者正確？（第 33、130 條）　　　(C)
(A) 不動產租金估計，以估計勘估標的之實質租金為原則；以不動產證券化為估價目的，採折現現金流量分析法估價時，各期淨收益應以勘估標的之經濟租金計算為原則
(B) 不動產租金估計，以估計勘估標的之契約租金為原則；以不動產證券化為估價目的，採折現現金流量分析法估價時，各期淨收益應以勘估標的之經濟租金計算為原則
(C) 不動產租金估計，以估計勘估標的之實質租金為原則；以不動產證券化為估價目的，採折現現金流量分析法估價時，各期淨收益應以勘估標的之契約租金計算為原則
(D) 不動產租金估計，以估計勘估標的之契約租金為原則；以不動產證券化為估價目的，採折現現金流量分析法估價時，各期淨收益亦以勘估標的之契約租金計算為原則　　【110 年普】

7. 以收益法估價時，對於客觀淨收益的計算應以何種情形為計算基準？　　　(D)
(A) 以比較標的作最有效使用為計算基準
(B) 以勘估標的作最大效益使用為計算基準

(C) 以比較標的作最大效益使用為計算基準

(D) 以勘估標的作最有效使用為計算基準　　【111 年普】

第三十四條（收益法估價程序）

1. 依不動產估價技術規則之規定，下列收益法之估價步驟中，何種排列次序較為正確？①計算淨收益　②推算總費用　③決定收益資本化率或折現率　④推算有效總收入　⑤蒐集總收入、總費用及收益資本化率或折現率等資料　⑥計算收益價格

   (A) ①⑤②③④⑥　(B) ⑤①②④③⑥　(C) ⑤④①②⑥③

   (D) ⑤④②①③⑥　　【107 年普】　(D)

2. 下列對於有效總收入與總收入之間關係的敘述何者正確？　(A)

   (A) 總收入必定大於或等於有效總收入

   (B) 有效總收入與總收入只是說法上不同，兩者在實質的意義上一樣

   (C) 總收入減去總費用等於淨收益

   (D) 總收入 = 有效總收入 + 總費用　　【113 年普】

第三十五條（收益法蒐集資料原則）

1. 收益法估價應蒐集勘估標的及與其特性相同或相似之比較標的最近幾年間總收入、總費用及收益資本化率或折現率等資料？　(B)

   (A) 2 年　(B) 3 年　(C) 4 年　(D) 5 年　　【107 年普】

第三十六條（有效總收入計算）

1. 下列有關收益法之敘述，何者有誤？　(C)

   (A) 保險費可計入總費用之推算

   (B) 地價稅或地租可計入總費用之推算

   (C) 營運性不動產者，不可加計營運費用

   (D) 有效總收入減總費用即為淨收益　　【103 年普】

第三十七條（校核比較資料）

1. 推算總收入及有效總入時，應與相關資料校核比較，下列何者非屬該相關資料？ (C)
   (A) 目前或未來可能之計畫收入
   (B) 相同產業或具替代性比較標的總收入及有效總收入
   (C) 期末價值
   (D) 勘估標的往年之總收入及有效總收入　　　【108 年普】

第三十八條（總費用之推算）

1. 以收益為目的而出租之不動產在進行不動產估價時，何者應列入總費用，加以扣除？ (C)
   (A) 抵押債務利息　(B) 租賃所得稅
   (C) 維護修繕費　(D) 自有資本之利息　　　【101 年普】

2. 運用收益法進行不動產估價時，下列何者可列入費用項目估計？ (B)
   (A) 改良性資本支出　(B) 保險費　(C) 貸款債務利息
   (D) 所得稅　　　【103 年普】

3. 應用收益法進行不動產估價時，勘估標的之總費用計算，不包括下列何者？ (D)
   (A) 地價稅　(B) 房屋稅　(C) 管理費　(D) 土地增值稅
   　　　【105 年普】

4. 關於不動產估價收益法之總費用估算項目，下列何者正確？ (D)
   (A) 只能算地價稅，如地上權地租不能算
   (B) 房屋稅只適用於保存登記之建物
   (C) 所得稅亦應計算　(D) 維修費、保險費亦應計算　【106 年普】

5. 有關勘估標的之總費用之推算項目，不包括下列那一項？ (D)
   (A) 管理費及維修費　(B) 地價稅或地租、房屋稅
   (C) 保險費　(D) 貸款利息　　　【107 年普】

6. 依不動產估價技術規則規定，以不動產證券化為估價目的者，其 (B)

折現現金流量分析法之總費用應依何種資料加以推算？
(A)市場相關資料　(B)信託計畫資料　(C)類似產品資料
(D)歷史費用資料　　　　　　　　　　　【110年普】

7. 下列何者不是收益法推算勘估標的總費用之項目？　　　(C)
(A)地價稅　(B)房屋稅　(C)土地增值稅　(D)維修費
【112年普】

第四十條（建物折舊提存費或提存率）

1. 下列有關收益法之敘述，何者有誤？　　　　　　　　(C)
(A)有效總收入減恐費用即為淨收益
(B)營運性不動產之總費用應加計營運費用
(C)勘估標的包含建物時，不應加計建物之折舊提存費
(D)應蒐集勘估標的及與其特性相同或相似之比較標的最近三年間總收入、總費用及收益資本化率或折現率等資料【99年普】

2. 應用收益法時，若勘估標的包含建築物，其總費用如何計算？(A)
(A)應加計建築物之折舊提存費
(B)僅計算建築物折舊提存費以外之各項費用
(C)僅計算建築物以外之各項費用
(D)應加計該建築物之契稅　　　　　　　　【96年普】

第四十條之一（折舊提存率計算）

1. 依不動產估價技術規則規定，於收益法之建物折舊提存費，得依下列何種方式計算？①等速折舊型　②初期減速折舊型　③初期加速折舊型　④償債基金型　　　　　　　　　　　(A)
(A)①④　(B)②③　(C)①②③　(D)①②③④　【103年普】

2. 某建物於10年前興建，重建成本500萬元，殘餘價格率4%、經濟耐用年數40年，請問等速折舊型之建物成本價格為何？(D)
(A)120萬元　(B)240萬元　(C)300萬元　(D)380萬元
【106年普】

3. 某建物已完工 5 年，面積 100m²，目前重建成本單價為新臺幣 3 萬元 /m²，殘餘價格率為 5%、經濟耐用年數為 50 年，請問該建物累積折舊額為多少？　　　　　　　　　　　　　　　　(A)
   (A) 28.5 萬元　(B) 30 萬元　(C) 94.2153 萬元　(D) 99.174 萬元
   【106 年普】

4. 下列敘述何者為正確？（第 40-1、41 條）　　　　　　　　#
   (A) 建物價格日期當時價值未來每年折舊提存率，得依下列方式
      計算：等速折舊型：$d = \dfrac{i}{(1+i)^n - 1}$；
      償債基金型：$d = \dfrac{(1-s)/N}{1-(1-s)^n/N}$
   (B) 建物折舊提存費，得依下列方式計算：
      等速折舊型：$C \times (1-s) \times \dfrac{i}{(1+i)^n - 1}$；
      償債基金型：$C \times (1-s) \times \dfrac{1}{N}$
   (C) 不動產構成項目中，於耐用年數內需重置部分之重置提撥費，按其利息及按該支出之有效使用年期及耗損比率分年攤提
   (D) 勘估標的總費用之推算，除推算勘估標的之各項費用外，勘估標的包含建物者，應加計建物之折舊折存費，或於計算收益價格時，除考量建物收益資本化率或折現率外，應加計建物價格日期當時價值未來每年折舊提存率　【108 年普】

第四十一條（折舊提存率計算）

1. 於民國 100 年評估一棟 20 年前建造、樓地板面積 200 坪之建物，該建物之建築成本於民國 80 年每坪 5 萬元、100 年每坪 10 萬元，如經濟耐用年數為 50 年、殘餘價格率為 10%。若採定額法折舊，請問該建物之成本價格為何？　　　　　　　(C)

(A) 720 萬元　(B) 1,000 萬元　(C) 1,280 萬元　(D) 2,000 萬元
【101 年普】

2. 某棟建物耐用年數為 50 年，殘價率為 10%，該建物每年折舊率為： | (A)
   (A) 1.8%　(B) 2.0%　(C) 1.5%　(D) 2.4%　【101 年普】

3. 若某不動產之建物經濟耐用年數 50 年、經歷年數 20 年、殘價率 10%，於收益法估價時，建物價格日期當時價值未來每年折舊提存率為何？ | (D)
   (A) 0.018　(B) 0.036　(C) 0.05　(D) 0.028　【102 年普】

4. 若某房屋經濟耐用年數 45 年、經歷年數 20 年、殘餘價格率 10%，於收益法估價時，等速折舊型，建物價格日期當時價值未來每年折舊提存率為何？ | (D)
   (A) 0.02　(B) 0.025　(C) 0.03　(D) 0.033　【106 年普】

5. 估價人員應用收益法估價時，若某建物經濟耐用年數 45 年、經歷年數 10 年、殘價率 10%，當採取等速折舊型時，建物價格日期當時價值未來每年折舊提存率為何？ | (C)
   (A) 2%　(B) 2.25%　(C) 2.5%　(D) 3%　【109 年普】

6. 建物總成本 1,000 萬元，經濟耐用年數 50 年，建物殘餘價格率 10%。若每年折舊額皆相同，請問每年折舊率為何？ | (B)
   (A) 1.5%　(B) 1.8%　(C) 2%　(D) 2.2%　【110 年普】

第四十二條（淨收益計算）

1. 應用直接資本化法推算不動產淨收益時，下列那些項目不應列入費用項？①地價稅及房屋稅　②房屋貸款的利息　③改良性資本支出　④土地增值稅　⑤租金收入所產生的所得稅 | (C)
   (A)②③⑤　(B)③④⑤　(C)②③④⑤　(D)①②③④⑤　【100 年普】

2. 進行不動產估價時，對營運性不動產淨收益，應扣除非屬於不動產所產生的其他淨收益，以免高估不動產本身所產生的淨收益，此估價原則稱之為： | (B)

(A) 適用原則　(B) 收益分配原則　(C) 外部性原則
(D) 最有效使用原則　　　　　　　　　　　【101 年普】

3. 某不動產之總收益為 200 萬元，若總費用為總收益的 30%，資本化率為 5%，則該不動產之純收益應為多少？
   (A) 60 萬元　(B) 70 萬元　(C) 130 萬元　(D) 140 萬元【104 年普】

(D)

第四十三條（收益資本化率或折現率求取）

1. 收益資本化率之擇定如採風險溢酬法，下列敘述何者錯誤？
   (A) 應考慮銀行定期存款利率、政府公債利率、不動產投資之風險性、貨幣變動狀況及不動產價格之變動趨勢等因素
   (B) 選擇最具特殊性財貨之投資報酬率為基準
   (C) 比較觀察該投資財貨與勘估標的個別特性之差異
   (D) 需就流通性、風險性、增值性及管理上之難易程度等因素加以比較決定之
   　　　　　　　　　　　　　　　　　　　　　【102 年普】

(B)

2. 下列有關收益資本化率決定之敘述，何者正確？
   (A) 依加權平均資金成本方式決定之方法謂之市場萃取法
   (B) 有效總收入乘數法之公式為：淨收益率 ÷ 有效總收入乘數
   (C) 債務保障比率法之公式為：債務保障比率 × 貸款常數 ÷ 貸款資金占不動產價格比率
   (D) 選擇數個與勘估標的相同或相似之比較標的，以其淨收益除以價格後，以所得之商數加以比較決定之方法謂之風險溢酬法
   　　　　　　　　　　　　　　　　　　　　　【104 年普】

(B)

3. 當比較標的收益價格為 500 萬元，勘估標的收益價格為 800 萬元，比較標的之未來平均一年期間之客觀淨收益為 48 萬元，勘估標的之未來平均一年期間之客觀淨收益為 40 萬元，此時其收益資本化率為何？
   (A) 5%　(B) 6%　(C) 8%　(D) 9.6%　　　　【104 年普】

(A)

4. 當債務保障比率為 1.3，貸款常數為 0.1，貸款以外的資金占不動產價格比率為 40% 時，請問此時收益資本化率為何？

(D)

(A) 3.1%　(B) 5.2%　(C) 6.5%　(D) 7.8%　　　　【104 年普】

5.「考慮銀行定期存款利率、政府公債利率、不動產投資之風險性、貨幣變動狀況及不動產價格之變動趨勢等因素，選擇最具一般性財貨之投資報酬率為基準，比較觀察該投資財貨與勘估標的個別特性之差異，並就流通性、風險性、增值性及管理上之難易程度等因素加以比較決定之。」係指收益資本化率何種方式？ (B)
(A) 債務保障比率法　(B) 風險溢酬法
(C) 市場萃取法　(D) 有效總收入乘數法　　【106 年普】

6. 某一不動產每年營業淨收益 60 萬元，貸款成數 80%，貸款利率 5%，貸款年數 20 年，債權保障比率 1.5，若以這些條件計算下之不動產價格應為： (B)
(A) 404 萬元　(B) 631 萬元　(C) 909 萬元
(D) 1,420 萬元　　　　　　　　　　　　　　【106 年普】

7. 蒐集市場上僅有的 5 個交易案例之資本化率分別為 10%、1%、5%、4.5%、4.9%，經估價師判斷應去掉差距過大之異常值，試問若依市場萃取法，勘估標的之資本化率應為： (C)
(A) 3.85%　(B) 4.5%　(C) 4.8%　(D) 5.04%　【106 年普】

8. 下列關於收益資本化率之敘述，何者錯誤？ (A)
(A) 增值性較高的不動產，其收益資本化率較高
(B) 流通性高的不動產，其收益資本化率較低
(C) 風險性較高的不動產，其收益資本化率較高
(D) 管理度較難的不動產，其收益資本化率較高　【107 年普】

9. 選擇數個與勘估標的相同或相似之比較標的，以其淨收益除以價格後，以所得之商數加以比較決定收益資本化率之方法為： (D)
(A) 加權平均資金成本法　(B) 有效總收入乘數法
(C) 債務保障比率法　(D) 市場萃取法　　　　【107 年普】

10. 經分析考量市場上類似不動產之正常租金為每年每坪 12,000 元，合理空置率為 5%，淨收益率為 75%，貸款資金占不動產價格比率 80%，有效總收入乘數為 15，請以有效總收入乘數法計 (C)

算出收益資本化率為多少？

(A) 4.27%　(B) 4.67%　(C) 5.0%　(D) 5.33%　　【109 年普】

11. 某商用不動產之自有資金要求報酬率 8%、向銀行融資之利率 4%，當自有資金的比重為 50%，以加權平均資金成本法估算之收益法折現率為何？　　　　　　　　　　　　　　　　(B)

(A) 4%　(B) 6%　(C) 8%　(D) 10%　　【109 年普】

12. 依據不動產估價技術規則第 43 條規定，收益資本化率應考慮之因素不包括下列何者？　　　　　　　　　　　　　　　(C)

(A) 貨幣變動之狀況　(B) 銀行定期存款利率
(C) 不動產投資之損益　(D) 不動產價格變動趨勢　【110 年普】

13. 收益資本化率或折現率應綜合評估最適宜之方法決定，如採用債務保障比率方式決定，其計算式債務保障比率除了乘以貸款資金占不動產價格比率外，應再乘以下列何者？　　　　(D)

(A) 債務保障常數　(B) 市場常數　(C) 存款常數　(D) 貸款常數

【111 年普】

14. 決定收益資本化率之方法中，選擇數個與勘估標的相同或相似之比較標的，以其淨收益除以價格後，以所得之商數加以比較決定之方法為何？　　　　　　　　　　　　　　　　(B)

(A) 風險溢酬法　(B) 市場萃取法　(C) 債務保障比率法
(D) 折現現金流量分析法　　　　　　　　　　【112 年普】

15. 當債務保障比率要求為 1.5 倍，貸款常數為 0.1，不動產價格為新臺幣 60 億元，自有資金為新臺幣 15 億元，不足資金則跟銀行貸款。請問在前述情況下收益資本化率（折現率）為何？(B)

(A) 15%　(B) 11.25%　(C) 5%　(D) 3.75%　　【112 年普】

16. 下列那一種方法不屬於計算收益資本化率或折現率之方法？(C)

(A) 加權平均資金成本法　(B) 有效總收入乘數法
(C) 折現現金流量分析法　(D) 風險溢酬法　　【112 年普】

17. 收益資本化率決定的方法中與銀行貸款成數相關的是那一個方法？　　　　　　　　　　　　　　　　　　　　　　(C)

(A) 市場萃取法　(B) 有效總收入乘數法　(C) 債務保障比率法
(D) 風險溢酬法 【113 年普】

18. 某一開發案自有資金比例是 30%，其餘資金向銀行貸款，貸款利率為 3%，自有資金報酬率為 2%，其資本化率為何？ (B)
(A) 2.3%　(B) 2.7%　(C) 2.5%　(D) 2.6% 【113 年普】

第四十四條（土地收益價格計算）

1. 土地徵收補償估價時，因無買賣實例而採徵收區段內透天租賃實例，如折舊前房地淨收益每年新臺幣 25 萬元、建物價格日期當時價值未來每年折舊提存率 2.5%、建物淨收益推算為每年新臺幣 10 萬元、土地收益資本化率 3%，則土地收益價格為新臺幣多少萬元？ (A)
(A)500 萬元　(B)833 萬元　(C)455 萬元　(D)273 萬元【102 年普】

2. 100 坪之辦公室出租，每月每坪正常租金為 1,000 元，推估該辦公室合理空置率為 8%，每年之地價稅、房屋稅、保險費、管理費及維修費為 120,000 元，貸款支出為 200,000 元。該辦公室每年之淨收益為多少？ (B)
(A) 1,080,000 元　(B)984,000 元　(C)880,000 元　(D)784,000 元
【110 年普】

3. 有關收益法的公式，下列何者錯誤？ (A)
(A) 淨收益未扣除折舊提存費者，建物收益價格＝建物淨收益／建物收益資本化率
(B) 直接資本化法之收益價格＝勘估標的未來平均一年期間之客觀淨收益／收益資本化率
(C) 地上有建物者，土地收益價格＝（房地淨收益－建物淨收益）／土地收益資本化率
(D) 淨收益已扣除折舊提存費者，房地綜合收益資本化率＝土地收益資本化率×土地價值比率＋建物收益資本化率×建物價值比率
【113 年普】

第四十五條（建物收益價格計算）

1. 根據不動產估價技術規則，下列有關未扣除折舊提存費之建物收益價格計算式，何者正確？　(D)
   (A) 建物折舊後淨收益／（土地收益資本化率＋建物折舊提存率）
   (B) 建物折舊前淨收益／（土地收益資本化率＋建物折舊提存率）
   (C) 建物折舊後淨收益／（建物收益資本化率＋建物折舊提存率）
   (D) 建物折舊前淨收益／（建物收益資本化率＋建物折舊提存率）
   【97 年普】

2. 以收益估價時，對於折舊前及折舊後的純收益，使用資本化率還原，應如何處理？　(B)
   (A) 折舊前的純收益，應僅以資本化率還原
   (B) 折舊後的純收益，應僅以資本化率還原
   (C) 折舊後的純收益，應以資本化率加折舊率還原
   (D) 折舊前的純收益，應僅以折舊率加以還原　【101 年普】

第四十六條（房地收益價格計算）

1. 當建物價格日期當時價值未來每年折舊提存率大於零時，下列對淨收益已扣除折舊提存費之房地綜合收益資本化率與淨收益未扣除折舊提存費之房地綜合收益資本化率兩者間之敘述，何者正確？　(C)
   (A) 淨收益已扣除折舊提存費之房地綜合收益資本化率高於淨收益未扣除折舊提存費之房地綜合收益資本化率
   (B) 淨收益已扣除折舊提存費之房地綜合收益資本化率等於淨收益未扣除折舊提存費之房地綜合收益資本化率
   (C) 淨收益已扣除折舊提存費之房地綜合收益資本化率小於淨收益未扣除折舊提存費之房地綜合收益資本化率
   (D) 無法判斷　【107 年普】

第四十七條（一定期間收益價格計算）

1. 初入社會的陳君預計在往後 10 年，每年有 10 萬元的償債能力，假設此時銀行利率為 3%，請問其可貸得金額為何？　　(C)
   (A) 134,390 元　(B) 457,970 元　(C) 853,020 元　(D) 1,146,390 元
   【106 年普】

第三節　成本法

1. 下列有關成本法中折舊之敘述何者正確？　　(C)
   (A) 以不動產取得價格，進行減值修正
   (B) 目的通常和會計上的提列折舊相同
   (C) 成本法中的折舊應具有市場導向
   (D) 不容許以觀察法，進行減值修正　　【97 年普】

2. 當不動產管理對不動產價格的影響無法藉由耐用年數法確切分析時，可運用下列何種方法掌握？　　(D)
   (A) 定額法　(B) 定率法　(C) 償債基金法　(D) 觀察法【95 年普】

第四十八條（成本法定義）

1. 某一屋齡 20 年的 40 坪建物，經調查，其目前之重置成本為每坪 10 萬元，假設其經濟耐用年數為 50 年、殘餘價格率為 10%，請問其建物成本價格為何？　　(D)
   (A) 184 萬元　(B) 216 萬元　(C) 240 萬元　(D) 256 萬元【103 年普】

2. 在成本法中，使用與勘估標的相同或極類似之建材標準、設計、配置及施工品質，於價格日期重新複製建築所需之成本，稱為下列何者？　　(D)
   (A) 新建成本　(B) 建造成本　(C) 重置成本　(D) 重建成本
   【105 年普】

3. 成本法中，指與勘估標的相同效用之建物，以現代建材標準、設計及配置，於價格日期建築所需之成本，是指何種成本？　　(A)

(A) 重置成本　(B) 重建成本　(C) 重蓋成本　(D) 替換成本

【106 年普】

4. 在使用成本法估價時，建物估價以求取(甲)為原則。但建物使用之材料目前已無生產或施工方法已改變者，得採(乙)替代之。請問甲、乙分別為何種成本？　(A)
   (A) 甲為重建成本、乙為重置成本
   (B) 甲為重置成本、乙為重建成本
   (C) 甲為直接成本、乙為間接成本
   (D) 甲為間接成本、乙為直接成本

【107 年普】

5. 使用與勘估標的相同或極類似之建材標準、設計、配置及施工品質，於價格日期重新複製建築所需之成本，稱為：　(A)
   (A) 重建成本　(B) 重置成本　(C) 直接成本　(D) 間接成本

【108 年普】

6. 估價人員就某建物使用與勘估標的相同之建材標準、設計、配置及施工品質，於價格日期重新複製建築所需之成本，是指下列何者？　(C)
   (A) 重置成本　(B) 重製成本　(C) 重建成本　(D) 複舊成本

【109 年普】

第五十二條（總成本各項成本費用）

1. 運用成本法估價時，下列何者不包括在計算勘估標的之總成本中？　(C)
   (A) 規劃設計費　(B) 廣告費　(C) 折舊費　(D) 開發利潤

【96 年普】

第五十三條（營造或施工費項用）

1. 勘估標的之營造或施工費，依不動產估價技術規則之規定，不包含下列那一項目？　(D)
   (A) 間接材料費　(B) 稅捐　(C) 資本利息　(D) 廣告費

【110年普】

2. 下列何者不屬於土地建築開發之間接成本項目？ (A)
   (A)建築開發之施工人員施工費用　(B)建築開發之規劃設計費
   (C)建築開發之管理費　(D)建築開發之銷售費　　【112年普】

3. 下列何者非屬營造或施工費的內含項目？ (C)
   (A)直接人工費　(B)間接材料費　(C)開發商的合理利潤
   (D)資本利息　　　　　　　　　　　　　　　　【113年普】

第五十四條

1. 就同一供需圈內近鄰地區或類似地區中，選擇與勘估標的類似之 (B)
   比較標的或標準建物，經比較與勘估標的營造或施工費之條件差
   異並作價格調整，以求取勘估標的營造或施工費的方法為何？
   （第54、55條）
   (A)直接法　(B)間接法　(C)淨計法　(D)單位工程法

【110年普】

2. 有關營造或施工費的敘述何者錯誤？ (A)
   (A)營造或施工費屬於建物總成本的一部分，房屋愈舊，營造或
      施工費就愈低
   (B)勘估標的之營造或施工費，得按直接法或間接法擇一求取
      之。功能性退化造成的折舊屬於房屋折舊的一部分
   (C)淨計法屬於直接法的一種，是指就勘估標的所需要各種建築
      材料及人工之數量，逐一乘以價格日期當時該建築材料之單
      價及人工工資，並加計管理費、稅捐、資本利息及利潤
   (D)單位工程法也屬於直接法，係以建築細部工程之各項目單價
      乘以該工程施工數量，並合計之　　　　　　【113年普】

第五十五條（直接法分類）

1. 營造或施工費，得就同一供需圈內近鄰地區或類似地區中選擇與 (A)
   勘估標的類似之比較標的或標準建物，經比較與勘估標的營造或

施工費之條件差異並作價格調整以求取之，下列何者不是其子方法？
(A) 單位工程法　(B) 工程造價比較法　(C) 單位面積比較法
(D) 單位體積比較法　　　　　　　　　　　　　　　【104 年普】

2. 勘估標的之營造或施工費之求取方法中，「以建築細部工程之各項目單價乘以該工程施工數量，並合計之」之方法，係指何方法？ (B)
(A) 淨計法　(B) 單位工程法　(C) 工程造價比較法
(D) 單位面積（或體積）比較法　　　　　　　　　　【106 年普】

3. 依不動產估價技術規則第 55 條第 1 款之規定，就勘估標的所需要各種建築材料及人工之數量，逐一乘以價格日期當時該建築之單價及人工工資，並加計管理費、稅捐、資本利息及利潤之估價方法稱為： (A)
(A) 淨計法　(B) 單位法　(C) 工程造價比較法
(D) 單位面積比較法　　　　　　　　　　　　　　　【106 年普】

4. 就勘估標的之構成部分或全體，調查其使用材料之種別、品級、數量及所需勞力種別、時間等，並以勘估標的所在地區於價格日期之各種單價為基礎，計算其營造或施工費的方法為：（第 55、56 條） (A)
(A) 直接法　(B) 間接法　(C) 工程造價比較法
(D) 單位面積比較法　　　　　　　　　　　　　　　【108 年普】

5. 成本法營造施工費求取方式，有分為直接法及間接法兩大類，其中以建築細部工程之各項目單價乘以該工程施工數量合計之方法係指下列何者？（第 55、56 條） (B)
(A) 淨計法　(B) 單位工程法　(C) 工程造價比較法
(D) 單位面積（或體積）比較法　　　　　　　　　　【109 年普】

6. 就勘估標的所需要各種建築材料及人工之數量，逐一乘以價格日期當時該建築材料之單價及人工工資，並加計管理費、稅捐、資本利息及利潤，以求取勘估標的營造施工費之方法為何？ (B)

(A)間接法　(B)淨計法　(C)工程造價比較法
(D)單位面積比較法
【112年普】

第五十六條（間接法分類）

1. 營造費＝〔Σ（標準建物工程概算項目每坪單價×單價調整率）〕×總面積，此可為下列何種方法之計算公式？
   (A)淨計法　(B)單位工程法　(C)工程造價比較法
   (D)單位面積比較法
   【101年普】　(C)

2. 成本法總成本中營造施工費之求取，估價實務上最常用的方法為何？
   (A)淨計法　(B)單位工程法　(C)工程造價比較法
   (D)單位面（體）積比較法
   【102年普】　(D)

3. 不動產估價成本法對勘估標的之營造或施工費，其中「指以類似勘估標的之比較標的或標準建物之單位面積（或體積）營造或施工費單價為基礎，經比較並調整價格後，乘以勘估標的之面積（或體積）總數，以求取勘估標的營造或施工費。」方法，係指何方法？
   (A)單位工程法　(B)淨計法　(C)單位面積（或體積）比較法
   (D)工程造價比較法
   【111年普】　(C)

第五十七條（規劃設計費）

1. 不動產估價成本法總成本各項推估中，下列敘述何者錯誤？
   (A)規劃設計費按總成本之百分之二至百分之三推估
   (B)廣告費、銷售費按總成本之百分之四至百分之五推估
   (C)管理費按總成本之百分之三至百分之四推估
   (D)稅捐按總成本之百分之零點五至百分之一點二推估【102年普】　(A)

2. 依不動產估價技術規則規定，下列有關總成本中規劃設計費之敘述，何者正確？
   (A)規劃設計費按縣（市）政府發布之建築師酬金標準表計算之　(B)

(B) 規劃設計費按縣（市）政府發布之建造執照工程造價表計算之
(C) 規劃設計費按實際營造施工費之百分之二至百分之五推估之
(D) 規劃設計費率由不動產估價師公會全國聯合會定期公告之
【103 年普】

第五十八條（資本利息計算）

1. 目前銀行之一年期定存利率為 1.57%，活存利率為 0.58%，短期放款利率為 7.11%，下列之敘述何者正確？ (C)
   (A) 資金中自有資金之計息利率為 7.11%
   (B) 資金中預售收入之計息利率為 0.58%
   (C) 資金中自有資金之計息利率為 1.52%
   (D) 資金中借款之計息利率為 1.57% 【112 年普】

第五十九條（利率認定原則）

1. 下列有關成本法中資金計息之敘述何者錯誤？ (C)
   (A) 自有資金之計息利率應不高於一年期定存利率
   (B) 自有資金之計息利率應不低於活存利率
   (C) 借款以銀行長期放款利率計息
   (D) 預售收入之資金應不計息 【97 年普】

2. 下列有關成本法中利率及利息規定，何者有誤？ (D)
   (A) 資金中自有資金之計息利率應不高於一年期定存利率
   (B) 資金中自有資金之計息利率應不低於活存利率
   (C) 資金中之借款以銀行短期放款利率計息
   (D) 預售收入之資金應以活存利率計息 【97 年普】

3. 依據不動產估價技術規則，有關成本法資本利息的敘述，下列敘述何者錯誤？ (D)
   (A) 資金中自有資金之計息利率應不高於 1 年期定存利率
   (B) 資金中自有資金之計息利率應不低於活存利率
   (C) 借款則以銀行短期放款利率計息

(D) 預售收入之資金以定存利率計息 【109 年普】

第六十條（利潤計算）

1. 根據不動產估價技術規則，下列何者非成本法中估算勘估標的之開發或建築適當利潤應考量之因素？　　　　　　　　　　　　　(D)
   (A) 工程規模　(B) 開發年數　(C) 經濟景氣　(D) 開發機構
   【97 年普】

2. 依據不動產估價技術規則，有關成本法建築工期係指自申請建造執照開始至那個時間點為止無間斷所需之時間？　　　　　　　　(D)
   (A) 變更建照執照　(B) 擬定權利變換計畫
   (C) 銷售完竣　(D) 建築完成達到可交屋使用　【109 年普】

第六十一條（費率計算標準）

1. 依不動產估價技術規則規定，下列有關總成本中廣告費之敘述，何者正確？　　　　　　　　　　　　　　　　　　　　　　(C)
   (A) 計算營造或施工費應考量廣告費
   (B) 廣告費按營造或施工費乘以相關費率計算
   (C) 廣告費之相關費率應由不動產估價師公會全國聯合會定期公告之
   (D) 廣告費視勘估標的之性質，於成本估價時應予計入　【103 年普】

第六十二條（不計入成本）

1. 不動產估價技術規則有關廣告費、銷售費、管理費、稅捐及開發或建築利潤之規定，下列述敘何者正確？　　　　　　　　　　(B)
   (A) 廣告費、銷售費等，於成本估價時必須計入
   (B) 開發或建築利潤，可視勘估標的之性質，於成本估價時得不予計入
   (C) 稅捐於成本估價時必須計入
   (D) 管理費於成本估價時一律計入　【105 年普】

第六十三條（未完工建物估價）

1. 依不動產估價技術規則規定，某建商蓋到一半的建案，其建物應如何估價？　(A)
   (A) 依實際完成部分估價
   (B) 以總銷售金額扣除土地管銷成本及利潤率，再扣除剩餘建築費用
   (C) 以總銷售金額扣除土地管銷成本及利潤率，再扣除延遲損失及剩餘建築費用
   (D) 無法估價　　　　　　　　　　　　　　　【102 年普】

2. 勘估標的若為未完工之建物，應依何種方式估價？　(B)
   (A) 未完工之建物應依比準建物進行估價
   (B) 未完工之建物應依實際完成部分估價
   (C) 未完工之建物應待完工後再進行估價
   (D) 未完工之建物無法產生正常報酬，不予估計　【110 年普】

第六十四條（特殊狀況成本）

1. 有一建物耐用年限 40 年，年限屆滿時之殘餘價格率為 10%，若以定額法計算折舊額，則每年之折舊率為：　(B)
   (A) 2%　(B) 2.25%　(C) 2.5%　(D) 2.75%　【103 年普】

第六十五條（耐用年數認定）

1. 於不動產估價時，所謂物理的耐用年數，係指：　(A)
   (A) 建築改良物從興建完成，至不堪使用的期間
   (B) 建築改良物對不動產價值具有貢獻的一段期間
   (C) 建築改良物從興建完成，至毀損的期間
   (D) 建築改良物從興建完成，至其經濟壽命結束的期間【101 年普】

2. 下列有關耐用年數之敘述，何者有誤？　(D)
   (A) 建物耐用年數終止後確實無殘餘價格者，於計算折舊時不予

提列

(B) 建物折舊額計算應以經濟耐用年數為主

(C) 建物經濟耐用年數表由不動產估價師公會全國聯合會公告之

(D) 物理耐用年數指建物因功能或效益衰退至不值得使用所經歷之年數 　　　　　　　　　　　　　　　　　　　　　　　【103 年普】

3. 因同種類不動產，由於技術革新、設計變化等，致使勘估標的落伍了，由此發生之建物折舊減價，屬於下列何種折舊因素？ (C)

(A) 物理性　(B) 外部性　(C) 功能性　(D) 經濟性　【105 年普】

4. 不動產估價技術規則有關耐用年數之敘述，下列何者最為正確？ (A)

(A) 建物折舊額計算應以經濟耐用年數為主

(B) 建物折舊額計算應以物理耐用年數為主

(C) 經濟耐用年數指建物因自然耗損或外力破壞至結構脆弱而不堪使用所經歷之年數

(D) 物理耐用年數指建物因功能或效益衰退至不值得使用所經歷之年數 　　　　　　　　　　　　　　　　　　　　　　　【105 年普】

5. 某建物樓地板面積為 100 坪，重建每坪 10 萬元，若耐用年數為 50 年，殘值率為 10%，目前已使用 10 年，採定額法折舊，請問該建物之現值為幾萬元？ (A)

(A) 820　(B) 720　(C) 620　(D) 520　【105 年普】

6. 下列有關成本法耐用年數之敘述，何者正確？ (D)

(A) 建物折舊額計算應以物理耐用年數為主

(B) 物理耐用年數指建物因功能或效益衰退至不值得使用所經歷之年數

(C) 經濟耐用年數指建物因自然耗損或外力破壞至結構脆弱而不堪使用所經歷之年數

(D) 建物之經歷年數大於其經濟耐用年數時，應重新調整經濟耐用年數 　　　　　　　　　　　　　　　　　　　　　　　【106 年普】

7. 某公寓因為隔壁基地正在興建危老建案造成外牆龜裂現象，此現象屬於那一種折舊類型？ (A)

(A) 物理性折舊　(B) 功能性折舊　(C) 經濟性折舊
(D) 外部性折舊　　　　　　　　　　　　　　【113 年普】

第六十七條（殘餘價格率）

1. 依不動產估價技術規則規定，建物殘餘價格率之上限為多少？　(B)
   (A) 5%　(B) 10%　(C) 15%　(D) 20%　　【102 年普】

2. 建物之殘餘價格率應由何者公告之？　(B)
   (A) 內政部地政司　(B) 不動產估價師公會全國聯合會
   (C) 全國建築師公會　(D) 內政部營建署　【103 年普】

3. 下列何者最適合說明建築物預期的耐用年數期滿時，欲廢棄之資產價值？　(D)
   (A) 回收價值（salvage value）　(B) 清算價值（liquidation value）
   (C) 剩餘價值（residual value）　(D) 殘餘價值（scrap value）
   　　　　　　　　　　　　　　　　　　　【104 年普】

4. 下列有關建物殘餘價格率之敘述，何者正確？　(C)
   (A) 建物之殘餘價格率應由全聯會公告之，並以不超過百分之二十為原則
   (B) 建物耐用年數終止後確實無殘餘價格者，於計算折舊時應酌予推估提列
   (C) 殘餘價格率計算建物殘餘價格時，應考量建物耐用年數終止後所需清理或清除成本
   (D) 殘餘價格率指建物於物理耐用年數屆滿後，其所謄餘之結構材料及內部設備預定出售之價格占建物總成本之比率
   　　　　　　　　　　　　　　　　　　　【104 年普】

5. 有關建物殘餘價格率之敘述，下列何者錯誤？　(A)
   (A) 殘餘價格率是指建物於物理耐用年數屆滿後，其所謄餘之結構材料及內部設備仍能於市場上出售之價格占建物總成本之比率
   (B) 建物之殘餘價格率應由不動產估價師公會全國聯合會公告

(C) 建物之殘餘價格率以不超過百分之十為原則
(D) 依殘餘價格率計算建物殘餘價格時，應考量建物耐用年數終止後所需清理或清除成本 【105年普】

6. 下列有關成本法之建物殘餘價格之敘述，何者正確？ (D)
(A) 建物之殘餘價格率以不超過百分之二十為原則
(B) 建物耐用年數終止後無殘餘價格者，於計算折舊時以最低殘餘價格率提列
(C) 殘餘價格率，指建物於經濟耐用年數屆滿後，於市場上出售之價格占房地總價格之比率
(D) 計算建物殘餘價格時，應考量建物耐用年數終止後所需清理或清除成本 【109年普】

7. 下列之建物殘餘價格率，何者符合不動產估價技術規則之規定？ (D)
(A) 20% (B) 18% (C) 12% (D) 8% 【112年普】

第六十八條（累積折舊額計算）

1. 請問計算建物累積折舊額，下列何者不屬於不動產估價技術規則規範之折舊路徑？ (D)
(A) 等速折舊 (B) 初期加速折舊 (C) 初期減速折舊
(D) 後期減速折舊 【103年普】

2. 一棟透天厝因緊鄰施工中工地而發生牆壁龜裂現象，估價時最可能將此一情形列為下列何種折舊？ (B)
(A) 功能性折舊 (B) 物理性折舊 (C) 經濟性折舊
(D) 破壞性折舊 【104年普】

3. 依不動產估價技術規則第68條規定，建物累積折舊額之計算，應視下列何者選擇屬於等速折舊、初期加速折舊或初期減速折舊路徑之折舊方法？ (C)
(A) 建商信譽 (B) 建管單位要求 (C) 建物特性及市場動態
(D) 建築設計及建築投資公會 【106年普】

4. 某一建築物重建成本為800萬元，經濟耐用年數為40年，物理耐 (C)

用年數為 50 年，該建築物殘餘價格為 80 萬元，現已完工使用經過 10 年，請問該建築物以等速折舊計算時，每年折舊額為多少？
(A)14.4 萬元　(B)16 萬元　(C)18 萬元　(D)20 萬元　【109 年普】

5. 某一筆建築用地將以土地開發分析法推估價格，其資本利息綜合利率為 4.8%，該土地開發之土地價值比率占 60%，建物價值比率占 40%，預計開發年數為 2 年，請問資本利息年利率應為多少？
(A)2.4%　(B)3.0%　(C)7.68%　(D)9.6%　【109 年普】　(B)

6. 某建物於五年前取得使用執照，目前重建成本 1,000 萬元，殘餘價格率 5%，經濟耐用年數 50 年，請問以定額法估算之建物成本價格為何？
(A) 850 萬元　(B) 865 萬元　(C) 895 萬元　(D) 905 萬元
【111 年普】　(D)

7. 一棟屋齡 30 年的公寓，假設現在重建成本是 3,000 萬元，耐用年數為 50 年，殘餘價格率為 10%，以定額法計算折舊的情況下，目前公寓的價值是多少？
(A) 1,620 萬元　(B) 1,380 萬元　(C) 1,080 萬元　(D) 1,200 萬元
【113 年普】　(B)

第六十九條（成本價格計算）

1. 運用成本法進行不動產估價，下列何者不需納入計算？
(A) 土地總成本　(B) 建物總成本　(C) 建物累積折舊額
(D) 土地增值　【100 年普】　(D)

2. 有關房地成本價格之計算公式，下列何者正確？
(A) 房地成本價格＝土地總成本＋建物成本價格
(B) 房地成本價格＝土地總成本＋建物總成本
(C) 房地成本價格＝土地價格＋建物成本價格－建物累積折舊額
(D) 房地成本價格＝土地價格＋建物成本價格＋建物累積折舊額
【112 年普】　(A)

第七十條（土地開發分析定義）

1. 根據土地法定用途、使用強度進行開發與改良導致土地效益之變化，估算開發或建築後總銷售金額，扣除開發期間之直接成本、間接成本、資本利息及利潤後，求得之土地價格，此估價方法是依據那一種方式呢？
   (A) 比較法　(B) 直接資本法　(C) 土地開發分析法
   (D) 現金流量分析法　　　　　　　　　　　　【99年普】　(C)

2. 土地開發分析法屬於何種不動產估價方法？
   (A) 比較法　(B) 收益法　(C) 成本法　(D) 計量模型分析法
   　　　　　　　　　　　　　　　　　　　　　【99年普】　(C)

3. 下列有關土地開發分析法之敘述，何者正確？
   (A) 主要估計開發或建築前之土地開發分析價格
   (B) 不應將開發期間的資本利息列入成本考量
   (C) 不應將開發利潤列入考量
   (D) 預期總銷售金額應按法定容積面積乘上推定之銷售單價計算
   　　　　　　　　　　　　　　　　　　　　　【99年普】　(A)

4. 對即將進行開發之宗地，較適合運用何種方法進行估價？
   (A) 分配法　(B) 差額法　(C) 土地開發分析法　(D) 抽取法
   　　　　　　　　　　　　　　　　　　　　　【98年普】　(C)

第七十一條（土地開發分析程序）

1. 下列有關土地開發分析估價程序的排列，何者正確？①計算土地開發分析價格　②估算各項成本及相關費用　③估算開發後總銷售金額　④確定土地開發內容及預期開發時間　⑤選擇適當之利潤率及資本利息綜合利率　⑥估算開發後可銷售之土地或建物面積　⑦現況勘察並進行環境發展程度之調查及分析　⑧調查各項成本及相關費用並蒐集市場行情等資料
   (A) ⑧⑦⑥⑤④③②①　(B) ⑦⑧④②③⑥⑤①　　　　(D)

(C) ⑥③②⑤⑧⑦④①　(D) ④⑧⑦⑥③②⑤①　　【104 年普】

第七十三條（現況勘查）

1. 根據不動產估價技術規則，土地開發分析估價程序中的現況勘察與環境發展程度之調查及分析，不包含下列那一項？ (A)
   (A) 勘估標的之標示、權利、法定用途及使用管制等基本資料
   (B) 調查影響總銷售金額、成本及費用等因素
   (C) 確認勘估標的之工程進度、施工及環境狀況並攝製必要照片
   (D) 週遭環境土地建物及公共設施開發程度　　【97 年普】

2. 在土地開發分析法之估價程序中，應進行現況勘查與環境發展程度調查與分析，下列何者不屬於要勘查與調查分析的事項： (C)
   (A) 影響總銷售金額、成本及費用等因素
   (B) 勘估標的之工程進度、施工及環境狀況
   (C) 比較標的之工程進度、施工及環境狀況
   (D) 週遭環境土地建物及公共設施開發程度【111 年普】

第七十五條（預期總銷售金額）

1. 可銷售之土地或建物面積乘以推定之銷售單價之乘積，依土地開發分析，該乘積係指： (C)
   (A) 土地開發分析價格　(B) 建築總費用　(C) 預期總銷售金額
   (D) 不動產取得之總成本　　【98 年普】

2. 採土地開發分析法進行不動產估價時，其基本之假設前提為： (D)
   (A) 必須符合法定容積之規定為上限進行開發
   (B) 必須以預售方式為前提
   (C) 必須以個別投資廠商之利潤為依據
   (D) 必須為開發完成時取得全部房屋銷售金額　　【101 年普】

第七十六條（直接、間接成本項目）

1. 下列有關土地建築開發之直接成本及間接成本之敘述，何者正 (B)

確？①直接成本係指營造或施工費 ②規劃設計費、廣告費、銷售費皆為間接成本 ③直接成本包含規劃設計費 ④間接成本不包含銷售費

(A)②③　(B)①②　(C)①④　(D)③④　　　【104年普】

2. 下列那一項不屬於土地建築開發之間接成本？　　　　　　　　(A)
   (A)施工費　(B)規劃設計費　(C)銷售費　(D)管理費【107年普】

第七十七條（費率認定標準）

1. 進行土地開發分析估價時，廣告費、銷售費在全聯會未公告前，應按總銷售金額之多少比率推估？　　　　　　　　　　　　　　(A)
   (A)4%～5%　(B)3%～4%　(C)2%～3%　(D)0.5%～1.2%

   【96年普】

第七十九條（資本利息綜合利率計算）

1. 土地開發分析法之資本利息綜合利率，應依不動產估價技術規則第58條及第59條規定計算資本利息年利率，並參考下列那一項公式計算之？　　　　　　　　　　　　　　　　　　　　　　　　(B)
   (A) 資本利息年利率×（土地價值比率＋建物價值比率）×1/2×開發年數
   (B) 資本利息年利率×（土地價值比率＋建物價值比率×1/2）×開發年數
   (C) 資本利息年利率×（土地價值比率×1/2＋建物價值比率）×開發年數
   (D) 資本利息年利率×（土地價值比率＋建物價值比率）×1/4×開發年數　　　　　　　　　　　　　　　　　　　　　　　　【104年普】

2. 資本利息年利率為2%，土地價值：建物價值＝6：4，開發年數3年，資本利息綜合利率為：　　　　　　　　　　　　　　　　(C)
   (A)2.4%　(B)3.6%　(C)4.8%　(D)6%　　　【105年普】

3. 於採土地開發分析法之資本利息綜合利率之計算中，如果資本利　　(B)

息年利率為3%，土地價值比率為40%，建物價值比率為60%，開發年數為3年，請問資本利息綜合利率為何？
(A)9%　(B)6.3%　(C)4.5%　(D)3%　　　　　　　【107年普】

第八十條（開發年數估計）

1. 不動產估價師運用土地開發分析法推算開發年數時，應自價格日期起至什麼日期止： (C)
   (A)估價日期　(B)委託人指定日期　(C)開發完成日
   (D)銷售完成日期　　　　　　　　　　　　　　　【89年普】

第八十一條（土地開發分析計算公式）

1. 某建商擬開發建地，預計興建樓板面積1000坪，另雨遮外加50坪，若推定銷售單價平均新臺幣60萬元/坪，利潤率20%、資本利息綜合利率5%、直接成本新臺幣2億元、間接成本新臺幣5千萬元，則土地開發分析價格為新臺幣多少萬元？ (A)
   (A)22619萬元　(B)23480萬元　(C)25000萬元　(D)26814萬元
   　　　　　　　　　　　　　　　　　　　　　　　【102年普】

2. 某建商欲以土地開發分析法評估某土地作為住宅銷售個案之土地價值，請問下列何者非建商運用該方法應蒐集的資料？ (D)
   (A)資本利率　(B)廣告費　(C)利潤率　(D)資本化率【102年普】

3. 土地開發分析法公式 V=[S÷(1+R)÷(1+i)−(C+M)]，其中i為開發或建築所需總成本之資本利息綜合利率，則R為： (D)
   (A)資本化率　(B)土地價值率　(C)營業稅率
   (D)適當之利潤率　　　　　　　　　　　　　　【102年普】

4. 依土地開發分析法評估不動產價格時，如果開發後預期總銷售金額為1億元，適當之利潤率為10%，開發所需之直接成本為5,000萬元，開發所需之間接成本為3,000萬元，開發所需總成本之資本利息綜合利率為4%，請問土地開發分析價格為何？（萬元以後四捨五入） (A)

(A) 741 萬元　(B) 772 萬元　(C) 1,091 萬元　(D) 1,615 萬元

【104 年普】

5. 某一住宅用地，面積 1000 坪，建蔽率 50%，容積率 225%，擬規劃地上 7 層地下 2 層之集合住宅。假設本案完工後總銷售金額為 80000 萬元，資本利息綜合利率為 12%、利潤率為 20%、開發或建築所需之直接成本為 20000 萬元、開發或建築所需之間接成本為 8400 萬元，以土地開發分析法估計本住宅用地的價格，請問下列何者最接近？ (D)

(A) 46267 萬元　(B) 42859 萬元　(C) 38393 萬元　(D) 31124 萬元

【105 年普】

6. 某建商擬開發建地，預計興建樓板面積 1,000 坪，若推定銷售單價平均 80 萬元／坪，利潤率 20%、資本利息綜合利率 5%、直接成本 3 億元、間接成本 6 千萬元，則土地開發分析價格為何？ (C)

(A) 26,582 萬元　(B) 27,215 萬元　(C) 27,492 萬元
(D) 28,200 萬元

【106 年普】

7. 當某土地開發後預期總銷售金額為 1000 萬元，適當之利潤率為 12%，開發所需之直接成本為 300 萬元，開發所需之間接成本為 250 萬元，開發所需總成本之資本利息綜合利率為 4% 時，請問土地開發分析法價格大約為何？ (D)

(A) 433 萬元　(B) 402 萬元　(C) 386 萬元　(D) 309 萬元

【107 年普】

8. 有一筆建地面積 1,000 坪，預期興建為住宅大樓後的總銷售金額為 3.8 億元，若營建施工費為 1 億元，管理銷售及規劃設計等費用為 1,100 萬元，合理利潤率為 16%，資本利息綜合利率為 2%，請問該筆建地每坪單價約為： (C)

(A) 210 萬元　(B) 420 萬元　(C) 21 萬元　(D) 42 萬元【108 年普】

9. 某建築開發公司擬開發建地，開發或建築後預期總銷售金額估計 8.8 億元，開發直接成本 3 億元、間接成本 8 千萬元，開發商要求利潤率 20%、資本利息綜合利率 4%，試問土地開發分析價格 (A)

多少？

(A) 32513 萬元　(B)31083 萬元　(C)30886 萬元　(D)30562 萬元

【109 年普】

10. 有一 500 坪建地可興建大樓出售，預期新大樓之總銷售金額為 10 億元，若營建施工費為 3 億元，管理銷售費用等間接成本為 9 千萬元，要求的利潤率為 18%、資本綜合利率為 5%。請問該建地每坪價格約為多少？

(A)100.5 萬元　(B)83.4 萬元　(C)65.8 萬元　(D)41.7 萬元

【110 年普】　(B)

11. 某開發商擬於新開發區開發建築，預計興建樓板面積 2,000 坪。若推定銷售單價平均 60 萬元/坪、利潤率 20%、資本利息綜合利率 5%、直接成本 2 億元、間接成本 4 千萬元，請問土地開發分析價格多少萬元？

(A) 71,238　(B) 69,526　(C) 64,878　(D) 62,106

【111 年普】　(A)

12. 如果一開發案開發後預期總銷售金額為新臺幣 10 億元，適當之利潤率為 10%，開發所需之直接成本為新臺幣 6 億元，開發所需之間接成本為新臺幣 2 億元，開發所需總成本之資本利息綜合利率為 5%。請問下列何者最接近此一開發案之土地開發分析價格？

(A) 新臺幣 2 億元　(B) 新臺幣 1.5 億元　(C) 新臺幣 1.091 億元
(D) 新臺幣 0.658 億元

【112 年普】　(D)

第八十二條（公告資料備查）

1. 依不動產估價技術規則之規定，下列何者並非由不動產估價師公會全國聯合會公告？

(A) 建物經濟耐用年數表　(B) 建築改良物標準單價表
(C) 營造或施工費標準表
(D) 廣告費、銷售費、管理費及稅捐之相關費率　【105 年普】　(B)

2. 依不動產估價技術規則之規定，下列何者非屬不動產估價師公會　(C)

全國聯合會公告之項目？
(A) 建物工程進度營造費用比例表　(B) 開發或建築利潤率
(C) 建造執照工程造價表　(D) 營造或施工費標準表　【105 年普】

第四章　宗地估價

1. 以土地殘餘法推估基地價格，為何種學說之主張？ (B)
   (A) 建物貢獻說　(B) 土地貢獻說　(C) 聯合貢獻說
   (D) 土地與建物合併貢獻說　　　　　　【98 年普】

2. 就目前房屋課稅價格，經常發生樓上層納稅義務人，因為各層建 (A)
   物價格未加以分層分攤，導致樓上層與地面層的房屋稅課稅單價
   相差無幾，如從不動產估價的觀點，以前述建物價格計算各樓層
   地價時，主要係以何種觀點進行？
   (A) 土地貢獻原則　(B) 建物貢獻原則　(C) 聯合貢獻原則
   (D) 收益遞增遞減原則　　　　　　　　【101 年普】

第八十三條

1. 設三宗土地合併後整體開發利用，其合併後價格為 2,500 萬元， (C)
   合併前價格分別為 800 萬元、500 萬元及 700 萬元。則對於原來
   700 萬元之土地，其合併後之價格應為何？（第 83、84 條）
   (A) 825 萬元　(B) 850 萬元　(C) 875 萬元　(D) 895 萬元【108 年普】

2. 進行宗地估價時，下列敘述何者錯誤？（第 83、84、85、88 條） (D)
   (A) 以分割為前提之宗地估價，應考慮分割前與分割後之價格變
   　　動情形，而予酌量增減
   (B) 數筆土地合併為一宗進行土地利用之估價，應以合併後土地
   　　估價，並以合併前各筆土地價值比例分算其土地價格
   (C) 一宗土地內有數種不同法定用途時，應考量其最有效使用及
   　　各種用途之相關性及分割之難易度後，決定分別估價或依主
   　　要用途估價

(D) 土地之上下有其他設施通過，致使用受限制之宗地，應先估算其特定價格，再考量該設施通過造成土地利用之影響，並計算其地價減損額後，從特定價格中扣除之，以其餘額為該宗地之價格 【109 年普】

第八十四條（合併估價原則）

1. 兩宗土地合併後整體利用，合併後價格為 1,000 萬元，其合併前價格分別為 300 萬元及 500 萬元，則對於原來 500 萬元之土地，其合併後價格應為：
   (A) 600 萬元　(B) 700 萬元　(C) 625 萬元　(D) 425 萬元【100 年普】 (C)

2. 三筆土地分別為 1500 萬元、2500 萬元及 6000 萬元，今決定將三筆土地合併開發，經評估合併後土地總價值為 1 億 5 千萬元，請問相對於原來 1500 萬元之土地，其合併後價格應為：
   (A) 3750 萬元　(B) 2250 萬元　(C) 9000 萬元　(D) 2500 萬元 (B)
   【107 年普】

第八十五條（不同法定用途）

1. 依據不動產估價技術規則之規定，在一宗土地內有不同法定用途時，應如何估價？ (D)
   (A) 應考量不同用途之合併或分割前後之價格變動情形，予酌量增減
   (B) 應以合併用途後估價，並以合併用途前各筆土地價值比例分算其土地價格
   (C) 應考慮不同用途之建築物對宗地價格造成之影響，予以酌量增減
   (D) 應考量其最有效使用及各種用途之相關性及分割之難易度後，決定分別估價或依主要用途估價 【111 年普】

2. 有關一宗土地內有數種不同法定用途時之估價敘述，下列何者錯誤？ (D)

(A) 估價前應先考量其最有效使用再決定估價方式
(B) 在考量宗地狀況後可以視不同法定用途採分別估價
(C) 估價前應先考量各種用途之相關性及分割之難易度再決定估價方式
(D) 估價時無須考量是否有數種不同法定用途，只需依其主要用途估價
【112 年普】

第八十六條（附有建物之宗地）

1. 請問「附有建物之宗地估價，應考慮該建物對該宗地價格造成之影響。但以素地估價為前提並於估價報告書敘明者，不在此限。」中，但書之規定屬於何種類型之估價？ (A)
   (A) 獨立估價　(B) 部分估價　(C) 正常估價　(D) 限定估價
   【103 年普】

2. 附有建物之宗地，考慮建物對宗地價格影響下所為之土地估價，稱之為： (C)
   (A) 分割估價　(B) 合併估價　(C) 部分估價　(D) 獨立估價
   【106 年普】

3. 不動產估價有所謂的獨立估價，請問獨立估價是指： (D)
   (A) 土地上原有地上建物，但於估價之價格日期時已頹壞傾倒，估價時仍視為有地上建物，併同土地一併估價
   (B) 土地上無地上建物，純素地估價
   (C) 土地上有地上建物，估價時將土地與地上建物併同估價
   (D) 土地上有地上建物或他項權利存在，但估價時將土地視為素地予以估價，不考慮地上建物或他項權利對該土地的影響
   【107 年普】

第八十七條（即將開發宗地）

1. 下列對以進行開發為前提之宗地估價，何者正確？①得採土地開發分析法進行估價　②得採收益法進行估價　③並參酌比較法 (A)

之評估結果決定其估價額　④並參酌成本法之評估結果決定其估價額

(A)①③　(B)②④　(C)③④　(D)①② 【104年普】

第八十九條（土壤或地下水汙染）

1. 不動產估價技術規則第89條規定：「受有土壤或地下水污染之土地，應先估算其未受污染之正常價格，再依據委託人提供之土壤污染檢測資料，考量該土壤或地下水污染之影響，並計算其地價減損額後，從正常價格中扣除之，以其餘額為該宗地之價格。」假設受污染宗地，未受污染正常價格2,000萬元，經勘估地價減損額500萬元，則受污染地價格多少？ (C)

(A) 500萬元　(B)1,000萬元　(C)1,500萬元　(D)2,000萬元

【106年普】

第二節　特殊宗地估價

第九十條（溫泉地估價）

1. 依不動產估價技術規則之規定，溫泉地之估價，應考慮之影響價格因素不包括下列何者？ (B)

(A) 水溫　(B) 當地人口　(C) 當地之交通情形　(D) 水權內容

【97年普】

第九十一條

1. 依不動產估價技術規則規定，下列有關特殊宗地之估價，何者敘述錯誤？（第92、93、95條） (B)

(A) 公共設施保留地之估價，以比較法估價為原則
(B) 林地之估價，以比較法估價為原則
(C) 農場之估價，以比較法估價為原則
(D) 墓地之估價，以比較法估價為原則

【110年普】

第九十二條（林地估價）

1. 依不動產估價技術規則之規定，林地採成本法估價時，其總費用之計算，何者不是應考量之項目？
   (A) 造林費　(B) 營運費用　(C) 林地改良費　(D) 道路開挖費用　　(B)
   【105年普】

第九十三條（農場或牧場估價）

1. 農場或牧場之估價，以何種方法估價為原則？
   (A) 收益法　(B) 成本法　(C) 比較法　(D) 殘餘法　【103年普】　(C)

第九十四條（鹽田估價）

1. 臺灣南部有許多鹽田，其價值評估以比較法估價為原則。若無買賣實例者，下列敘述何者正確？
   (A) 得以收益法估計之　(B) 得以成本法估計之
   (C) 得以鹽田會員制度及曬鹽費用等因素推估之
   (D) 得以附近土地價格為基礎，考慮其日照、通風、位置及形狀等差異，比較推估之　　　　　　　　　　　【106年普】　(D)

2. 依不動產估價技術規則之規定，有關特殊宗地估價之敘述，下列何者正確？
   (A) 高爾夫球場之估價，以比較法估價為原則
   (B) 溫泉地之估價，以比較法估價為原則
   (C) 鹽田之估價，以比較法估價為原則
   (D) 林地之估價，以比較法估價為原則　　　　【112年普】　(C)

第九十七條（公共設施用地估價）

1. 依不動產估價技術規則規定，公共設施用地及公共設施保留地之估價，是以何種估價方法為原則？
   (A) 土地開發分析法　(B) 收益法　(C) 折現現金流量分析法　(D)

(D) 比較法 【106 年普】

2. 某三層樓獨棟透天新成屋,建物登記面積為 40 坪,坐落基地登記面積為 20 坪,房地之正常價格為 1200 萬元,經參酌當地市場調查資料,運用估價方法計算出建物價值比率為占房地價格的 30%,請問該基地單價應為多少? (C)
   (A)18 萬元／坪 (B)30 萬元／坪 (C) 42 萬元／坪
   (D)60 萬元／坪 【109 年普】

3. 在宗地估價中,公共設施用地及公共設施保留地之估價,以下列那一種方法估價為原則? (A)
   (A) 比較法 (B) 收益法 (C) 成本法
   (D) 土地開發分析法 【112 年普】

4. 有關特殊宗地估價敘述,下列何者錯誤? (B)
   (A) 農場或牧場之估價,以比較法估價為原則
   (B) 公共設施用地及公共設施保留地之估價,應考慮政府徵收土地之可能價格評估之
   (C) 高爾夫球場之估價,應考慮會員制度、球場設施、開發成本、收益及營運費用等因素
   (D) 鹽田之估價無買賣實例者,得以附近土地價格為基礎,考慮其日照、通風、位置及形狀等差異,比較推估之【113 年普】

第五章　房地估價

第九十八條（區分所有建物估價）

1. 有關樓層別效用比率的敘述,下列何者錯誤? (B)
   (A) 因建物各樓層之效用不同,造成價格有所差異,因此有不同的樓層別效用比率
   (B) 樓層別效用比率是將各層樓之總價以百分率方式來表示
   (C) 樓層別效用比率可能大於 100% 或小於 100%

(D) 樓層別效用比率並非固定不變　　　　　　　　【105 年普】

2. 同棟多層樓之不動產估價，估價師通常以某一層為比準層，再依樓層別效用比推估其他樓層之價格，若以最低價之樓層為比準層，其他各樓層之效用比為何？　　　　　　　　　　(A)
   (A) 均大於 100　(B) 均等於 100　(C) 均小於 100
   (D) 大於或小於 100　　　　　　　　　　　　【107 年普】

3. 某 4 層樓公寓，其各層面積均相同，若四樓每坪售價 23 萬元，三樓每坪售價 20 萬元，二樓每坪售價 24 萬元，一樓每坪售價 30 萬元，若三樓之樓層別效用比為 100%，則一樓之樓層別效用比為何？　　　　　　　　　　　　　　　　　　(D)
   (A) 120%　(B) 130%　(C) 140%　(D) 150%　　【108 年普】

4. 對於區分所有建物估價運用樓層別效用比時，下列敘述何者正確？（第 98、100、101 條）　　　　　　　　　　　　(C)
   (A) 樓層別效用比是各層樓區分所有建物之立體地價差異所形成的樓層別效用比率
   (B) 樓層別效用比可從各層樓出售價格案例，扣除開發利潤與土地成本費用後，推算區分所有建物各樓層效用比
   (C) 樓層別效用比包含區分所有建物的土地效用與建築物效用
   (D) 樓層別效用比通常地面層是最高，4 樓為最低；當樓層數越高，樓層別效用比就越高　　　　　　　　　【109 年普】

5. 某公寓為談危老改建，經委託不動產估價師就 1 至 4 樓之單價分別查估為 80、60、55、50 萬元／坪，若全棟建物成本價格占全棟房地總價格比率為 30%，請問 1 至 4 樓之樓層別效用比分別為？　　　　　　　　　　　　　　　　　　　　(B)
   (A) 170%、130%、120%、100%　(B) 160%、120%、110%、100%
   (C) 150%、110%、105%、100%　(D) 140%、120%、110%、100%
   　　　　　　　　　　　　　　　　　　　　　　　【111 年普】

6. 有一幢公寓每坪平均售價為 60 萬元，1 樓每坪售價為 75 萬元，4 樓每坪售價為 50 萬元，建物價格占不動產價格之 40%，若 4　　　　(B)

樓之樓層別效用比為 100%，則 1 樓之樓層別效用比為何？
(A) 175%　(B) 150%　(C) 120%　(D) 102%　　【112 年普】

7. 某一棟四層樓公寓，各樓層面積皆相同，一樓單價每坪 50 萬元，4 樓單價每坪 40 萬元，假設 4 樓之樓層別效用比為 100%，請問一樓的樓層別效用比是多少？ (D)
(A) 150%　(B) 130%　(C) 115%　(D) 125%　　【113 年普】

第九十九條（房地推估基地單價）

1. 樓層別效用比係以何種學說為基礎？ (A)
(A) 土地與建物聯合貢獻說　(B) 土地貢獻說
(C) 建物貢獻說　(D) 最有效使用原則　　【100 年普】

2. 有一棟公寓其平均樓層別效用比為 124%，全棟建物成本占全棟房地總價格 60%，1 樓之樓層別效用比為 150%，1 樓之地價分配率為： (B)
(A) 74.4%　(B) 75.6%　(C) 159%　(D) 150%　　【100 年普】

3. 不動產估價技術規則第 99 條之計算公式，勘估標的之基地價格 = 勘估標的之房地價格 – 勘估標的之建物成本價格。請問此為何種學說之主張？ (A)
(A) 土地貢獻說　(B) 建物貢獻說　(C) 聯合貢獻說
(D) 合併貢獻說　　【108 年普】

第一百條（房地推估基地單價）

1. 將平面地價（基地價格）作立體上下分配到各樓層的比率，稱為： (D)
(A) 樓層別效用比　(B) 土地持分比率　(C) 高度價格比率
(D) 地價分配率　　【98 年普】

2. 某公寓 1 至 4 樓之單價分別為 100、70、60、70 萬元／坪，若全棟建物成本價格占全棟房地總價格比率為 30%，若以 3 樓為基準，1 至 4 樓之樓層別效用比分別為下列何者？ (D)

(A) 100%、70%、60%、70%　(B) 100%、70%、70%、60%
(C) 167%、117%、117%、100%
(D) 167%、117%、100%、117%　　　　　　　　【106 年普】　(C)

3. 某區分所有建物位於住宅大樓十樓，其樓層別效用比為 110%，平均樓層別效用比為 105%。假設全棟建物成本價格占全棟房地總價格比率為 40%，該區分所有建物之地價分配率為何？
(A) 65%　(B) 66%　(C) 68%　(D) 70%　　　　　　【110 年普】

第一百零一條（房地推估基地單價）

1. 甲以 2000 萬元（比市場行情低二成的價格）買了一戶公寓，請問該公寓之市場行情是多少？
(A) 1600 萬元　(B) 2200 萬元　(C) 2400 萬元　(D) 2500 萬元
【103 年普】　(D)

2. 有一棟七層建物，一層一戶，每戶面積皆相同，一樓每坪 100 萬元，七樓每坪 75 萬元，若七樓之樓層別效用比為 150%，則一樓之樓層別效用比為何？
(A) 100%　(B) 125%　(C) 175%　(D) 200%　　　【103 年普】　(D)

第一百零二條（超容積情形）

1. 實際建築使用之容積率超過法定容積率之房地估價，應以那些部分之現況估價，並敘明法定容積對估值之影響？
(A) 以所有實際建築使用部分估價
(B) 以實際建築使用合法部分再扣除違章建築部分後估價
(C) 以實際建築使用合法部分估價
(D) 不論是否合法皆以法定容積率部分估價　　　　【104 年普】　(C)

2. 有關房地估價之敘述，下列何者錯誤？　　　　　　　　　　　(A)
(A) 實際建築使用之容積率超過法定容積率之房地估價，應以實際建築使用之現況估價，並敘明法定容積對估值之影響
(B) 附有違章建築之房地估價，其違建部分不予以評估

(C) 未達最有效使用狀態之房地估價，應先求取其最有效使用狀態之正常價格，再視其低度使用情況進行調整

(D) 建物已不具備使用價值，得將其基地視為素地估價。但應考量建物拆除成本予以調整之 【105年普】

3. 實際建築使用之容積率超過法定容積率之房地，應以何種方式估價？ (D)
(A) 以原規定之法定容積進行估價
(B) 以原規定法定容積的上限進行估價
(C) 以實際建築使用部分之現況進行估價
(D) 以實際建築使用合法部分之現況估價 【110年普】

第一百零三條（附有違章建築）

1. 附有違章建築之房地估價，有關違建部分之處理方式，下列何者正確？ (A)
(A) 違建部分不予以評估
(B) 委託人要求評估違建部分之價值時，只需就合法建物及違建部分於估價報告書中標示合併之總價格即可
(C) 委託人如果要求評估違建部分之價值時，應拒絕之
(D) 不論委託人有無要求，皆應就合法建物及違建部分於估價報告書中標示合併之總價格 【107年普】

2. 某甲有一棟5層透天住宅，其中第一層到第四層為合法建築物，頂樓層為違章建築物，某甲委託估價人員進行房地估價，並要求估價人員對所有樓層進行估價，估價人員應如何估價較為恰當？ (C)
(A) 僅針對合法建築物進行估價
(B) 拒絕對建築物估價
(C) 就合法建築物與違章建築物分別標示各該部分之價格
(D) 合法建築物以成本法估價，違章建築物則以加速折舊方式估價 【111年普】

第一百零六條（建物拆除成本）

1. 進行不動產估價時，所謂獨立估價，係指： (C)
   (A) 土地上有建築物，但估價時將土地與建物併同估價
   (B) 土地上無建築物，但估價時假設土地與建物併同估價
   (C) 土地上有建築物，但估價時將土地視為素地加以估價
   (D) 土地上無建築物，但估價時視為存有地上權加以估價
   【101 年普】

2. 某房屋受地震損害經鑑定無法居住使用，下列估價原則何者較能掌握其房地價格？ (B)
   (A) 先估計重建價格，再以重建後房地價格扣掉重建所花費金額
   (B) 以素地價格估價，並扣除拆除建物費用
   (C) 以比較法估計一般正常未受損價格，再以特殊情況調整
   (D) 無法估價
   【102 年普】

第六章　土地改良物估價

第一百零八條（建物估價原則）

1. 建物估價，以何種方法估價為原則？ (B)
   (A) 收益法　(B) 成本法　(C) 比較法　(D) 殘餘法　【103 年普】

第一百一十一條（農作改良物估價方式）

1. 依不動產估價技術規則之規定，農作改良物距成熟期一年以上，且有期待收穫價值者，得以何種價格為基礎，推估未來收穫價格後，折算為價格日期之價格。 (D)
   (A) 市場價格　(B) 生產成本　(C) 政府收購價格　(D) 產地價格
   【97 年普】

第一百一十二條（工事及水利土壤改良）

1. 有關附著於土地之工事及水利土壤之改良估價，下列敘述何者正確？ (A)
   (A) 以成本法為原則，但得斟酌比較法及收益法估價之結果
   (B) 以成本法為原則，但得斟酌比較法及計量模型分析法估價之結果
   (C) 以比較法為原則，但得斟酌成本法及收益法估價之結果
   (D) 以收益法為原則，但得斟酌比較法及成本法估價之結果
   【97 年普】

2. 附著於土地之工事及水利土壤之改良，以何種方法估價為原則？ (B)
   (A) 收益法　(B) 成本法　(C) 比較法　(D) 土地開發分析法
   【107 年普】

第一百一十四條（權利估價種類）

1. 下列何者非屬不動產估價技術規則規定之權利估價種類？ (D)
   (A) 地上權　(B) 租賃權　(C) 都市更新權利變換　(D) 商標權
   【98 年普】

2. 根據不動產估價技術規則規定，下列那些不是不動產權利估價範圍呢？ (C)
   (A) 地上權估價　(B) 典權估價　(C) 質權估價　(D) 地役權估價
   【99 年普】

3. 下列那些項目屬於不動產估價技術規則所指之勘估標的的？①果樹　②房屋　③智慧財產權　④地上權　⑤租賃權 (C)
   (A) ③④⑤　(B) ②③④⑤　(C) ①②④⑤　(D) ①②③④⑤
   【101 年普】

4. 依不動產估價技術規則之規定，下列何者不是權利估價的範圍？ (C)
   (A) 市地重劃　(B) 農育權　(C) 區段徵收　(D) 容積移轉
   【103 年普】

第一百一十六條

1. 有關權利估價敘述，下列何者正確？ (C)
   (A) 市地重劃前後土地估價係作為地主分配的依據，不屬於權利估價
   (B) 永佃權估價，不需要考慮佃租支付情形，依民間習慣估計之
   (C) 地上權估價，應考慮其用途、權利存續期間、支付地租之有無、權利讓與之限制及地上權設定之空間位置等因素估計之
   (D) 容積移轉估價，主要考慮捐贈公共設施用地的市場價格決定之
   【113年普】

第七章　權利估價

第一百一十八條（永佃權估價因素）

1. 下列有關永佃權估價之敘述，何者正確？ (B)
   (A) 應考慮設定目的估計之
   (B) 應考慮佃租支付情形、民間習俗等因素估計之
   (C) 應考慮權利存續期間、權利讓與之限制等因素，以典價為基礎估計之
   (D) 應考慮設定目的、約定方法、權利存續期間、支付地租之有無及高低估計之
   【106年普】

第一百一十九條（地役權估價因素）

1. 下列何者不屬於地役權估價應考慮之因素？ (D)
   (A) 地役權之使用性質　(B) 民間習俗
   (C) 需役地與供役地之使用情況　(D) 耕作存續期間　【97年普】

第一百二十一條（抵押權估價因素）

1. 下列不動產權利估價之相關敘述，何者錯誤？ (B)
   - (A) 地上權估價，應考慮其用途、權利存續期間、支付地租之有無、權利讓與之限制及地上權設定之空間位置等因素
   - (B) 抵押權估價，應直接以實際債權額為基礎，考慮其他順位抵押權設定狀況、流通性、風險性、增值性及執行上之難易程度等因素調整
   - (C) 租賃權估價，應考慮契約內容、用途、租期、租金支付方式、使用目的及使用情形等因素
   - (D) 容積移轉估價，應考慮容積送出基地、接受基地及其他影響不動產價格及相關法令等因素 【102年普】

第一百二十二條之一（市地重劃估價因素）

1. 有關市地重劃估價的敘述，下列何者錯誤？ (B)
   - (A) 相關法令未明定重劃前後地價查估之價格日期
   - (B) 重劃前之地價應分別估計各宗土地地價及區段價
   - (C) 重劃後之地價應估計重劃後各路街之路線價或區段價
   - (D) 估計重劃前後地價應提地價評議委員會評定 【105年普】

第一百二十五條（權利變換前估價）

1. 一區分所有建物進行權利變換估價時，經調查其素地總價為5000萬元、總成本為3000萬元、營造或施工費單價為20萬元、累積折舊率為80%、全棟建物面積為100坪，請問其基地價值比率為何？ (D)
   (A) 63%　(B) 71%　(C) 89%　(D) 93% 【103年普】

2. 有關都市更新權利變換估價，下列敘述何者錯誤？（第125、126、127、126-1） (A)
   - (A) 權利變換前為區分所有建物者，應以全棟建物價值比率，分

算各區分所有建物房地總價之基地權利價值

(B) 權利變換前區分所有建物之基地總價值低於區分所有建物坐落基地之素地總價值者，應以各區分所有建物房地總價乘上基地價值比率，計算出各區分所有建物之基地權利價值

(C) 權利變換前之基地未建築使用者，以素地價值推估其土地權利價值

(D) 權利變換前為非屬區分所有之建物者，應以該建物之房地總價乘以基地價值比率計算基地權利價值　　　　【109年普】

第一百二十六條之一

1. 都市更新權利變換前之透天厝（僅有一所有權人）房地總價為1,500萬元，房地價值比為1：9。若該基地素地價格經評估為1,300萬元整，請問該基地之權利價值依不動產估價技術規則規定應為多少？　　(C)

 (A) 1,500萬元　(B) 1,400萬元　(C) 1,350萬元　(D) 1,300萬元
　　　　　　　　　　　　　　　　　　　　　　【110年普】

第一百二十八條（權利變換後估價）

1. 權利變換後區分所有建物及其土地應有部分，應考量都市更新權利變換計畫之建築計畫、建材標準、設備等級、工程造價水準及更新前後樓層別效用比關聯性等因素，以都市更新評價基準日當時之何種類型價格查估之？　　(A)

 (A) 新成屋價格　(B) 預售屋價格
 (C) 中古屋價格　(D) 徵收補償價格　　　　　　【102年普】

第八章　租金估價

第一百二十九條（租金估計考慮因素）

1. 估計不動產租金應考慮下列那些因素？甲：契約內容；乙：租期長短；丙：使用目的；丁：稅費負擔；戊：租約更新。
   (A) 甲丙丁戊　(B) 甲乙丁戊　(C) 甲乙丙戊　(D) 甲乙丙丁戊　(D)
   【95 年普】

2. 下列何者不是不動產租金估計時應考慮的因素？　(A)
   (A) 出租人數　(B) 使用目的　(C) 租期長短　(D) 稅費負擔
   【104 年普】

第一百三十條（實質租金計算）

1. 乙將房屋出租與丙，每月租金 10,000 元，押金 30,000 元，押金利率為 1%，若該區房屋空置率為 25%，則乙出租房屋的年有效總收入為：　(C)
   (A) 120,000 元　(B) 95,000 元　(C) 90,300 元　(D) 90,000 元
   【101 年普】

2. 某甲將透天厝出租於某乙使用，雙方約定每月租金為 35,000 元，押金兩個月，定存年利率設為 1.5%，則下列何者為其一年之實質租金？　(C)
   (A) 71,050 元　(B) 420,000 元　(C) 421,050 元　(D) 701,050 元
   【104 年普】

3. 不動產租金估計，以估計勘估標的之實質租金為原則。此處實質租金指包括下列那些收益？①承租人每期支付予出租人之租金 ②押金運用收益 ③保證金運用收益 ④權利金運用收益　(B)
   (A) 僅②④　(B) ①②③④　(C) 僅①③　(D) 僅①②　【104 年普】

4. 有一不動產每月租金 5000 元，押金 2 個月，押金存款年利率 5%，請計算其一年實質租金。　(C)

(A) 60000 元　(B) 5500 元　(C) 60500 元　(D) 70000 元【105年普】

5. 有關不動產租金之估計，以估計勘估標的之何種租金為原則？
   (A) 契約租金　(B) 實質租金　(C) 支付租金　(D) 押租金

(B)

【105年普】

6. 依不動產估價技術規則規定，承租人每期支付予出租人之租金，加計押金或保證金、權利金及其他相關運用收益之總數，稱為：
   (A) 純租金　(B) 支付租金　(C) 實質租金　(D) 經濟租金

(C)

【107年普】

7. 不動產租金估計，以估計勘估標的之何種租金為原則？
   (A) 市場租金　(B) 差額租金　(C) 實質租金　(D) 經濟租金

(C)

【112年普】

8. 有關不動產租金估計之敘述，下列何者正確？
   (A) 不動產租金估計，以估計勘估標的之承租人每期支付予出租人之租金，加計押金或保證金、權利金及其他相關運用收益之總數為原則
   (B) 新訂租約之租金估計得以勘估標的預估契約租金之淨收益，估計租金未來變動趨勢調整後，再加計必要費用
   (C) 續訂租約之租金估計得以勘估標的價格乘以租金收益率，以估計淨收益，再加計必要費用
   (D) 不動產之租金估計不應考慮使用目的

(A)

【112年普】

9. 下列有關租金估計的敘述何者錯誤？
   (A) 租金估價的價格種類包括正常租金與限定租金兩種
   (B) 名目租金，指承租人每期支付予出租人之租金，加計押金或保證金、權利金及其他相關運用收益之總數
   (C) 續訂租金與正常市場租金不同，故續訂租金屬於限定租金
   (D) 積算法用於評估正常租金

(B)

【113年普】

10. A 把忠孝東路五段鄰近市政府的店面出租給一間連鎖咖啡店，每月租金 100,000 元，押金 2 個月，假設年利率 2.5%，約定每年管理費 120,000 元由咖啡店支付，請問其一年支付之實質租金為

(B)

多少元？

(A) 1,200,000　(B) 1,205,000　(C) 1,085,000　(D) 1,080,000

【113 年普】

第一百三十一條（租金分類）

1. 有關租金估價的敘述，下列何者正確？　(B)
   (A) 續訂租約之租金屬正常租金
   (B) 不動產租金估計，應視新訂租約與續訂租約分別為之
   (C) 淨租金指承租人每期支付予出租人之租金，加計押金或保證金、權利金及其他相關運用收益之總數
   (D) 不動產租金估計，以估計勘估標的之支付租金為原則

【105 年普】

第一百三十二條（新訂租約估價）

1. 新訂租約租金之估計，得分析企業經營之總收入，據以估計勘估標的在一定期間內之何種收益，再加計必要費用？　(D)
   (A) 總收益　(B) 毛收益　(C) 有效總收益　(D) 淨收益【101 年普】

2. 甲向其好友乙承租房屋乙棟，約定每月租金為 25,000 元，此租金低於合理租金 5,000 元，押金為 2 個月租金，押金運用收益率 2%。請問該房屋每年之支付租金為何？　(D)
   (A) 361,000 元　(B) 360,000 元　(C) 301,000 元　(D) 300,000 元

【103 年普】

3. 勘估標的丙之市場價格 1,000 萬元，經分析當地同類型不動產之租金收益率 5%，必要費用 20 萬元／年，租賃所得稅約 2 萬元。若丙為新訂租約，根據上開資料估計之年租金為？　(C)
   (A) 50 萬元　(B) 52 萬元　(C) 70 萬元　(D) 72 萬元　【110 年普】

第一百三十三條（續訂租約估價）

1. 以差額租金還原法所得出之價格為：　(D)

(A)所有權價格　(B)經濟租金　(C)實質租金　(D)租賃權價格

【100年普】

2. 林乙向王甲承租房屋，每月支付的實質租金為10,000元，這棟房屋如於市場上重新出租，合理租金為16,000元。假設王甲、林乙對該租金增加的貢獻各半，請問於王甲考慮續約的情況下，其合理的租金應該調整為多少？

(A) 10,000　(B)13,000元　(C)16,000　(D)19,000元　【100年普】 (B)

3. T市東區某店面於5年前出租經營，現到期擬續租，當年簽約契約租金每年新臺幣250萬元，目前市場經濟租金每年可達新臺幣350萬元，若分析此租金上漲應有60%歸功於承租經營者，在相關必要費用不增加情況下，最合理之續租租約年租金為何？

(A) 新臺幣250萬元　(B) 新臺幣290萬元
(C) 新臺幣310萬元　(D) 新臺幣350萬元　【102年普】 (B)

4. 續訂租約之租金估計，得採下列那些方式為之？①以續訂租約之租賃實例為標的，運用收益法估計之　②勘估標的價格乘以租金收益率，以估計淨收益，再加計必要費用　③以勘估標的原契約租金之淨收益，就其租金變動趨勢調整後，再加計必要費用　④分析企業經營之總收入，據以估計勘估標的在一定期間內之淨收益，再加計必要費用。

(A)①②④　(B) ①③　(C) 僅③　(D) ③④　【104年普】 (C)

5. 下列何者最適合用來推估不動產租金？
(A) 殘餘法　(B) 資本化率法　(C) 還原利率法　(D) 差額分配法

【104年普】 (D)

6. 西門町某店面於3年前出租經營，到期擬續租，當年契約租金每年200萬元，目前市場經濟租金每年可達250萬元，若分析此租金上漲應有60%歸功於承租經營者，在必要費用不增加情況下，合理續租年租金多少？

(A) 220萬元　(B)230萬元　(C)240萬元　(D)250萬元

【106年普】 (A)

7. 續訂租約之租金估計方法中，差額分配法係指下列何種差額？　(A)
   (A) 市場經濟租金與原契約租金之差額
   (B) 原實質租金與市場經濟租金之差額
   (C) 市場正常租金與原實質租金之差額
   (D) 原契約租金與市場正常租金之差額　【110 年普】

其他

1. 不動產因鄰近殯儀館，造成價格之減損，此屬於何種原則？　(D)
   (A) 競爭原則　(B) 供需原則　(C) 替代原則　(D) 外部性原則
   【110 年普】

2. 公寓因加裝電梯而價格提昇，此屬於何種不動產估價原則？　(B)
   (A) 外部性原則　(B) 貢獻原則　(C) 替代原則　(D) 遞增原則
   【110 年普】

3. 勘估標的乙之價格日期、勘察日期分別為 110 年 8 月 15 日、110 年 9 月 15 日，若比較標的交易日期為 110 年 7 月 10 日（經查 110 年 7 至 9 月不動產指數分別為：106%、108%、107%），其價格日期調整百分率為何？　(D)
   (A) 98%　(B) 99%　(C) 101%　(D) 102%　【110 年普】

貳　不動產估價師法

第二章　登記及開業

第五條（估價經驗）

1. 領有不動產估價師證書者，若欲申請發給開業證書，必須要有幾　(B)

年以上之估價經驗者方得提出申請？
(A) 一年　(B) 二年　(C) 三年　(D) 四年　　　　【89年普】

第三章　業務及責任

第十四條

1. 下列何者非屬不動產估價師受理委託估價之勘估標的？　　(D)
   (A) 土地及其權利估價　(B) 建築改良物及其權利估價
   (C) 不動產租金估計　(D) 不動產稅負之估算　　【108年普】

第十五條（訂立書面契約）

1. 不動產估價師受委託辦理業務，其工作範圍及應收酬金，應：　(A)
   (A) 與委託人於事前訂立書面契約　(B) 於事前訂立口頭契約
   (C) 於事後訂立書面契約　(D) 不必訂立契約　　【89年普】

第十九條（估價技術規則之訂定及資料之保存）

1. 不動產估價之作業程序、方法及估價時應遵行事項等技術規則：　(C)
   (A) 由估價師自己決定　(B) 由估價師同業公會決定
   (C) 由中央主管機關定之　(D) 隨估價個案而定　　【89年普】

2. 不動產估價師對於委託估價案件之委託書及估價工作紀錄資料應　(D)
   至少保存：
   (A) 一年　(B) 三年　(C) 五年　(D) 十五年　　【89年普】

參　影響不動產估價之因素及原則

1. 政府提出桃園航空城開發案，將帶動周邊地價上漲，此係下列何項原則的表現？
   (A) 競爭原則　(B) 貢獻原則　(C) 預期原則　(D) 適合原則
   【101 年普】　(C)

2. 下列相關原則的陳述何者最不適宜？
   (A) 公園對地價的影響係基於外部性原則
   (B) 老舊公寓價格飆漲係基於均衡原則
   (C) 不動產有行無市呈現變動原則
   (D) 在偏遠地區興建大廈卻無法創造利潤係因未能掌握最有效使用原則
   【101 年普】　(B)

3. 如不動產其中某一條件發生改變，將造成整體不動產價格的提升，此種不動產估價原則稱之為：
   (A) 供需原則　(B) 最有效使用原則
   (C) 貢獻原則　(D) 均衡原則
   【101 年普】　(C)

4. 對房地結合所產生之超額利潤之歸屬，採土地貢獻說者，主要係基於下列何者？
   (A) 土地經營管理之貢獻　(B) 土地區位特性之貢獻
   (C) 土地取得成本之貢獻　(D) 土地開發投資之貢獻　【101 年普】　(B)

5. 在不考慮時間、高風險或不便利等因素下，審慎的消費者不會支付高於財貨或勞務成本之代價，以取得一相同滿意度的替代性財貨或勞務。以上觀念是屬於何種估價原則？
   (A) 競爭原則　(B) 供需原則　(C) 替代原則　(D) 預測原則
   【102 年普】　(C)

6. 有關不動產估價之最有效使用原則，下列敘述何者錯誤？
   (A) 為消費者主觀效用之認知
   (A)

(B) 具有良好意識及通常之使用能力者之認知

(C) 需以合法、實質可能、正當合理、財務可行為前提

(D) 得以獲致最高利益之使用　　　　　　　　【102 年普】

7. 依中華民國不動產估價師公會全國聯合會第四號公報規定，目前住宅用鋼筋混凝土造房屋之經濟耐用年限為多少年？　　(C)

　　(A) 35 年　　(B) 40 年　　(C) 50 年　　(D) 60 年　　【102 年普】

8. 捷運於某不動產附近設站，該不動產價格因而提高，此屬於何種估價原則？　　(D)

　　(A) 供需原則　　(B) 競爭原則　　(C) 替代原則　　(D) 外部性原則

　　　　　　　　　　　　　　　　　　　　　　　　　　【103 年普】

9. 老舊公寓外牆進行更新，該公寓之價格因此增加，此屬於何種估價原則？　　(C)

　　(A) 供需原則　　(B) 替代原則　　(C) 貢獻原則　　(D) 外部性原則

　　　　　　　　　　　　　　　　　　　　　　　　　　【103 年普】

10. 下列對不動產市場之描述何者有誤？　　(C)

　　(A) 產品異質性　　(B) 人為干預多　　(C) 為完全競爭市場

　　(D) 交易成本高　　　　　　　　　　　　　　　【103 年普】

11. 下列有關不動產市場與一般商品市場比較的敘述，何者正確？　　(A)

　　(A) 一般商品市場交易成本低，不動產市場交易成本高

　　(B) 一般商品市場資訊不完全，不動產市場資訊極為完全

　　(C) 一般商品市場經常有人為干預，不動產市場完全沒有人為干預

　　(D) 一般商品市場為不完全競爭市場，不動產市場為完全競爭市場

　　　　　　　　　　　　　　　　　　　　　　　　　　【104 年普】

12. 下列何者不屬於鄰避設施（NIMBY）？　　(A)

　　(A) 公園　　(B) 監獄　　(C) 變電廠　　(D) 垃圾掩埋場　　【104 年普】

13. 不動產與其環境配合，以保持協調一致之利用，則其收益才能發揮最大化，例如在學校附近開設餐廳或書局等。此現象就不動產估價原則而言，是屬下列何者？　　(D)

　　(A) 貢獻原則　　(B) 均衡原則　　(C) 供需原則　　(D) 適合原則

【105 年普】

14. 不動產估價常用之比較法、成本法與收益法，其評價基礎為何？　(C)
    (A) 均衡原則　(B) 適合原則　(C) 替代原則　(D) 外部性原則

【105 年普】

15. 不動產估價報告中常表明評估價格適用的有效期間，此係下列何　(D)
    種原則的具體考量？
    (A) 替代原則　(B) 競爭原則　(C) 最有效使用原則
    (D) 變動原則

【100 年普】

16. 不動產附近如有公園、圖書館、學校、歌劇院等建設，皆會對其　(C)
    價值產生影響，此種估價時需掌握的原則較適被稱為：
    (A) 供需原則　(B) 貢獻原則
    (C) 外部性原則　(D) 社會成本原則

【106 年普】

17. 在不考慮時間、高風險或不便利等因素下，審慎者不會支付高於　(D)
    財貨或勞務成本之代價，以取得一相同滿意度的替代性財貨或勞
    務。是指何種不動產價格形成原則？
    (A) 預測原則　(B) 競爭原則　(C) 供需原則　(D) 替代原則

【106 年普】

18. 不動產估價報告書中載明價格日期，係立基於下列何種原則？　(C)
    (A) 最有效使用原則　(B) 競爭原則　(C) 變動原則
    (D) 預期原則

【107 年普】

19. 收益性不動產價值是由現在至將來所能帶給權利人之利潤總計，　(C)
    估價師求取將來的收益據以評估不動產價值，應重視何種不動產
    估價原則？
    (A) 期日原則　(B) 外部性原則　(C) 預測原則　(D) 內部性原則

【112 年普】

20. 老舊公寓因加裝電梯設備，價格也因此提升，此為何種不動產原　(B)
    則？
    (A) 收益分配原則　(B) 貢獻原則　(C) 均衡原則　(D) 供需原則

【112 年普】

21. 王小姐住家旁有一個高壓電塔，電塔周遭的房子不太容易售出，價格也比較低，不動產估價師評估該嫌惡設施對於房屋價格的影響是基於那一項原則？　　(B)
    (A) 適合原則　(B) 外部性原則　(C) 貢獻原則　(D) 競爭原則
    【113 年普】

22. 某預售建案因取得綠建築黃金級標章，每坪開價比附近未取得標章之建案貴，建商申請綠建築標章的行為是基於不動產估價之何種經濟原則？　　(B)
    (A) 最高最有效原則　(B) 貢獻原則　(C) 供需原則
    (D) 外部性原則
    【113 年普】

肆　不動產估價、租金之評估方法及其運用要領

1. 林君將其所有不動產賣給女兒，成效價格為 2,000 萬元，經判斷此一價格較正常價格便宜 2 成。請問在其他條件不變下，該不動產之正常價格為多少？　　(D)
   (A) 1,600 萬元　(B) 1,666 萬元　(C) 2,400 萬元　(D) 2,500 萬元
   【100 年普】

2. 不動產於市場上以最有效利用方式利用所能產生的收益，稱為：　　(D)
   (A) 支付租金　(B) 實質租金　(C) 差額租金　(D) 經濟租金
   【100 年普】

3. 某甲以 1,200 萬元將其房屋移轉給弟弟，經判斷正常價格比這價格低二成；於一般不動產估價中，運用此案例進行情況調整後之價格為多少？　　(D)

(A) 1,440 萬元　(B)1,400 萬元　(C)1,000 萬元　(D)960 萬元
【101 年普】

4. 下列何者能反映租賃不動產經濟價值的租金？ (B)
(A) 實質租金　(B) 經濟租金　(C) 支付租金　(D) 差額租金
【101 年普】

5. 從已知投資成分的價值，乘以資本化率，求得其收益後，由總收 (C)
益中扣除，進而求得未知投資成分之價格的方法，上述方法稱
為：
(A) 分配法　(B) 積算法　(C) 殘餘法　(D) 收益倍數法【101 年普】

伍　地價調查估計規則

第十九條（地價區段界線）

1. 已開闢道路及其二側或一側帶狀土地，可就具有顯著商業活動之 (D)
繁榮地區，依當地發展及地價高低情形而劃設為下列那二種地價
區段？
(A) 住宅價區段與商業價區段　(B) 商業價區段與非商業價區段
(C) 基準地價區段與標準地價區段
(D) 繁榮街道路線價區段與一般路線價區段
【106 年普】

陸　不動產價格形成之原則

1. 勘估標的因位於垃圾掩埋場附近，造成其價格下降，此屬於何種原則？　　　　　　　　　　　　　　　　　　　　　　　　(C)
   (A) 替代原則　(B) 最有效原則　(C) 外部性原則　(D) 供需原則
   【108 年普】

2. 不動產市場是一動態的市場，對於估價的變動原則，下列敘述何者錯誤？　　　　　　　　　　　　　　　　　　　　　　(A)
   (A) 不動產估價應掌握影響價格的一般因素、區域因素與個別因素變動，以切合勘察日期當時之價值
   (B) 影響不動產價格因素不斷變動，因此估價報告書應載明價格日期與勘察日期
   (C) 運用成本法估價時，應分析使用建築材料隨時間變動的成本差異對不動產造成的價格影響
   (D) 分析不動產價格景氣週期性變動，以利不動產價格變動趨勢之掌握
   【109 年普】

3. 某高鐵站周圍地區的新建住宅大樓平均成交價格，由三年前每坪 35 萬元上漲到現今每坪接近 50 萬元，此現象可以不動產估價中那一原則加以解釋？　　　　　(A)
   (A) 變動原則　(B) 預期原則　(C) 貢獻原則　(D) 日期原則
   【111 年普】

迷亂中看得遠是眼光
困難時挺得住叫身段
一次就考上不動產經紀人的心得

2008 年是豬羊變色的一年，上半年是充滿了希望，下半年則徹底的絕望，景氣之差讓曾在竹科上班的我感受最深，但隨著迷亂的時局與艱困的不景氣，卻也同時是展現眼光與身段的最佳舞台。

我因學分班的課程認識了曾文龍老師，也在曾老師的鼓勵下決定報名新竹經紀人考照班，且我是插班生（7 月開班，我 9 月報名），然距離考試只剩下 3 個月，說明了在時間不足下，只要下定決心，用對方法，絕不放棄，一樣可以考上經紀人，在此說明我的方法讓大家參考：

1. 先鎖定必需拿高分的專業科目

經紀人考試一共有五科應考科目，因只剩三個月我無法面面俱到，因此我以不動產經紀法規與不動產估價概要這兩科範圍最少，是我設定必須各拿 80 分以上的科目，其他三科以至少 60 分以上為原則，因此這兩科目我分配 60% 的時間，另外三科分配 40% 的時間。

2. 要下定決心持之以恆

讀書的過程是很煎熬也很痛苦更容易讓人想放棄的，但這只是初期的症狀，當自己能持續一個月以上每天讀書時，上述的症狀會不藥而癒，因此一定要強迫自己每天靜下心看書，好克服初期的障礙。

3. 要有適合自己的讀書方式

我不是一個聰明的人，記憶力很差，理解能力也差，因此我必須找一個適合自己的讀書方式，因此我選擇「刻鋼板」的傳統方式，一邊抄書，一邊背誦，抄寫法規，抄寫歷屆試題，抄寫老師上課重點，抄一遍不夠，再抄第二遍，第三遍；同時也鍛鍊自己寫字的速度與字跡的工整度，抄書的好處是一直到考試當天你想忘也忘不了，看到考題答案會從

腦袋裡跳出來,有時最簡單的方法是最有效的方法。

4. 歷屆試題請至少做三遍

歷屆試題的練習是一定要的,因為可以檢視自己念書的進度與對題目的熟悉度,還可以累積作答實力,在考試時面對考題也比較不會慌,由此可知歷屆試題的重要性!這次的考試,歷屆試題幫了我很大的忙。

5. 要有信心跟永不放棄的決心

我的個性是要我認輸可以,但要我中途放棄絕不可能;那什麼時候可以認輸,就是永不放棄的拼到最後(必要時再拼第二次),欣然接受結果,至少我沒有放棄。這一點很重要,不要唱衰自己,有信心就可以幫自己,也可以幫助同班同學一起努力考取證照。然後大日舉辦的總複習課程請各位一定要參加,因為那是強化信心的最好機會。

最後感謝大日所有師群,不辭辛勞趕到新竹上課,更感謝曾老師時時以幽默的上課方式,鼓勵我們不要放棄,幫助我們建立信心。還沒取得證照的同學記得永不放棄堅持到底,加油!

新竹班　張嘉文

勤抄寫，
65歲一舉考上經紀人69.88分！

考了四年總算應驗古云：有志者事竟成，終於上榜了，皇天不負苦心人！

四年前認為應該不是很難的考試，居然連考三次落榜，究其原因，未參加大日班應是主因，只購買教學影片自讀，無法了解考試範圍及各科重點，更不知考試的準備方法和必勝秘訣，就是不斷抄寫申論考古題，反覆練習選擇題100分。

在大日上課期間加上師長的鼓勵及同學的互勉，才能從事倍功半變成事半功倍，從屢戰屢敗變成一舉成功。這是我四年來的切身體驗，願共勉之。

自從進入大日班後，就遵循曾文龍主任的指示，每天有空就抄寫，至少用了20支筆，考前才深具信心，申論題民法得40分，估價得45分，奠定了上榜的基礎，這就是勤抄寫的奧妙，可彌補腦力背誦記憶的不足。

另外，民法除了熟背條文很管用外，最好能多理解多思考，融會貫通，以法律人的觀點及用詞作答，有加分的效果，本人從30分進步到76.25分由此可見！

最後感謝大日不動產研究中心曾主任、田德全老師、小梅助教及所有老師及同學們。

祝福大家身體健康，平安喜樂。

105年大日不動產經紀人新竹班

陳文光 敬上　106.2.18

第4篇 民法概要

壹　總則編

第一章　法例

第一條（民事法規之適用順序）

1. 下列何種行為，為違反公序良俗？　　　　　　　　　　　　(C)
   (A) 繼承人拋棄繼承
   (B) 夫妻約定家庭生活費用由妻負擔
   (C) 父親死亡時，兄弟姊妹預先訂約剝奪母親之應繼分
   (D) 出租人與承租人約定，承租人應負責修繕租賃標的物
   【99 年普】

2. 有關民法的法源，民法第 1 條規定「民事，法律所未規定者，依習慣；無習慣者，依法理。」下列敘述何者正確？　　　　　(B)
   (A) 民間「洗門風」的習慣，即是該條所稱之「習慣」
   (B) 此之「習慣」，係專指習慣法而言
   (C) 憲法關於人民之權利義務的規定，是該條所稱之法律
   (D) 條約是規範國家間權利義務之協定，絕非是民法法源之一
   【105 年普】

第三條（使用文字之準則）

1. 依法律之規定，有使用文字之必要者，下列敘述何者正確？　(B)
   (A) 須本人自寫，並親自簽名或蓋章
   (B) 得不由本人自寫，但必須親自簽名或蓋章
   (C) 如以指印、十字或其他符號代簽名者，在文件上，經一人簽名證明，亦與簽名生同等之效力
   (D) 如以指印、十字或其他符號代簽名者，在文件上經一人以指印、十字或其他符號代簽名者證明，亦與簽名生同等之效力
   【103 年普】

第四條（以文字為憑）

1. 依民法規定，關於一定之數量有文字與號碼不符合之情形時，下列敘述何者錯誤？　　　　　　　　　　　　　　　　　　　(D)
   (A) 若能探求出當事人原意，應以原意為準
   (B) 若不能探求出當事人原意，而契約文書上對於同一數量同時以文字及號碼表示有不相符合之情形，應以文字為準
   (C) 若不能探求出當事人原意，契約文書上對於同一數量同時以文字及號碼為數次表示時，應以文字最低額為準
   (D) 若不能探求出當事人原意，契約文書上對於同一數量同時以文字及號碼為數次表示時，依實務見解，應以數字最低額為準
   【106 年普】

2. 甲與乙訂立買賣契約，契約條款記載「……價金新臺幣陸拾捌萬元整（NT$860,000）。前揭捌拾陸萬元價金應於訂約後 10 日內支付。」若嗣後雙方就價金金額爭訟時，法院應如何決定價金？（第 4、5 條）　　　　　　　　　　　　　　　　　　　(B)
   (A) 應認為價金為最後書寫之文字：捌拾陸萬元
   (B) 應先探求當事人原意
   (C) 應認為價金為兩項金額之平均值：柒拾柒萬元
   (D) 如法院不能決定當事人原意，應以數字為準：NT$860,000
   【110 年普】

第二章　人

第一節　自然人

第六條（權利能力之始終）

1. 甲發生車禍傷及腦部，成為植物人，下列敘述者最正確？　　(D)

(A) 甲成為植物人喪失權利能力
(B) 甲雖成為植物人，但關於個人利益之享受仍具有部分權利能力
(C) 植物人為無行為能力人，並且不具有權利能力
(D) 甲雖成為植物人，仍具有權利能力 【101 年普】

2. 下列何者不具有民法上之權利能力？ (C)
   (A) 植物人　(B) 受破產宣告之法人　(C) 合夥
   (D) 受監護宣告之自然人 【103 年普】

3. 有關權利能力之敘述，下列何者錯誤？ (A)
   (A) 人的權利能力始於出生終於死亡，因此胎兒尚未出生所以沒有權利能力
   (B) 人的權利能力不得拋棄，更不得轉讓
   (C) 法人除於法令或性質上之限制外，仍享有權利能力
   (D) 植物人仍享有權利能力 【112 年普】

第七條（胎兒之權利能力）

1. 甲懷胎乙五個月時，其丈夫丙因病過世，留下一棟房屋與現金 200 萬元之遺產，下列敘述何者最正確？ (D)
   (A) 乙尚未出生，不具有權利能力，不得繼承丙之遺產
   (B) 乙雖尚未出生，但關於利益之享有具有部分行為能力，得繼承丙之遺產
   (C) 乙以將來非死產者為限，關於個人利益之保護享有行為能力，在出生後得溯及繼承開始時繼承丙之遺產
   (D) 乙以將來非死產者為限，關於個人利益之保護享有權利能力，得繼承丙之遺產 【101 年普】

2. 關於胎兒的敘述，下列何者正確？（第 7、1116 條） (B)
   (A) 人之權利能力，始於出生，終於死亡。胎兒無權利能力
   (B) 胎兒以將來非死產者為限，關於其個人利益之保護，視為既已出生
   (C) 胎兒為繼承人時，於胎兒出生前，他繼承人不得分割遺產

(D) 胎兒為繼承人時，以其母為繼承人 　　　　　　　　【110 年普】

第八條（死亡宣告之要件）

1. 關於死亡宣告，下列敘述何者錯誤？　　　　　　　　　　　　　　(A)
   (A) 得聲明死亡宣告者，僅限於失蹤人之利害關係人
   (B) 死亡宣告係私法上的制度，不生公法上的效果
   (C) 死亡宣告在於結束失蹤人原住居所為中心之法律關係，而不在剝奪失蹤人之權利能力
   (D) 死亡宣告為推定死亡，故允許提出反證而撤銷死亡宣告
   　　　　　　　　　　　　　　　　　　　　　　　　【100 年普】

2. 關於失蹤人的敘述，下列何者正確？　　　　　　　　　　　　　　(A)
   (A) 失蹤人失蹤滿七年後，法院得因利害關係人或檢察官之聲請，為死亡之宣告
   (B) 失蹤人為八十歲以上者，得於失蹤滿五年後，為死亡之宣告
   (C) 失蹤人為遭遇特別災難者，得於特別災難終了滿三個月後，為死亡之宣告
   (D) 失蹤人失蹤後，未受死亡宣告前，其財產之管理，除其他法律另有規定者外，依破產法之規定　　　【110 年普】

第九條（死亡時間之推定）

1. 45 歲的張先生於 80 年 10 月 2 日至大陸經商後渺無音訊，張太太乃於 89 年 8 月 22 日至法院聲請死亡宣告，請問法院應宣告張先生於何時死亡？　　　　　　　　　　　　　　　　　　　　(B)
   (A) 80 年 10 月 2 日下午 12 時　 (B) 87 年 10 月 2 日下午 12 時
   (C) 87 年 10 月 1 日下午 12 時　 (D) 89 年 8 月 22 日下午 12 時
   　　　　　　　　　　　　　　　　　　　　　　　　【92 年特】

2. 民法關於死亡宣告的規定，下列何者正確？　　　　　　　　　　　(B)
   (A) 失蹤人失蹤滿三年後，法院得因利害關係人之聲請，為死亡之宣告

(B) 受死亡宣告者，以判決內所確定死亡之時，推定其為死亡
(C) 遺產稅捐徵收機關得為失蹤人向法院聲請死亡宣告
(D) 死亡宣告會剝奪失蹤人之權利能力　　　　　【112 年普】

第十一條（同時死亡之推定）

1. 甲乙婚後育有三子 ABC，共同經營一家工廠，一日甲與 A 前去香港洽談生意，回程時飛機漏油爆炸，甲與 A 同時遇難，無法證明何人先死。甲遺下 2000 萬元遺產，A 遺下 300 萬元遺產，請問以下敘述何者為真？　　　　　　　　　　　　　(D)
   (A) 甲死亡後，乙得繼承甲之遺產 500 萬元
   (B) 設 A 死亡後遺有一妻一女，則乙得繼承 A 之遺產 100 萬元
   (C) 設 A 死亡時未娶妻生子，則 B、C 各得繼承 100 萬元
   (D) 設 A 死亡後遺有一妻一女，則 B、C 無繼承權　【96 年普】

第十二條

1. 有關行為能力之敘述，下列何者正確？　　　　　　　　(B)
   (A) 年滿 30 歲患有精神疾病致無法處理自己事務之甲，當然沒有行為能力
   (B) 年滿 19 歲之乙可以獨自訂立買賣汽車之契約
   (C) 受輔助宣告之丙可以不經輔助人丁之同意贈與使用過之筆電給戊
   (D) 15 歲之庚可以不經法定代理人允許擅自丟棄自有之平板電腦
   　　　　　　　　　　　　　　　　　　　　　【113 年普】

第十三條（未成年人之行為能力）

1. 有一年約 70 歲之老翁甲，因已有初期失智之現象，其子乙乃向法院聲請對其為輔助宣告，並以乙為其輔助人。則下列敘述何者錯誤？　　　　　　　　　　　　　　　　　　　　(D)
   (A) 甲在路一行走時，被超速行駛的機車駕駛丙撞傷，甲如欲與

丙和解，應得乙之同意

(B) 甲擅自移轉其所有房屋一棟之所有權給女兒丁，其法律效果為效力未定

(C) 甲平常喜歡與老友上餐館小酌一番，受輔助宣告之後仍然可以自由為之

(D) 甲為無行為能力人 　　　　　　　　　　【99年普】

2. 甲十八歲，已婚，下列敘述何者最正確？　　　　　　　　　(B)
    (A) 甲已成年　(B) 甲得獨立為有效之單獨行為
    (C) 甲授與代理權給乙，其授權行為效力未定
    (D) 甲如欲與其配偶兩願離婚，得自行為之，無須得法定代理人之同意 　　　　　　　　　　【101年普】

3. 依我國民法之規定，下列關於監護之敘述，何者正確？（第13、1091、1092、1095、1102條）　　　　　　　　　(B)
    (A) 已結婚的未成年人而無父母，或父母均不能行使、負擔對於其未成年子女之權利、義務時，應置監護人
    (B) 父母對其未成年之子女，得因特定事項，於一定期限內，以書面委託他人行使監護之職務
    (C) 為保護未成年子女之權益，監護人不得辭任其職務
    (D) 監護人得受讓受監護人之財產 　　　　　　【108年普】

4. 下列關於遺囑之敘述，何者正確？（第13、1186、1196、1198條）　　　　　　　　　(C)
    (A) 十八歲之限制行為能力人所為之遺囑，當然無效
    (B) 受輔助宣告之成年人所為之遺囑，當然無效
    (C) 口授遺囑，自遺囑人能依其他方式為遺囑之時起，經過三個月而失其效力
    (D) 公證人的受僱人得為公證遺囑之見證人 　　【108年普】

第十四條（受監護宣告之要件及撤銷）

1. 對於心神喪失或精神耗弱，致不能處理自己之事務者，在經由聲　　(B)

請後，得由法院宣告為受監護宣告之人。請問下列何者不得為聲請人？
(A) 配偶　(B) 社會工作者　(C) 本人　(D) 檢察官　【90 年普】

第十五條

1. 關於行為能力之敘述，下列何者錯誤？（第 15、78、989 條）　(D)
   (A) 受監護宣告之人之意思表示，無效，應由其法定代理人代為意思表示，並代受意思表示
   (B) 限制行為能力人未得法定代理人之允許，所為之單獨行為，無效
   (C) 未滿法定結婚年齡之男女，其結婚之法律效果並非無效，而是得撤銷
   (D) 為保障胎兒之行為能力，胎兒以將來非死產者為限，關於其個人利益之保護，視為既已出生　【110 年普】

第十五條之二（受輔助宣告之效力）

1. 某甲 25 歲，為受輔助宣告之人。下列敘述何者正確？　(C)
   (A) 甲之輔助宣告可由其表哥向社會福利機構提出聲請
   (B) 甲受輔助宣告後，自行購買不動產的行為，無效
   (C) 甲之輔助人乙，不得受讓甲所有的 A 屋
   (D) 甲受輔助宣告後，自行將其所有的智慧型手機贈與好友丙的行為，有效　【102 年普】

第十六條（能力之保護）

1. 下列陳述，何者錯誤？　(D)
   (A) 權利能力不得拋棄　(B) 行為能力不得拋棄
   (C) 自由不得拋棄　(D) 物權不得拋棄　【90 年特】

第十七條（自由之保護）

1. 有關人格權之敘述，下列何者錯誤？　　　　　　　　　　　　(A)
   (A) 自由不得限制　(B) 行為能力不得拋棄
   (C) 人格權具有專屬性
   (D) 當人格權受侵害時，得請求法院除去其侵害　　【105 年普】

第十八條（人權之保護）

1. 下列有關人格權之敘述，何者錯誤？　　　　　　　　　　　　(C)
   (A) 姓名乃用以區別人己之一種語言標誌，將人個別化，以確定其人之同一性
   (B) 法人在法令限制與性質範圍內，亦享有人格權
   (C) 公司名稱用以識別企業之主體性，此時姓名權等於商標權
   (D) 針對無涉公益之報導，若不當揭載足資識別當事人資料，侵害其名譽權者，得依民法第 18 條請求排除侵害　【106 年普】

第二十三條

1. 依現行民法有關住所之規定，下列何者錯誤？　　　　　　　　(C)
   (A) 夫妻於雙方共同協議前，推定以共同戶籍地為其法定之住所
   (B) 意定住所之設定須具備久住之意思及居住之事實
   (C) 因特定行為選定居所，關於其行為，不得視為住所
   (D) 16 歲之年輕人，僅能以其父母之住所為法定住所　【111 年普】

第二節　法人

第一款　通則

第二十六條（法人權利能力）

1. 關於法人依其性質，不得享有下列何種權利？　　　　　　　　(B)

(A)姓名權　(B)自由權　(C)專利權　(D)名譽權　【100年普】

第二十七條（法人之董事及其權限）

1. 關於財團法人之敘述，下列何者正確？　　　　　　　　　　(C)
   (A) 其權利能力始於訂立捐助章程，終於清算解散
   (B) 財團為公益法人，其設立須經地方法院許可
   (C) 董事有數人者，除章程另有規定外，各董事均得代表法人
   (D) 財團法人並非自然人，無侵權行為能力　　　【100年普】

2. 甲為幫助清寒家庭學生求學，捐助三千萬元成立A教育基金　(B)
   會，經主管機關許可後，登記為法人，下列敘述何者最正確？
   (A) 甲之捐助行為為事實行為　(B) A教育基金會應設董事
   (C) A教育基金會為公益社團法人
   (D) A教育基金會應設總會，作為基金會之最高意思機關
   　　　　　　　　　　　　　　　　　　　　　　【101年普】

3. 民法關於法人之規定，下列敘述，何者錯誤？　　　　　　　(C)
   (A) 法人可分為財團法人與社團法人
   (B) 法人於法令限制內，有享受權利負擔義務之能力。但專屬於
       自然人之權利義務，不在此限
   (C) 法人應設董事與監察人
   (D) 法人對於其董事或其他有代表權之人因執行職務所加於他人
       之損害，與該行為人連帶負賠償之責任　　　【107年普】

第二十九條（法人之住所）

1. 關於住所，下列敘述何者正確？　　　　　　　　　　　　　(B)
   (A) 限制行為能力人，因特定行為選定居所者，關於其行為，視
       為住所
   (B) 法人，以其主事務所之所在地為住所
   (C) 妻，以夫之住所為住所
   (D) 一人同時僅得有兩住所　　　　　　　　　　【103年普】

第三十一條（法人登記之效力）

1. 法人登記後，有應登記之事項而不登記，或已登記之事項，有變更而不為變更之登記者，其未登記之事項效力為何？
   (A) 無效　(B) 得撤銷　(C) 效力未定
   (D) 不得以其事項對抗第三人　　　　　　【97年普】

   (D)

第四十條（清算人之職務及法人存續之）

1. 關於社團法人解散時，清算人的職務內容，下列何者正確？①了結現務②收取債權③清償債務④變更章程
   (A) ①②③　(B) ①②④　(C) ①③④　(D) ②③④　【103年普】

   (A)

第二款　社團

第四十六條（公益社團之許可）

1. 財團法人長庚紀念醫院之法律性質為何？
   (A) 非法人團體　(B) 營利性社團法人　(C) 非營利性社團法人
   (D) 非營利性法人　　　　　　【97年普】

   (D)

第五十條（社團總會之性質與權限）

1. 社團最高意思決定機關為：
   (A) 社員總會　(B) 捐助章程　(C) 董事會　(D) 監察人【97年普】

   (A)

第五十六條（總會之無效及撤消）

1. 法人社員總會決議之內容違反法令或章程者，其決議之效力：
   (A) 有效　(B) 得撤銷　(C) 無效　(D) 效力未定　　【99年普】

   (C)

第五十七條（社團之決議解散）

1. 社團之解散，應經全體社員：

   (B)

(A) 二分之一以上之可決　(B) 三分之二以上之可決
(C) 四分之三以上之可決　(D) 五分之四以上之可決　【90 年特】

第五十九條

1. 關於財團法人之敘述，下列何者正確？ (B)
   (A) 財團法人得為公益或營利之目的而設立
   (B) 財團法人於設立登記前，應得主管機關之許可
   (C) 財團法人之最高意思機關為總會，且為必設之機關
   (D) 財團法人若以營利為目的設立，其取得法人資格，依特別法之規定　【111 年普】

第六十條

1. 對於民法上有關法人規定之說明，下列何者正確？ (C)
   (A) 財團法人具有自律法人之性質
   (B) 社員資格須經社團之董事會特別決議同意，且有正當理由時，方能開除之
   (C) 財團法人之設立，得以遺囑為之
   (D) 社團法人以社團董事會為其最高意思機關　【111 年普】

第三章　物

第六十六條（不動產之意義及範圍）

1. 下列關於法律上之物的敘述，何者正確？（第 66、68、699、766 條） (A)
   (A) 從物在客觀上需常助主物之效用，且與主物為各自獨立之兩個物，動產或不動產均可為從物
   (B) 物之成分或其天然孳息，分離後原則上屬於該成分或天然孳息之占有人

(C) 無權占有他人土地建築房屋，建築完成時，該房屋原則上屬於土地所有人所有

(D) 已足避風雨，可達經濟上使用目的，但屋頂尚未完全完工之房屋，屬土地之成分 【109年普】

2. 甲無權占有乙之土地種植果樹，其果實歸屬於何人？ (B)
   (A) 果實在與果樹分離前或分離後，均屬於甲所有
   (B) 果實在與果樹分離前或分離後，均屬於乙所有
   (C) 果實在與果樹分離前屬於甲所有，分離後屬於乙所有
   (D) 果實在與果樹分離前屬於乙所有，分離後屬於甲所有
   【111年普】

3. 有關權利客體之敘述，下列何者錯誤？ (C)
   (A) 甲未經乙的同意在乙的土地上種植樹木，該樹木為乙土地上之部分
   (B) 甲飼養一頭母牛，後來該母牛生下一頭小牛，小牛所有權仍屬於甲所有
   (C) 為收容災民而臨時拼裝之貨櫃屋，仍為定著物，性質上為不動產
   (D) 主物之處分效力及於從物，所以購買汽車之契約效力及於備胎
   【112年普】

第六十七條（動產之意義及範圍）

1. 下列何者，屬於民法上之物？ (B)
   (A) 活人胸腔中跳動之心臟　(B) 博物館中展示之木乃伊
   (C) 天上飄浮的雲層　(D) 植入身體的人造關節 【100年普】

第六十八條（主物與從物）

1. 下列有關從物之敘述，何者錯誤？ (B)
   (A) 所有權狀為房地不動產之從物
   (B) 屋頂平台為主物大樓建築之從物

(C) 土地共有人出賣房地全棟時，買賣契約效力及於另一共有人原所同意之同宗建築基地依法留設法定保留空地及退縮地之使用權等從權利在內
(D) 主物之處分及於從物，於主物與從權利之關係，亦可適用
【106 年普】

2. 下列何者非屬公同共有之性質？（第 68、1031、1151 條） (C)
(A) 繼承人有數人時，其繼承取得之遺產
(B) 合夥人之合夥財產
(C) 屬於社團法人名下之財產
(D) 屬於夫妻共同財產制下之財產 【109 年普】

第七十條（孳息之取得）

1. 關於天然孳息，下列敘述何者正確？ (C)
(A) 稱天然孳息者，謂利息、租金及其他因法律關係所得之收益
(B) 有收取天然孳息權利之人，按其權利存續期間內之日數，取得其孳息
(C) 物之成分及其天然孳息，於分離後，除法律另有規定外，仍屬於其物之所有人
(D) 抵押權之效力，及於抵押物扣押後抵押人就抵押物得收取之天然孳息。但抵押權人，非以扣押抵押物之事情，通知應清償天然孳息之義務人，不得與之對抗 【103 年普】

第四章　法律行為

第一節　通則

第七十二條

1. 下列何種情形，當事人一方須以向法院聲請撤銷方式為之？（第 72、244、988 條） (B)

(A) 因受詐欺所為之意思表示
(B) 債務人所為之無償行為，有害及債權者
(C) 締結違反公共秩序之契約
(D) 違反民法第 983 條特定親屬間禁止結婚規定之結婚行為

【110 年普】

第七十四條（暴利行為之效力）

1. 甲於 98 年 6 月 1 日受乙脅迫，約定將甲所有之動產以遠低於市價之價格出售予乙。事經 2 年餘後，乙請求甲依約交付該動產。下列敘述何者正確？ (C)
   (A) 甲得於撤銷原先受脅迫所為之意思表示後，拒絕給付
   (B) 甲得撤銷受脅迫意思表示之權利行使期間已過，應為給付
   (C) 即使甲未撤銷受脅迫所為之意思表示，仍得拒絕給付
   (D) 甲得主張與乙所締結之契約自始無效，拒絕給付 【101 年普】

2. 關於民法第 74 條暴利行為之規定，下列敘述何者正確？ (A)
   (A) 當事人無論於財產給付前或給付後，均得聲請撤銷該暴利行為
   (B) 撤銷權自該法律行為成立時起一年內不行使，罹於消滅時效而消滅
   (C) 行使暴利行為之撤銷權時，應以意思表示向相對人為之
   (D) 暴利行為自始當然無效 【111 年普】

3. 下列情形，那一行為需向法院聲請撤銷，才會發生撤銷之效力？ (D)
   (A) 通謀虛偽意思表示所為之法律行為
   (B) 因錯誤或誤傳之意思表示而為法律行為
   (C) 被詐欺而為意思表示之法律行為
   (D) 因暴利行為所為之法律行為 【112 年普】

第二節　行為能力

第七十五條（無行為能力人及無意識能力人之意思表示）

1. 30 歲的甲患有精神疾病，並受監護宣告。某日，甲於精神狀況良好時，單獨到乙電信公司購買手機一支。試問甲乙間之買賣契約，其效力為何？
   (A) 有效　(B) 無效　(C) 得撤銷　(D) 效力未定　　【105 年普】　(B)

第七十七條（限制行為能力人之意思表示）

1. 19 歲之甲與 20 歲之乙訂立買賣契約，將一宗土地賣給乙，並將土地所有權移轉登記給乙。下列敘述何者正確？
   (A) 買賣契約及所有權移轉契約，均需得甲之法定代理人書面或非書面之允許，始生效力
   (B) 買賣契約及所有權移轉契約，均需得甲之法定代理人書面允許，一定要書面允許始生效
   (C) 買賣契約需得甲之法定代理人書面允許，始生效力；所有權移轉契約則無須書面允許，亦生效力
   (D) 所有權移轉契約需得甲之法定代理人書面允許，始生效力；買賣契約則無須書面允許，亦生效力　　【102 年普】　(A)

2. 依我國民法之規定，以下關於行為能力之敘述，何者錯誤？（第 77、78、82、83 條）
   (A) 無行為能力人之意思表示，無效
   (B) 限制行為能力人未得法定代理人之允許，所為之單獨行為，效力未定
   (C) 限制行為能力人所訂立之契約，未經承認前，相對人得撤回之
   (D) 限制行為能力人用詐術使人信其為有行為能力人或已得法定代理人之允許者，其法律行為為有效　　【108 年普】　(B)

第七十八條（限制行為能力人單獨行為之效力）

1. 18 歲之甲所為下列何種行為屬於無效？　　　　　　　　　(D)
   (A) 買賣他人之物　(B) 買賣違章建築
   (C) 被脅迫所締結之買賣契約
   (D) 撤銷有關買賣之錯誤意思表示　　　　　【103 年普】

2. 甲為限制行為能力人，當其為法律行為時，下列何種行為無效？　(A)
   (A) 甲未得母之允許，於父死後 3 個月內，具狀向法院為拋棄其繼承權之意思表示
   (B) 甲以詐術佯稱自己已成年，向乙購買機車一輛
   (C) 甲未得父母之同意，擅自接收同學拋棄的筆電一台
   (D) 甲未得父母之同意，擅自至福利社購買鉛筆　【105 年普】

3. 滿 17 歲且未受監護或輔助宣告之甲男，其所為之下列何種行為，依法須得法定代理人之同意始為有效？　　　　　(D)
   (A) 訂立遺囑為遺贈之行為　(B) 純獲法律上利益之行為
   (C) 就他人之物所為之無權處分行為
   (D) 授予他人代理權之行為　　　　　　　　【111 年普】

第七十九條（限制行為能力人訂約之效力）

1. 甲僱傭 17 歲未婚之乙為店員，並授與代理權以甲之名義販售物品，若乙之法定代理人均不同意。則：　　　　　　(A)
   (A) 僱傭契約無效，代理權授與有效
   (B) 僱傭契約無效，代理權授與亦無效　　　　　　　　　　(B)
   (C) 僱傭契約有效，代理權授與無效
   (D) 僱傭契約有效，代理權授與亦有效　　　【100 年普】

2. 18 歲之甲考取大學後，拿著父母親給的住宿費、生活費至北部求學，擬向乙承租 A 屋一年。關於甲乙間租賃契約之效力，下列敘述，何者錯誤？　　　　　　　　　　　　　(A)
   (A) 甲為限制行為能力人，故甲所締結之租賃契約無效

(B) 甲得主張關於租賃契約之意思表示，在現代社會中可認為係依其年齡及身分、日常生活所必需者，例外無須得法定代理人允許，契約仍可成立生效

(C) 甲得提出法定代理人就租屋之書面允許，以使契約成立生效

(D) 乙得定期限催告法定代理人，確答是否承認甲乙間租賃契約，以使契約成立生效 【107年普】

3. 有關限制行為能力之敘述，下列何者正確？　　　　　　　　　　　　(B)

(A) 滿16歲之未成年人寫遺囑時，仍須經法定代理人同意，否則效力未定

(B) 16歲之甲偽造身分證，使相對人乙誤信甲已滿18歲，而與甲簽訂買賣契約，該買賣契約有效

(C) 限制行為能力人為代理人時，代理人受領代理權仍須經法定代理人之同意

(D) 法定代理人可以概括允許限制行為能力人為法律行為

【112年普】

第八十三條（強制有效之法律行為）

1. 現年十七歲的高中生甲，假造其父母的同意函，以3萬元向乙機車行購買中古機車一部，由於沒有駕照無法辦理過戶。試問：甲與乙間之機車買賣契約之效力如何？　　　　　　　　　　　　　　(B)

(A) 效力未定　(B) 有效　(C) 無效　(D) 得撤銷　　【99年普】

2. 甲17歲因對房地產深感興趣，於參觀乙建設公司推出之建案時，向乙謊稱其為年約26歲之竹科新貴，向乙訂購房屋一戶並預付新台幣1萬元訂金。問：甲、乙之買賣契約效力如何？(A)

(A) 有效　(B) 無效　(C) 效力未定

(D) 甲之法定代理人得以甲尚未成年為由撤銷該契約　【97年普】

第三節　意思表示

第八十六條（真意保留～單獨虛偽意思表示）

1. 表意人無欲為其意思表示所拘束之意，而為意思表示者，原則上其意思表示效力為何？ (B)
   (A) 無效　(B) 不因之無效　(C) 得撤銷　(D) 效力未定【95年普】

2. 下列何者屬於當然無效之法律行為？ (A)
   (A) 單獨虛偽意思表示而該情形為相對人所明知者
   (B) 詐欺之意思表示係由第三人所為，而相對人明知其事實或可得而知者
   (C) 無權利人就權利標的物為處分後，取得其權利者
   (D) 限制行為能力人用詐術使人信其為有行為能力人，所為之法律行為
   【111年普】

第八十七條（通謀虛偽意思表示）

1. 甲與乙通謀虛偽買賣甲所有之A土地一筆，並將A地所有權移轉給乙，下列敘述何者最正確？ (D)
   (A) 甲與乙所為之通謀虛偽意思表示效力未定
   (B) 甲與乙所為之通謀虛偽買賣有效，但所有權之移轉無效
   (C) 乙將A地出賣給丙，締結買賣契約，乙與丙之買賣構成無權處分
   (D) 乙將A地出賣給丙，締結買賣契約，乙與丙之買賣契約有效
   【101年普】

2. 甲與乙通謀虛偽意思表示，將甲所有之A地賣予乙並移轉登記為乙所有。嗣後乙擅自將A地出賣丙，並完成移轉登記，惟丙不知甲、乙通謀虛偽意思表示之事。下列敘述，何者正確？ (B)
   (A) 甲與乙間關於A地之買賣契約效力未定
   (B) 甲與乙間關於A地之買賣契約無效

(C) 甲與乙間關於 A 地之買賣契約有效

(D) 乙與丙間關於 A 地之買賣契約無效 【104 年普】

3. 承上題，嗣後丙將 A 地又賣給丁，並完成移轉登記。A 地之所有權應屬何人？ (D)

(A) 甲　(B) 乙　(C) 丙　(D) 丁　　　　【104 年普】

4. 甲並無將其所有價值十萬元之 A 手錶出售的意思，卻向乙表示欲以五千元出售之，乙明知甲無出售 A 手錶之意思，仍當場表示願意以五千元購買時，甲出售 A 手錶之意思表示的效力如何？ (B)

(A) 有效　(B) 無效　(C) 甲得撤銷　(D) 效力未定　【108 年普】

5. 關於意思表示不一致的敘述，下列何者正確？（第 86、87 條） (D)

(A) 表意人無欲為其意思表示所拘束之意，而為意思表示者，其意思表示無效

(B) 表意人無欲為其意思表示所拘束之意，而為意思表示，其情形為相對人所明知者，其意思表示有效

(C) 表意人與相對人通謀而為虛偽意思表示者，其意思表示不因之無效

(D) 虛偽意思表示，隱藏他項法律行為者，適用關於該項法律行為之規定 【110 年普】

第八十八條（錯誤之意思表示）

1. 甲誤認為好友所贈與之戒指，乃鍍金之假鑽戒，遂將該戒指以 5 百元之價格賣給乙，並已交付。甲事後得知此乃真金真鑽之戒指，且價值 5 萬元。有關此法律行為之敘述，下列何者正確？ (D)

(A) 甲乙間之買賣契約無效，但物權行為有效

(B) 甲乙間之買賣契約有效，但物權行為無效

(C) 甲乙間之買賣契約得撤銷，但物權行為無效

(D) 甲乙間之買賣契約得撤銷，但物權行為有效 【105 年普】

2. 關於意思表示錯誤，下列敘述何者正確？ (A)

(A) 當事人資格之錯誤，可能得撤銷之

(B) 表意人得向相對人請求損害賠償
(C) 動機錯誤，均為意思表示內容之錯誤
(D) 表示行為錯誤，不得撤銷 　　　　　　　【106年普】

3. 針對民法有關撤銷權之規範，下列敘述何者正確？ (D)
   (A) 撤銷權僅能對不健全的意思表示為之，不得對法律行為或法律關係為之
   (B) 任何撤銷權之行使，均只須以意思表示方式為之，即生法律效果
   (C) 撤銷權因一定期間內不行使而消滅，此期間稱為消滅時效
   (D) 撤銷權之法律性質與解除權相同，均屬形成權之一種
   　　　　　　　【107年普】

4. 有關意思表示之敘述，下列何者正確？ (C)
   (A) 甲與乙本為夫妻，為逃避債務，通謀虛偽離婚，並辦理離婚登記完畢，甲乙間已無婚姻關係
   (B) 甲無欲為其意思表示之拘束，而向乙表示將贈與新款手機一部，乙雖明知甲心中之真意，贈與契約仍有效
   (C) 甲誤將丙誤認為乙，與之訂立買賣契約，該契約有效，但甲得撤銷其之意思表示
   (D) 甲受丙脅迫而與之訂立互易契約，該契約當然無效
   　　　　　　　【113年普】

第八十九條（傳達錯誤）

1. 意思表示因傳達人或傳達機關傳達不實時，該意思表示之效力如何？ (C)
   (A) 無效　(B) 有效　(C) 非因表意人之過失者得撤銷
   (D) 無論是否可歸責於表意人皆可撤銷 　　　　　　　【97年普】

第九十二條（因被詐欺或被脅迫之意思表示）

1. 下列契約，何者不得聲請法院撤銷？ (B)

(A) 因急迫輕率無經驗而訂立週年利率高達 60% 之高利貸契約
(B) 乘他人急迫輕率無經驗而訂立之婚約
(C) 債務人所訂立有害及債權之贈與契約
(D) 因被詐欺或被脅迫而訂立之離婚協議　　　【104 年普】

2. 甲對乙表示，如不贈與家傳骨董，即告發其走私之事，乙被迫贈與之。該贈與契約之效力為： (C)
(A) 有效　(B) 無效　(C) 得撤銷　(D) 效力未定　【104 年普】

3. 甲受丙之詐欺，而授權乙向不知情的丁購買 A 屋，請問依我國民法的規定，下列敘述何者正確？（第 92、93 條） (C)
(A) 甲因受丙之詐欺而為意思表示，故可撤銷其授權乙之行為
(B) 甲因受丙之詐欺而為意思表示，故可撤銷 A 屋之買賣契約
(C) 甲若欲行使民法第 92 條之撤銷權，應於發現詐欺後，一年內為之。但自意思表示後，經過十年，不得撤銷
(D) 甲因受丙之詐欺而為授權行為，其撤銷意思表示時，可以對抗善意第三人　　　【108 年普】

第九十五條（非對話意思表示之生效時期）

1. 民法第九十五條規定，非對話而為意思表示者，其意思表示何時發生效力？ (B)
(A) 發出通知時生效　(B) 通知到達時生效
(C) 通知到達二十四小時起生效　(D) 通知經相對人瞭解時生效
【97 年普】

2. 表意人於發出意思表示後死亡或喪失行為能力，其意思表示之效力如何？ (D)
(A) 無效　(B) 效力未定　(C) 得撤銷　(D) 有效　【97 年普】

3. A 公司董事長甲於 5 月 1 日上午告訴其助理乙致函於丙，表示願以一億元購買其工廠。乙於 5 月 2 日上午發信，信於 5 月 4 日到達丙處。經查，甲於 5 月 2 日晚上心肌梗塞死亡，丙於 5 月 6 日函覆 A 公司為承諾，試問買賣契約是否成立？ (D)

(A) 買賣契約不成立
(B) 買賣契約效力未定，需視 A 公司繼任董事長是否承認決定其效力
(C) 買賣契約效力未定，需視甲之繼承人是否承認決定其效力
(D) 買賣契約成立 【107 年普】

第四節　條件及期限

第九十九條（附條件法律行為之效力）

1. 下列何者為附解除條件之法律行為？ (C)
   (A) 甲如能考 100 分，乙就給甲 100 元
   (B) 甲向乙借 1 萬元，約定乙每月支付利息 100 元
   (C) 當甲大學畢業時，乙的房屋就不再出租給甲
   (D) 甲乙間約定於民國 105 年時，二人即結婚　　【100 年普】

2. 甲男乙女結婚時約定，雙方婚後若有婚外情之情事發生，雙方無條件離婚，並賠償對方新臺幣 1000 萬元。此約定的法律效力為何？ (D)
   (A) 此約定為停止條件，條件成就時，離婚發生效力
   (B) 此約定為解除條件，條件成就時，婚姻失其效力
   (C) 此約定為不法條件，約定條件無效
   (D) 此約定為不許附條件之法律行為，約定條件無效【102 年普】

3. 乙與甲約定，於甲大學畢業時，乙將贈與甲汽車一輛。此項贈與契約所附約款之性質如何？ (C)
   (A) 終期　(B) 始期　(C) 停止條件　(D) 解除條件　【104 年普】

第一百條（期待利益之保護）

1. 關於附條件的法律行為，下列敘述何者正確？ (D)
   (A) 附停止條件之法律行為，於條件成就時，失其效力
   (B) 附條件的法律行為，其條件成就之效果於條件成就之時發

生，不得依當事人之特約變更
(C) 因條件成就而受不利益之當事人，如以不正當行為促其條件之成就者，視為條件已成就
(D) 附條件之法律行為當事人，於條件成否未定前，若有損害相對人因條件成就所應得利益之行為者，負賠償損害之責任
【103 年普】

第一百零一條（條件成就或不成就之擬制）

1. 下列有關條件之敘述，何者正確？ (C)
   (A) 附停止條件之法律行為，於條件成就時，失其效力
   (B) 附解除條件之法律行為，於條件成就時，發生效力
   (C) 因條件成就而受不利益之當事人，如以不正當行為阻其條件之成就者，視為條件已成就
   (D) 依當事人之特約，使條件成就之效果，不於條件成就之時發生者，其特約無效
   【95 年普】

第一百零二條（附期限法律行為之效力及期待利益之保護）

1. 甲父告訴乙子，明年夏天送你往返澳洲機票一張，該贈與行為的附款為何？ (A)
   (A) 附始期　(B) 附解除條件　(C) 附停止條件　(D) 附終期
   【92 年普】

第五節　代理

1. 下列何者原則上得代理？ (A)
   (A) 負擔行為　(B) 侵權行為　(C) 事實行為　(D) 身分行為
   【95 年普】

2. 下列對於代理的論述，何者錯誤？ (C)
   (A) 以本人名義所為的法律行為，直接對本人發生法律效力
   (B) 法定代理人有受領清償的權限

(C) 所謂的復代理，係指代理人以其名義將代理權再授與他人，為我國法律所允許並無例外
(D) 有代理權的甲，以自己名義幫委任人乙購買一部腳踏車，雖然甲有代理權，但該購買行為仍不屬代理行為，對於乙不生效力 【98年普】

第一百零三條（代理行為之要件及效力）

1. 以下關於代理制度之敘述，何者正確？ (C)
   (A) 無權代理人所為之法律行為屬無效之法律行為
   (B) 甲為乙之代理人，乙在學校被其他同學寄放，甲憤而到學校為乙出氣毆打霸凌之同學，則應由乙負賠償責任
   (C) 代理人於代理權限內以本人名義所為之法律行為本人有效
   (D) 代理人在代理期間，因為無從辨識之故，只能為本人服務，禁止從事自己的法律行為 【99年普】

2. 下列行為，何者不得以代理之方式為之？ (A)
   (A) 侵權行為　(B) 買賣契約　(C) 移轉所有權　(D) 承攬契約
   【97年普】

第一百零四條（代理人之能力）

1. 下列有關代理之敘述，何者正確？ (B)
   (A) 代理人有數人者，其代理行為得單獨為之。但法律另有規定或本人另有意思表示者，不在此限
   (B) 代理人所為或所受意思表示之效力，不因其為限制行為能力人而受影響
   (C) 代理人之意思表示，因其意思欠缺、被詐欺、被脅迫或明知其事情，或可得而知其事情，致其效力受影響時，其事實之有無，原則上應就本人決之
   (D) 代理權，原則上不得於其所由授與之法律關係存續中撤回之
   【95年普】

2. 甲授與甫滿十八歲之乙代理權，由乙處理出售甲所有之 A 機車 (A)
   的事宜。乙乃以甲之代理人的名義，以一萬元價金與丙訂立買賣
   A 機車的契約。乙與丙所締結之買賣契約的效力如何？
   (A) 對甲發生效力　(B) 甲未承認前，效力未定
   (C) 乙之法定代理人未承認前，效力未定
   (D) 乙之法定代理人得撤銷之　　　　　　　　【108 年普】

第一百零六條（自己代理及雙方代理之禁止）

1. 關於代理，下列敘述何者正確？ (A)
   (A) 代理人非經本人之許諾，不得既為第三人之代理人，而為本
   人與第三人之法律行為。但其法律行為，係專履行債務者，
   不在此限
   (B) 代理權之限制及撤回，不得以之對抗善意第三人。至於該第
   三人有無過失而不知其事實者，則非所問
   (C) 代理人於代理權限內，以代理人名義所為之意思表示，直接
   對本人發生效力
   (D) 代理人所為或所受意思表示之效力，不因其為無行為能力人
   而受影響　　　　　　　　　　　　　　　【103 年普】

2. 有關現行民法代理制度之介紹，下列何者錯誤？ (A)
   (A) 未經本人事前同意之自己代理，對於本人而言，係無效之代
   理行為
   (B) 民法第 169 條表見代理效力之發生，須無本人之授予代理權
   為其要件
   (C) 間接代理人之代理行為不會對本人直接發生效力
   (D) 代理人為代理行為時，被相對人詐欺，本人得自行撤銷該代
   理行為　　　　　　　　　　　　　　　　【111 年普】

第一百零八條（代理權之限制及撤回）

1. 甲授權乙為代理人，由乙代為與丙協議及締結房屋買賣事宜。下 (C)

列敘述，何者正確？
(A) 乙明知該房屋有瑕疵仍與丙締約時，甲得對丙主張瑕疵擔保責任
(B) 乙受甲之授權後，得再另受丙之授權，同時代理甲、丙締結買賣契約
(C) 乙死亡時，代理權消滅，不能為繼承之標的
(D) 乙不得為限制行為能力人　　　　　　　　　　【104年普】

第一百十條

1. 甲將其所有之名畫出租於乙，並未將代理權授與乙。詎料，乙竟以甲之代理人名義，與善意之丙訂立買賣契約，將名畫出賣並交付於丙。甲不承認乙之無權代理行為，下列敘述，何者正確？ (B)
   (A) 丙善意取得名畫之所有權　(B) 丙得請求乙損害賠償
   (C) 乙與丙之買賣契約有效　　(D) 乙與丙之物權契約有效
   　　　　　　　　　　　　　　　　　　　　　　【113年普】

第六節　無效及撤銷

1. 下列對於得撤銷的法律行為之論述，何者正確？ (C)
   (A) 財產法律行為一經撤銷，自撤銷意思表示時起，向後發生效力
   (B) 錯誤意思表示，表意人得於發現錯誤後二年內，撤銷其法律行為
   (C) 撤銷權為形成權，撤銷權之行使為單獨行為，所以表意人得單方對相對人為撤銷之意思表示，不須經相對人之同意
   (D) 錯誤意思表示之撤銷，表意人對於撤銷原因明知或可得而知之相對人，仍負有損害賠償責任　　　　　　【98年普】

第一百十四條（撤銷之效力）

1. 甲有A地，且登記為A地所有人。甲因乙之脅迫，出賣且交付A地於乙，於甲尚未撤銷買賣契約前。試問，下列敘述何者正確？ (B)

(A) 甲得撤銷交付 A 地於乙之行為
(B) 現占有 A 地之乙為有權占有人
(C) 乙因此成為 A 地所有人
(D) 甲乙間之 A 地的買賣契約，無效　　　　【106 年普】

2. 下列有關意思表示之敘述，何者錯誤？　　　　　　　　(A)
   (A) 因錯誤或被詐欺而締結契約者，在表意人依法撤銷其意思表示之前，契約效力未定
   (B) 當事人之意思表示未合致者，其契約自始未成立
   (C) 買賣為諾成契約，除當事人另有約定外，縱然未訂立書面，亦不影響契約之成立
   (D) 非定期行為之契約，當事人一方遲延給付者，他方當事人得定相當期限催告其履行，如債務人仍不履行時，債權人仍須另為解約之意思表示　　　　【106 年普】

第一百十八條（無權處分行為）

1. 無處分權人就權利標的物所為之處分，效力如何？　　　(C)
   (A) 有效　(B) 無效
   (C) 經有權利人承認後即有效　(D) 有權利人得撤銷之【97 年普】

2. 下列有關無權處分之敘述，何者不正確？　　　　　　　(D)
   (A) 無權利人就權利標的物所為之處分，其效力未定
   (B) 無權利人就權利標的物所為之處分，經有權利人之承認始生效力
   (C) 無權利人就權利標的物為處分後，取得其權利者，其處分自始有效。但原權利人已取得之利益，不因此而受影響
   (D) 無權利人就權利標的物為處分後，取得其權利者，其處分自始有效。第三人已取得之利益，亦因此而受影響　【95 年普】

第六章　消滅時效

第一百二十五條（一般消滅時效期間）

1. 下列何者非消滅時效適用之客體？（第 125、767、1030-1、1146 條）　(A)
   (A) 人格權受侵害時之除去妨害請求權
   (B) 夫妻因離婚所約定之贍養費請求權
   (C) 繼承權受侵害時之回復請求權
   (D) 未登記不動產所有權人之返還請求權　　【109 年普】

第一百二十七條（二年短期消滅時效期間）

1. 關於消滅時效，下列敘述何者正確？　(D)
   (A) 消滅時效之規定，已登記不動產之回復請求權，亦有適用
   (B) 一般消滅時效期間，乃 20 年
   (C) 請求權因其消滅時效完成而消滅
   (D) 以租賃動產為營業者之租價請求權，其消滅時效期間為 2 年
   【106 年普】

第一百二十九條（消滅時效中斷之事由）

1. 下列何者不是使請求權之消滅時效發生中斷之事由？　(C)
   (A) 請求　(B) 承認　(C) 拋棄　(D) 起訴　【96 年普】

第一百三十七條（時效中斷對於時之效力）

1. 消滅時效因有中斷之事由發生，則自中斷之事由終止時，其時效：　(D)
   (A) 接續已經過之期間　(B) 已經過之期間可以折半計算
   (C) 因中斷之事由不同，而有不同效果　(D) 重行起算【90 年特】

2. 甲於民國（下同）107 年 9 月間向乙租車公司租用自小客車環　(D)

島，然卻積欠乙租金新臺幣 3 萬元，乙於 108 年 9 月催告後甲仍不為給付，乙便於 109 年 8 月訴請甲給付租金，於 110 年 9 月獲勝訴判決確定。下列何者正確？
(A) 乙租車公司的租金請求權時效本為 5 年
(B) 乙於 108 年 9 月催告後 6 個月內未起訴，仍生中斷時效之效力
(C) 乙於 109 年 8 月訴請甲給付租金時，時效不完成
(D) 判決確定後，時效重新起算 5 年　　　　　【112 年普】

第一百三十八條（時效中斷對於人之效力）

1. 何者為永久抗辯？　　　　　　　　　　　　　　　　　　(D)
    (A) 先訴抗辯　(B) 同時履行抗辯　(C) 不安抗辯　(D) 時效抗辯
    　　　　　　　　　　　　　　　　　　　　　　　【89 年普】

第一百四十五條（附有擔保物權之請求權時效完成之效力）

1. 有關抵押權之特性，下列敘述何者錯誤？　　　　　　　　(D)
    (A) 當不動產所有人設定抵押權後，其抵押權不因該不動產之物權讓與而受影響
    (B) 抵押之不動產如經分割，其抵押權不因該不動產經分割或讓與一部而受影響
    (C) 以抵押權擔保之債權，其抵押權不因該債權經分割或讓與一部而受影響
    (D) 抵押權之獨立性在於其得由債權分離而為讓與，或為其他債權之擔保
    　　　　　　　　　　　　　　　　　　　　　　　【105 年普】

第七章　權利之行使

第一百四十九條（正當防衛）

1. 對於現時不法之侵害，為防衛自己或他人之權利所為之行為，稱　(A)

之為：
(A)正當防衛　(B)緊急避難　(C)自助行為　(D)自救行為
【97年普】

第一百五十一條（自助行為）

1. 為保護自己權利，對他人之自由或財產施以拘束、押收或毀損者，不負賠償責任，稱之為：
   (A)正當防衛　(B)緊急避難　(C)自助行為　(D)無因管理
   【89年普】　(C)

2. 下列有關契約成立之敘述，何者錯誤？（第151、161條）
   (A)契約得以要約與承諾之意思表示合致而成立
   (B)契約得以要約交錯之方式而成立
   (C)契約得以承諾交錯之方式而成立
   (D)契約得以要約與意思實現方式而成立
   【109年普】　(C)

貳　債編

第一章　通則

第一節　債之發生

第一款　契約

第一百五十三條（契約之成立）

1. 甲以新臺幣1000萬元向乙購買某特定房屋，買賣契約何時成立？　(D)
   (A)甲交付新臺幣1000萬元於乙時

(B) 乙將該特定房屋交付於甲時
(C) 甲、乙完成交屋及付清價金時
(D) 甲、乙就房屋及價金互相同意時 【102 年普】

2. 有關契約之敘述，下列何者正確？ (B)
   (A) 契約為事實行為的一種　(B) 契約得因要約交錯之方式成立
   (C) 契約皆須以書面方式為之，方得以成立
   (D) 基於契約自由原則，醫生得拒絕醫治病情危急的情敵
   【105 年普】

3. 甲就其所有之 A 地，先與乙訂立買賣契約，後與丙訂立買賣契約，均未辦理所有權移轉登記。關於二個買賣契約之效力，下列敘述，何者正確？ (C)
   (A) 前契約有效，後契約無效　(B) 前契約無效，後契約有效
   (C) 前契約有效，後契約有效　(D) 前契約無效，後契約無效
   【113 年普】

第一百五十四條（要約之拘束力及要約引誘）

1. 雙方當事人互負債務的契約，為下列何者？ (C)
   (A) 無償契約　(B) 片務契約　(C) 雙務契約　(D) 諾成契約
   【92 年特】

2. 甲向乙推銷一只古董錶，甲出價新臺幣（下同）10 萬元問乙要不要買，乙答覆說：「如果 8 萬元我就買」，請問乙的答覆性質上為何？ (C)
   (A) 要約之引誘　(B) 承諾　(C) 要約　(D) 意思實現 【112 年普】

第一百五十五條（要約之失效—拒絕要約）

1. 下列何者，非屬事實行為？ (B)
   (A) 無主物的先占　(B) 對要約的拒絕　(C) 無因管理
   (D) 埋藏物的發現 【99 年普】

第一百六十條（遲到之成承諾）

1. 下列敘述，何者正確？　　　　　　　　　　　　　　　　(D)
   (A) 契約之要約人，因要約而受拘束，不可預先聲明不受拘束
   (B) 貨物標定賣價陳列者，視為要約之引誘
   (C) 對話為要約者，非立時承諾，即失其拘束力，因此不得定承諾期限
   (D) 將要約變更而承諾者，視為拒絕原要約而為新要約【100 年普】

2. 甲當面向乙表示願以一千萬元出售甲所有之 A 房屋予乙，乙當場未置可否，經三日後乙回覆甲願以一千萬元購買 A 屋。就甲、乙各自之意思表示，下列敘述何者最正確？　(D)
   (A) 甲之意思表示為要約，乙之意思表示為承諾
   (B) 甲之意思表示為要約引誘，乙之意思表示為要約
   (C) 甲之意思表示為要約，乙之意思表示為要約引誘
   (D) 甲之意思表示為要約，乙之意思表示為新要約　　【101 年普】

3. 甲將其所有 A 屋委託乙仲介公司銷售，定價新臺幣 980 萬元，丙經乙仲介公司銷售人員帶看之後，對 A 屋甚是滿意，但是希望價格能降為新臺幣 950 萬元，乃給付新臺幣 20 萬元斡旋金予乙仲介公司作為與屋主斡旋差價之用。下列敘述何者正確？　(C)
   (A) 丙交付新臺幣 20 萬元斡旋金，為定金之給付，推定該買賣契約成立
   (B) 丙交付新臺幣 20 萬元斡旋金，為要約之引誘，買賣契約尚未成立
   (C) 丙交付新臺幣 20 萬元斡旋金，為新要約，買賣契約尚未成立
   (D) 丙交付新臺幣 20 萬元斡旋金，為要約之承諾，買賣契約成立
   【102 年普】

第一百六十五條之一（優等懸賞廣告之定義）

1. 依民國八十八年四月二十一日總統明令修正公布之債編規定，以　(C)

廣告聲明對完成一定行為，於一定期間內為通知，而經評比為優等之人給與報酬者，稱之為
(A) 評比懸賞廣告　(B) 競賽懸賞廣告　(C) 優等懸賞廣告
(D) 報酬懸賞廣告　　　　　　　　　　　　　　　【88 年特】

第二款　代理權之授與

第一百六十七條（意定代理權之授與）

1. 關於代理的敘述，下列何者正確？（第 167、168、169、170 條）　(C)
   (A) 代理權係以法律行為授與者，其授與應向代理人或向代理人對之為代理行為之第三人，以書面授權方式代理為之
   (B) 代理人有數人者，其代理行為應單獨為之。但法律另有規定或本人另有意思表示者，不在此限
   (C) 由自己之行為表示以代理權授與他人，或知他人表示為其代理人而不為反對之表示者，對於第三人應負授權人之責任。但第三人明知其無代理權或可得而知者，不在此限
   (D) 代理人於代理權限內，以本人名義所為之意思表示，直接對本人發生效力。而無代理權人以代理人之名義所為之法律行為則為無效　　　　　　　　　　　　　　　　　【110 年普】

2. 下列何者屬於授與代理權？　(B)
   (A) 甲創作民法總則一書，授權乙出版社於五年間印製出版該書
   (B) 甲有一 A 車，授權乙以甲本人名義買賣 A 車
   (C) 甲為知名影星，授權乙週刊使用甲肖像照片
   (D) 甲有一昆蟲標本，授權乙予以拍攝　　　　　　【110 年普】

第一百六十九條（表見代理）

1. 下列何者非代理權之限制？　(A)
   (A) 表見代理　(B) 雙方代理　(C) 自己代理　(D) 共同代理
   　　　　　　　　　　　　　　　　　　　　　　　【96 年普】

第四篇　民法概要

第一百七十條（無權代理及相對人之催告權）

1. 甲為乙之代理人，下列敘述何者最正確？　(B)
   (A) 若甲為意定代理人，其被相對人丙詐欺所為之代理行為，應由甲自行撤銷
   (B) 甲逾越代理權限所為之代理行為，得因乙之承認而確定生效
   (C) 若甲僅十六歲，甲所為之代理行為無效
   (D) 若甲為乙之法定代理人，得因乙之同意，為雙方代理行為
   【101年普】

2. 甲未將代理權授與給乙，乙卻以甲之代理人名義與善意之丙訂立買賣契約，甲不承認乙之無權代理行為。下列敘述何者正確？　(B)
   (A) 乙與丙簽訂之買賣契約，效力雖不及於甲，但在乙丙之間有效
   (B) 乙與丙簽訂之買賣契約，對甲丙、乙丙均無效，丙得請求乙損害賠償
   (C) 乙與丙簽訂之買賣契約，對甲丙、乙丙均無效，丙得請求甲損害賠償
   (D) 乙與丙簽訂之買賣契約，對甲丙、乙丙均有效，但丙得撤銷買賣契約
   【102年普】

3. 甲因長期出國，將其所有名貴青花瓷一只交由乙代為保管。乙向丙偽稱該瓷為己有，欲以該瓷與丙所有之名車互易，雙方達成讓與合意並互相交付完畢。下列敘述，何者錯誤？　(C)
   (A) 該互易契約有效
   (B) 丙得主張因善意受讓而取得該只青花瓷之所有權
   (C) 丙移轉名車所有權之行為於甲承認之前為效力未定
   (D) 甲得向乙請求損害賠償
   【104年普】

第一百七十一條（無權代理相對人之撤回權）

1. 無權代理人所為之法律行為，其相對人經本人承認前：　(B)
   (A) 得撤銷之　(B) 得撤回之　(C) 得解除之

貳　債編

(D) 得終止之 【90年特】

第三款　無因管理

第一百七十二條（無因管理之要件）

1. 甲上班途中，見乙受傷昏迷在地，甲雖不認識乙，但仍非常熱心開車載乙到醫院急救。請問甲乙間之法律關係如何？
(A) 委任關係　(B) 無因管理　(C) 不當得利　(D) 無權代理

(B)

【98年普】

第一百七十三條（管理人之通知及計算義務）

1. 甲於出國遊玩期間，適逢颱風來襲，甲家的大門因此破損，門戶洞開。鄰居乙擔心甲家遭遇盜賊，乃好心召來工匠為其修繕，支出8千元。試問乙得依下列何種法律關係向甲請求返還8千元？
(A) 無因管理　(B) 侵權行為　(C) 不當得利　(D) 債務不履行

(A)

【105年普】

第一百七十六條

1. 在無因管理之規定中，若管理人管理事務時，利於本人，且不違反本人明示或可得推知之意思者，管理人不得向本人主張下列那種請求權？
(A) 管理人管理本人事務之有益費用支出償還請求權
(B) 清償管理人因管理事務所負債務之請求權
(C) 管理人因管理事務所受損害之賠償請求權
(D) 管理人管理本人事務之報酬請求權

(D)

【111年普】

第四款　不當得利

第一百七十九條（不當得利之效力）

1. 甲將自己之汽車停在乙的停車格內多日，乙自己沒有汽車，停車格也未出租給他人使用，甲在乙的要求下將汽車開走，下列敘述何者最正確？
   (A) 乙仍得對甲主張無因管理，請求必要費用之返還
   (B) 乙仍得對甲主張債務不履行之損害賠償責任
   (C) 乙仍得對甲主張不當得利，請求甲返還利益
   (D) 乙仍得對甲主張無權代理之損害賠償責任　　【101年普】

   (C)

2. 甲有一幅臺灣著名畫家之名畫，市值新臺幣500萬元，借給乙在畫展中展覽，並未委託乙出售。丙觀賞該名畫，愛不釋手，不知該畫是乙向甲借的，於是向乙表示願出新臺幣700萬元請乙割愛，乙就以新臺幣700萬元將該畫賣給丙，並以移轉所有權之意思交付給丙。下列敘述何者正確？
   (A) 甲得請求丙返還該畫　(B) 甲得請求乙新臺幣700萬元
   (C) 甲最多只能請求乙新臺幣500萬元
   (D) 甲最多只能請求乙新臺幣600萬元　　【102年普】

   (B)

3. 甲將自己所有的違章建築A屋賣給乙，有關於買賣違章建築之法律關係。下列敘述，依實務見解，何者錯誤？（第179、184、758條）
   (A) 土地與土地上之違章建築同屬於一人所有，嗣將違章建築與土地分別讓與相異之人，仍有民法第425條之1推定租賃關係規定之適用
   (B) 違章建築之買受人對於無權占用房屋之人，得行使民法第767條之物上請求權
   (C) 違章建築遭拍賣，拍定人自取得法院權利移轉證書之日起，取得該違章建築之權利

   (B)

(D) 甲、乙買賣違章建築，所讓與的是事實上之處分權

【109 年普】

第一百八十條（不當得利之排除）

1. 甲到乙所開設之賭場賭博，賭輸了 10 萬元，下列敘述何者正確？ (C)
   (A) 賭博為甲乙間債務發生之原因關係，所以甲應支付乙 10 萬
   (B) 如甲已經付款給乙，則甲得主張賭博行為違反公序良俗無效，依不當得利向乙請求返還
   (C) 如甲已經付款給乙，雖甲得主張賭博行為違反公序良俗無效，但甲之給付為出於不法原因之給付，所以不得向乙請求返還
   (D) 如甲已經付款給乙，甲得主張侵權行為，向乙請求損害賠償

   【100 年普】

2. 甲與女秘書乙發生婚外情，甲與乙約定以繼續維繫婚外情為前提，贈與乙 A 屋一棟，一年後乙不欲繼續維持不倫關係，A 屋該如何處理？ (C)
   (A) A 屋係以解除條件為前提的贈與契約，條件成就，贈與契約解除，A 屋須返還給甲
   (B) 甲與乙之間的贈與契約係以維繫婚外情為前提，贈與契約內容違反公序良俗無效，A 屋須返還給甲
   (C) 乙受贈 A 屋係屬不法原因而為給付者，甲事後不能請求返還 A 屋
   (D) 甲贈與乙 A 屋為無償行為，故贈與人甲可隨時撤銷該贈與契約，請求返還 A 屋

   【102 年普】

3. 甲申請之建案因違法無法取得建造許可，遂與乙約定，由甲贈與乙之妻丙 100 萬元後，乙須幫助甲取得建造許可，後來乙收賄之行為經法院判決有罪確定。問甲可否向丙請求返還 100 萬元？ (B)
   (A) 可以，依據不當得利　(B) 不可，100 萬元為不法原因之給付
   (C) 可以，100 萬為違背公序良俗之給付
   (D) 可以，依據無因管理

   【113 年普】

第一百八十二條（不當得利受領人返還之範圍）

1. 不當得利的受領人，不知無法律上之原因，而其所受之利益已不存在者，其法律上效果如何？　(D)
   (A) 應償還其價額　(B) 應原物返還
   (C) 應返還其所受的利益　(D) 免負返還或償還價額之責任
   【92年普】

2. 有關不當得利所應返還之客體，下列何者錯誤？　(C)
   (A) 原物所生之孳息　(B) 受領之原物或原權利
   (C) 原物因受領人特殊能力導致之增值
   (D) 原物毀損後，受益時之價額
   【105年普】

第五款　侵權行為

1. 銀行對於肉眼顯能辨識之票據印文真偽，而未為辨識，其責任係屬何種性質之責任？　(A)
   (A) 屬重大過失之責任　(B) 屬抽象輕過失之責任
   (C) 屬具體輕過失之責任　(D) 無過失責任
   【99年普】

第一百八十四條（一般侵權行為責任）

1. 甲被酒醉駕車之乙撞傷住院，甲所駕駛之汽車亦因此受損，下列敘述何者最正確？　(C)
   (A) 甲對於汽車所受之損害，僅得請求乙將汽車修復原狀，不得主張修復原狀所必要之費用以代替回復原狀
   (B) 甲受傷住院，得因人格權受侵害對乙請求非財產上之損害賠償，其請求之數額限於甲實際所受之損害
   (C) 甲對於汽車所受之損害，得對加害人乙請求汽車因毀損所減少之數額
   (D) 被害人甲若對第三人負有法定扶養義務者，加害人乙對該第三人亦應負損害賠償責任
   【101年普】

2. 甲欲向乙租屋 3 年，雙方僅用通訊軟體 Line 互相協商，乙已於對話中允諾，但後來丙出更高租金，於是乙改將該屋出租給丙並交付之，後來丙得乙之同意將該屋再出租給丁，某日丁因大意未關爐火將該屋燒毀，下列敘述何者正確？　(A)
   (A) 乙可以向丁主張侵權行為責任
   (B) 甲可主張乙丙之租賃契約未以書面簽訂，因此無效
   (C) 丙可以向丁主張侵權行為責任
   (D) 甲可以向丙主張有優先締約權，因此乙丙之租賃契約對甲係屬無效　【105 年普】

3. 依侵權行為請求損害賠償之說明，下列敘述何者正確？　(D)
   (A) 純粹經濟上之損失亦屬於一種損害，與權利受損一樣，得依民法第 184 條第 1 項前段主張之
   (B) 債權亦屬於一種財產權，被侵害時，祇得依民法第 184 條第 1 項前段主張，而不得依同條項後段主張之
   (C) 我國侵權行為之保護客體僅限於權利，未及於利益
   (D) 故意以背於善良風俗之方法加損害於他人之利益，受害人亦得依侵權行為主張之　【105 年普】

4. 下列有關繼承之敘述，何者錯誤？　(D)
   (A) 奠儀於繼承發生時並不存在，非屬被繼承人所遺財產
   (B) 繼承人對於被繼承人之債務，以因繼承所得遺產為限，負清償責任
   (C) 債權人得單獨向法院聲請命繼承人於 3 個月內提出遺產清冊
   (D) 繼承人對於遺產全部為公同共有關係，無應部分，故若逾越應繼分比例享有（行使）權利，毋須負返還義務　【106 年普】

第一百八十五條（共同侵權行為）

1. 甲、乙、丙共同將丁毆打成傷，丁花費醫療費用新台幣 15 萬元，嗣後丁免除其對甲之債務，請問乙、丙應如何負責？　(B)
   (A) 乙、丙共同承擔 15 萬元責任　(B) 乙、丙共同承擔 10 萬元責任

(C) 乙、丙共同承擔 5 萬元責任　(D) 乙、丙均同時免責

【97 年普】

2. 甲、乙共同毆傷丙，經法院判決甲、乙須連帶負 100 萬元之損害賠償，事後甲、乙間約定各自負擔一半之責任，但丙卻對甲請求給付 80 萬元之賠償，甲有何權利可主張： (D)
   (A) 超過 50 萬元部分拒絕給付　(B) 就 80 萬元部分負擔一半之責任
   (C) 全部拒絕賠償　(D) 甲無權拒絕丙之請求　　【96 年普】

第一百八十七條（法定代理人之責任）

1. 下列對於法定代理人之侵權行為責任何者敘述錯誤？ (B)
   (A) 無行為能力人或限制行為能力人，不法侵害他人權利者，以行為時有識別能力為限，與其法定代理人連帶負損害賠償責任
   (B) 行為時無識別能力者，則法定代理人亦無須負損害賠償責任
   (C) 法定代理人如其監督並未疏懈，或縱加以相當監督，而仍不免發生損害，不負賠償責任
   (D) 無法依民法第一八七條第一、二項規定受損害賠償時，法院因被害人聲請，得斟酌行為人及其法定代理人與被害人之經濟狀況，令行為人或其法定代理人為全部或一部之損害賠償

【97 年普】

2. 下列有關加害人應負損害賠償責任之敘述，何者最正確？ (B)
   (A) 受僱人甲因執行職務不法侵害第三人乙之權利時，原則上僅由甲對乙負損害賠償責任
   (B) 限制行為能力人甲不法侵害第三人乙之權利時，即使甲於行為時有識別能力，原則上由甲及其法定代理人對乙連帶負損害賠償責任
   (C) 法人甲之董事丙因執行職務對第三人乙造成損害時，因甲無實體存在，故僅由丙單獨對乙負損害賠償責任
   (D) 甲、丙、丁三人共謀聯手圍攻乙，實際下手時，如丁僅在一旁叫囂助陣，則丁不須對乙因被毆所生損害負賠償責任

3. 甲為成年人，因精神障礙而受監護之宣告，某日甲精神回復而有識別能力，向乙購買手機一只，惟因過失打破櫃台玻璃。下列敘述，何者正確？ (C)
   (A) 甲與乙之手機買賣契約無效，關於打破櫃台玻璃不成立侵權行為
   (B) 甲與乙之手機買賣契約有效，關於打破櫃台玻璃成立侵權行為
   (C) 甲與乙之手機買賣契約無效，關於打破櫃台玻璃成立侵權行為
   (D) 甲與乙之手機買賣契約效力未定，關於打破櫃台玻璃不成立侵權行為
   【104年普】

4. 19歲之甲經父母同意受僱於乙公司。某日甲受乙公司之吩咐，將貨物送到客戶手中。途中行經十字路口，甲闖紅燈致丙在綠燈穿越時受傷，經該地區行車事故鑑定委員會認定，認定甲應負全部之肇事責任。就此情形，下列敘述何者錯誤？ (A)
   (A) 甲是未成年人，對於丙之損害，無須負賠償責任
   (B) 丙得主張乙與甲負連帶損害賠償責任
   (C) 丙得主張甲及其父母負連帶損害賠償責任
   (D) 乙賠償丙之損害後，得向甲求償
   【106年普】

5. 16歲之甲於騎車上學時，與正在送貨之某公司送貨員乙（30歲）擦撞，並導致路人丙受傷。若甲與乙均為違規駕駛，下列敘述何者正確？ (D)
   (A) 丙僅得請求財產上之損害賠償，不得主張非財產上損害賠償
   (B) 甲為有識別能力人，故丙僅得向甲單獨請求損害賠償，不得向甲之父母求償
   (C) 我國並無僱傭人責任之規範，僱傭乙之公司不必負損害賠償責任
   (D) 甲與乙對丙構成共同侵權行為，均須對丙負連帶損害賠償責任
   【107年普】

6. 10歲的男童A去同學B家中一起打電動遊戲時，因一言不合吵 (A)

起來，一氣之下摔壞B父甲新購買的筆電。請問下列敘述何者錯誤？
(A) 若摔壞筆電時A有識別能力，則由A單獨負責，甲不可向A之法定代理人乙求償
(B) 若摔壞筆電時A有識別能力，則A和其法定代理人乙必須連帶負賠償責任
(C) 若摔壞筆電時A無識別能力，則A無須負責
(D) 若摔壞筆電時A無識別能力，則由其法定代理人乙單獨負責，但乙可舉證免責　　【108年普】

第一百八十八條（僱用人之責任）

1. 甲受僱於乙客運公司擔任公車司機，某日在依照路線載客途中，因過失撞傷路人丙。下列敘述何者錯誤？　(D)
   (A) 丙可以只向甲請求賠償
   (B) 丙可以只向乙請求賠償
   (C) 乙賠償之後，原則上可以向甲主張求償
   (D) 甲乙對丙負不真正連帶債務之關係　　【99年普】

2. A公司的董事甲前往與客戶簽約時，不慎撞傷路人乙。下列敘述何者正確？　(C)
   (A) 屬車禍事故，由董事甲自行負損害賠償責任
   (B) 由A公司負損害賠償責任，但是A公司對董事甲有求償權
   (C) 由A公司與董事甲連帶負損害賠償責任
   (D) A公司若已盡監督職務執行之責，可舉證免責　【102年普】

第一百八十九條（定作人之責任）

1. 18歲的甲騎機車上學途中撞傷騎腳踏車的乙。下列敘述何者正確？　(D)
   (A) 甲未成年，所以不須負損害賠償之責
   (B) 由甲的法定代理人負損害賠償之責

(C) 以甲行為時有意思能力為限，與其法定代理人連帶負損害賠償責任
(D) 法定代理人如其監督並未疏懈，或縱加以相當之監督，而仍不免發生損害者，得主張免責 【102 年普】

2. 甲承攬乙建設公司之營造工程，在執行承攬事項時，因過失致路人丙受到傷害。下列敘述何者正確？　(A)
(A) 乙建設公司如非於定作或指示有過失，即不負損害賠償責任
(B) 乙建設公司雖非於定作或指示有過失，但應與甲連帶負損害賠償責任
(C) 乙建設公司賠償丙之損害後，對甲有內部求償權
(D) 乙建設公司應單獨對丙負損害賠償責任，對甲無內部求償權
【102 年普】

第一百九十條（動物占有人之責任）

1. 以下關於占有之敘述何者錯誤？　(A)
(A) 寵物店之店員甲照顧顧客乙寄放之寵物狗，帶該隻寵物狗出外散步時，咬傷在公園遊玩之幼童，此時甲應負賠償賠償責任
(B) 動產善意受讓人必須善意且無重大過失始可
(C) 占有人由拍賣或公共市場以善意買得盜贓遺失物時，真正權利人得於 2 年內，償還支出之價金後，請求回復其物
(D) 占有人之占有被侵奪者，占有人之返還請求權自侵奪時起，1 年間不行使而消滅 【99 年普】

第一百九十一條之一（商品製造人之責任）

1. 民法對於下列何者採取三重擬制之立法？　(A)
(A) 商品製造人之侵權責任　(B) 法定代理人之侵權責任
(C) 僱用人之侵權責任　(D) 動力車輛駕駛人之侵權責任【97 年普】
（註：包括民法、消費者保護法、公平交易法）

2. 甲糕餅業者向乙原料供應商購買食用油，用以添加於糕餅之製　(C)

造，但該油之品質發生問題，經查該油係製油業者丙所生產，丙就其產品應對甲負何種責任？

(A) 無過失責任　(B) 故意責任　(C) 中間責任　(D) 不須負責

【103年普】

第一百九十三條（侵害身體健康之財產上損害賠償）

1. 甲酒駕，不慎撞傷路人乙，乙因此必須住院治療，一個月無法工作，試問下列對於甲乙關係的論述何者錯誤？　(D)
   (A) 甲因酒駕撞傷乙，致乙受有身體傷害住院，甲對乙構成侵權行為責任
   (B) 乙對甲可以要求醫療費用之損害賠償
   (C) 乙住院期間，需要僱用看護照顧，乙可以請求甲負擔該費用
   (D) 乙為藝術工作者，因為受傷而無法開演唱會，乙的經紀人丙因無法開演唱會，而受有嚴重損失。丙可以對甲請求丙因乙無法開演唱會所受的損失賠償

【98年普】

第一百九十四條（被害人親屬非財產上之賠償）

1. 甲於穿越馬路時，因被闖紅燈的乙撞及，造成下半身不遂，則下列損失中何者不得請求乙賠償？　(B)
   (A) 甲住院期間之醫療費用　(B) 與甲相依為命之大哥的精神上痛苦
   (C) 甲出院後之看護費用　(D) 甲減少勞動力之損失　【96年普】

2. 甲男與乙女已經訂婚，而且同居，雖尚未結婚，但感情非常好。甲男某日外出工作，遭無照駕駛之丙喝酒闖紅燈撞擊，當場死亡。下列敘述何者正確？　(D)
   (A) 因乙女與甲男有訂婚之關係，故乙女得請求丙賠償慰撫金
   (B) 因乙女與甲男已經同居，故乙女得請求丙賠償慰撫金
   (C) 因乙女與甲男感情非常好，故乙女得請求丙賠償慰撫金
   (D) 因乙女與甲男尚未結婚，故乙女不得請求丙賠償慰撫金

【102年普】

第一百九十五條（侵害身體健康、名譽或自由之非財產上損害賠償）

1. 甲有 A 車一輛借乙使用，乙因滑手機未注意車前狀況，而與丙酒駕闖紅燈之 B 車相撞，乙重傷，A 車全毀。下列敘述，何者正確？　　　　　　　　　　　　　　　　　　　　　　(B)
   (A) 甲若向丙請求 A 車之損害賠償，丙不得主張甲就 A 車投有保險，應扣除保險金
   (B) 乙及丙對 A 車之損害，應負連帶賠償責任
   (C) 乙母可向丙請求精神慰藉金
   (D) 乙向丙請求賠償時，丙不得主張因乙與有過失，應減輕賠償金額　　　　　　　　　　　　　　　　　　　　【104 年普】

2. 著有數本暢銷理財專書之甲，某日遭汽車駕駛人丙撞傷，卻於與丙損害賠償協議達成前，突發心肌梗塞猝死，留有土地一筆及尚未繳清貸款之房屋一棟，某上市電子公司股份 100 萬股，銀行存款 30 萬元，尚欠有乙銀行之信用貸款 20 萬元。下列何者非屬繼承之標的？　　　　　　　　　　　　　　　　　　　　(C)
   (A) 尚未繳清貸款之房屋　(B) 甲所著理財專書之著作權
   (C) 甲對丙依據民法第 195 條規定可主張之非財產上損害賠償請求權
   (D) 甲積欠乙銀行之 20 萬信用貸款　　　　　　【113 年普】

第一百九十七條（損害賠償請求權之消滅時效與請求權之競合）

1. 關於因侵權行為所生之損害賠償請求權，下列敘述，何者錯誤？　(C)
   (A) 慰撫金請求權，不得讓與或繼承
   (B) 此項請求權自請求權人知有損害及賠償義務人時起，二年間不行使而消滅
   (C) 此項請求權自有侵權行為時起，逾二十年不行使而消滅
   (D) 此項請求權於罹於時效之後，賠償義務人即不得再為給付

第四篇　民法概要　437

【96年普】

第二節　債之標的

第一百九十九條（給付）

1. 甲將其單獨所有之土地的特定部分出售予乙後，如該土地無不可分割之限制時，乙得如何請求甲履行其移轉所有權之義務？　(B)
    (A) 請求甲移轉登記按該特定部分計算之土地應有部分，與甲共有該土地
    (B) 請求甲將該特定部分分割後移轉登記與乙
    (C) 乙得選擇請求甲為上述(A)或(B)之任一種移轉登記方式
    (D) 本買賣契約欠缺確定性與可能性而無效，乙不得請求甲為移轉登記

【104年普】

第二百零一條（特種通用貨幣之債）

1. 下列對於債之標的的論述何者正確？　(B)
    (A) 乙為出售中古屋的出售者，甲向乙購買乙所出售的A屋，甲乙間成立種類買賣
    (B) 甲乙訂立契約，約定甲對乙負有給付新台幣五千元的債務，甲對乙成立貨幣之債，亦稱金錢之債
    (C) 任意之債，係指債權人得於數宗給付中，自由選擇其中一種為給付標的
    (D) 甲乙雖然訂立A畫的買賣契約，但約定債務人乙也可以B畫替代交付，甲乙間成立選擇之債

【98年普】

第二百零三條（法定利率）

1. 下列關於利息之敘述，何者正確？（第203、204、205條）　(B)
    (A) 應付利息之債務，其利率未經約定亦無法律可據者，原則上以週年利率為百分之六計算

貳
債
編

(B) 約定利率逾週年百分之十二者，經一年後，債務人得隨時清償原本。但須於一個月前預告債權人
(C) 約定利率，超過週年百分之二十者，其約定當然無效，此時應以法定利率計算應給付之利息
(D) 債權人受領超過最高利率之利息，對於超過部分之利息係不當得利，應返還債務人　　　　　　　　【109年普】

第二百零五條（最高利率之限制）

1. 甲因卡債需錢孔急，向乙借錢週轉，約定以年利率百分之五十為借款利息，借期五年，問依法乙最多得向甲請求周年百分之幾之利息？
(A) 百分之十　(B) 百分之二十　(C) 百分之三十
(D) 百分之四十　　　　　　　　　　　　　　　【97年普】　(B)

2. 甲向乙借了 50 萬，約定利息為週年利率百分之 30 計算，下列敘述何者正確？
(A) 約定之利率過高，該消費借貸無效
(B) 約定之利率過高，超過法定週年利率 20% 部分之利息無效
(C) 約定之利率過高，超過法定週年利率 20% 部分之利息，乙無請求權
(D) 依契約自由原則，該利率之約定有效，乙得向甲請求利息之支付　　　　　　　　　　　　　　　　　　　【100年普】　(C)

3. 依民法之規定，約定利率超過週年百分之多少，則超過之部分會無效？
(A) 12　(B) 16　(C) 20　(D) 25　　　　　　【112年普】　(B)

第二百十條（選擇權之移轉）

1. 選擇之債由第三人為選擇者，如第三人不能或不欲選擇時，選擇權屬於何人？
(A) 債務人　(B) 債權人　(C) 第三人指定之人　(D) 法無明文　(A)

【95 年普】

第二百十六條之一（損害賠償應損益相抵）

1. 基於同一原因事實受有損害並受有利益者，其請求之賠償金額，應扣除所受之利益，此稱之為：
   (A) 過失相抵　(B) 損益相抵　(C) 利害相抵　(D) 賠償相抵

(B)

【90 年普】

2. 有關損害賠償，我國民法規定：
   (A) 以金錢賠償為原則　(B) 應依法律之規定，不得事前約定之
   (C) 損害賠償之範圍，除法律另有規定或契約另有訂定外，以填補債權人所受損害為限
   (D) 基於同一原因事實受有損害並受有利益，請求賠償時應扣除所受之利益

(D)

【88 年普】

第二百十七條（損害賠償之過失相抵）

1. 甲搭乘乙所駕駛之計程車，因甲趕時間，遂指示乙儘量超速。乙因此不及閃避紅燈右轉之丙車，乙受重傷向丙請求賠償，丙得作下列何主張？
   (A) 損益相抵　(B) 窮困抗辯　(C) 過失相抵　(D) 代位求償

(C)

【97 年普】

第三節　債之效力

第一款　給付

第二百二十二條（責任預免之限制）

1. 下列何種責任不預先免除？
   (A) 具體輕過失責任　(B) 抽象輕過失責任　(C) 不可抗力責任
   (D) 故意或重大過失責任

(D)

【90 年特】

第二百二十四條（債務人之無過失責任）

1. 債務人之代理人或使用人，就債之履行有故意或過失時，其責任之歸屬為：
   (A) 由代理人或使用人自行負責
   (B) 由法院視情形決定何人負責
   (C) 視為債務人自己之故意過失，負同一責任
   (D) 由債務人及代理人或使用人負連帶責任　　【88 年普】

(C)

第二百二十五條（不可歸責於債務人之給付不能與債權人之代償請求權）

1. 甲將房屋出賣於乙並交付之，但尚未完成移轉登記，乙已支付一半價金，其後該屋因地震而全毀。下列敘述，何者正確？
   (A) 乙仍應支付全部買賣價金　(B) 甲應承擔一半損失
   (C) 乙得解除買賣契約　(D) 甲得主張重建後再交屋　【103 年普】

(A)

2. 甲賣 A 屋給乙，尚未移轉交付，嗣後 A 屋因可歸責於丙之事由失火滅失，然甲對 A 屋投有火災保險。下列敘述，何者錯誤？
   (A) 甲得主張免給付義務，乙亦得主張免對待給付
   (B) 此為給付不能，甲、乙間之買賣契約無效
   (C) 乙得履行對待給付後，請求甲讓與對失火肇事者丙之損害賠償請求權
   (D) 乙得依民法第 225 條第 2 項請求甲交付保險金　【104 年普】

(B)

第二百二十六條（因可歸責於債務人事由之給付不能）

1. 甲與乙於民國（下同）103 年 10 月 1 日簽訂買賣契約將自有古董錶以新臺幣（下同）20 萬元出售予乙，約定同年 11 月 1 日交付該錶予乙。但同年 10 月 5 日不知情的丙向甲表示願以 25 萬元之價格購買該古董錶，甲同意出售，並當場銀貨兩訖。關於乙如何主張其權利，下列敘述何者正確？

(A)

(A) 乙基於買賣契約所生之債權得向甲請求交付該錶,並移轉該錶所有權。甲對乙須負可歸責給付不能之損害賠償責任

(B) 乙基於買賣契約所生之債權得向丙請求交付該錶,並移轉該錶所有權。甲對丙須負可歸責給付不能之損害賠償責任

(C) 乙基於所有權得向甲請求交付該錶。甲對乙須負侵權行為之損害賠償責任

(D) 乙基於所有權得向丙請求交付該錶。甲對丙須負侵權行為之損害賠償責任 【103年普】

2. 就賣方甲與買方乙間訂立之買賣契約,下列敘述何者錯誤? (D)
   (A) 該買賣標的物因可歸責於甲之事由而滅失,致給付不能者,乙得解除契約並請求損害賠償
   (B) 該買賣標的物因不可歸責甲乙之事由而滅失,致給付不能者,甲得免除該物之給付義務
   (C) 該買賣標的物因不可歸責甲乙之事由而滅失,致給付不能者,乙得免除價金支付之義務
   (D) 該買賣標的物因可歸責乙之事由而滅失,致給付不能者,甲不得向乙請求價金之支付 【106年普】

3. 甲將其名下之房屋出售並交付乙占有,惟尚未辦理所有權登記之前,甲又出售該屋於善意之丙且辦理所有權登記完畢。則乙對丙之主張,下列何者正確? (D)
   (A) 乙得依據其與甲所訂立之買賣契約而請求丙塗銷房屋所有權登記
   (B) 乙得向丙主張不當得利而請求丙塗銷房屋所有權登記
   (C) 乙得向丙主張撤銷權而請求丙塗銷房屋所有權登記
   (D) 乙無法請求丙塗銷房屋所有權登記,只得向甲請求債務不履行之損害賠償 【109年普】

第二百二十七條(不為給付或不為完全給付之效果)

1. 甲出賣一隻種豬給乙,交付的種豬有口蹄疫,致乙的豬群遭受感 (B)

染，而全部銷毀。請問乙對甲可以請求何種損害賠償？
(A) 給付遲延的損害賠償　(B) 不完全給付的損害賠償
(C) 受領遲延的損害賠償　(D) 給付不能的損害賠償　【98 年普】

第二百二十七條之一（債務不履行侵害人格權之賠償）

1. 甲駕駛機車載乙，與丙發生車禍，致乙跌落機車，身體多處受傷，經查甲、丙均有過失。下列敘述，何者錯誤？ (B)
   (A) 乙得向丙請求損害賠償　(B) 丙不得主張乙應承擔甲之過失
   (C) 乙得向甲請求損害賠償　(D) 甲丙為共同侵權行為人
   【103 年普】

2. 關於人格權保護，下列敘述，何者錯誤？ (C)
   (A) 人格權受侵害時，得請求法院除去其侵害；有受侵害之虞時，得請求防止之
   (B) 名譽權受侵害時，若法院採取命被告登報道歉作為回復名譽之適當處分，依現行司法實務見解，仍屬合憲
   (C) 債務人因債務不履行，致債權人之人格權受侵害者，不得請求損害賠償
   (D) 生命權受侵害時，配偶得請求損害賠償與慰撫金　【107 年普】

第二百二十七條之二（情事變更原則）

1. 甲將透天厝（不含基地）立約賣給乙後，尚未交付予乙前，即逢超級強烈颱風來襲，致透天厝完全倒塌。下列敘述何者正確？ (A)
   (A) 乙免給付價金予甲　(B) 甲仍負有交屋之義務
   (C) 甲仍得請求乙支付價金　(D) 乙得向甲主張侵權行為
   【105 年普】

第二款　遲延

第二百三十一條（遲延賠償——不可抗力責任）

1. 債務人給付遲延者，其責任應變更為： (D)
   (A) 故意責任　(B) 重大過失責任　(C) 事變責任
   (D) 不可抗力責任
   【96年普】

第二百三十二條（替補賠償）

1. 甲向乙訂一生日蛋糕，約定於甲生日那天送到，結果乙忘了，甲 (B)
   只好就近買了一個貴了許多的蛋糕，請問：
   (A) 事後乙補送之蛋糕，甲不得拒絕
   (B) 甲得拒絕乙補送之蛋糕，並請求賠償不履行之損害賠償
   (C) 乙忘記純屬意外，不用負擔遲延責任
   (D) 甲未先行催告，不得請求乙賠償損害
   【88年普】

第二百三十三條（金錢債務之特別規定）

1. 甲向乙提出給付，但給付遲延，下列敘述何者最正確？ (C)
   (A) 乙得向甲主張遲延之損害賠償以代替原定給付
   (B) 甲在遲延中，對於因不可抗力而生之損害，原則上毋須負責
   (C) 遲延之債務，以支付金錢為標的者，債權人乙得向債務人甲
   　　請求以法定利率計算之遲延利息
   (D) 對於甲之遲延給付，不論是否可歸責於甲，甲皆應負遲延之
   　　賠償責任
   【101年普】

第二百三十四條（受領遲延）

1. 債務人依債務本旨提出給付，使債權人處於可受領狀態，但債權 (D)
   人拒絕受領或不能受領，此稱之為：
   (A) 給付拒絕　(B) 受領拒絕　(C) 給付遲延　(D) 受領遲延

【90年特】

第二百三十五條（現實與言詞提出）

1. 種類之債係以不特定物之給付為標的，為使債之實現，於履行前應為特定。下列有關種類之債特定之方法，何者正確？ (B)
   (A) 種類之債只能依法定方法為特定
   (B) 往取之債於債務人具體指定給付物，並將準備給付之情事，通知債權人時，種類之債即為特定
   (C) 送赴之債於債務人將給付物送至債權人住所地，使債權人處於得隨時受領之狀態時，種類之債即為特定
   (D) 赴償之債於債務人交付其物於運送之人時，種類之債即為特定

【107年普】

第三款　保全

第二百四十二條（債權人之代位權）

1. 甲與乙簽約出售房屋一棟予乙，乙隨之即將其轉售給丙，嗣因甲拒不辦理過戶登記給乙，問丙該怎麼辦？ (C)
   (A) 丙得甲為被告提起訴訟，請求甲移轉房屋所有權給丙
   (B) 丙可訴請甲負賠償責任
   (C) 丙可依代位之規定，請求甲移轉登記於乙後登記於丙
   (D) 丙可訴請甲、乙連帶賠償其受之損害

【88年普】

2. 債權人甲不得代位其債務人乙，行使乙對第三人丙之何項權利？ (B)
   (A) 不動產登記請求權　(B) 扶養請求權
   (C) 實行抵押權　(D) 提起訴訟之權利

【104年普】

第二百四十四條（債權人撤銷權）

1. 下列有關債之保全之敘述，何者不正確？ (B)
   (A) 債務人怠於行使其權利時，債權人因保全債權，得以自己之

名義，行使其權利。但專屬於債務人本身者，不在此限
(B) 債務人之行為非以財產為標的，或僅有害於以給付特定物為標的之債權者，不適用債權人代位權之規定
(C) 債務人之行為非以財產為標的，或僅有害於以給付特定物為標的之債權者，不適用債權人撤銷訴權之規定
(D) 債權人之撤銷權，自債權人知有撤銷原因時起，一年間不行使，或自行為時起，經過十年而消滅　　　　【95年普】

2. 下列關於暴利行為之敘述，何者錯誤？ (B)
(A) 雖違反公序良俗，但有效　(B) 利害關係人得行使撤銷權
(C) 並非詐害債權行為　(D) 應於法律行為後一年內提起救濟
【103年普】

3. 關於撤銷權之性質，下列敘述何者錯誤？ (D)
(A) 撤銷權屬於形成權之一種，得因撤銷權人單方之意思表示到達相對人時，即生法律關係生效、變更或消滅之效力
(B) 撤銷權之行使期間，不受到消滅時效規定之限制
(C) 撤銷權行使後，其撤銷之客體視為自始無效
(D) 撤銷權須法律明文規定始得發生，當事人間不得以契約約定，由一方當事人因特定事由之發生而取得撤銷權　【106年普】

第二百四十五條（撤銷權之除斥期間）

1. 下列對於消滅時效與除斥期間之敘述何者正確？ (D)
(A) 消滅時效適用於形成權；除斥期間適用於請求權
(B) 消滅時效自始固定不變；除斥期間有中斷或不完成
(C) 消滅時效完成後，形成權消滅，無利益拋棄；除斥期間經過後，當事人得拋棄時效利益
(D) 消滅時效完成後請求權不消滅，債務人如不提出抗辯，法院不得依職權審酌；除斥期間經過後，形成權消滅，法院可不待當事人主張而依職權審酌　　　【97年普】

2. 下列關於形成權之敘述，何者為真？ (C)

(A) 所謂形成權係指當事人得依據雙方自由意志，形成法律關係之權利
(B) 請求權、抗辯權與解除權均屬形成權
(C) 凡有除斥期間規定者，即以形成權作為標的
(D) 形成權係針對尚未生效之法律行為所產生之法律效果而言
（註：撤銷權為形成權）　　　　　　　　　　【96年普】

第四款　契約

1. 甲醫師對於急症患者拒絕醫療，違反契約法上的何種義務？　(B)
   (A) 次給付義務　(B) 強制締約義務
   (C) 附隨義務　(D) 從給付義務　　　　　　【99年普】

第二百四十六條（契約標的給付不能之效力）

1. 甲、乙締結由甲出售其所有之建物予乙之買賣契約，但該建物實際上已於甲、乙締約前一日因火災而全部燒毀。該買賣契約效力如何？　(D)
   (A) 效力未定　(B) 乙得解除契約　(C) 乙得撤銷契約　(D) 無效
   　　　　　　　　　　　　　　　　　　　　【104年普】

2. 有關法律行為之標的，下列敘述何者正確？　(D)
   (A) 甲乙約定以火星上岩石為贈與標的物，該契約有效
   (B) 甲乙約定故宮翠玉白菜為買賣標的物，該契約有效
   (C) 甲乙約定甲需於1日內完成環島健走行程，該契約有效
   (D) 甲乙婚前協議約定，婚後任一方若有出軌行為，必須支付對方新臺幣100萬元賠償費，該契約有效　　　【105年普】

3. 甲告知乙，若乙願意出國比賽，不管有無得名次，即贈與乙200萬元。試問甲乙間之贈與契約的附款為何？　(B)
   (A) 期限　(B) 條件　(C) 負擔　(D) 約款　　【105年普】

第二百四十七條（締約上過失責任——因契約標的給付不能之賠償範圍）

1. 下列何者非損害賠償之債之發生原因？　　　　　　　　　　　　(C)
   (A) 債務不履行　(B) 侵權行為　(C) 未達法定年齡　(D) 契約
   【96 年普】

2. 甲、乙締結由甲出售 10 打市面上普遍流通之紅酒予乙之買賣契　　(D)
   約，甲依約於約定期日將標的物運送至乙之住所地時，乙以自己
   尚未備妥儲藏場所為由拒絕受領。甲不得已乃將物品運回繼續保
   管，卻於保管期間中該等紅酒全數破裂。下列敘述，何者正確？
   (A) 即使紅酒之破裂係因甲之重大過失所致，乙亦不得向甲主張
       損害賠償
   (B) 如紅酒之破裂係因不可抗力所致，乙之價金債務消滅
   (C) 甲之種類債務尚未特定
   (D) 甲之債務成為給付不能
   【104 年普】

第二百四十八條（受領定金之效力）

1. 關於定金之敘述，下列何者正確？　　　　　　　　　　　　　　(D)
   (A) 契約當事人交付定金之目的係為確保契約之履行或擔保契約
       之成立，因此定金之客體必定為金錢
   (B) 付定金者於買賣契約必為買受人
   (C) 契約成立時，定金應儘快返還當事人
   (D) 為證明契約之成立所交付之定金，稱為證約定金　【96 年普】

2. 下列有關定金之敘述，何者正確？（第 248、249 條）　　　　　(C)
   (A) 訂約當事人之一方，由他方受有定金時，其契約視為成立
   (B) 定金為諾成契約，於當事人約定時即成立
   (C) 契約因可歸責於付定金當事人之事由，致不能履行時，定金
       不得請求返還
   (D) 契約因不可歸責於雙方當事人之事由，致不能履行時，定金

視為債務不履行損害賠償之總額　　　　　　【109年普】

第二百五十條（約定違約金之性質）

1. 有關民法第 250 條規定之違約金類型有「損害賠償總額預定違約金」與「懲罰性違約金」兩種，下列敘述何者正確？ (B)
   (A)「損害賠償總額預定違約金」，倘若債務人有債務不履行發生，惟債權人所受實際損害遠低於約定之額度時，債權人即不得請求此一違約金金額
   (B)「懲罰性違約金」，只要債務人有債務不履行發生時，即便債權人未因此而受損害，債權人仍得請求此一違約金金額
   (C)「損害賠償總額預定違約金」，債務人有債務不履行發生，導致債權人受損害時，債權人除此一違約金外，亦得請求其他損害賠償金額
   (D)「懲罰性違約金」，債務人有債務不履行發生，導致債權人受損害時，債權人除此一違約金外，不得請求其他損害賠償金額　　　　　　【105年普】

第二百五十二條（違約金額過高之酌減）

1. 約定違約金過高者，契約當事人得如何處置： (C)
   (A) 拒絕給付　(B) 窮困抗辯　(C) 聲請法院酌減　(D) 主張無效
   　　　　　　【96年普】

第二百五十四條（非定期行為給付遲延之解除契約）

1. 甲向乙購買房屋一間，雙方約定房屋過戶後次日甲應給付剩餘款項，但甲並未依約付款，乙得如何主張其權利： (C)
   (A) 立刻解除契約　(B) 終止契約　(C) 定期催告　(D) 撤銷契約
   　　　　　　【96年普】

2. 甲、乙締結買賣甲所有之 A 屋的契約，乙並先為部分價金之給付。其後，乙未依約定期限給付剩餘價金。就甲以乙履行遲延 (A)

而解除 A 屋買賣契約之情形,下列敘述,何者正確?(第 254、260 條)

(A) 經甲定期間催告乙履行,甲得於經相當期限後,不須再為催告,即得解除契約
(B) 甲僅限於法律規定之事由始得解除,不得與乙約定合意解除之事由
(C) 契約經解除後,甲、乙互負回復原狀的義務,甲不得向乙請求損害賠償
(D) 契約經解除後,因乙有可歸責事由,甲返還乙已給付之價金時,不須附加利息
【108 年普】

第二百五十七條(解除權之消滅—未於期限內行使解除權)

1. 下列關於因債務不履行而解除契約之敘述,何者正確?　(C)
   (A) 債權人解除契約者,即不得再向債務人請求損害賠償
   (B) 因債務人給付不能而為解除時,債權人仍須對債務人為履行之催告始得解除
   (C) 如債權人為履行之催告時未定期間,催告後經相當期間,仍得逕為解除
   (D) 因解除而互負回復原狀義務時,債務人不得主張同時履行抗辯權
   【104 年普】

第二百五十八條(解除權之行使方法)

1. 有關契約之解除,以下何者為真?　(D)
   (A) 解除權之行使,無須向他方為意思表示
   (B) 契約解除之效力向將來生效
   (C) 解除權之行使,有免除損害賠償請求權之效力
   (D) 解除契約之意思表示不得撤銷
   【96 年普】

第二百五十九條（契約解除後之回復原狀）

1. 下列有關契約解除之敘述，何者錯誤？　　　　　　　　　　(C)
   (A) 契約解除時，當事人雙方負回復原狀之義務
   (B) 解除權之行使，不妨礙損害賠償之請求
   (C) 房屋買賣契約解除時，原買受人已支出之裝潢費用均得請求出賣人返還
   (D) 解除權之行使，得以送達訴狀繕本予他方當事人之方法為之
   【106 年普】

第二百六十四條（雙務契約之同時履行抗辯權）

1. 甲乙本於同一買賣契約而互負債務，甲於乙未為對待給付前，得主張拒絕給付之權利為何？　　　　　　　　　　　　　　　(D)
   (A) 債務清償請求權　(B) 先訴抗辯權
   (C) 債權保全之請求權　(D) 同時履行抗辯權
   【96 年普】

2. 甲向乙買一台液晶電視，約定一手交錢一手交貨，於乙未交付液晶電視前，當乙向甲請求價金之支付時，甲得主張：　　　　(D)
   (A) 撤銷權　(B) 解除權　(C) 不安抗辯權　(D) 同時履行抗辯權
   【100 年普】

第二百六十五條（不安抗辯權）

1. 甲向乙建設公司購買預售屋一戶，約定甲應依已完成之工程進度所定付款明細表之規定於工程完工後繳款，半年後乙建設公司資金週轉不靈，財產遭法院查封，甲是否應繼續繳納約定的工程款？　　　　　　　　　　　　　　　　　　　　　　　　(D)
   (A) 資金週轉不靈，屬可歸責於乙建設公司之事由，甲可拒絕繳納已完工的工程款
   (B) 因甲無過失，可免給付之義務，甲可拒絕繳納已完工的工程款
   (C) 基於買賣契約，甲得向乙建設公司主張同時履行抗辯，拒絕

繳納已完工的工程款
(D) 甲可主張在乙建設公司未繼續進行工程或提出擔保前，得拒絕繳納已完工的工程款　　　　　　　　　　【102年普】

第二百六十六條（因不可歸責於雙方當事人給付不能之效力）

1. 甲向乙購買房屋一棟，約定民國八十八年九月一日交屋，惟乙屆期未能交付房屋，不幸該屋於九二一大地震時倒塌，致乙不能交付房屋，此項損失應由何人負責？ 　(D)
    (A) 乙應對甲負全部之賠償責任　(B) 乙僅對甲負部分賠償責任
    (C) 甲、乙應共同分擔損失　(D) 乙無須負賠償責任 　【89年特】

第二百六十九條（利他契約）

1. 甲向大大車行買一台中古 A 車給其子乙，並約定其子乙得直接向該車行請求交付 A 車，則甲與大大車行間之契約屬於：　(B)
    (A) 附負擔之法律行為　(B) 第三人利益契約
    (C) 債權讓與行為　(D) 第三人保證契約　　　　　　【100年普】

2. 甲向乙訂購珍珠項鍊一條，甲與乙並約定由乙直接向第三人丙提出給付，丙對乙有直接請求權，下列敘述何者最正確？　(B)
    (A) 在丙表示享受其利益之意思後，甲與乙仍得隨時撤銷丙所取得之利益
    (B) 在丙表示享受其利益之意思後，丙得請求乙向自己提出給付，但乙得以由契約所生之一切抗辯對抗丙
    (C) 在丙表示享受其利益之意思後，乙得向丙請求給付項鍊之價金
    (D) 甲與乙所締結之買賣契約為負擔契約，對第三人丙不生效力，丙不得對乙直接請求給付　　　　　　　　　【101年普】

第二百七十條（債務人對第三人之抗辯）

1. 以契約訂定向第三人給付之利益第三人契約：　(D)
    (A) 只要契約訂立後，第三人即成為契約當事人

(B) 契約一經訂立後，即不得變更或撤銷契約

(C) 第三人不得直接向債務人請求給付

(D) 債務人得以由契約所生之一切抗辯，對抗受益之第三人

【88 年特】

第二百七十二條

1. 就甲、乙、丙三人對丁負有平均分擔之 300 萬元連帶債務的情形，下列敘述，何者正確？（第 272、273、279 條） (B)
   (A) 甲對丁為債務之承認而中斷時效時，其效力亦及於乙、丙之債務
   (B) 丁請求甲支付全額獲勝訴判決後，仍未能自甲受償時，得再請求乙支付全額
   (C) 甲清償全額後，如乙不能償還其分擔額，甲亦僅能向丙求償 100 萬元
   (D) 甲對丁清償 100 萬元後，丁即不得再次向甲請求支付剩餘之 200 萬元
   【108 年普】

第四節　多數債務人及債權人

第二百七十三條（連帶債務債權人之請求權）

1. 甲對乙負有 1,000 萬元借款債務，丙為甲對乙所負該債務之連帶保證人。試問，下列敘述何者正確？ (A)
   (A) 乙得直接請求丙履行 1,000 萬元保證債務
   (B) 乙僅得同時請求甲與丙履行債務
   (C) 丙連帶責任之約定無效　(D) 丙負最終責任
   【106 年普】

第二百八十條

1. 關於連帶債務的敘述，下列何者正確？（第 280、281、282 條） (C)
   (A) 連帶債務人相互間，縱因債務人中之一人應單獨負責之事由

所致之損害及支付之費用，仍應平均分擔義務
(B) 連帶債務人中之一人，因清償、代物清償、提存、抵銷或混同，致他債務人同免責任者，得向他債務人請求償還各自分擔之部分，但不得請求利息
(C) 連帶債務人中之一人，不能償還其分擔額者，其不能償還之部分，由求償權人與他債務人按照比例分擔之
(D) 連帶債務人中之一人，不能償還其分擔額，而他債務人中之一人應分擔之部分已免責者，無須負其責任　【110年普】

第二百八十一條（連帶債務人之求償權及代位權）

1. 甲、乙、丙三人對丁負有各自分擔比例為三分之一之300萬元連帶債務。下列敘述，何者正確？　(D)
   (A) 連帶債務罹於消滅時效後，甲對丁為債務之承認時，該中斷時效之效力及於乙、丙
   (B) 甲以時價300萬元之珠寶對丁為代物清償時，如事前未得乙、丙同意，甲不得向乙、丙求償
   (C) 甲對丁清償300萬元時，如乙無資力，則甲得對丙求償200萬元
   (D) 甲對丁先清償90萬元時，甲得對乙、丙分別求償30萬元
   【104年普】

第五節　債之移轉

第二百九十四條（債務之讓與性）

1. 甲與乙約定，甲不得將其對乙之非不得讓與的A金錢債權讓與予第三人。事後，甲卻違反與乙之約定，將A債權讓與予丙。就此情形，下列敘述何者最正確？　(B)
   (A) 甲、乙之約定違反誠信原則，無效。甲、丙間之讓與契約有效
   (B) 甲、乙之約定有效。但如丙為善意第三人，甲、乙之約定不

得對抗丙
(C) 無論債權人如何變動，債務人乙皆須清償，故甲、乙間之約定無效
(D) 甲、乙之約定效力未定。甲、丙之讓與契約無效【101年普】

2. 甲有A、B、C三台車，以總價50萬元出售給乙，其後甲將其對乙之債權贈與於丙，並讓與之。於乙將50萬元現金支付於丙後，甲將A、B、C三台車交付給乙並移轉所有權。試問甲、乙、丙間共有多少法律行為？
(A)4　(B)5　(C)6　(D)7　【107年普】　(D)

第二百九十五條（從權利之隨同移轉）

1. 甲向乙借款新台幣100萬元整，甲並將自己房屋一棟設定同額抵押權予乙以供擔保，之後乙將上開債權中50萬元部分讓與給丙，然清償期屆至時，甲僅對乙給付新台幣20萬元即無力清償其餘債務，試問：乙對甲享有多少額度之抵押權？
(A) 新台幣100萬元之抵押權　(B) 新台幣80萬元之抵押權
(C) 新台幣50萬元之抵押權　(D) 新台幣30萬元之抵押權
【97年普】　(D)

第二百九十六條（證明文件之交付與必要情形之告知）

1. 甲將其對乙之債權讓與給丙，下列敘述何者最正確？
(A) 甲若未將債權讓與之事由通知乙，則甲與丙間之債權讓與無效
(B) 甲應將證明債權之文件，交付受讓人丙
(C) 債權讓與為負擔行為
(D) 債權讓與時，該債權擔保之最高限額抵押權亦隨同移轉
【101年普】　(B)

第二百九十七條（債權讓與之通知）

1. 甲使用乙銀行發行之信用卡消費後，共計有15萬元卡債無法返　(A)

還，乙銀行在未知會甲之情形下，將該筆債權出售給丙。下列敘述何者錯誤？
(A) 因為甲未受到任何通知，故乙丙之讓與行為無效
(B) 甲乙之間如果有設定擔保，該擔保亦隨同由丙取得
(C) 甲乙之間如果有特約約定該筆債權不得讓與，丙公司如屬善意時，其讓與仍然有效
(D) 甲欲清償債務時，經第3人告知，才知乙已將債權讓與丙，乃主動向丙清償債務，此屬有效之行為　　　【99年普】

2. 甲將其對乙之債權讓與予丙。下列何者會使此債權讓與無效？　(D)
(A) 甲乙間有不得讓與之特約，但丙為善意之情形
(B) 甲未將證明債權之文件交付予丙
(C) 乙不同意甲丙間之債權移轉行為
(D) 該債權係甲為維持生活所必須之債權　　【104年普】

第三百零三條（債務人抗辯權之援用及其限制）

1. 下列有關債之移轉之敘述，何者正確？　(D)
(A) 第三人與債權人訂立契約承擔債務人之債務者，非經債務人承認，不生效力
(B) 第三人與債務人訂立契約承擔其債務者，其債務於契約成立時，移轉於該第三人
(C) 讓與人已將債權之讓與通知債務人者，若未為讓與或讓與無效，則債務人不得以其對抗受讓人之事由，對抗讓與人
(D) 債務人因其法律關係所得對抗債權人之事由，承擔人亦得以之對抗債權人。但不得以屬於債務人之債權為抵銷　【95年普】

第六節　債之消滅

第一款　通則

第三百零七條（從權利之消滅）

1. 下列何者非債之消滅原因？　　　　　　　　　　　　　　　(D)
   (A)清償　(B)提存　(C)免除　(D)互易　　　【97年普】
2. 下列何者非債務消滅之原因？　　　　　　　　　　　　　　(D)
   (A)代物清償　(B)提存　(C)抵銷　(D)請求權罹於消滅時效
   【96年普】

第三百零九條

1. 甲對乙有新臺幣（下同）100萬元之債權，將該債權讓與丙，甲 (B)
   與丙均未通知乙債權讓與之事情。嗣後，乙因不知債權讓與之事
   情，對甲清償100萬元，經甲受領，下列敘述，何者正確？
   (A)甲與丙之債權讓與無效　(B)乙之債務因清償而消滅
   (C)應經丙承認，乙之債務始消滅
   (D)甲與丙之債權讓與應經乙承認始生效　　　【113年普】

第二款　清償

第三百十六條（清償期之利益）

1. 下列有關清償之敘述，何者正確？　　　　　　　　　　　　(D)
   (A)債之清償，不得由第三人為之。但當事人另有訂定或依債之
     性質得由第三人清償者，不在此限
   (B)債務人原則上得為一部清償
   (C)因清償債務而對於債權人負擔新債務者，除當事人另有意思
     表示外，若新債務不履行時，其舊債務仍消滅

(D) 定有清償期者，債權人不得於期前請求清償，如無反對之意思表示時，債務人得於期前為清償　　【95年普】

2. 甲借款十萬元予乙，約定於半年後清償。下列敘述何者最正確？　(D)
   (A) 對於乙之期前清償，甲不得為反對之意思表示
   (B) 甲請求乙為期前清償時，乙不得拒絕
   (C) 乙之期前清償縱經甲受領，乙仍得以其期限利益受損，向甲主張不當得利返還請求權
   (D) 乙之期前清償如經甲受領，則乙不得再向甲主張不當得利返還請求權　　【101年普】

第三百十九條（代物清償）

1. 債權人受領他種給付以代原定給付者，其債之關係消滅，此種情形稱為：　(D)
   (A) 間接給付　(B) 代位求償　(C) 代替給付　(D) 代物清償
   　　【96年普】

第三百二十條（新債清償—間接給付）

1. 甲借給乙100萬元，借期屆至，甲請求乙返還100萬元借款，乙因此開立100萬元之本票交由甲受領。下列敘述，何者正確？　(D)
   (A) 甲所受領乙開立的100萬元本票，是債之內容更改
   (B) 甲所受領乙開立的100萬元本票，是抵銷
   (C) 甲所受領乙開立的100萬元本票，是代物清償
   (D) 甲所受領乙開立的100萬元本票，是新債清償　【109年普】

2. 下列何種情形，債務人之原有債務不會發生消滅之效果？　(D)
   (A) 債權人受領債務人以代物清償方式清償原有之債務
   (B) 債務人對債權人已屆清償期之債權行使抵銷權，彼此間在抵銷數額之債權債務
   (C) 債權與其債務發生混同之情形
   (D) 債務人以間接給付之方式清償原有之債務　　【111年普】

第三款　提存

第三百二十六條（提存之要件）

1. 債務人可用提存之方法來消滅債務，請問下列何者為其適用之情形？　(D)
   (A) 債權人與債務人約定　(B) 債務人給付遲延
   (C) 債務已屆清償期　(D) 債權人受領遲延　【88年特】

第三百二十八條（危險負擔之移轉）

1. 下列有關提存之敘述，何者錯誤？　(C)
   (A) 債權人受領遲延時，債務人可將給付物提存
   (B) 債務人不能確知孰為債權人而難為給付者，債務人可將給付物提存
   (C) 提存後債權人受領前，給付物毀損滅失之危險，仍應由債務人負擔
   (D) 提存拍賣及出賣之費用，應由債權人負擔　【97年普】

第三百三十一條（拍賣給付物）

1. 下列關於提存之論述，何者錯誤？　(C)
   (A) 債權人受領遲延，債務人難為給付時，債務人得將其應給付物，為債權人提存
   (B) 提存應於清償地之法院提存所為之
   (C) 提存標的物限於原給付物之提存，債務人不得將給付物出售而提存價金
   (D) 提存後，給付物毀損滅失之危險，由債權人負擔，所以雙務契約的債務人仍得對債權人要求對待給付　【98年普】

第三百三十四條

1. 二人互負債務而其給付種類相同，並均屆清償期者，得以其債務與他方之債務互為下列何項主張，以消滅其債務？ (A)
   (A) 抵銷　(B) 抵充　(C) 免除　(D) 混同　【111 年普】

第四款　抵銷

第三百三十五條（抵銷之方法與效力）

1. 甲對乙有於今年（下同）5 月 31 日到場之買賣價金金錢債權，乙對甲有於 6 月 30 日到期之消費借貸金錢債權。甲於 7 月 1 日主張抵銷，乙於 7 月 5 日回覆同意甲之抵銷的主張。試問：因甲主張抵銷而消滅之債之關係，於何時發生效力？ (B)
   (A) 5 月 31 日　(B) 6 月 30 日　(C) 7 月 1 日　(D) 7 月 5 日
   【101 年普】

2. 關於形成權，下列敘述何者正確？ (B)
   (A) 所謂形成權係指當事人得依據雙方自由意志，形成法律關係之權利
   (B) 形成權的行使，原則上不得附條件或期限
   (C) 形成權的行使期間，法律多設有消滅時效
   (D) 同意權、抗辯權與解除權均屬形成權　【103 年普】

第三百三十八條（禁止扣押之債不得為抵銷）

1. 下列關於抵銷之敘述，何者正確？ (B)
   (A) 甲對乙有金錢債權、乙對甲有因侵權行為而生之損害賠償請求權時，乙不得對甲主張抵銷
   (B) 甲對乙有金錢債權、乙對甲有禁止扣押之金錢債權時，甲不得對乙主張抵銷
   (C) 甲對乙之金錢債權及乙對甲之金錢債權的履行地不同時，乙

不得對甲主張抵銷

(D) 甲對乙之金錢債權及乙對甲之金錢債權的履行地不同時，甲不得對乙主張抵銷 【104年普】

第三百四十條（受扣押之債權不得為抵銷）

1. 下列有關抵銷之敘述，何者正確？ (D)
   (A) 債之請求權雖經時效而消滅，如在時效未完成前，其債權已適於抵銷者，仍不得為抵銷
   (B) 清償地不同之債務，不得為抵銷
   (C) 抵銷得附有條件或期限
   (D) 受債權扣押命令之第三債務人，於扣押後，始對其債權人取得債權者，不得以其所取得之債權與受扣押之債權為抵銷

   【95年普】

第五款　免除

第三百四十三條（免除之效力）

1. 甲、乙、丙共同竊取丁之財物，丁損失共計新臺幣30萬元，丁僅原諒其子甲之行為，而免除其債務。下列敘述，何者正確？ (B)
   (A) 乙若全額清償後，得向甲、丙各求償新臺幣10萬元
   (B) 乙若全額清償後，僅得向丙求償新臺幣10萬元
   (C) 乙若全額清償後，僅得向丙求償新臺幣15萬元
   (D) 丁免除甲之債務，乙、丙之債務亦應同生免除效力 【103年普】

第六款　混同

第三百四十四條（混同之效力）

1. 丈夫與妻子外出旅行，飛機失事，二人均不幸身亡，此時丈夫對妻子債務及妻子對丈夫之債權均由其子繼承，債之關係因何種法 (D)

律關係而消滅之？

(A)免除　(B)抵銷　(C)清償　(D)混同　　　【88年特】

第二章　各種之債

第一節　買賣

第一款　通則

第三百四十五條（買賣之意義及成立）

1. 依民法之規定，下列何種非屬法定要式行為？　(B)
   (A)兩願離婚　(B)買賣契約　(C)所有權移轉
   (D)社團章程之訂定　　　　　　　　　　【105年普】

2. 依民法規定，關於不動產買賣，下列敘述何者正確？　(D)
   (A)應作成公證書　(B)非經登記，不生效力
   (C)非經交付買賣之不動產，不生效力
   (D)因當事人就標的物及其價金互相同意而成立　【106年普】

第三百四十七條

1. 依我國民法之規定，下列關於租賃契約之敘述何者正確？（第347、355、430、767條）　(B)
   (A)甲將自己所有之A屋租予乙後，又將A屋租予丙並交付占有予丙，乙得知後可向丙主張交付A屋
   (B)甲將自己所有之A屋租予乙，並交付占有予乙後，A屋竟遭丙無權占有。此時，乙可對丙主張占有物返還請求權
   (C)甲將自己所有之A屋租予乙供居住之用，乙雖於訂約時已知A屋為輻射屋，但因輻射屋會危及乙的健康，故乙仍得主張減少價金
   (D)甲將自己所有之A屋租予乙，約定由甲負修繕義務。按民法

規定，乙得自行修繕再請求出租人償還費用　　【108 年普】

第二款　效力

第三百四十九條（標的物權利瑕疵之擔保）

1. 甲忘記乙已清償債務，遂誤將對乙之新臺幣 20 萬元之債權，以新臺幣 15 萬元出賣與丙。下列敘述，何者正確？
   (A) 甲、丙間之買賣契約無效　(B) 甲須負權利瑕疵擔保責任
   (C) 丙得主張善意取得該債權
   (D) 丙得主張甲應負無權代理人責任　　【103 年普】

(B)

第三百五十條

1. 甲向乙購買乙對於丙的債權，但丙已於買賣前清償系爭債權而使該債權消滅，請問該買賣契約之效力如何？
   (A) 債權不得作為買賣之標的所以無效
   (B) 該買賣標的權利自始不存在，屬於標的不能而無效
   (C) 該買賣標的權利雖然不存在，但契約仍有效，甲可對乙主張權利瑕疵擔保
   (D) 甲可依締約上過失向乙請求損害賠償　　【112 年普】

(C)

第三百五十三條（權利瑕疵擔保之效果）

1. 甲因急需錢週轉，於是將其從乙繼承的三十萬元債權，賣給丙二十五萬元。事後才發現在乙生前，債務人 A 經乙的同意已經清償該債務。以下對於甲丙間的法律關係論述何者正確？
   (A) 買賣契約以有形財產權為限，所以甲丙間所成立契約，非買賣契約
   (B) 該債權已經清償，所以甲丙間的買賣契約契約無效
   (C) 甲造成丙受有二十五萬元的損失，所以甲對丙有二十五萬元的侵害債權的侵權行為損害賠償責任

(D)

(D) 甲對於丙負有權利瑕疵之損害賠償責任，應賠償三十萬元
【98年普】

2. 甲與乙締結將甲所有 A 屋出售予乙之買賣契約後，A 屋於甲依約交付予乙前因火災燒毀致不能給付。下列敘述何者最正確？　(C)
   (A) 如 A 屋之燒毀係可歸責於甲之事由所致，乙僅須支付二分之一之價金
   (B) 如 A 屋之燒毀係可歸責於乙之事由所致，甲僅得請求支付二分之一之價金
   (C) 如 A 屋之燒毀係可歸責於甲之事由所致，乙得解除契約
   (D) 如 A 屋之燒毀係可歸責於第三人丙之事由所致，乙仍須支付二分之一之價金
【101年普】

第三百五十四條（物之瑕疵擔保責任與其效果）

1. 甲與乙締結 A 畫的買賣契約，約定由出賣人甲在兩天內將 A 畫送至乙處；甲將 A 畫交由店員丙送至乙處，因丙之過失，A 畫滅失。下列敘述何者最正確？　(C)
   (A) 甲免給付義務　(B) 乙得向丙主張侵害所有權之損害賠償責任
   (C) 甲應對乙負擔給付不能之損害賠償責任
   (D) 丙應對乙負擔給付不能之損害賠償責任
【101年普】

第三百五十九條（物之瑕疵擔保效力—解約或減少價金）

1. 買賣因物有瑕疵，而出賣人依法應負擔保之責者，下列何者為買受人不得向出賣人提出之主張？　(D)
   (A) 解除契約　(B) 減少價金　(C) 債務不履行之損害賠償
   (D) 契約無效
【97年普】

2. 甲經由乙仲介向丙購得 A 屋，甲於交屋遷入後始得知 A 屋曾發生非自然死亡事件。關於當事人間的權利義務，下列敘述何者正確？
   (A) 凶宅為不完全給付，甲得向丙請求損害賠償，但不得要求解

除契約

(B) A 屋並無滅失或減少其通常效用，甲不得向乙主張物之瑕疵擔保責任

(C) A 屋若符合凶宅之客觀判斷標準，甲得向乙主張 A 屋之價值瑕疵擔保責任，要求解除契約或減少價金

(D) A 屋若符合凶宅之客觀判斷標準，甲得向乙主張權利瑕疵擔保責任，要求解除契約或減少價金　　【102 年普】

3. 若買賣標的物為特定物時，買受人不得請求下列那一種物的瑕疵擔保之法定效果？ (D)
   (A) 減價　(B) 解約　(C) 損害賠償　(D) 另行交付他物
   　　【105 年普】

4. 甲有 A 屋，共 95 坪，登記為 A 屋所有人。乙詢問甲 A 屋坪數，甲告知 A 屋計有 100 坪。甲與乙締結 100 坪之 A 屋買賣契約。試問，下列敘述何者錯誤？ (A)
   (A) 甲侵害乙之 A 屋所有權　(B) 乙得解除契約
   (C) 乙得請求減少價金
   (D) 乙得以甲詐欺為由，撤銷締結該買賣契約之意思表示
   　　【106 年普】

第三百六十條（物之瑕疵擔保效力─請求不履行之損害賠償）

1. 有關損害賠償之規定，下列何者為是？ (C)
   (A) 若賠償致賠償義務人生計有重大影響，縱出於其故意，義務人得免責
   (B) 損害之發生，被害人與有過失者，加害人得不負賠償之責
   (C) 損害賠償之債，發生原因可能是契約、侵權行為或債務不履行
   (D) 損害賠償之方法以金錢賠償為原則　　【96 年普】

第三百六十二條

1. 關於買賣瑕疵擔保的敘述，下列何者正確？（第 363、374 條） (C)

(A) 買受人對於由他地送到之物，主張有瑕疵，不願受領者，買受人無暫為保管之責

(B) 從物有瑕疵者，買受人得就主物併同從物，解除全部契約

(C) 為買賣標的之數物中，一物有瑕疵者，買受人僅得就有瑕疵之物為解除，但當事人之任何一方，如因有瑕疵之物，與他物分離而顯受損害者，得解除全部契約

(D) 買賣之物，僅指定種類者，如其物有瑕疵，買受人得不解除契約或請求減少價金，而即時請求另行交付無瑕疵之物。出賣人就另行交付之物，不負擔保責任　　　【110年普】

第三百六十四條（物之瑕疵擔保之效力——另行交付）

1. 買賣之標的物權僅指定種類者，如其物有瑕疵，買受人： (D)
   (A) 僅得解除契約　(B) 僅得請求減價　(C) 僅得請求另行交付
   (D) 得不解除契約或請求減少價金，而即時請求另行交付無瑕疵之物　　　【90年特】

2. 特定物買賣，若因物有瑕疵而出賣人依法應負物之瑕疵擔保責任時，下列何者非買受人依法所得主張之權利？ (C)
   (A) 解除買賣契約　(B) 請求減少買賣價金
   (C) 請求另行交付無瑕疵之物
   (D) 故意不告知瑕疵時，請求損害賠償　　　【111年普】

第三百六十五條（解除權或請求權之消滅）

1. 買受人發現物有瑕疵，而通知出賣人者，最遲應於何時主張物之瑕疵擔保責任： (B)
   (A) 通知後3個月內　(B) 通知後6個月內
   (C) 通知後1年內　(D) 通知後2年內　　　【96年普】

2. 甲出售土地給乙，交付土地後乙發現實際坪數比契約書所載坪數少5%。下列敘述，何者錯誤？ (B)
   (A) 若無顯失公平之情形，乙可以請求減少價金或解除契約

(B) 瑕疵擔保責任自土地交付時起經過三年而消滅

(C) 此瑕疵若乙於契約成立時知悉而甲不知，甲不負擔保之責

(D) 乙若不通知甲坪數短少，視為承認其所受領之物【100年普】

第三百六十八條（買受人價金支付拒絕權）

1. 出賣人甲依其與買受人乙間之動產買賣契約，於約定之日合法提出給付，卻遭乙拒絕受領。依實務見解，就乙拒絕受領之法律效果，下列敘述何者最正確？ (A)
   (A) 甲得解除契約
   (B) 甲不得向乙請求繼續保管給付物之必要費用
   (C) 甲得拋棄對該動產之占有
   (D) 甲對標的物之保管，僅就故意負其責任　　　【101年普】

第三百七十三條（標的物危險之負擔）

1. 甲向進口家具商乙訂一套高級沙發，價錢十萬元，約定在甲處交付沙發。乙讓貨運公司丙運送該沙發，於運輸途中，因運送公司的送貨員丁的疏忽造成車禍而毀損。請問甲乙丙丁的法律關係如何？ (C)
   (A) 沙發因車禍而毀損，已經給付不能，所以乙對甲不負給付沙發之義務
   (B) 依民法第347條規定，家具商將沙發交付運送商丙運送時，買賣危險已經移轉到買受人，所以買受人必須給付價金
   (C) 因為沙發尚未給付，所以甲可以要求乙再重新運送一套沙發，否則甲可以拒絕給付價金
   (D) 由於沙發之毀損，甲可以對丙與丁請求侵權行為法上損害賠償　　　　　　　　　　　　　　　　　　　【98年普】

2. 甲向乙購買房屋，雙方簽訂買賣契約後，乙將房屋交付於甲，但尚未辦理所有權移轉登記，突然發生地震致使房屋全毀。下列敘述何者正確？ (A)

(A) 甲雖未取得房屋所有權，但仍需交付約定之房屋價金
(B) 甲因未取得房屋所有權，故毋需交付約定之房屋價金
(C) 甲已受領房屋之交付，故需交付約定之房屋價金之一半
(D) 甲已受領房屋之交付，僅需給付相當於使用房屋之租金
【102年普】

第三百七十四條（標的物送交清償地以外處所之危險負擔）

1. 甲至乙家具行購買1組展示中之沙發，約定於隔日由乙送貨至甲指定之處所。乙之員工丙送貨途中，因精神不濟發生翻車事故，沙發全毀，以下敘述何者錯誤？ (B)
   (A) 雖然沙發係因丙之過失而毀損，乙仍須負債務不履行之責任
   (B) 因為尚有另外1組圖案類似之沙發，甲可請求乙交付該組沙發替代
   (C) 乙可以向丙主張沙發毀損之損害賠償
   (D) 甲必須解除契約之後，才能免除給付價金之債務 【99年普】

2. 下列有關買賣之敘述，何者正確？ (D)
   (A) 債權之出賣人，對於債務人之支付能力，除契約另有訂定外，應負擔保責任
   (B) 買回之期限，不得超過三年，如約定之期限較長者，縮短為三年
   (C) 試驗買賣，為以買受人之承認標的物為解除條件而訂立之契約
   (D) 買受人請求將標的物送交清償地以外之處所者，自出賣人交付其標的物於為運送之人或承攬運送人時起，標的物之危險，由買受人負擔 【95年普】

第三百七十五條（交付前負擔危險之買受人費用返還義務）

1. 甲與乙訂立買賣契約，將其二手汽車出賣予乙，若當事人間無特別約定者，關於該汽車之利益及危險，下列何者正確？ (C)
   (A) 於甲與乙簽訂汽車買賣契約時起，由乙承受

(B) 自該車辦理過戶登記於乙時，由乙承受
(C) 自該車交付於乙時起，由乙承受
(D) 於乙支付價金完畢時，由乙承受　　　　　【109年普】

第四款　特種買賣

第三百八十四條（試驗買賣之意義）

1. 試驗買賣係以買受人之承認為：　　　　　　　　　　　　　　　　(A)
   (A)停止條件　(B)解除條件　(C)終止條件　(D)中止條件
   【90年特】

第三百九十四條（拍定之撤回）

1. 下列有關拍賣之陳述，何者錯誤？　　　　　　　　　　　　　　　(B)
   (A) 拍賣人對於其所經營之拍賣不得應買，亦不得使他人為其應買
   (B) 拍賣人對於應買人所出最高之價，認為不足者，不得不為賣定之表示，而撤回其物
   (C) 應買人所為應買之表示，自有出價較高之應買或拍賣物經撤回時，失其拘束力
   (D) 拍賣之買受人，應於拍賣成立或拍賣公告內所定之時，以現金支付買價
   【90年特】

第二節　互易

第三百九十八條（準用買賣之規定）

1. 下列對於民法「互易」之敘述何者正確？　　　　　　　　　　　　(C)
   (A) 準用交互計算之規定　(B) 雙方互相移轉金錢之財產權
   (C) 雙方互相移轉金錢以外之財產權　(D) 準用借貸之規定
   【97年普】

第四節　贈與

第四百零六條（贈與之定義及成立）

1. 甲男與乙女為男女朋友關係，甲同意將其名下之豪宅贈與乙，以下之敘述何者錯誤？
   (A) 甲在未移轉該屋之所有權給乙之前，隨時可以向乙表示反悔，撤銷贈與
   (B) 贈與為單獨行為
   (C) 甲在未移轉房屋所有權給乙之前，因為電線走火將該屋燒毀時，除非甲有故意重大過失，否則無庸負給付不能之責任
   (D) 甲移轉該屋之所有權給乙，乙搬入該屋之後，即使發現該屋漏水嚴重，原則上亦無法請求甲修繕　　　【99年普】

   (B)

2. 下列有關贈與之敘述何者正確？
   (A) 贈與之撤銷權不因受贈人死亡而消滅　(B) 贈與為無償契約
   (C) 贈與物未移轉前，贈與人得撤銷其贈與，縱經公證者亦同
   (D) 贈與人不論何種情況均不負物或權利瑕疵擔保責任
   　　　【97年普】

   (B)

第四百零八條（贈與之任意撤銷及其例外）

1. 下列何者之情形，贈與人得撤銷其贈與？
   (A) 經公證之贈與　(B) 履行道德上義務之贈與
   (C) 立有字據之贈與　(D) 贈與物之權利已移轉　【96年普】

   (C)

2. 下列關於民法規定之贈與契約的敘述，何者正確？
   (A) 為履行道德上之義務的贈與契約，不得撤銷
   (B) 為確認贈與意思，贈與契約須以書面定之
   (C) 贈與契約為無償契約，贈與人不負瑕疵擔保責任
   (D) 贈與人就其重大過失，對於受贈人不負給付不能之責任
   　　　【104年普】

   (A)

3. 甲有 A 屋，登記為 A 屋所有人。甲將 A 屋贈與乙女。試問，下列敘述何者正確？　　　　　　　　　　　　　　　　　　　(C)
   (A) 非經交付 A 屋，該贈與不生效力　(B) 該贈與應以書面為之
   (C) 甲移轉 A 屋所有權予乙前，得撤銷該贈與
   (D) 甲遲延交付 A 屋予乙時，乙得請求遲延損害賠償
   【106 年普】

第四百十條（贈與人之責任）

1. 下列關於贈與契約之敘述何者正確？　　　　　　　　　　　(D)
   (A) 贈與契約之贈與人對其贈與之物，有瑕疵時，原則上贈與人應負物之瑕疵擔保責任
   (B) 贈與契約為無償契約，所以贈與人均可撤銷其贈與
   (C) 定期給付之贈與，不因贈與人死亡而失其效力
   (D) 贈與人僅就其故意或重大過失，對於受贈人負給付不能之責任
   【100 年普】

第四百十一條（贈與人之瑕疵擔保責任）

1. 甲換 A 新車，答應父親乙，贈與其 B 舊車，交付 B 車前甲酒駕發生車禍而車毀。下列論述何者錯誤？　　　　　　　　　　(C)
   (A) 甲若不想花錢修 B 車，則可以直接撤銷對乙之贈與，對乙即不負贈與給付義務
   (B) 甲酒駕發生車禍，對於 B 車之毀損有重大過失，對於乙負有給付不能之責
   (C) 因對父親乙之贈與，屬於履行道德上之義務，所以甲不得撤銷對父親乙之贈與
   (D) 車毀係因甲之過失所造成，受贈人乙得對甲請求賠償贈與物 B 車之價額
   【98 年普】

2. 有關贈與契約之敘述，下列何者正確？　　　　　　　　　　(D)
   (A) 贈與契約一旦成立後，贈與人不得任意撤銷之

(B) 贈與契約為要式契約，因此必須作成贈與契約書
(C) 贈與屬於恩惠行為，故成立贈與契約無須受贈人之同意
(D) 因贈與契約為無償契約，故原則上贈與人不負瑕疵擔保責任
【105年普】

第四百十二條（附負擔之贈與）

1. 下列有關贈與之敘述，何者正確？　　　　　　　　　　　　(D)
   (A) 贈與係單獨行為
   (B) 贈與以物之交付為要件，於物之交付後，贈與行為才為生效
   (C) 經公證之贈與，於贈與物之權利未移轉前，贈與人得隨時撤銷其贈與
   (D) 贈與得附有負擔　　　　　　　　　　　　　　　　【107年普】

第四百十五條

1. 下列何者非屬贈與人或其繼承人，得主張撤銷贈與契約之原因？　(D)
   (A) 附有負擔之贈與，贈與人已為給付而受贈人因過失不履行其負擔者
   (B) 受贈人對於贈與人有扶養義務而不履行義務者
   (C) 受贈人因故意不法行為致贈與人死亡者
   (D) 定期給付之贈與，而受贈人已死亡者　　　　　　　【111年普】

第四百十六條（贈與人之撤銷權）

1. 甲從小貧窮，國小老師乙對甲，一再鼓勵與照顧，後來甲工作賺　　(B)
   錢，因感謝教師乙過去多年的照顧，贈與乙之子丙，一部汽車。
   惟丙不學無術，經常向乙要錢，若乙不給錢，則對乙施暴力，甲
   獲知事實後，想撤銷對丙之贈與。下列論述何者錯誤？
   (A) 甲對丙所贈與之汽車，為無償之贈與，甲在贈與物未移轉交付前，可以隨時撤銷其贈與
   (B) 由於丙對乙有暴力傷害行為，所以甲可以依民法第416條規

定，撤銷其贈與
(C) 若丙對甲欲撤銷贈與之行為不滿，而開車故意撞傷甲，甲受傷住院，不治死亡，甲的繼承人得撤銷贈與人甲對丙之贈與
(D) 贈與之撤銷為單方意思表示行為，所以撤銷權人單方向受贈人為撤銷意思表示即可，不需受贈人同意　　【98年普】

2. 甲與其20歲之兒子乙訂立贈與契約，將甲所有之A屋贈與乙，並完成所有權移轉登記。嗣後，乙竟不履行對甲之法定扶養義務。下列敘述，何者正確？ (C)
(A) 甲得解除贈與契約　(B) 甲得終止贈與契約
(C) 甲得撤銷贈與契約　(D) 甲得撤回贈與契約　　【113年普】

第五節　租賃

第四百二十二條（不動產租賃契約之方式）

1. 下列對於租賃契約之敘述何者錯誤？ (B)
(A) 有償契約　(B) 要式契約　(C) 雙務契約　(D) 諾成契約
【97年普】

2. 甲與乙訂立租賃契約，向乙承租房屋，雙方約定租賃期限為二年，未以書面為之，且甲亦未交付押金。下列敘述何者正確？ (C)
(A) 租賃契約於甲交付押金後始成立
(B) 租賃契約於甲交付押金後始生效
(C) 租賃契約未以書面為之，視為不定期限之租賃
(D) 租賃契約未以書面為之，出租人得撤銷租賃契約【102年普】

3. 下列關於租賃之敘述，何者錯誤？ (C)
(A) 租金，得以金錢或租賃物之孳息充之
(B) 不動產之租賃契約，其期限逾一年者，應以字據訂立之
(C) 未以字據訂立之不動產之租賃契約，無效
(D) 租用基地建築房屋者，承租人於契約成立後，得請求出租人為地上權之登記　　【104年普】

第四百二十二條之一（地上權登記之請求）

1. 下列有關租賃之敘述，何者正確？　　　　　　　　　　　(D)
   (A) 就租賃物應納之一切稅捐，由承租人負擔
   (B) 租賃物之修繕，除契約另有訂定或另有習慣外，由承租人負擔
   (C) 租用基地建築房屋契約之期限，不得逾二十年
   (D) 租用基地建築房屋者，承租人於契約成立後，得請求出租人為地上權之登記
   【95年普】

2. 甲租用乙之土地建築房屋，甲於租賃契約成立之後，可以請求乙為何種權利之登記？　　　　　　　　　　　　　　　　　(B)
   (A) 地役權　(B) 地上權　(C) 抵押權　(D) 優先購買權【90年普】

3. 關於租賃法律關係之敘述，下列何者正確？　　　　　　　(D)
   (A) 期限逾一年之不動產租賃契約，應以字據訂立之，否則契約無效
   (B) 定有期限之不動產租賃，因其價值之昇降，當事人得聲請法院增減其租金
   (C) 不動產之出租人就租金債權，對於承租人之物置於該不動產者，有法定質權
   (D) 租用基地建築房屋者，承租人於契約成立後，得請求出租人為地上權之登記
   【111年普】

第四百二十四條（承租人之契約終止權）

1. 甲出租A屋給乙。下列敘述，何者正確？　　　　　　　　(C)
   (A) 租賃期間內，甲不願修繕A屋漏水之水管，乙得不經催告，逕行終止契約
   (B) A屋因乙未盡善良管理人之注意致失火燒毀，乙應負損害賠償責任
   (C) 若A屋是輻射屋，乙雖明知仍承租之，其後乙仍得以其危及健康而終止契約

(D) 依民法第 347 條，租賃契約準用買賣契約「物之瑕疵擔保」規定，故甲依法僅擔保 A 屋於交付時無瑕疵即可【104 年普】

第四百二十五條（租賃物所有權讓與之效力）

1. 關於租賃契約之敘述，下列何者錯誤？ (D)
   (A) 租用基地建築房屋者，承租人於契約成立後，得請求出租人為地上權之登記
   (B) 租用基地建築房屋，承租人出賣房屋時，基地所有人有依同樣條件優先承買之權
   (C) 租用基地建築房屋，承租人房屋所有權移轉時，其基地租賃契約，對於房屋受讓人，仍繼續存在
   (D) 為保護弱勢之承租人，出租人於租賃物交付後，承租人占有中，將其所有權讓與第三人時，不論於何種情形，其租賃契約，對於受讓人仍繼續存在 【97 年普】

2. 甲出租房屋給乙，三天後乙搬入居住，並依約繳交房租，下列敘述何者最正確？ (C)
   (A) 關於房屋租金之請求權，其消滅時效期間為兩年
   (B) 租賃期間若甲將房屋出賣給丙，甲與乙之租賃關係即消滅
   (C) 甲若將房屋贈與丁，並移轉房屋所有權給丁，則乙之租賃契約對丁繼續存在
   (D) 甲若先後將房屋出賣給戊與辛，則基於優先性之考量，僅甲與戊之買賣契約生效 【101 年普】

3. 甲房東將其所有 A 屋出租給乙房客，嗣後甲因財務問題將 A 屋出售與丙。下列敘述何者正確？ (B)
   (A) 丙擁有 A 屋的所有權，所以丙可以要求乙房客搬遷
   (B) 若甲、乙之間的房屋租賃契約未經公證且超過 5 年者，丙可以要求乙房客搬遷
   (C) 若甲、乙之間的房屋租賃契約未定期限者，丙可主張隨時終止租賃契約，要求乙房客搬遷

(D) 租期屆滿後，乙得向丙主張返還二個月的押租金【102 年普】

4. 下列有關租賃契約之敘述，何者錯誤？ (B)
   (A) 租賃關係存續中，出租人未使租賃物合於約定使用收益狀態，致承租人未達租賃目的者，承租人得拒絕給付租金
   (B) 出租人將已交付承租人之租賃物的所有權讓與他人，承租人與受讓人間仍須另立租賃契約始發生租賃關係
   (C) 定有期限之租賃契約，當事人約定得提前終止者，於終止契約前應先期通知
   (D) 租賃契約經公證並附有逕受強制執行條款者，當承租人有不付租金、租期屆滿拒不搬遷，或房東不返還押租金時，當事人可直接申請強制執行 【106 年普】

5. 下列關於房屋租賃之敘述，何者正確？（第 425、426-2、443 條） (C)
   (A) 出租人將租賃之房屋交付承租人後，非經承租人同意，不得將其所有權讓與第三人
   (B) 出租人出賣租賃之房屋時，承租人有依同樣條件優先承買之權利
   (C) 除有反對之約定外，承租人依法得將其一部分轉租於他人
   (D) 房屋租賃之租金，當事人得因其價值之昇降，聲請法院增減之，但以定期租賃為限 【109 年普】

6. 下列敘述，何者錯誤？ (B)
   (A) 使用借貸契約必須是無償的契約
   (B) 借用人得主張買賣不破使用借貸之抗辯
   (C) 借用物為動物時，飼養費原則上應由借用人承擔
   (D) 借用人對於借用物原則上並無轉租收益之權限 【111 年普】

第四百二十五條之一（土地所有人與房屋所有人之租賃關係）

1. 有關財產權之描述，下列敘述何者正確？ (B)
   (A) 債權是請求權，所以只能約定由特定人請求另一特定人為一定作為，但不能約定不作為

(B) 債權具有相對性，所以當出賣人一屋先後兩賣時，前後買賣契約皆為有效
(C) 基於契約自由原則，當事人可以自由創設物權種類，不受限制
(D) 債權給付之內容，以有財產價格者為限　　　　【105年普】

2. 甲將其所有之 A 土地上之 B 建物讓與乙時，在房屋得使用期限內，乙與甲間有何法律關係？　　　　　　　　　　　　　　(A)
   (A) 推定有租賃關係　(B) 視為有租賃關係
   (C) 推定有普通地上權關係　(D) 視為有普通地上權關係
   　　　　　　　　　　　　　　　　　　　　　　【108年普】

3. 甲在其所有之 A 地上興建 B 屋後，將 B 屋出售並移轉所有權登記於乙。下列敘述，何者正確？　　　　　　　　　　　　　(A)
   (A) 推定甲與乙在房屋得使用期限內有租賃關係
   (B) 視為甲與乙在房屋得使用期限內有租賃關係
   (C) 推定乙在房屋得使用期限內對 A 地有普通地上權
   (D) 視為乙在房屋得使用期限內對 A 地有普通地上權【113年普】

第四百二十六條之一（房屋所有權移轉時租約之效力）

1. 租用基地建築房屋，承租人房屋所有權移轉時，其基地租賃契約對房屋受讓人之效力為何？　　　　　　　　　　　　　(A)
   (A) 仍繼續存在　(B) 無效　(C) 效力未定
   (D) 須得基地出租人同意，始生效力　　　　　　【97年普】

第四百二十六條之二（租用基地建築房屋之優先購買權）

1. 甲將其所有出租於丙之房屋，以三百萬元出賣予乙，約定於民國八十九年元月三十一日租期屆滿時交付房屋，並辦理所有權移轉登記，丙知悉，乃出價四百萬元向甲購買，甲遂將房屋又賣予丙，並辦理所有權移轉登記，乙之下列主張，何者正當？　　(D)
   (A) 仍向甲請求辦理所有權移轉登記
   (B) 向丙請求所有權移轉登記　(C) 只得向甲請求退還定金

(D) 以甲、丙為被告，訴請判決撤銷甲、丙間買賣，塗銷丙的所有權移轉登記　　　　　　　　　　　　【89年特】

2. 甲將其所有土地出租予乙建築房屋。下列敘述何者錯誤？　(C)
(A) 契約成立後，乙得請求甲為地上權之登記
(B) 乙將房屋所有權移轉予丙時，原基地租賃契約對於丙仍繼續存在
(C) 乙出賣房屋時，甲無依同樣條件優先承買之權利
(D) 甲、乙得約定由乙負擔就土地應納之一切稅捐　【101年普】

第四百二十七條（租賃物稅捐之負擔）

1. 乙承租甲所有之土地種植果樹，約定租期二年，未訂立字據。關於此案例，下列敘述何者正確？　(D)
(A) 此為定期租賃契約
(B) 乙於契約成立後，得請求甲為地上權之登記
(C) 若甲於土地交給乙占有後，將土地所有權移轉給丙，乙仍可主張租賃契約對丙成立
(D) 就租賃物應納之一切稅捐，由出租人甲負擔　【100年普】

第四百二十八條（動物租賃飼養費之負擔）

1. 下列費用，何者由承租人負擔？　(A)
(A) 租賃物為動物時之飼養費用　(B) 租賃物應納之稅捐
(C) 租賃物之修繕費用
(D) 承租人就租賃物支出之有益費用，有增加租賃物之價值，而為出租人所知而不為反對之表示者　【96年普】

2. 下列何者，非民法所規定關於出租人之義務？　(C)
(A) 租賃物之交付義務　(B) 對租賃物之修繕義務
(C) 租賃物為動物時，其飼料費之支出
(D) 租賃物為房屋時，該房屋所應繳納之稅金　【100年普】

第四百二十九條（出租人之修繕義務）

1. 甲將位於忠孝路的一間公寓出租給乙，租期三年，下列敘述何者最正確？　(D)
   (A) 乙若遲繳租金，甲應在兩年內請求乙繳納，否則租金請求權將罹於消滅時效
   (B) 甲與乙之租賃契約若未經公證，在乙搬入租賃房屋後，縱使甲將租賃物所有權讓與第三人，甲與乙之租賃契約對於第三人不生效力
   (C) 乙搬入租賃房屋居住後，縱使甲將租賃物所有權基於贈與之原因讓與第三人丙，租賃契約對於丙不生效力，丙得請求乙搬離租屋處並返還房屋
   (D) 租賃物之修繕，得因雙方當事人之約定，由承租人負責
   【101 年普】

第四百三十條

1. 依民法之規定，有關租賃契約之效力，下列何者錯誤？　(A)
   (A) 租賃物有修繕之必要時，原則上承租人可直接自行修繕後再請求出租人給付修繕費用
   (B) 如租賃物是房屋時，倘出租人無反對之約定，承租人可以將房屋一部轉租
   (C) 租賃物因承租人失火而造成損害，承租人僅就重大過失負賠償責任
   (D) 租賃物應納之一切稅捐，由出租人負擔　【112 年普】

第四百三十二條（承租人之保管義務）

1. 甲向乙承租一透天厝，月租 3 萬元，押租金 6 萬元，租期為民國 96 年 1 月 1 日至民國 98 年 1 月 1 日，請問下列何者為真？　(B)
   (A) 甲乙間之租賃契約，租期逾 1 年，卻未以字據訂立，因此無效

(B) 甲於屋內釘掛壁畫及吊飾，不慎造成牆壁破洞，應對乙負賠償責任

(C) 甲因母喪需至美國處理後事，將離開台灣 3 個月，依法得請求免除未使用租賃期間之租金

(D) 甲住進透天厝 1 個月後才發現，後陽台加蓋部分之鐵皮已破損，隨時可能砸傷自己，因此主張撤銷契約，並有法律上之依據
【96 年普】

第四百三十四條（失火責任）

1. 甲向乙承租房屋居住，因火災致房屋毀損滅失，乙請求甲損害賠償。下列敘述何者正確？ (C)
   (A) 甲因火災致乙之房屋毀損滅失，構成侵權行為，應負抽象輕過失責任
   (B) 甲因火災致乙之房屋毀損滅失，構成侵權行為，應負具體輕過失責任
   (C) 甲因火災致乙之房屋毀損滅失，承租人甲僅負重大過失責任
   (D) 甲因火災致乙之房屋毀損滅失，承租人甲僅負故意責任
   【102 年普】

2. 依民法之規定，承租人因下列何種情形致失火而使租賃物毀損、滅失者，應對出租人負損害賠償責任？ (A)
   (A) 重大過失　(B) 不可抗力　(C) 具體輕過失　(D) 抽象輕過失
   【105 年普】

第四百三十五條

1. 甲與乙訂立租賃契約，將丙所有之 A 屋出租於乙，並交付於乙。嗣後，丙對乙起訴，請求乙返還 A 屋，致乙不能為約定之使用，下列敘述，何者正確？ (C)
   (A) 甲與乙訂立之租賃契約無效
   (B) 甲與乙訂立之租賃契約得撤銷

(C) 乙得終止與甲訂立之租賃契約
(D) 乙得以與甲之租賃契約對抗丙　　　　　　　　　【113 年普】

第四四二條（因情事變更租金增減請求權）

1. 下列何項租賃，當事人得因標的物價值之升降聲請法院增減其租金？　(D)
   (A) 定期動產租賃　(B) 不定期動產租賃
   (C) 定期不動產租賃　(D) 不定期不動產租賃　　　【90 年特】

第四四三條

1. 甲將其所有之 A 屋出租於乙，乙未經甲之同意，將 A 屋全部轉租於丙。下列敘述，何者正確？　(D)
   (A) 乙與丙訂立之租賃契約無效　(B) 甲與乙訂立之租賃契約無效
   (C) 乙得終止乙與丙之租賃契約　(D) 甲得終止甲與乙之租賃契約
   　　　　　　　　　　　　　　　　　　　　　　　【113 年普】

第四百五十一條（默示租賃期間之繼續）

1. 甲乙訂立一年的有效房屋租賃契約，甲為出租人，乙為承租人，租賃期限屆滿之後，承租人乙未搬出，仍繼續對該房屋使用收益，而出租人甲也未立即表示反對，乙繼續給付租金，而甲收取乙所交付之租金，則甲乙間之法律關係為何？　(B)
   (A) 使用借貸　(B) 不定期租賃　(C) 定期租賃　(D) 消費借貸
   　　　　　　　　　　　　　　　　　　　　　　　【98 年普】

第六節　借貸

1. 下列何者無須作成書面？　(B)
   (A) 法人之章程　(B) 不動產之借貸契約　(C) 人事保證契約
   (D) 兩願離婚　　　　　　　　　　　　　　　　【89 年普】

第一款　使用借貸

第四百六十四條（使用借貸之定義）

1. 下列何者非使用借貸契約之性質？　　　　　　　　　　　　　　　(C)
   (A)無償契約　(B)要物契約　(C)雙務契約　(D)債權契約
   【97年普】

2. 下列何種契約之屬性為無償契約？　　　　　　　　　　　　　　　(A)
   (A)使用借貸　(B)僱傭契約　(C)承攬契約　(D)居間契約
   【100年普】

3. 甲向乙借一套百科全書，下列敘述何者最正確？　　　　　　　　　(D)
   (A)在乙承諾將百科全書借給甲後，甲與乙之借貸契約即成立
   (B)甲與乙之借貸契約為諾成契約
   (C)甲與乙之借貸契約為消費借貸契約
   (D)甲與乙之借貸契約為要物契約，以物之交付作為契約之成立要件
   【101年普】

第四百六十六條（貸與人之擔保責任）

1. 甲乙是大四同班同學，甲平常騎乘其父丙所贈與之電動機車作為交通工具。某日乙向甲借用該部電動機車，以接送其高中同學到學校所在地之風景名勝地區遊玩。下列有關甲乙間之契約關係的敘述何者錯誤？　　　　　　　　　　　　　　　　　　　　　(D)
   (A)甲乙間所訂立之契約為單務契約，乙之返還義務與甲之容忍使用義務間，無同時履行抗辯權之適用
   (B)甲乙間所訂立之契約為要物契約，以物之交付為契約成立之特別要件，必待借用物之交付，契約始得成立
   (C)甲乙間所訂立之契約為使用借貸契約，乙非經甲之同意，不得允許第三人使用該借用物，否則甲得終止契約
   (D)甲乙間所訂立之契約為使用借貸契約，甲對乙不以故意不告

知借用物之瑕疵為限，承擔瑕疵擔保的責任，乙因此瑕疵所受之損害，得向甲請求賠償　　　　　　　　　【106 年普】

第四百六十七條（借用人依約定方法使用之義務）

1. 甲乙訂立 A 車使用借貸契約，甲為貸與人，乙為借用人，下列對於甲乙之法律關係之論述，何者錯誤？　　　　　　　(B)
   (A) 貸與人甲不得對借用人乙要求給付使用 A 車之對價
   (B) 借用人乙得依個人需要對 A 車為使用收益
   (C) A 車有瑕疵，導致乙受有損害，若甲對該瑕疵不知情，則甲不負損害賠償責任
   (D) 借用人乙不得將 A 車，再借給其好友丙使用　　【98 年普】

　　　　第二款　消費借貸

第四百七十四條

1. 下列何種契約性質上屬於要物契約？　　　　　　　　(A)
   (A) 消費借貸契約　(B) 房屋租賃契約　(C) 贈與契約
   (D) 合會契約　　　　　　　　　　　　　　　【112 年普】

第四百七十六條（物之瑕疵擔保責任）

1. 乙家中的寵物飼料已吃完，向鄰居甲借用一包飼料供家中寵物食用，並約定隔日還給甲一包相同的新飼料，下列敘述何者最正確？　　　　　　　　　　　　　　　　　　　　　(C)
   (A) 甲與乙之間成立使用借貸
   (B) 甲與乙之借貸契約於雙方意思合致時即為成立
   (C) 甲與乙之契約如未約定報償，貸與人甲對於借用物之瑕疵，非因故意而未告知時，對於借用人乙因此所受之損害無須負損害賠償責任
   (D) 借用人不能以種類、品質、數量相同之物返還時，應以借用

時，借用地之價值償還　　　　　　　　　【101年普】

第七節　僱傭

第四百八十二條（僱傭之意義）

1. 何者無法定代理權？　　　　　　　　　　　　　　　　(A)
   (A) 受僱人於職務範圍內對僱用人　(B) 夫於日常家務對妻
   (C) 父母對未成年子女　(D) 監護人對受監護人　【89年普】

第四百八十四條（勞務之專屬性）

1. 關於僱傭契約，下列敘述，何者錯誤？　　　　　　　　(A)
   (A) 僱傭契約之專屬性較低，故僱用人得將其勞務請求權讓與第三人，無需受僱人同意
   (B) 受僱人服勞務，因非可歸責於自己之事由致受損害者，得向僱用人請求賠償
   (C) 定期之僱傭契約，若當事人之一方遇有重大事由，仍得於期限屆至前終止契約
   (D) 受僱人因執行職務，不法侵害他人之權利者，原則上係由僱用人與受僱人連帶負損害賠償責任　　　【107年普】

第四百八十八條（僱傭關係之消滅－屆期與終止契約）

1. 下列何種情形，係行使形成權之行為？　　　　　　　　(C)
   (A) 贈與人交付贈與物　(B) 共有人出賣應有部分
   (C) 受僱人依法提出辭呈　(D) 買賣雙方合意解除契約【99年普】

第四百八十九條（遇重大事由之契約終止）

1. 下列有關僱傭之敘述，何者正確？　　　　　　　　　　(D)
   (A) 僱用人得將其勞務請求權讓與第三人
   (B) 受僱人得使第三人代服勞務

(C) 受僱人明示或默示保證其有特種技能時，如無此種技能時，僱用人得解除契約

(D) 當事人之一方，遇有重大事由，其僱傭契約，縱定有期限，仍得於期限屆滿前終止之 【95 年普】

第八節　承攬

第四百九十條（承攬之定義）

1. 當事人約定，一方為他方完成一定之工作，他方俟工作完成後，給付報酬之契約，稱之為： (A)
   (A) 承攬　(B) 委任　(C) 僱傭　(D) 居間　【90 年特】

第四百九十五條（瑕疵擔保之效力─損害賠償）

1. 甲有 A 地，登記為 A 地所有人。甲與乙成立承攬契約，由乙承攬 A 地之整地工作。乙不僅整地有瑕疵，而且還趁整地之餘，將有毒廢棄物掩埋於 A 地之下。試問，下列敘述何者錯誤？ (D)
   (A) 甲得請求乙修補瑕疵
   (B) 甲依侵權行為法之規定（民法第 184 條第 1 項前半段），得請求乙回復原狀，移除掩埋在 A 地下之有毒廢棄物
   (C) 甲得以掩埋有毒廢棄物乃違反保護義務為由，解除契約
   (D) 甲得依民法第 495 條第 1 項規定，請求乙賠償 A 地因掩埋有毒廢棄物所減損之價額　【106 年普】

第五百一十三條（承攬人之法定抵押權）

1. 承攬之工作為建築物或其他土地上之工作物，或為此等工作物之重大修繕者，承攬人得就承攬關係報酬額，對於其工作所附之定作人之不動產，請求定作人為何種權利之登記？ (C)
   (A) 地役權　(B) 地上權　(C) 抵押權　(D) 優先購買權【90 年特】

2. 甲為定作人，與乙訂立承攬契約，由乙為甲建一房屋。關於此案 (A)

例，下列敘述何者正確？
(A) 乙得就承攬之報酬額，對於將來完成之甲之房屋，請求預為抵押權之登記
(B) 工作未完成前，定作人甲不得隨時終止契約
(C) 定作人甲所供給之材料，因不可抗力而毀損者，承攬人須負其責
(D) 如乙所蓋房屋有瑕疵，甲於房屋交付後二年始發見者，不得請求乙修補　　　　　　　　　　　　　　　【100年普】

第八節之一　旅遊

第五百十四條之五（旅遊內容之變更）

1. 甲參加乙公司所舉辦之旅遊，連同機票及旅館等費用為五萬元，惟適逢寒假，旅遊契約中所載品質之旅館已無空房，乙乃另訂高一等級房間，多支付一萬元，依民國八十八年四月二十一日修正公布之民法債編規定，問乙可有何主張？　　　　　(D)
(A) 向甲請求減少日數　(B) 向甲請求另付一萬元
(C) 解除契約　(D) 不得另向甲收取增加之費用　　【89年特】

第五百十四條之十一（旅遊營業人協助旅客處理購物瑕疵）

1. 依民法規定，旅遊營業人安排旅客在特定場所購物，其所購物品有瑕疵者，旅客得於受領新購物品後多久，請求旅遊營業人協助其處理？　　　　　　　　　　　　　　　　　　　　(C)
(A) 一年內　(B) 六個月內　(C) 一個月內　(D) 一星期內【92年普】

第十節　委任

第五百二十八條（委任之意義）

1. 當事人約定，一方委託他方處理事務，他方允為處理之契約，是　　(C)

為：
(A)僱傭　(B)承攬　(C)委任　(D)居間　　　　　【97年普】

第五百二十九條（勞務契約之適用）

1. 勞務給付之契約非屬典型契約者，應適用何項規定？　　(C)
   (A)僱傭之規定　(B)承攬之規定　(C)委任之規定
   (D)居間之規定　　　　　　　　　　　　　【89年普】

第五百三十四條（概括委任）

1. 受任人受概括委任者，得為委任人為一切行為。但為下列何種行　(D)
   為時，須有特別之授權？
   (A)動產之出賣　(B)動產之租賃
   (C)房屋之裝潢　(D)不動產之出賣或設定負擔　【97年普】

2. 甲乙係多年好友，甲長年於國外經商，遂概括委任乙代為管理A　(A)
   屋，約定乙就A屋得為甲為一切行為。但民法規定，不動產之
   租賃其期限逾多久者，乙仍須有特別授權？
   (A)二年　(B)一年半　(C)一年　(D)半年　　【103年普】

第五百三十五條（受任人之服從指示與注意義務）

1. 依民法規定，關於受任人之權利及義務，下列敘述何者正確？　(A)
   (A)受任人受有報酬者，應以善良管理人之注意，處理委任事務
   (B)受任人未處理委任事務前，不得向委任人請求預付處理委任
   　 事務之必要費用
   (C)受任人必有代理權
   (D)受任人不得隨時終止委任契約　　　　　【106年普】

2. 關於委任契約受任人之報酬，下列敘述，何者錯誤？（第535、　(A)
   545、548條）
   (A)委任關係因可歸責於受任人之事由，而於委任事務處理完畢
   　 前經終止者，受任人仍得就已經處理之部分比例請求報酬

(B) 受任人受有報酬之注意義務，高於受任人未受報酬之注意義務

(C) 當事人縱未約定報酬，但依交易習慣或委任事務之性質應給與報酬者，受任人得請求報酬

(D) 除契約另有規定外，原則上於委任關係終止時，受任人須明確報告始末後才能請求報酬　　　　　　　　　【109年普】

第五百三十七條（自己處理原則與複委任）

1. 甲將所有土地一筆出賣於乙，並就辦理所有權登記事宜委任於丙地政士。下列敘述，何者正確？　　　　　　　　　　　　(A)
   (A) 委任契約重視「人」之信賴，因此，非經甲之同意、另有習慣或有不得已之事由，不得使第三人代為處理
   (B) 由於甲丙為約定報酬，所以丙不能請求報酬
   (C) 丙處理事務只要盡到與處理自己事務相同之注意程度即可
   (D) 甲授權丙處理本件事務不用以書面為之　　　　【96年普】

2. 下列有關委任之敘述，何者不正確？　　　　　　　　　(A)
   (A) 委任人原則上得將處理委任事務之請求權，讓與第三人
   (B) 當事人之任何一方，得隨時終止委任契約
   (C) 受任人使第三人代為處理委任事務者，委任人對於該第三人關於委任事務之履行，有直接請求權
   (D) 關於勞務給付之契約，不屬於法律所定其他契約之種類者，適用關於委任之規定　　　　　　　　　　　　　　【95年普】

第五百三十八條（複委任之效力）

1. 甲為房屋仲介公司之員工，經甲之斡旋乙同意將其所有房屋出售於丙，乙丙雙方皆委任甲處理登記及付款事宜並授與代理權，事成之後乙丙應支付甲相當之報酬。以下敘述何者錯誤？　　(B)
   (A) 此時雖屬所謂雙方代理，但因已經本人許諾，故可有效
   (B) 甲有要事需出國，乃將辦理登記事宜委託同事丁代為處理，因丁之疏失致丙受損害，由於甲並無過失可以無庸負責

(C) 由於委任之事項中包含不動產登記事宜，就此部分包含代理權之授與應做成書面契約
(D) 甲處理相關事務時，應以善良管理人之注意程度，謹慎為之
【99 年普】

第五百四十二條（受任人移轉權利之義務）

1. 甲受乙委任代售房屋一棟，卻將所售屋款挪為己用。問下列敘述何者正確？ (D)
   (A) 甲應支付利息，但如乙受有損害，甲不須賠償
   (B) 甲無須支付利息，但如乙受有損害，甲須賠償
   (C) 甲僅於乙受有損害時，甲須賠償並支付利息
   (D) 甲應支付利息，且如乙受有損害，甲須賠償　　【97 年普】

第五百四十六條（委任人之償還費用、代償債務及損害賠償義務）

1. 甲委任乙處理 A 土地買賣相關事宜，下列敘述何者最正確？ (C)
   (A) 委任人甲得將對乙之處理委任事務請求權讓與第三人
   (B) 受任人乙若受有報酬，委任人甲無須因受任人之請求，預付處理委任事務之必要費用
   (C) 受任人乙因不可歸責於自己之事由，不得已須在不利於委任人之時期終止契約者，對於委任人甲因此所受之損害無須付賠償責任
   (D) 以上皆為正確　　【101 年普】

第十一節　經理人及代辦商

第五百五十八條（代辦商之意義及其權限）

1. 非經理人而受商號之委託，於一定處所或一定區域內，以該商號之名義，辦理其事務之全部或一部之人為： (D)
   (A) 居間　(B) 行紀　(C) 承攬　(D) 代辦商　　【89 年普】

第五百六十三條（違反競業禁止之效力—商號之損害賠償請求及其時效）

1. 甲為乙公司經理人，趁業務較清閒之淡季，與友人丙私下另行組織無限公司為股東，販賣與乙公司類似之貨物與丁，獲利五十萬元，問乙可有何主張？　　(C)
   (A) 主張甲、丁間之買賣契約無效
   (B) 主張甲、丙間組織公司之行為無效
   (C) 主張以甲獲利之五十萬元，作為損害賠償
   (D) 不得主張，乃甲之私下行為　　【89年特】

第十二節　居間

第五百六十五條（居間之定義）

1. 甲、乙間約定由甲幫乙為訂約之媒介，並由乙給付報酬予甲。甲、乙所定契約之名稱為下列何者？　　(D)
   (A) 承攬契約　(B) 代辦契約　(C) 僱傭契約　(D) 居間契約
   　　【101年普】

2. 依我國民法之規定，下列關於居間契約之敘述何者錯誤？（第565、572、573、574條）　　(B)
   (A) 稱居間者，謂當事人約定，一方為他方報告訂約之機會或為訂約之媒介，他方給付報酬之契約
   (B) 約定之報酬，較居間人所任勞務之價值，為數過鉅失其公平者，法院得因報酬給付義務人之請求酌減之。報酬已給付者，得請求返還
   (C) 因婚姻居間而約定報酬者，就其報酬無請求權
   (D) 居間人就其媒介所成立之契約，無為當事人給付或受領給付之權　　【108年普】

第五百六十六條（報酬及報酬額）

1. 下列有關居間之敘述，何者正確？ (A)
   - (A) 如依情形，非受報酬，即不為報告訂約機會或媒介者，視為允與報酬
   - (B) 契約附有解除條件者，於該條件成就前，居間人不得請求報酬
   - (C) 居間人就其媒介所成立之契約，有為當事人給付或受領給付之權
   - (D) 居間人支出之費用，除另有約定外，得請求償還　【95年普】

第五百六十八條（報酬請求之時期）

1. 下列有關不動產買賣之敘述，何者錯誤？ (C)
   - (A) 不動產仲介公司用與不特定之消費者簽定同類委託銷售不動產而先予擬定之契約，屬於定型化契約
   - (B) 不動產買賣除標的物及價金外，該房地之交付時間、所有權移轉登記時期、價金之給付方式等，通常亦為契約成立之必要之點
   - (C) 居間人已為報告或媒介而契約不成立者，居間人支出之費用均得請求償還
   - (D) 約定之違約金是否過高，可斟酌當事人所受損害情形，及債務人如能依約履行時債權人可享受之一切利益　【106年普】

第五百七十條（報酬之給付義務人）

1. 關於居間人之報酬及支出費用，下列敘述何者正確？ (B)
   - (A) 契約附有解除條件者，於該條件成就前，居間人不得請求報酬
   - (B) 居間人因媒介應得之報酬，除契約另有訂定或另有習慣外，應由契約當事人雙方平均負擔
   - (C) 約定之報酬，較居間人所任勞務之價值，為數過鉅失其公平者，報酬給付義務人得以意思表示請求酌減之

(D) 居間人違反其對於委託人之義務，而為利於委託人之相對人之行為，或違反誠實及信用方法，由相對人收受利益者，不得向委託人請求報酬，僅得請求償還其支出之必要費用

【103 年普】

第五百七十三條

1. 甲委託乙代為尋覓對象結婚，並承諾事成後給予乙報酬新臺幣 10 萬元。關於婚姻居間契約，下列何者正確？ (C)
   (A) 甲乙間的契約，無效　(B) 乙得對甲請求給付報酬
   (C) 乙對甲無報酬請求權　(D) 婚姻居間契約不得約定報酬

【112 年普】

第十四節　寄託

第五百八十九條（寄託之意義及報酬）

1. 當事人一方，以物交付他方，他方允為保管之契約，其名稱為何？ (B)
   (A) 信託　(B) 寄託　(C) 委託　(D) 委任　【92 年特】

第五百九十一條（使用寄託物之禁止）

1. 甲將其所有機車 1 部，寄託於乙處，乙擅自將之以價金新臺幣 3 萬元讓售給知情的丙，並將該車交付給丙。下列有關乙丙間法律關係之敘述，何者正確？ (D)
   (A) 債權行為有效，物權行為無效
   (B) 債權行為無效，物權行為有效
   (C) 債權行為效力未定，物權行為無效
   (D) 債權行為有效，物權行為效力未定　【99 年普】

第十八節　合夥

第六百六十七條（合夥之定義及合夥人之出資）

1. 甲、乙、丙三人締結合夥契約，並以每月三萬元租金租用甲所有之房屋為共同經營事業之場所。惟因合夥事業經營不順致合夥解散，解散後已無合夥財產清償累計三個月未支付之租金。就積欠之九萬元租金，出租人甲得向乙、丙為如何之主張？　(A)
   (A) 甲僅得分別向乙、丙請求各應支付三萬元
   (B) 甲僅得分別向乙、丙請求各應支付四萬五千元
   (C) 甲僅得向乙或丙請求應支付六萬元
   (D) 甲僅得向乙或丙請求應支付九萬元　　　【101 年普】

第六百六十八條（合夥財產之公同共有）

1. 下列對於合夥人之出資義務之論述，何者錯誤？　(B)
   (A) 合夥人之出資義務不以金錢為限，亦可以其他具有財產價值之物、勞務或信用為出資內容
   (B) 各合夥人之出資及其他合夥財產，為合夥人全體分別共有
   (C) 合夥因損失而至資本減少時，除非合夥契約有特別訂立，否則合夥人無補充之增資義務
   (D) 合夥人之出資額，不以等額為限　　　【98 年普】

第六百六十九條

1. 關於合夥的敘述，下列何者正確？　(B)
   (A) 各合夥人之出資及其他合夥財產，為合夥人全體之分別共有
   (B) 合夥人除有特別訂定外，無於約定出資之外增加出資之義務。因損失而致資本減少者，合夥人無補充之義務
   (C) 合夥財產不足清償合夥之債務時，各合夥人對於不足之額，無須負其責任

(D) 合夥人退夥後，對於其退夥前合夥所負之債務，無須負其責任
【110年普】

第六百八十一條（合夥人之連帶責任）

1. 下列對於合夥何者敘述最不正確？ (D)
   (A) 合夥人之出資，為合夥人之共同財產
   (B) 合夥具有團體性，其關係終了即為解散
   (C) 合夥人原則上全體共同執行合夥事業，並有檢查權及查閱權
   (D) 合夥人對外非為權利義務主體，且對外無須負連帶損害賠償責任
   【97年普】

2. 關於合夥人出資及合夥財產，下列敘述何者正確？ (B)
   (A) 合夥人之出資，得為金錢，其他財產權或勞務，但不得以信用代之
   (B) 合夥財產不足清償合夥之債務時，各合夥人對於不足之額，連帶負其責任
   (C) 合夥人之出資及其他合夥財產，為合夥人全體分別共有之集合財產
   (D) 合夥因損失而至資本減少時，除合夥契約有特別訂定外，合夥人有補充之義務
   【103年普】

第六百八十七條（法定退夥事由）

1. 下列何者非法定退夥事由？ (D)
   (A) 合夥人死亡　(B) 合夥人受禁治產宣告
   (C) 合夥人經開除者　(D) 合夥人聲明退夥
   【98年普】

第十九節　隱名合夥

第七百條（隱名合夥之意義）

1. 當事人約定，一方對於他方所經營之事業出資，而分受其營業所 (C)

生之利益,其分擔及所生損失之契約,謂之:
(A) 合夥　(B) 合會　(C) 隱名合夥　(D) 行紀　　【90年特】

第十九節之一　合會

第七百零九條之二(會首及會員之資格限制)

1. 關於合會,下列敘述何者正確?
   (A) 法人亦得為合會會員　(B) 會首得兼為同一合會之會員
   (C) 限制行為能力人亦得為會員
   (D) 自然人不得同時為數合會之會首　　【106年普】 (C)

第七百零九條之九(合會不能繼續進行之處理)

1. 甲、乙、丙、丁、戊五人成立一合會,由甲擔任會首,成立之後一切順利,乙、丙已分別得標,僅丁、戊二人仍為活會,倘甲後來因財務出現問題捲款而逃,致使合會無法再繼續進行。請問此時乙、丙之責任為:
   (A) 與會首共同承擔連帶之責任
   (B) 於每屆標會期日,另選一人為會首,繼續標會
   (C) 於每屆標會期日,將各期會款平均交付於丁、戊
   (D) 追尋會首,待甲出現後再繼續合會之運作　　【90年特】 (C)

第二十一節　無記名證券

第七百二十一條(無記名證券發行人之責任)

1. 下列敘述,何者錯誤? (D)
   (A) 盜贓或遺失物,如占有人係經由拍賣善意買得者,該物之所有權人須償還其支出之價金,才得回復其物
   (B) 盜贓或遺失物,如占有人係由公共市場善意買得者,該物之所有權人非償還其支出之價金,不得回復其物

(C) 盜贓或遺失物，如係金錢，不得向其善意占有人，請求回復

(D) 盜贓或遺失物，如係無記名證券，該證券之所有權人無須支付價金，即得向其善意占有人，請求回復　　【97年普】

第二十四節　保證

第七百四十五條

1. 民法於保證契約一節中規定，保證人於債權人未就主債務人之財產強制執行而無效果前，對於債權人得拒絕清償，概念上一般稱為？ (D)
   (A) 同時履行抗辯　(B) 撤銷訴權　(C) 追索權抗辯
   (D) 先訴抗辯　　【110年普】

第七百五十五條（主債務擅允延期之免債）

1. 甲於民國102年1月1日向乙借新臺幣10萬元，約定同年6月30日清償，並由丙於其期限內擔任保證人。下列敘述何者正確？ (A)
   (A) 清償期屆滿，乙允許甲延期清償時，應得丙之同意，否則丙不負保證責任
   (B) 丙得隨時通知乙終止保證契約，並於通知到達乙後，不負保證責任
   (C) 清償期屆滿後，丙應定一個月以上之期限催告乙向甲請求，丙始能免責
   (D) 丙得隨時通知甲終止保證契約，並於通知到達甲後，不負保證責任　　【102年普】

第二十四節之一　人事保證

第七百五十六條之一（人事保證之定義）

1. 關於民法規定之保證契約。下列敘述，何者正確？ (C)
   (A) 債權人第一次請求清償時，僅得向主債務人請求

(B) 保證人不得僅保證主債務人之債務的一部分
(C) 保證契約由債權人及保證人口頭約定即可成立
(D) 主債務人所有之抗辯,非經其同意,保證人不得主張
【104 年普】

2. 依現行民法規定,有關違反法定要式規定之法律行為效力,下列何者應為無效? (D)
(A) 會員已交付首期會款,但未訂立會單
(B) 不動產買賣之債權契約,未經書面公證
(C) 不動產租賃契約期限約定 2 年,且未以書面簽訂
(D) 人事保證契約未以書面簽訂 【105 年普】

參　物權編

第一章　通則

第七百五十七條(物權法定主義)

1. 物權,除民法或其他法律有規定外,不得創設,通稱為: (D)
(A) 物權獨立主義　(B) 物權無因主義　(C) 物權分離主義
(D) 物權法定主義 【96 年普】

2. 關於物權法定主義,下列敘述何者正確? (C)
(A) 僅得依制定法創設物權　(B) 僅得依特別法創設物權
(C) 得依習慣法創設物權　(D) 得依法理創設物權 【106 年普】

第七百五十八條(物權的登記生效要件主義)

1. 下列何種權利屬於準物權? (C)

(A)農育權　(B)商標權　(C)漁業權　(D)典權　　【103年普】

2. 就下列甲、乙間之法律關係，何者為非經登記不生效力的情形？（第758、759條） (C)
   (A)甲、乙間締結買賣甲之不動產的契約時
   (B)乙繼承被繼承人甲之不動產時
   (C)甲以其土地供乙設定不動產役權時
   (D)甲將其有抵押權擔保之債權讓與予乙時　【108年普】

3. 甲將其土地出售乙，但因價金給付方式仍有爭議，故甲拒絕交付予乙，亦不辦理登記，乙起訴請求甲履行買賣契約之給付義務，經判決勝訴確定。下列敘述，何者正確？ (C)
   (A)因甲已將其土地出售乙，故所有權屬於乙
   (B)因乙已取得土地買賣契約給付請求權勝訴確定，故所有權屬於乙
   (C)因甲尚未辦理土地所有權移轉登記於乙，故所有權仍屬於甲
   (D)因該地尚未交付予乙占有，故所有權仍屬於甲　【109年普】

4. 依現行民法規定，下列何者須經登記始生法律效力？ (C)
   (A)遺產之繼承　(B)土地買賣契約　(C)設定抵押權之物權行為
   (D)夫妻就共同財產制之約定　【110年普】

5. 甲在其所有A地上興建B屋，但B屋為未辦理建物所有權第一次登記的違章建物，嗣後甲與乙訂立A地與B屋的買賣契約，下列何者錯誤？ (C)
   (A) B屋雖為違章建築亦為融通物，得為交易之客體
   (B)甲應將A地所有權辦妥移轉登記給乙，乙始取得A地所有權
   (C)興建B屋時因未為建物所有權保存登記，故甲未取得B屋所有權
   (D)甲將B屋讓與乙，乙僅取得對B屋之事實上處分權
   【112年普】

6. 甲與乙訂立買賣契約，向乙購買A地。下列關於甲何時取得A地所有權之敘述，何者正確？ (C)

(A) 買賣契約有效成立時　(B) 甲付清買賣價金之時
(C) 完成所有權移轉登記時　(D) 乙將 A 地交付於甲之時

【113 年普】

第七百五十九條（物權的宣示登記）

1. 甲死亡，遺留房屋一棟，有乙、丙二位繼承人。下列敘述何者正確？ (B)
   (A) 未分割前，該屋為乙、丙分別共有
   (B) 移轉登記前，乙、丙即取得該屋所有權，然而應經登記，始得處分之
   (C) 若該屋被無權占有，乙、丙須共同向無權占有人起訴請求返還
   (D) 若乙、丙為繼承前於該屋上有抵押權，該抵押權不因繼承而受影響

【100 年普】

2. 甲有一宗土地，與乙訂立買賣契約，將該宗土地賣給乙。雙方訂立買賣契約後，因土地飆漲，甲藉故不願履行契約上之義務。乙起訴請求甲移轉買賣標的物之所有權，法院判決乙勝訴確定。下列敘述何者正確？ (B)
   (A) 乙因法院之判決，取得不動產物權，故於判決確定時，即已取得該土地之所有權
   (B) 乙必須根據確定判決，辦畢所有權移轉登記後，始能取得該土地之所有權
   (C) 甲依法院之確定判決，將土地交付於乙時，乙即取得該土地之所有權
   (D) 甲依法院之確定判決，將土地之所有權狀交付於乙時，乙即取得該土地之所有權

【102 年普】

3. 依現行民法之規定，下列何者非為不動產登記前，即能取得不動產之所有權？ (B)
   (A) 不動產所有權因繼承而取得　(B) 不動產所有權之時效取得
   (C) 不動產所有權因徵收而取得

(D) 不動產所有權因強制執行而取得　　　　　　　【111年普】

第七百五十九條之一（不動產物權登記之變動效力）

1. 甲男於民國 90 年 3 月 1 日離開住所，從此失蹤，其妻乙依法聲請死亡宣告，經法院判決宣告死亡。若甲實際上並未死亡，請問下列敘述，何者正確？　(D)
   (A) 推定甲於民國 90 年 3 月 1 日死亡
   (B) 受死亡宣告後，甲所為之法律行為均無效
   (C) 若甲安然生還，該死亡宣告即自動失去效力
   (D) 乙繼承甲之財產，善意處分之部分不受甲生還影響
   　　　　　　　　　　　　　　　　　　　　　【100年普】

2. 甲因負債，為避免債權人強制執行，故與乙訂立虛偽買賣契約，將甲僅有之一棟房屋賣給乙，並將房屋所有權移轉登記於乙（均為通謀虛偽意思表示）。乙將該屋賣給善意之丙，並將房屋所有權移轉登記於善意之丙。下列敘述何者正確？　(C)
   (A) 乙祇是登記名義人，並非真正所有權人，故丙無法取得房屋之所有權
   (B) 乙不祇是登記名義人，亦是真正所有權人，故丙可取得房屋之所有權
   (C) 丙因信賴不動產之登記，並已依法辦理所有權移轉登記，故取得房屋之所有權
   (D) 丙雖信賴不動產之登記，並已依法辦理所有權移轉登記，但仍然無法取得房屋之所有權　　　　　　　　　【102年普】

第七百六十一條（動產物權之讓與方法—交付、簡易交付、占有改定、指示交付）

1. 關於動產與不動產之區分，下列何者為真？　(B)
   (A) 動產與不動產均得為先占之客體
   (B) 不動產以登記為權利變動之方式，動產則是交付

(C) 不動產包括土地及其出產物

(D) 不動產可設定抵押權，動產則以典權為主　　　【96年普】

2. 甲將其所有之A車借給乙，不久卻將A車贈與給乙，則甲對乙得以何種方式交付A車？　　(B)

(A) 現實交付　(B) 簡易交付　(C) 占有改定　(D) 指示交付

【100年普】

3. 甲、乙與丙3人共有A車，應有部分各3分之1，約定A車由丙占有、使用及收益（分管契約）。占有A車之丙未經甲與乙同意，出賣A車於丁。試問，下列敘述何者正確？　(D)

(A) 丁若不知丙非單獨所有人，且就其不知無過失，則善意取得A車所有權

(B) 丁若明知甲、乙與丙間之A車分管契約，則得占有使用收益A車

(C) 甲與乙若未同意，丙與丁間之A車的買賣，效力未定

(D) 丁對甲與乙乃有權占有　　　【106年普】

4. 為動產物權讓與之交付，倘受讓人已先占有動產，於讓與合意時即生動產所有權取得之效力，學理上稱之為何？　(C)

(A) 現實交付　(B) 占有改定　(C) 簡易交付　(D) 指示交付

【112年普】

第二章　所有權

第一節　通則

第七百六十五條（所有權之內容）

1. 下列權利，何者當事人不得約定期限？　(A)

(A) 所有權　(B) 地上權　(C) 典權　(D) 以上皆可　【90年特】

第七百六十六條（物之成份及天然孳息之歸屬）

1. 甲向乙承租 A 地種植柚子樹，後來政府公告將徵收 A 地。下列敘述何者錯誤？　(B)
   (A) 柚子樹為不動產之出產物，屬於乙所有
   (B) 柚子為天然孳息，天然孳息的收取權為土地所有權人乙
   (C) 政府徵收乙所有的 A 地，範圍包括甲在 A 地上種植的柚子樹
   (D) 政府徵收 A 地之補償金歸屬於乙　【102 年普】

第七百六十七條（所有權之物上請求權）

1. 關於不同權利之作用，下列何者為是？　(B)
   (A) 請求權為得自行請求之權利，其行使無須他人行為介入
   (B) 所有人對於無權占有其所有物者，有請求權
   (C) 債權屬於請求權，具有優先性
   (D) 基於人格權所行使之請求權，沒有消滅時效之適用　【96 年普】

2. 甲將其土地設定抵押權於乙，其後該抵押權因擔保債權清償而消滅，但乙不塗銷抵押權登記，則甲得對乙行使何種權利以塗銷該抵押權登記？　(C)
   (A) 所有物返還請求權　(B) 占有物返還請求權
   (C) 所有權除去妨害請求權　(D) 占有除去妨害請求權　【98 年普】

3. 下列何者，非基於所有權而發生之請求權？　(D)
   (A) 所有物返還請求權　(B) 所有權之妨害除去請求權
   (C) 所有權之妨害預防請求權　(D) 占有物之返還請求權
   【100 年普】

4. 甲自行出資建造違章建築房屋一幢，將之出售予乙，並已交付乙占有。但事後甲對乙主張其為所有權人，請求乙返還房屋。下列敘述何者正確？　(D)
   (A) 甲之請求為無理由。因為違章建築是違法行為，甲無法取得該屋所有權

(B) 甲之請求為有理由。因為違章建築買賣是違法行為，買賣契約無效，甲得請求回復原狀
(C) 甲之請求為有理由。甲可根據民法第 767 條第 1 項前段，所有人對於無權占有或侵奪其所有物者，得請求返還之
(D) 甲之請求為無理由。縱甲根據民法第 767 條第 1 項前段，所有人對於無權占有或侵奪其所有物者，得請求返還之。乙基於買賣契約非無權占有該屋，故無須返還　　【103 年普】

第七百六十八條（動產所有權之取得時效）

1. 下列何者非動產所有權取得時效之要件？　　　　　　　　　　(A)
   (A) 以借貸之意思　(B) 5 年間不間斷
   (C) 和平公然占有　(D) 他人之動產　　　　　　　　【97 年普】

2. 甲竊取乙之古董花瓶欲據為己有，則於符合何種條件下，甲可以取得花瓶所有權？　　　　　　　　　　　　　　　　　　(C)
   (A) 由於動產以占有表彰權利之存在，因此甲立即可以取得權利
   (B) 以所有之意思和平、公然之狀態，繼續占有 20 年間
   (C) 以所有之意思和平、公然之狀態，繼續占有 10 年間
   (D) 以所有之意思和平、公然之狀態，繼續占有 5 年間【96 年普】

第七百六十九條（不動產所有權取得長期時效）

1. 甲所有的 A 屋蓋在乙已登記的 B 地上 18 年。下列敘述何者正確？(A)
   (A) 乙可向甲主張 B 地的所有物返還請求權，請求甲拆屋還地
   (B) 已經超過 15 年，乙不可向甲主張 B 地的所有物返還請求權，請求甲拆屋還地
   (C) 甲可主張時效取得 B 地的所有權
   (D) 甲如為善意占有人，始得主張時效取得 B 地的所有權
   　　　　　　　　　　　　　　　　　　　　　　　　【102 年普】

2. 關於不動產所有權取得時效，下列敘述何者錯誤？　　　　　　(D)
   (A) 應以所有之意思　(B) 應和平公然繼續占有

(C) 應占有他人未登記之不動產
(D) 時效完成即取得不動產所有權 【102 年普】

3. 甲無權占有乙所有已登記之 A 地 15 年後，乙對甲提起所有物返還請求之訴訟，下列敘述，何者正確？ (B)
   (A) 甲得對乙為消滅時效之抗辯
   (B) 乙之回復請求權不罹於消滅時效
   (C) 甲得對乙主張時效取得 A 地所有權
   (D) 乙之 A 地所有權因罹於時效而消滅 【113 年普】

4. 甲以行使普通地上權之意思，二十年間和平、公然、繼續在乙已登記之 A 地上有 B 屋，下列敘述，何者正確？ (B)
   (A) 甲已經取得普通地上權
   (B) 甲得請求登記為普通地上權人
   (C) 因乙之 A 地已辦理登記，故甲無法時效取得
   (D) 甲得直接以乙為被告，起訴請求乙同意甲登記為普通地上權人 【113 年普】

第七百七十條（不動產所有權取得之短期時效）

1. 以所有之意思和平繼續占有他人未登記之不動產，而其占有之時，為善意並無過失者，得請求登記為所有人之時效為幾年？ (A)
   (A) 10 年　(B) 5 年　(C) 15 年　(D) 20 年 【96 年普】

第七百七十二條（所有權以外財產權取得時效之準用）

1. 關於時效取得地上權，下列敘述何者錯誤？ (A)
   (A) 時效取得地上權之土地，以他人未登記之土地為限
   (B) 占有人以建築物為目的而主張時效取得地上權者，不以該建築物係合法建物者為限
   (C) 共有人之一人以在他共有人土地行使地上權之意思而占有共有土地者，亦得主張時效取得地上權
   (D) 占有人於取得時效完成後，仍須辦理地上權登記完畢後始取

得地上權 【98年普】

2. 關於地上權，下列敘述何者正確？ (D)
   (A) 以公共建設為目的而成立之地上權，不得定有期限
   (B) 經設定地上權之土地，不得再設定抵押權
   (C) 同一土地上，得設定數則內容相同之地上權
   (D) 地上權亦得為時效取得之客體 【106年普】

第二節　不動產所有權

第七百八十七條（土地所有人之通行權）

1. 下列有關袋地所有人通行權之敘述，何者錯誤？ (B)
   (A) 土地因與公路無適宜之聯絡，致不能為通常使用者，土地所有人得通行周圍地以至公路
   (B) 袋地所有人對通行地因此所受之損害，無須支付償金
   (C) 有通行權人於必要時得開設道路
   (D) 因土地一部之讓與或分割，致有不通公路之土地者，不通公路土地之所有人，因至公路，僅得通行受讓人或讓與人或他分割人之所有地 【97年普】

2. 下列有關鄰地通行權之敘述，何者正確？ (D)
   (A) 因土地一部之讓與或分割，致有不通公路之土地者，不通公路土地之所有人，因至公路，僅得通行受讓人或讓與人或他分割人之所有地。但該有通行權人，應支付償金
   (B) 有通行權人，於必要時，得開設道路。對於通行地因此所受之損害，無須支付償金
   (C) 土地因與公路無適宜之聯絡，致不能為通常使用者，土地所有人得通行周圍地以至公路。對於通行地因此所受之損害，無須支付償金
   (D) 土地因與公路無適宜之聯絡，致不能為通常使用者，土地所有人得通行周圍地以至公路。該有通行權人，應於通行必要

第四篇 民法概要 505

　　之範圍內，擇其周圍地損害最少之處所及方法為之【95年普】

3. 關於相鄰地必要通行權，下列敘述何者錯誤？ (A)
   (A) 通行權人必須為土地所有人
   (B) 土地因與公路無適宜聯絡即可，無須毫無聯絡方法
   (C) 通行權人有必要時可以開設道路
   (D) 通行權人對於通行地因此所受之損害，應支付償金

【107年普】

第七百八十九條（通行權之限制）

1. 以下關於不動產所有權之敘述何者正確？ (D)
   (A) 甲於6月15日因其父過世而繼承土地1筆，至10月5日始辦畢繼承登記，則甲於10月5日取得該筆土地之所有權
   (B) 甲於自己所有土地上興建房屋，因與鄰地之境界不明，以致圍牆部分逾越疆界坐落於乙所有鄰地上，乙雖於興建中即已查知該事，卻待2年後整棟房屋完工後，始請求甲返還土地。此時甲可以拒絕，並請求以相當價額購買越界部分土地
   (C) 區分所有建築物專有部分之所有權人出賣其所有權時，可以保留基地之權利，另為適當之處置
   (D) 因土地之讓與或一部分割，而形成袋地時，袋地所有權人僅得通行讓與人或他分割人之所有地，且無須支付償金【99年普】

第七百九十三條（氣響侵入之禁止）

1. 桃桃園為一有名之川菜餐廳，位於房屋密集之住宅區，其廚房排煙管緊鄰林家窗戶口，每天營業時間排放臭氣油煙於林家屋內，請問以下何者為真？ (C)
   (A) 桃桃園基於其所有權之行使，所為之排煙活動不受他人干預
   (B) 桃桃園只在違反空氣污染防制法之規定，方應負擔法律責任
   (C) 林家人依法有權利禁止桃桃園排放臭氣油煙
   (D) 林家人屋內種植小麥草，因桃桃園之油煙而枯萎無法出售，

林家人無法請求損害賠償 【96年普】

第七百九十六條（越界建屋之效力）

1. 關於越界建築之處理，下列敘述何者正確？ (D)
   (A) 土地所有人建築圍牆時因重大過失逾越地界者，鄰地所有人如知其越界而不即提出異議，不得請求移去或變更其圍牆
   (B) 土地所有人建築圍牆時非因重大過失逾越地界者，鄰地所有人如知其越界而不即提出異議，不得請求移去或變更其圍牆
   (C) 土地所有人建築房屋時因重大過失逾越地界者，鄰地所有人如知其越界而不即提出異議，不得請求移去或變更其房屋
   (D) 土地所有人建築房屋時非因重大過失逾越地界者，鄰地所有人如知其越界而不即提出異議，不得請求移去或變更其房屋
   【103年普】

2. 民法第796條規定，土地所有人建築房屋非因故意或重大過失逾越地界者，鄰地所有人如知其越界而不即提出異議，不得請求移去或變更其房屋。假設甲僅有抽象輕過失，且乙知其越界未即提出異議，下列敘述何者正確？ (D)
   (A) 甲將自己之廚廁建於鄰地所有人乙之部分土地上，甲可以主張廚廁亦屬於該條之「建築房屋」，不得拆除
   (B) 甲將房屋之全部建築在鄰地所有人乙之土地上，甲可以主張此符合「越界建築」之規定，不得拆除
   (C) 甲之立體停車場越界建築在鄰地所有人乙之土地上，則鄰地所有人乙，可以主張停車場並非是該條之「建築房屋」而請求拆除
   (D) 甲所建房屋整體之外，越界加建房屋，則鄰地所有人乙，可以請求拆除該加建之房屋
   【105年普】

3. 下列有關相鄰關係之敘述，何者錯誤？ (D)
   (A) 聲響之侵入係偶發、輕微或依地方習慣認為相當者，彼此仍應於合理程度範圍內忍受，不得請求損害賠償

(B) 相鄰關係重在不動產利用人間權利義務關係之調和，不以各該不動產相互緊鄰為必要
(C) 土地所有人拆除舊建物時，致相鄰樓房發生傾斜、龜裂等，應依民法第 184 條第 2 項負損害賠償責任
(D) 土地所有人非因故意或重大過失建築房屋逾越疆界者，鄰地所有人無論何時均得提出異議，請求移去或變更其建築物
【106 年普】

4. 土地所有人非因故意或重大過失逾越地界建築房屋，而鄰地所有人知其越界，卻不即時提出異議者，下列何者正確？ (D)
(A) 鄰地所有人不為異議，即表示拋棄所有權利，不得再為主張
(B) 土地所有人有權得請求購買越界之土地
(C) 鄰地所有人得請求移去或變更越界建築之房屋，並請求支付償金
(D) 鄰地所有人不得請求移去或變更越界建築之房屋，但得請求所受損害之償金
【112 年普】

第七百九十八條（果實自落鄰地之獲得權）

1. 甲在自己之院子栽種梨樹一棵，結滿果實，一陣大風吹過，將部分果實吹落到鄰居之 A 庭院中；乙為 A 庭院之承租人，丙為 A 庭院之所有權人。問：誰取得吹落到 A 庭院果實之所有權？
(A) 甲　(B) 乙　(C) 丙　(D) 乙與丙共同取得　【101 年普】

2. 關於果實自落於鄰地，而鄰地非為公用地者，下列何者正確？ (C)
(A) 視為遺失物　(B) 視為無主物　(C) 視為屬於鄰地所有人
(D) 視為屬於原土地所有人
【110 年普】

3. 果實自落於鄰地者，果實之所有權為鄰地所有權人所有，倘鄰地係公有用地時，該自落之果實為何人所有？ (C)
(A) 國家所有　(B) 該果實為無主物，誰先占即取得所有
(C) 為該果實之果樹所有權人所有
(D) 由國家及果樹所有權人所共有
【112 年普】

第七百九十九條（建築物之區分所有）

1. 關於區分所有建築物，下列敘述，何者錯誤？　(C)
   (A) 稱區分所有建築物者，謂數人區分一建築物而各專有其一部，就專有部分有單獨所有權，並就該建築物及其附屬物之共同部分共有之建築物
   (B) 區分所有建築物共有部分，指區分所有建築物專有部分以外之其他部分及不屬於專有部分之附屬物
   (C) 區分所有建築物共有部分除法律另有規定外，不得經規約之約定，供區分所有建築物之特定所有人使用
   (D) 區分所有建築物專有部分得經其所有人之同意，依規約之約定，供區分所有建築物之所有人共同使用　　【104 年普】

2. 關於區分所有建築物，下列敘述何者正確？　(B)
   (A) 全體專有部分所有人公同共有區分所有建築物之基地
   (B) 專有部分可共有或單獨所有
   (C) 全體專有部分所有人公同共有區分所有建築物之公同部分
   (D) 頂樓之專有部分所有人得占有區分所有建築物之屋頂，並為使用收益　　【106 年普】

3. 關於民法區分所有建築物規定之敘述，下列何者錯誤？　(A)
   (A) 專有部分與其所屬之共有部分及其基地之權利，得分離而為移轉或設定負擔
   (B) 就區分所有建築物共有部分及基地之應有部分，區分所有人得約定其比例
   (C) 專有部分得經其所有人之同意，依規約之約定供區分所有建築物之所有人共同使用
   (D) 共有部分除法律另有規定外，得經規約之約定供區分所有建築物之特定所有人使用　　【112 年普】

第三節　動產所有權

第八百零三條（遺失物拾得者之招領報告義務）

1. 甲於颱風過後翌日在河邊拾得從國家森林區漂流而下之珍貴紅檜木，乙自甲處竊取之，並將之以低價出售予不知情之丙。下列敘述，何者正確？ (B)
    (A) 甲拾得珍貴漂流木，依民法第802條無主物先占規定，原始取得其所有權
    (B) 甲拾得珍貴漂流木，依民法第810條適用關於拾得遺失物規定，負通知及交存該物之義務，無法立即取得該物所有權
    (C) 因天災致國有珍貴林木漂流至國有林區外時，甲得自由撿拾取得所有權，不受民法關於拾得遺失物規定之限制
    (D) 甲因丙取得漂流木所有權而受損害時，得依關於不當得利之規定請求償還價額
    【107年普】

第八百零五條（認領之期限、費用及報酬請求）

1. 有關遺失物拾得之敘述，下列何者錯誤？ (B)
    (A) 遺失物自通知或最後招領日起逾6個月，未有受領人認領者，由拾得人取得遺失物之所有權
    (B) 受領權人認領遺失物時，拾得人原則上可以請求報酬，但不得超過遺失物價值之十分之三
    (C) 拾得人之報酬請求權因6個月不行使而消滅
    (D) 倘受領權人為低收入戶時，依法可以拒絕拾得人之報酬請求
    【112年普】

第八百零五條之一（認領報酬之例外）

1. 承上題，下列何種情形，乙不得向甲請求報酬？ (D)
    (A) 甲為退休教師，依法請領退休金度日

(B) 乙在捷運車廂內座椅上撿到甲的戒指
(C) 乙在公園座椅上撿到甲的戒指
(D) 乙未於七日內通知、報告或交存拾得物　　　　【104 年普】

第八百零七條（逾期未認領之遺失物之歸屬）

1. 甲遺失價值拾萬元之金戒指一只，被大學生乙拾得並依法招領。　(B)
   下列敘述，何者錯誤？
   (A) 自通知或最後招領之日起逾六個月，若甲未認領者，由乙取得該戒指所有權
   (B) 乙於受領取通知或公告後六個月內未領取者，該戒指歸屬於保管地之地方自治團體
   (C) 甲認領該戒指時，乙可向甲請求壹萬元報酬
   (D) 乙對甲之報酬請求權，因六個月間不行使而消滅【104 年普】

第八百十一條（不動產之附合）

1. 下列敘述所涉及之物，何者不能單獨作為物權之客體？　(B)
   (A) 醫療器材店所販售之大腿義肢
   (B) 已被安裝置入大廈內運作的客製化電梯
   (C) 區分所有建築物（如大廈）之專有部分
   (D) 足以遮風避雨的違章建築物　　　　　　　　【107 年普】

第八百十二條（動產之附合）

1. 關於添附，下列敘述，何者正確？　(D)
   (A) 動產因附合而為不動產之重要成分者，動產及不動產所有人，共有該動產所有權
   (B) 動產與他人之動產附合，非毀損不能分離，或分離需費過鉅者，各動產所有人，按其動產附合時之比例，比例高者取得合成物之所有權
   (C) 動產與他人之動產混合，不能識別，或識別需費過鉅者，拍

賣之

(D) 附合之動產，有可視為主物者，該主物所有人，取得合成物之所有權　　　　　　　　　　　　　　　　　【104年普】

第八百十三條（混合）

1. 咖啡加牛奶屬添附之何種類型？　　　　　　　　　　　　(B)
   (A)附合　(B)混合　(C)加工　(D)綜合　　　　【96年普】

第八百十四條（加工）

1. 下列關於動產之敘述，何者錯誤？　　　　　　　　　　　(A)
   (A) 甲以占有之意思，占有被遺棄之流浪狗，甲取得該狗之所有權　　　　　　　　　　　　　　　　　　　　　　　(D)
   (B) 公園管理員在所管理之公園內拾得遺失物者，對遺失人不得請求報酬
   (C) 甲乙各有一桶白油漆，不慎混合在一起，二人應按其混合時之價值，共有混合後之油漆
   (D) 加工於他人之動產者，其加工物之所有權，原則上屬於加工人　　　　　　　　　　　　　　　　　　　　　　　【100年普】

2. 甲現年十七歲，在山中拾獲名貴木材一塊，嗣後該木材遭乙竊取，乙請人雕刻成名貴的佛像，以高價出售於惡意的丙，並交付之。下列敘述，何者正確？　　　　　　　　　　　　　(D)
   (A) 甲因未滿二十歲，不得占有該木材
   (B) 乙不能取得名貴的佛像所有權
   (C) 乙將名貴的佛像讓與並交付予丙，係屬無權處分
   (D) 甲得向乙請求償還該木材的價額　　　　　　【109年普】

第八百十六條（添附之效果──補償請求）

1. 基於下列何種原則而取得利益，應依關於不當得利之規定，返還其所受利益？　　　　　　　　　　　　　　　　　(B)
   (A)因確定判決取得利益　(B)因添附取得利益

(C) 因消滅時效取得利益　(D) 因取得時效取得利益　【99 年普】

第四節　共有

第八百十七條（共有之意義）

1. 下列何者並非公同共有關係？ (C)
   (A) 祭祀公業之派下員對不具法人資格的祭祀公業財產之關係
   (B) 合夥人對合夥財產之關係
   (C) 將一筆土地贈與且移轉登記予數人，受贈人對該贈與物之關係
   (D) 數人繼承遺產，於分割遺產前，各繼承人對於遺產全部之關係
   【107 年普】

2. 甲、乙共有一筆 A 土地，面積 400 坪，應有部分各為二分之一。下列敘述，何者正確？ (C)
   (A) 甲、乙對於共有之 A 土地，各有一個所有權，但其權利之行使應受應有部分之限制
   (B) 甲、乙對於共有之 A 土地，各有 200 坪所有權
   (C) 應有部分各為二分之一是甲、乙對於共有土地所有權之比例
   (D) 對於共有之 A 土地，甲、乙分別享有處分權及管理權
   【109 年普】

第八百十八條（共有之意義）

1. 甲、乙分別共有 A 地，各有二分之一應有部分。在甲乙未有任何協議之情形下，下列敘述，何者正確？（第 818、819 條） (D)
   (A) 甲得以其應有部分供丙設定普通地上權
   (B) 甲不得將其應有部分出賣、並移轉登記予丁
   (C) 甲僅得於其應有部分種植作物
   (D) 甲得以其應有部分供戊設定普通抵押權
   【108 年普】

第八百十九條（共有物之處分）

1. 甲乙丙共有一筆土地，應有部分均等，下列敘述何者錯誤？　(D)
   (A) 應有部分指分別共有人對所有權在量上之比例
   (B) 甲得不經乙丙之同意而自由將其應有部分設定抵押權予第三人
   (C) 若甲欲出賣其應有部分予第三人時，乙丙得以同一價格共同主張優先購買
   (D) 設甲乙丙約定出賣應有部分時應得其他共有人之同意，而甲違反約定將其應有部分移轉登記予第三人，則乙丙得主張該移轉無效而請求第三人塗銷登記　【98年普】

2. 甲乙丙共同出資購買一筆 A 土地，應有部分各三分之一。下列何種行為應經甲乙丙三個共有人全體同意，始為有效？　(C)
   (A) 共有人之一將其應有部分移轉予第三人
   (B) 共有人之一將其應有部分設定抵押權予第三人
   (C) 共有人之一將 A 土地設定抵押權予第三人
   (D) 共有人之一將 A 土地設定有償之地上權予第三人　【109年普】

第八百二十條（共有物之管理）

1. 下列對於分別共有何者敘述錯誤？　(C)
   (A) 各共有人按其應有部分，對於共有物之全部，有使用收益之權
   (B) 共有物之處分、變更及設定負擔，應得共有人全體同意
   (C) 共有物由共有人各自管理
   (D) 分別共有物之管理費及其他負擔，除分別共有人另有特約，按其應有部分比例分擔　【97年普】

2. 下列關於共有之敘述何者錯誤？　(C)
   (A) 各共有人得自由處分收益其應有部分
   (B) 共有物除契約另有約定外，由共有人共同管理之
   (C) 共有物之簡易修繕，須由共有人全體為之
   (D) 各共有人對第三人，得就共有物之全部，為本於所有權之請求

3. 關於共有不動產之分管契約，下列敘述何者錯誤？　(A)
   (A) 分管契約應由共有人全體協議訂立，若不能協議者得訴請法院裁判定之
   (B) 共有人就分管之特定部分出租於第三人時，毋庸得其他共有人之同意
   (C) 分管契約經登記後，對應有部分之受讓人亦具有效力
   (D) 分管契約訂有期限者，於期限屆滿前仍得經共有人全體協議而終止分管契約　【98 年普】

4. 關於共有不動產分管契約之敘述，下列何者正確？　(B)
   (A) 分管契約應以共有人半數以上及其應有部分合計過半數，或應有部分合計逾三分之二之同意訂定之
   (B) 分管契約訂定後，若因情事變更難以繼續時，法院得因任何共有人之聲請，以裁定變更之
   (C) 共有人對於分管契約無法達成協議時，得訴請法院裁判定分管方式
   (D) 分管契約訂定後，對於應有部分之受讓人於受讓時知悉其情事者，亦具有效力　【111 年普】

第八百二十一條

1. 甲、乙、丙、丁四人共有一筆 A 土地，應有部分各登記為四分之一，甲未經乙、丙、丁之同意，擅自占有 A 土地四分之三面積的土地，在其上興建一 B 屋。下列敘述，何者正確？　(B)
   (A) 乙、丙、丁僅得分別請求甲返還占用 A 土地四分之一之土地
   (B) 乙、丙、丁得分別請求甲返還所占用 A 土地四分之三之土地
   (C) 乙、丙、丁應共同請求甲返還所占用 A 土地四分之一之土地
   (D) 乙、丙、丁應共同請求甲返還所占用 A 土地四分之三之土地　【109 年普】

第八百二十三條（共有物分割之請求與限制）

1. 甲乙丙丁共有土地 1 筆，應有部分各為四分之一，以下關於分管契約之敘述何者錯誤？　(A)
   (A) 分管契約乃約定特定部分之共有物專歸特定共有人使用之契約，故其成立須得全體共有人同意始可
   (B) 不動產之分管契約如經登記，可以對抗應有部分之受讓人
   (C) 分管契約為債權契約
   (D) 分管契約成立後，因情勢變更難以繼續時，任何共有人均得聲請法院以裁定變更之　【99年普】

2. 甲、乙、丙三人分別共有一筆 A 土地。三人就 A 地約定自得使用之特定部分，且於二十年內不得請求分割。下列敘述何者最正確？　(A)
   (A) 如甲使用部分在約定不得請求分割期間內被徵收，甲仍得隨時請求分割
   (B) 不得分割之約定逾五年，無效。三人應重新約定
   (C) 不得分割之約定逾五年，應縮短為五年
   (D) 於約定不得請求分割期間內，任一共有人皆不得處分其應有部分　【101年普】

第八百二十四條（共有物分割之方法）

1. 關於共有物分割，下列敘述何者正確？　(A)
   (A) 共有物依共有人協議分割時，並不適用多數決原則
   (B) 共有人以契約訂有不分割之期限者不得逾十年；逾十年者，縮短為十年
   (C) 共有之不動產，其契約訂有管理之約定時，約定不分割之期限，不得逾五十年；逾五十年者，縮短為五十年
   (D) 不動產共有人間關於共有物分割或禁止分割之約定，對於應有部分之受讓人或取得物權之人，以受讓或取得時知悉其情

事或可得而知者為限，亦具有效力　　　　　　【103 年普】

2. 甲、乙、丙三人各有應有部分三分之一分別共有 A 地。下列敘述，何者正確？ (B)
   (A) 甲得以其應有部分供第三人丁設定不動產役權
   (B) 三人協議分割達成合意之履行請求權，有消滅時效之適用
   (C) 甲須以共有人過半數及應有部分合計過半數之同意，始得請求分割
   (D) 甲得以共有人過半數及應有部分合計過半數之同意，以 A 地供丁設定抵押權　　　　　　【104 年普】

第八百二十四條之一（共有物分割之效力）

1. 甲、乙、丙三人共有一筆 A 地，應有部分各三分之一。下列敘述何者錯誤？ (D)
   (A) 甲、乙二人得在未經丙同意的情況下，將 A 地出售與丁建設公司
   (B) 甲、乙二人得在未經丙同意的情況下，將 A 地出租與戊使用
   (C) 甲得在未經乙、丙同意的情況下，將其 A 地的應有部分設定抵押權與庚銀行
   (D) 甲、乙、丙三人經裁判分割 A 地時，須待分割登記完成時，才各自取得單獨所有權　　　　　　【102 年普】

2. 甲乙丙丁分別共有 A 地，甲以乙丙丁為被告提起分割共有物之訴，獲得勝訴確定判決。下列敘述，何者正確？ (A)
   (A) 甲乙丙丁於判決確定時，各自取得分得部分之所有權
   (B) 甲根據確定判決，請求乙丙丁辦理登記，始取得分得部分之所有權
   (C) 共有物分割之判決是確認判決，僅在確認甲乙丙丁之權利義務法律關係
   (D) 共有物分割之判決是給付判決，甲有權請求乙丙丁給付分得部分之所有權　　　　　　【113 年普】

第八百二十五條

1. 下列何者非法律明文規定屬於連帶債務之性質？ (D)
   (A) 合夥財產不足清償合夥債務時，各合夥人對於該不足額之債務
   (B) 數人共同不法侵害他人權利所生之損害賠償債務
   (C) 共同繼承人對於被繼承人，於繼承所得遺產限度內之遺產債務
   (D) 共有人對於他共有人因分割而得之物，所負之擔保責任債務
   【111年普】

第八百二十八條（公同共有人之權利義務關係）

1. 下列有關公同共有之情形，何者不能準用分別共有之規定？ (B)
   (A) 公同共有物之分割　(B) 公同共有人應有部分之自由處分
   (C) 公同共有物之管理　(D) 公同共有物分割後之權利義務關係
   【99年普】

2. 依民法之規定，公同共有物之處分，原則上應得多少公同共有人之同意？ (D)
   (A) 共有人過半數　(B) 應有部分合計過半數
   (C) 共有人過半數，並其應有部分合計已過半數　(D) 全體
   【95年普】

第八百二十九條（公同共有物公割之限制）

1. 關於公同共有，下列敘述何者正確？ (A)
   (A) 公同關係存續中，各公同共有人，不得請求分割其公同共有物
   (B) 各公同共有人，得自由處分其應有部分
   (C) 公同關係，不以法律規定或習慣者為限
   (D) 各公同共有人之權利，僅及於公同共有物之應有部分
   【106年普】

第三章　地上權

第一節　普通地上權

第八百三十二條（地上權之意義）

1. 以在他人土地上有建築物，或其他工作物，或竹木為目的而使用其土地之權，是為：
   (A) 不動產役權　(B) 農育權　(C) 所有權　(D) 普通地上權

   【97 年普】　(D)

第八百三十三條之一（地上權之存續期間與終止）

1. 甲以其土地設定地上權於乙。下列敘述何者最正確？
   (A) 定有期限之地上權原則上不因建築物於所定期限內滅失而消滅
   (B) 甲、乙間不得設定未定有期限之地上權
   (C) 甲、乙間不得設定未定有地租之地上權
   (D) 因不可抗力致妨礙土地之使用時，乙得請求減免租金

   【101 年普】　(A)

2. 地上權未定有期限者，存續期間逾多少年或地上權成立之目的已不存在時，法院得因當事人之請求，斟酌地上權成立之目的、建築物或工作物之種類、性質及利用狀況等情形，定其存續期間或終止其地上權。下列何者正確？
   (A) 二十年　(B) 十五年　(C) 十年　(D) 五年

   【110 年普】　(A)

第八百三十四條（地上權人之拋棄權利）

1. 以下關於地上權之敘述何者錯誤？
   (A) 地上權可以訂有期限，或為未定期限之地上權
   (B) 地上權可以為有償，亦可為無償
   (C) 以在他人土地上下之一定空間範圍內設定之地上權稱為區分

   (D)

地上權

(D) 地上權如有支付地租之約定寺，地上權人仍可以隨時拋棄其權利 【99年普】

2. 下列關於地上權之敘述，何者正確？（第 834、836、836-1、837 條） (B)

(A) 地上權人若因不可抗力，妨礙其土地之使用，依法即得請求免除或減少租金

(B) 土地所有權讓與時，地上權人已預付之地租，非經登記，不得對抗第三人

(C) 地上權人須連續積欠地租達二年，土地所有人始得終止地上權

(D) 地上權無支付地租之約定者，地上權人應於一年前通知土地所有人，始得拋棄其權利 【109年普】

第八百三十五條（地上權拋棄時應盡之義務）

1. 下列有關地上權之敘述，何者正確？ (A)

(A) 有支付地租之訂定者，其地上權人拋棄權利時，應於一年前通知土地所有人，或支付未到支付期之一年分地租

(B) 地上權人，因不可抗力，妨礙其土地之使用，得請求免除或減少租金

(C) 地上權人，不得將其權利讓與他人。但契約另有訂定或另有習慣者，不在此限

(D) 地上權因工作物或竹木之滅失而消滅 【95年普】

2. 關於地上權，下列敘述何者正確？ (B)

(A) 普通地上權乃以在他人土地上下之一定空間範圍內有建築物或其他工作物為目的而使用其土地之權

(B) 地上權定有期限，而有支付地租之約定者，地上權人得支付未到期之三年分地租後，拋棄其權利

(C) 地上權人得將其權利設定權利質權。但契約另有約定或另有習慣者，不在此限

(D) 地上權人，因不可抗力，妨礙其土地之使用，得請求免除或減少租金　　　　　　　　　　　　　　　　【103年普】

第八百三十五條之一

1. 依我國民法，下列關於地上權之敘述，何者錯誤？（第835-1、836、837、838條） (D)
   (A) 地上權設定後，因土地價值之昇降，依原定地租給付顯失公平者，當事人得請求法院增減之
   (B) 地上權人，縱因不可抗力，妨礙其土地之使用，不得請求免除或減少租金
   (C) 地上權人得將其權利讓與他人或設定抵押權。但契約另有約定或另有習慣者，不在此限
   (D) 地上權人積欠地租達一年之總額，除另有習慣外，土地所有人得定相當期限催告地上權人支付地租

第八百三十七條（地上權租金繳納義務）

1. 甲有A地一筆，設定地上權於乙，下列敘述何者最正確？ (C)
   (A) 若乙積欠地租達一年之總額時，甲得不經催告終止地上權
   (B) 乙原則上不得將地上權讓與第三人丙，但地上權之期限逾二十年者，不在此限
   (C) 因不可抗力而妨礙A地之使用時，乙不得請求甲減少地租
   (D) 地上權因建築物或其他工作物之滅失而消滅　【101年普】

第八百三十八條（地上權之讓與）

1. 甲以其土地設定地上權於乙後，乙以該地上權設定抵押權於丙。下列敘述何者最正確？ (C)
   (A) 原則上如乙未得甲之同意，丙所設定之抵押權無效
   (B) 如乙繼承甲之土地，地上權因混同而消滅
   (C) 非得丙之同意，乙不得拋棄其地上權

(D) 甲不須乙、丙同意，得自由拋棄其土地所有權　　【101 年普】

2. 有關地上權之敘述，下列何者正確？ (D)
   (A) 地上權乃為債權　(B) 地上權人必須支付地租
   (C) 地上權之存續期間，有法定最長 20 年之限制
   (D) 地上權人原則上得將其權利讓與他人或設定抵押權

   【105 年普】

3. 下列何種權利，得為抵押權之標的物？ (A)
   (A) 地上權　(B) 不動產役權　(C) 著作權　(D) 租賃權【107 年普】

第八百三十八條之一

1. 甲於自有土地上建造房屋一棟，因積欠乙銀行巨款，土地及房屋 (C)
   遭乙向法院聲請查封拍賣，土地為丙所拍得，房屋為丁所拍得。
   下列敘述，何者正確？
   (A) 丙可以請求丁拆屋還地　(B) 丁必須承租丙之土地
   (C) 視為丁於土地上有地上權
   (D) 推定丙與丁間有使用借貸契約　　　　　　　【113 年普】

第八百四十一條（地上權之永續性）

1. 關於地上權之消滅情形，下列敘述何者錯誤？ (D)
   (A) 地上權未定有期限且未約定地租者，地上權人原則上得隨時
       拋棄其權利
   (B) 地上權未定有期限，但有支付地租之約定者，地上權人應於
       一年前通知土地所有人或支付一年分地租始得拋棄
   (C) 地上權人積欠地租達兩年總額，經土地所有人定期催告，逾
       期仍不支付者，土地所有人得撤銷（終止）地上權
   (D) 地上權因地上之工作物或竹木之滅失而消滅　　【98 年普】

2. 下列關於地上權之敘述，何者正確？ (B)
   (A) 稱普通地上權者，謂以在他人土地之上下有建築物或種植竹
       木為目的而使用其土地之權

(B) 地上權不因建築物或其他工作物之滅失而消滅
(C) 地上權人均得隨時拋棄其權利
(D) 土地所有權讓與時，已預付之地租，均不得對抗第三人

【100 年普】

第四章之一　農育權

第八百五十條之一（農育權之定義）

1. 下列有關農育權之敘述，何者錯誤？　　　　　　　　　　　　　　(C)
   (A) 農育權係用益物權之一種
   (B) 農育權有支付地租約定者，農育權人因不可抗力致收益減少，得請求減免其地租
   (C) 農育權原則上係不定期限
   (D) 農育權人原則上得將其農育權讓與他人　　　　【107 年普】

第五章　不動產役權

第八百五十一條（不動產役權之意義）

1. 以他人不動產供自己不動產通行、汲水、採光、眺望、電信或以其他特定便宜之用者，稱為：　　　　　　　　　　　　　　　　　(C)
   (A) 農育權　(B) 抵押權　(C) 不動產役權　(D) 土地租賃權

【105 年普】

第八百五十一條之一（權利行使之設定）

1. 甲在其土地上為乙設定眺望不動產役權，其後甲未獲得乙之同意又為丙設定地上權，丙預備在該地上建築房屋，若該房屋建成，乙之眺望權將因而受到影響，下列敘述，何者正確？　　　　　(C)

(A) 應不許丙設定地上權　(B) 縱然設定地上權，亦屬無效
(C) 地上權人不許在該地上建築房屋
(D) 設定地上權後，不動產役權消滅　　　　　　　【103年普】

2. 甲以其土地設定不動產役權於乙後，復以同一土地之一部分設定普通地上權於丙。丙之普通地上權的效力如何？ (C)
   (A) 當然無效
   (B) 當然有效、且其效力優先於乙之不動產役權
   (C) 無妨害乙之不動產役權時，當然有效
   (D) 乙、丙各自之用益物權的優先效力，由所有權人甲決定之
   　　　　　　　　　　　　　　　　　　　　　　【104年普】

第八百五十三條（不動產役權之從屬性）

1. 甲所有的A地因通行之需在乙的B地上設定不動產役權。下列敘述何者錯誤？ (B)
   (A) 甲得將A地設定抵押權與丙銀行
   (B) 甲得將B地上的不動產役權單獨讓與給丁
   (C) 嗣後A地分割並讓與，為戊、己所有，戊、己皆享有B地上的不動產役權
   (D) 嗣後B地分割並讓與，為庚、辛所有，甲的不動產役權仍存在庚、辛受讓的B地上　　　　　　　　【102年普】

第八百五十五條（設置之維持及使用）

1. 甲有A、B二地，因出賣A地給乙，致B地與公路無適宜之連絡，不能為通常之使用。下列敘述何者正確？ (D)
   (A) 甲可以任擇A地或其他相鄰之地而通行之
   (B) 甲通行鄰地已造成鄰地負擔，不得再主張開設道路
   (C) 甲通行鄰地時，為求便利，可任意選擇通行之處所
   (D) 若甲不主張開設道路而通行A地，無須支付乙償金
   　　　　　　　　　　　　　　　　　　　　　　【100年普】

第六章　抵押權

第一節　普通抵押權

第八百六十條（抵押權之定義）

1. 甲向乙借款 500 萬元，並將所有之 A 地設定普通抵押權給乙，下列敘述何者最正確？　(A)
   (A) 乙就 A 地賣得之價金有優先受償之權
   (B) 乙得僅將抵押權讓與給第三人丙，而保留對甲之借款返還債權
   (C) 抵押權不因登記之先後定其次序，具有平等性
   (D) 甲若將 A 地讓與給丁，則乙之抵押權消滅　【101 年普】

2. 依我國民法的規定，下列關於抵押權之敘述，何者錯誤？（第 860、861、862、867 條）　(C)
   (A) 稱普通抵押權者，謂債權人對於債務人或第三人不移轉占有而供其債權擔保之不動產，得就該不動產賣得價金優先受償之權
   (B) 抵押權所擔保者為原債權、利息、遲延利息、違約金及實行抵押權之費用。但契約另有約定者，不在此限
   (C) 抵押權之效力，及於抵押物之從物而不及於從權利
   (D) 不動產所有人設定抵押權後，得將不動產讓與他人。但其抵押權不因此而受影響　【108 年普】

第八百六十一條（抵押權之擔保範圍）

1. 下列何者非抵押權所擔保債權之範圍？　(B)
   (A) 約定之違約金　(B) 抵押權之保全費用
   (C) 實行抵押權之費用　(D) 約定利息　【97 年普】

2. 關於抵押權所擔保而得優先受償之利息，以於抵押權人實行抵押權聲請強制執行前幾年內發生及於強制執行程序中發生者為限？　(B)
   (A) 二年　(B) 五年　(C) 十年　(D) 十五年　【110 年普】

第八百六十二條（抵押權效力及於標的物之範圍—從物及從權利）

1. 下列何種權利，不得單獨成為抵押權之標的物？ (B)
   (A) 地上權　(B) 不動產役權　(C) 農育權　(D) 典權　【103 年普】

2. 以建築物設定抵押權者，下列何者非抵押權效力所及之標的物範圍？（第 862、862-1、863 條） (B)
   (A) 抵押物扣押後，抵押人就抵押物所得收取之租金
   (B) 抵押之建築物存在所必要且性質上得讓與之權利
   (C) 設定抵押權後所增建附加於該建築物，而不具獨立性之部分
   (D) 抵押之建築物滅失後殘餘之鋼筋　【109 年普】

第八百六十三條（抵押權效力及於標的物之範圍—天然孳息）

1. 甲向乙貸款新臺幣 500 萬元，以其所有之 A 地及其上之 B 屋設定抵押權給乙作擔保。試問下列何者非屬抵押權效力所及？ (D)
   (A) B 屋抵押權設定後，甲於 B 屋上增建無獨立出入口之頂樓
   (B) B 屋抵押權設定前，甲於 B 屋旁增建有獨立出入口之車庫
   (C) A 地抵押權設定前，甲於 A 地栽種之果樹
   (D) A 地扣押前，自甲於 A 地栽種果樹所分離之果實
   【107 年普】

第八百六十五條（抵押權之次序）

1. 甲於其不動產上，分別設定第一順位抵押權予乙，及第二順位抵押權予丙，若第一順位抵押權設定之金額為三百萬元，第二順位抵押權設定之金額為二百萬元。今甲之財務發生困難，無法清償債務，債權人乙、丙聲請法院查封該不動產，並進行拍賣，若拍賣之金額為四百萬元。請問乙可以得到多少金額的清償？ (A)
   (A) 三百萬元　(B) 二百萬元　(C) 二百四十萬元
   (D) 不一定，由乙、丙協議之　【90 年特】

第八百六十六條（地上權或其他物權之設定）

1. 甲將 A 屋設定普通抵押權給乙銀行後，甲又將該 A 屋出租給丙，下列敘述何者正確？
   (A) 甲乙間之抵押權無效　(B) 甲丙間之租約無效
   (C) 甲乙間之抵押權不因此而受影響，但 A 屋之租金由乙收取之
   (D) 甲乙間之抵押權不因此而受影響，A 屋之租金仍由甲收取之
   【100 年普】 (D)

2. 甲為 A 地的所有權人，乙為 A 地的抵押權人，丙為 A 地的地上權人。關於當事人間的權利義務，下列敘述何者錯誤？
   (A) 乙的抵押權設定後，甲仍得將 A 地設定地上權給丙
   (B) 若乙的抵押權設定在地上權之後，日後乙實行抵押權受有影響時，法院得除去丙的地上權後拍賣 A 地
   (C) 若乙的抵押權設定後，甲在 A 地上蓋造 B 屋，日後乙實行抵押權受有影響時，得聲請法院將 B 屋與 A 地併付拍賣
   (D) 乙的抵押權設定後，擔保債權未受清償前，甲得將 A 地售予丁
   【102 年普】 (B)

3. 甲以 A 地設定抵押權於乙，擔保其對乙所負債務後，復將 A 地設定地上權於丙，由丙於 A 地上建築房屋。甲屆期無力清償債務，乙實行對 A 地之抵押權時，抵押權人實行抵押權受有影響者。下列敘述，何者正確？
   (A) 法院得除去丙之地上權，乙於必要時並得聲請法院將建築物與土地併付拍賣
   (B) 法院得除去丙之地上權，但乙僅得聲請法院拍賣土地
   (C) 法院不得除去丙之地上權，但乙於必要時，得聲請法院將地上權及建築物與土地併付拍賣
   (D) 法院不得除去丙之地上權，乙僅得聲請法院拍賣土地
   【104 年普】 (A)

4. 有關物權之優先性，在同一標的物下，下列敘述何者正確？ (C)

(A) 當所有權與定限物權併存時，所有權之效力依舊優先於定限物權
(B) 當內容或性質相衝突之物權併存時，二者效力均等
(C) 先成立用益物權，再設定擔保物權時，該擔保物權不得對抗該已成立之用益物權
(D) 先成立擔保物權，再設定用益物權時，該擔保物權人無論如何皆可主張塗銷該用益物權 　　　　　　【105年普】

第八百六十八條（抵押權之不可分性―抵押物分割）

1. 由於抵押權為不動產物權，其依法律行為變動時，非經登記不生效力。關於抵押權之敘述，下列何者錯誤？ (A)
   (A) 以公寓頂樓設定抵押權時，其後屋頂加蓋之小客廳，因無法登記，故非抵押權效力所及
   (B) 遲延利息須經登記，始為抵押權擔保對象
   (C) 原債權須經登記，始為抵押權擔保對象
   (D) 有約定違約金時須經登記，始為抵押權擔保對象 【96年普】

第八百七十條（抵押權之從屬性）

1. 下列敘述何者錯誤？ (C)
   (A) 抵押權為擔保物權
   (B) 抵押權之效力及於抵押物之從物及從權利
   (C) 抵押權得由債權分離而為讓與或為其他債權之擔保
   (D) 抵押權之效力及於抵押物扣押後，自抵押物分離而得由抵押人收取之天然孳息 　　　　　　　　　【97年普】

2. 下列何者非抵押權之特性？ (C)
   (A)從屬性　(B)不可分性　(C)時效性　(D)物上代位性【96年普】

第八百七十條之一（抵押權次序之調整）

1. 債務人甲在其3000萬元之抵押土地上，有乙、丙、丁第一、第 (C)

二及第三順位依次序為 1000 萬元、2000 萬元及 800 萬元之普通抵押權，乙為丁抵押權人之利益，而將其第一順位讓與丁。此稱之為：

(A) 次序之絕對拋棄　(B) 次序之相對拋棄

(C) 次序之讓與　(D) 次序之互易　　　　　　【99 年普】

2. 債務人甲所有之抵押物上，設有擔保乙 200 萬元債權之第一次序抵押權、丙 120 萬元債權之第二次序抵押權及丁 50 萬元債權之第三次序抵押權。抵押物拍賣所得價金為 300 萬元。乙將其第一次序之優先受償利益拋棄予丁，則應如何分配拍賣所得之金額？

(A) 乙 150 萬元，丙 0 元，丁 50 萬元

(B) 乙 160 萬元，丙 100 萬元，丁 40 萬元

(C) 乙 0 元，丙 100 萬元，丁 200 萬元

(D) 乙 150 萬元，丙 100 萬元，丁 50 萬元　　【107 年普】

(B)

第八百七十一條（抵押權之保全（一）抵押物價值減少之防止）

1. 下列有關抵押權之敘述，何者正確？

    (A) 土地及其土地上之建築物，同屬於一人所有，而僅以土地或僅以建築物為抵押者，於抵押物拍賣時，推定已有地上權之設定

    (B) 土地及其土地上之建築物，同屬於一人所有，而以土地及建築物為抵押者，如經拍賣，其土地與建築物之拍定人各異時，推定已有地上權之設定

    (C) 土地所有人，於設定抵押權後，在抵押之土地上營造建築物者，抵押權人於必要時，得將其建築物與土地併付拍賣，對於建築物之價金，並有優先受清償之權

    (D) 抵押人之行為，足使抵押物之價值減少者，抵押權人得請求停止其行為，如有急迫之情事，抵押權人得自為必要之保全處分　　　　　　　　　　　　　　　　　【95 年普】

(D)

第八百七十三條之一（流質契約相對禁止）

1. 約定於債權已屆清償期而未為清償時，抵押物之所有權移屬於抵押權人者，此一約定之效力為何？
   (A) 非經登記，不得對抗第三人　(B) 非經登記，不生效力
   (C) 效力未定　(D) 得撤銷　　　　　　　　　【99年普】　(A)

2. 關於普通抵押權之敘述，下列何者錯誤？
   (A) 抵押權之設定須以書面為之，並辦理登記
   (B) 抵押人設定抵押權時，對於抵押物須有所有權及處分權
   (C) 以抵押權所擔保之債權，經讓與其一部者，抵押權仍不受影響
   (D) 於抵押權所擔保之債權全部被清償時，抵押權仍不消滅
   　　　　　　　　　　　　　　　　　　　　　【100年普】　(D)

3. 甲向乙銀行貸款新臺幣500萬元，並以甲所有之A地為乙設定普通抵押權，雙方約定債權已屆清償期而未為清償時，A地之所有權移屬於乙。就該流押契約之效力，下列敘述，何者正確？
   (A) 絕對無效　(B) 相對無效　(C) 非經登記，不生效力
   (D) 非經登記，不得對抗第三人　　　　　　　【113年普】　(D)

第八百七十四條（抵押物賣得價金之分配次序）

1. 甲以其土地一筆設定三次抵押權，第一次抵押權擔保之債權額為300萬元，第二次抵押權擔保之債權額為600萬元，第三次抵押權擔保之債權額為900萬元，該土地拍賣後所得價金1200萬元，請問第三次抵押權能夠獲得多少清償？
   (A) 400萬元　(B) 600萬元　(C) 300萬元　(D) 900萬元　【97年普】　(C)

第八百七十五條之二（共同抵押之效力—內部分擔擔保債權金額之計算方式）

1. 甲需錢孔急，向乙銀行借貸新台幣5000萬元，乙要求甲提供擔保；甲乃以其母丙名下市價約新台幣2000萬元之房屋一棟、其　(A)

父丁之市值約新台幣 3000 萬元之土地一筆,及其兄戊之市值約新台幣 1500 萬元之店面一間,設定共同抵押權與乙,且未限定各個抵押物應負擔之金額。問:各抵押物對乙之債權應分擔之金額應如何計算?
(A) 依各抵押物價值之比例　(B) 由債權人乙任意選擇
(C) 依各抵押物價值,價值最低者先抵償之
(D) 依各抵押物價值,價值最高者先抵償之　　　　【97 年普】

第八百七十六條(法定地上權)

1. 土地及其土地上之建築物,同屬於一人所有,而僅以建築物為抵押者,於抵押物拍賣時,拍定人與土地所有權人間之關係為:
(A) 拍定人視為取得抵押權　(B) 拍定人視為取得租賃權
(C) 拍定人視為取得使用借貸權　(D) 拍定人視為取得地上權
【96 年普】　(D)

2. 設定抵押權時,土地及其土地上之建築物,同屬於一人所有,而以土地及建築物為抵押者,如經拍賣,其土地與建築物之拍定人各異時,關於拍定人間之關係,下列敘述何者正確:
(A) 視為已有不動產役權之設定　(B) 視為已有地上權之設定
(C) 視為取得使用借貸權　(D) 視為取得租賃權　【103 年普】　(B)

3. 乙所有 A 地及建造於 A 地上之 B 屋。甲因其對乙之債權屆期未獲清償,乃向法院聲請拍賣 A 地,並由丙拍定。乙之 B 屋與丙取得之 A 地間的法律關係如何?
(A) 視為已有地上權之設定
(B) 視為在 B 屋得使用期限內,有租賃關係
(C) 推定在 B 屋得使用期限內,有租賃關係
(D) 丙得請求乙拆除 B 屋　　　　【104 年普】　(A)

第八百七十七條(營造建築物之併付拍賣)

1. 有關抵押權之實行,下列敘述何者正確?　　　　　　　　(A)

(A) 土地所有人於設定抵押權後，在抵押之土地上營造建築物者，抵押權人於必要時，得於強制執行程序中聲請法院將其建築物與土地併付拍賣，對於建築物之價金，無優先受清償之權

(B) 以建築物設定抵押權者，於法院拍賣抵押物時，其抵押物存在所必要之權利得讓與者，應併付拍賣。但抵押權人對於該權利賣得之價金，有優先受清償之權

(C) 設定抵押權時，土地及其土地上之建築物，同屬一人所有，而僅以土地為抵押者，於抵押物拍賣時，得聲請併付拍賣，就土地賣得之價金，有優先受清償之權

(D) 設定抵押權時，土地及其土地上之建築物，同屬一人所有，而以土地及建築物為抵押者，如經拍賣，其土地與建築物之拍定人各異時，視為已有地上權之設定，其地租法院須逕以判決定之

【105年普】

2. 甲將其A地設定地上權予乙，乙於A土地上興建B屋一棟。其後甲為貸款擔保而將其A地設定抵押權予丙，乙亦因其貸款擔保而將B屋設定抵押權予丁。下列敘述何者正確？ (B)
(A) 若丁實行抵押權拍賣B屋時，A地所有權應併付拍賣之
(B) 若丁實行抵押權拍賣B屋時，地上權應併付拍賣之
(C) 若丙實行抵押權拍賣A地所有權時，B屋應併付拍賣之
(D) 若丙實行抵押權拍賣A地所有權時，地上權應併付拍賣之

【111年普】

3. 抵押權人僅就土地設定抵押權，因債權已屆清償期而未清償而實行抵押權，下列何者錯誤？ (D)
(A) 於設定抵押權時，該土地上已存在房屋，實行抵押權之範圍僅限於土地本身，不得就房屋併付拍賣
(B) 於設定抵押權時，土地上並無房屋，於實行抵押權時土地所有人已營造房屋，抵押權人必要時得聲請併付拍賣
(C) 抵押權人聲請併付拍賣時，如房屋有存在他人之租賃權，抵

押權人得聲請法院除去房屋之租賃權後再執行拍賣

(D) 抵押權人將土地與房屋併付拍賣後，對於土地及房屋賣得之價金，抵押權人均有優先受償之權利　　　　【112年普】

第八百八十條（抵押權之除斥期間）

1. 甲分別於乙、丙所有之不動產設定普通抵押權，以擔保甲對乙之債權。下列敘述何者最正確？　　(B)

    (A) 甲向丙請求清償債務時，丙得主張先訴抗辯權

    (B) 即使甲對乙之債權已因時效而消滅，甲仍得於消滅時效完成後五年內實行對丙之抵押權

    (C) 甲僅得先對乙之不動產實行抵押權

    (D) 甲實行對丙之抵押權後，丙不得向乙求償　　【101年普】

2. 下列有關抵押權之敘述，何者正確？　　(A)

    (A) 以抵押權擔保之債權請求權，雖經時效消滅，債權人仍得於時效完成後5年內實行抵押權

    (B) 以建築物為抵押者，其附加部分亦為抵押權效力所及，應一律併付拍賣

    (C) 抵押權人聲請查封抵押物，惟該執行名義嗣後經抗告法院裁定予以廢棄確定時，抵押人可依法請求財產上及非財產上損害賠償

    (D) 抵押權人於債權清償期屆滿後，為受清償，不得訂立契約取得抵押物之所有權　　【106年普】

3. 依民法第880條規定，實行抵押權期間以抵押權擔保之債權，其請求權已因時效而消滅，如抵押權人，於消滅時效完成後，幾年間不實行其抵押權者，其抵押權消滅？　　(D)

    (A) 一　(B) 二　(C) 三　(D) 五　　【110年普】

4. 甲以自有土地設定抵押權予乙，以擔保其債權，該債權之請求權於113年3月1日因時效而消滅。下列敘述，何者正確？　　(B)

    (A) 因從屬於擔保債權，故抵押權隨之消滅

(B) 抵押權人須於消滅時效完成後，5 年間實行其抵押權
(C) 抵押權無消滅時效，可一直存續
(D) 從此之後，抵押權之實行須經債務人同意 【113 年普】

第八百八十一條（抵押權之消滅與物上代位性）

1. 甲向乙銀行借貸新臺幣 1000 萬元，並以甲所有之 A 屋為乙設定普通抵押權。嗣後，因第三人丙之過失，致 A 屋滅失，下列敘述，何者正確？　　(B)
   (A) 乙之抵押權因 A 屋滅失而消滅
   (B) 乙就甲對丙所得行使之賠償請求權有權利質權
   (C) 乙就甲對丙所得行使之賠償請求權有動產質權
   (D) 乙就甲對丙所得行使之賠償請求權有普通抵押權【113 年普】

第二節　最高限額抵押權

第八百八十一條之一（最高限額抵押權定義）

1. 以下關於最高限額抵押權之敘述何者正確？　　(A)
   (A) 最高限額抵押權所擔保之債權，包含因一定關係所生之不特定債權或基於票據所生之權利
   (B) 我國最高限額抵押權係採本金最高限額
   (C) 基於抵押權之從屬性，最高限額抵押權所擔保之任何 1 筆債權一旦讓與他人，最高限額抵押權亦隨之移轉
   (D) 最高限額抵押權僅對原債權有擔保之效力 【99 年普】

2. 下列有關最高限額抵押權之敘述何者正確？　　(A)
   (A) 稱最高限額抵押權者，謂債務人或第三人提供其不動產為擔保，就債權人對債務人一定範圍內之不特定債權，在最高限額內設定之抵押權
   (B) 最高限額抵押權所擔保之債權，不以債權人與債務人因一定法律關係所生之債權為限

(C) 最高限額抵押權人就已確定之原債權，得於約定之最高限額範圍外，行使其權利

(D) 最高限額抵押權之最高限額範圍不包括原債權之利息、遲延利息及違約金　　　　　　　　　　　　　【97 年普】

3. 下列關於物權規定之敘述，何者正確？　　　　　　　　　　(D)

(A) 用益物權包括地上權、農育權、不動產役權、典權與質權

(B) 違章建築物不能辦理移轉登記，故於建造完成時，建造人無法取得所有權

(C) 基於公同關係而共有之房地，各共有人得就其應有部分設定抵押權

(D) 稱最高限額抵押權者，謂債務人或第三人提供其不動產為擔保，就債權人對債務人一定範圍內之不特定債權，在最高限額內設定之抵押權　　　　　　　　　　　　　　　【107 年普】

4. 依我國民法的規定，下列關於最高限額抵押權之敘述，何者錯誤？（第 881-1、881-2、881-4、881-5 條）　　　　　　　(D)

(A) 稱最高限額抵押權者，謂債務人或第三人提供其不動產為擔保，就債權人對債務人一定範圍內之不特定債權，在最高限額內設定之抵押權

(B) 最高限額抵押權人就已確定之原債權，僅得於其約定之最高限額範圍內，行使其權利

(C) 最高限額抵押權所擔保之原債權，未約定確定之期日者，抵押人或抵押權人得隨時請求確定其所擔保之原債權

(D) 最高限額抵押權得約定其所擔保原債權應確定之期日，並得於確定之期日後，不待變更登記即變更之　　【108 年普】

第八百八十一條之三（債權債務變更）

1. 下列關於最高限額抵押權之敘述，何者正確？　　　　　　　(B)

(A) 為避免法律關係複雜，最高限額抵押權不得共有

(B) 原債權確定前，抵押權人與抵押人得約定變更其債務人

(C) 最高限額抵押權人得讓與其抵押權次序與後次序抵押權人
(D) 原債權確定前，抵押權人得任意分割最高限額抵押權之一部與他人 【104年普】

第八百八十一條之四（最高限額抵押權——所擔保之原債權應確定期日）

1. 最高限額抵押權得約定其所擔保原債權應確定之期日，該確定之期日，自抵押權設定時起不得逾幾年？
   (A) 5年　(B) 10年　(C) 20年　(D) 30年　【97年普】　(D)

2. 關於最高限額抵押權，下列敘述何者正確？　(A)
   (A) 當事人得約定其所擔保原債權之應確定之期日
   (B) 最高限額抵押權所擔保之債權，不以由一定法律關係所生之權利為限
   (C) 最高限額抵押權所擔保之債權，不得將其分離而為讓與
   (D) 同一不動產上，僅得設定一項最高限額抵押權　【106年普】

第八百八十一條之八（抵押權讓與）

1. 下列關於最高限額抵押權之敘述，何者正確？　(D)
   (A) 得有效約定最高限額係指本金最高限額
   (B) 得約定凡是書面契約所生之債權，均屬擔保範圍
   (C) 得約定凡是新臺幣100萬元以下之債權，均屬擔保範圍
   (D) 得經抵押人之同意，將最高限額抵押權讓與他人　【103年普】

第八百八十一條之十五（最高限額抵押權—債權時效之消滅）

1. 最高限額抵押權所擔保之債權，其請求權已因時效而消滅，則抵押權人應於消滅時效完成幾年內實行其抵押權，否則該債權則不再屬於最高限額抵押權擔保之範圍？　(B)
   (A) 10年　(B) 5年　(C) 15年　(D) 20年　【96年普】

第三節　其他抵押權

第八百八十二條（權利抵押權）

1. 下列何種物權不得作為權利抵押權之標的物？　　　　　　　　　　(C)
   (A)地上權　(B)農育權　(C)不動產役權　(D)典權　【98年普】
2. 下列何者不得為抵押權之標的物？　　　　　　　　　　　　　　　(A)
   (A)不動產役權　(B)地上權　(C)農育權　(D)典權　【108年普】

第七章　質權

第一節　動產質權

第八百八十四條（動產質權之意義）

1. 債權人占有由債務人或第三人移交之動產，得就其賣得價金受清　　(D)
   償之權利，稱之為：
   (A)抵押權　(B)留置權　(C)權利質權　(D)動產質權【90年特】

第八百九十七條（質權之消滅─返還質物）

1. 動產質權，因質權人返還質物於出質人而消滅。返還質物時，為　　(C)
   質權繼續存在之保留者，其保留之效力如何？
   (A)有效　(B)得撤銷　(C)無效　(D)效力未定　　【92年特】

第八百九十九條（質權之消滅─質物滅失與物上代位性）

1. 乙將其所有汽車為甲設定動產質權，以為其對甲借款債務之擔　　　(D)
   保。該車並已交付甲之占有。下列那種情形，甲之動產質權並不
   消滅？
   (A)丙仗義相助幫乙清償該債務　(B)甲將該車返還給乙
   (C)甲喪失對該車之占有，於第3年始請求返還

(D) 該車被盜後，隔年再讓與給善意第三人，甲對該第三人行使回復請求權時
【105 年普】

第二節　動產質權

第九百零七條之一（第三債務人之主張限制）

1. 甲以其對乙尚未屆清償期之金錢債權設定權利質權於丙，以擔保丙對甲之金錢債權，並於設定時即通知乙。下列敘述何者最正確？　(C)
   (A) 該權利質權之設定，未得乙之同意，無效
   (B) 乙得以於受通知後始對甲取得之金錢債權，對丙主張抵銷
   (C) 乙得以於受通知時對甲之已屆清償期之金錢債權，對丙主張抵銷
   (D) 該權利質權之設定，須由甲、丙共同通知乙，始對乙生效力
   【101 年普】

第八章　典權

第九百十一條（典權之定義）

1. 下列對於典權之敘述何者正確？　(D)
   (A) 典權為動產物權　(B) 典權無需支付典價
   (C) 典權為擔保物權　(D) 典權為用益物權
   【97 年普】

2. 民法規定，區分地上權人得與其設定之土地上下有使用、收益權利之人，約定相互間使用收益之限制。其約定未經土地所有人同意者，於使用收益權消滅時，土地所有人不受該約定之拘束。此之「其設定之土地上下有使用、收益權利之人」不包含下列何種？　(D)
   (A) 普通地上權人　(B) 不動產役權人　(C) 農育權人

(D) 典權人　　　　　　　　　　　　　　　　　　　　　【105年普】

第九百十九條（典權人之留買權）

1. 甲將土地為乙設定典權並交付之，其後甲將該地出賣與丙，乙主張有權以相同條件購買，此權利稱為：
(A) 找貼權　(B) 留買權　(C) 回贖權　(D) 絕賣權　【103年普】

(B)

第九百二十六條（找貼與其次數）

1. 出典人於典權存續中，表示讓與其典物之所有權於典權人者，典權人按時價取得典物所有權，稱為下列何者？
(A) 回贖　(B) 找貼　(C) 留買權　(D) 轉典　【92年特】

(B)

2. 下列何者非屬典權人之權利？
(A) 轉典權　(B) 找貼權　(C) 留買權
(D) 相鄰權（相鄰關係之準用）　　　　　　　　【98年普】

(B)

第九百二十七條（有益費用之求償權）

1. 依民法之規定，稱典權者，謂支付典價在他人之不動產為使用、收益，於他人不回贖時，取得該不動產所有權之權。下列關於典權之敘述，何者錯誤？
(A) 典權人對於典物因轉典所受之損害，負賠償責任
(B) 典權之約定期限超過15年時，當事人間得附有到期不贖即作絕賣之條款
(C) 典權人為典物支出有益費用，使典物增加價值，不論該增益之價值是否仍然存在，得請求出典人償還
(D) 未定期限之典權，出典人得隨時以原典價回贖典物。但自出典後經過30年不回贖者，典權人即取得典物所有權

【106年普】

(C)

第九章　留置權

第九百二十八條（留置權之意義及要件）

1. 雕刻家甲承租乙的房子為店面，因租賃關係，甲積欠乙五萬元租金，對於甲放置於租賃房屋內之物，乙可以行使何種權利，以擔保其租金債權？　(C)
   (A) 抵押權　(B) 典權　(C) 留置權　(D) 動產質權　【98 年普】

2. 下列何者非屬不動產物權？　(C)
   (A) 地上權　(B) 典權　(C) 留置權　(D) 不動產役權　【98 年普】

第九百三十六條（留置權之實行）

1. 下列有關留置權之敘述，何者錯誤？　(B)
   (A) 稱留置權者，謂債權人占有他人之動產，而其債權之發生與該動產有牽連關係，於債權已屆清償期而未受清償時，得留置該動產之權　(C)
   (B) 債權人於其債權已屆清償期而未受清償者，得定一個月以上之相當期限，通知債權人，聲明如不於其期限內為清償時，即就其留置物取償
   (C) 債權人於其債權未屆清償期前，縱債務人無支付能力，債權人亦不得行使留置權
   (D) 債權人於其債權未受全部清償前，得就留置物之全部，行使其留置權。但留置物為可分者，僅得依其債權與留置物價值之比例行使之
   　　　　　　　　　　　　　　　　　　　　　　　　　　　【97 年普】

第十章　占有

第九百四十條（直接占有人）

1. 甲即將出國遊學，將其古董花瓶寄放好朋友乙之住處，請問乙對於該古董花瓶為何種關係？　　　　　　　　　　　　　　　　　(C)
   (A) 所有權人　(B) 留置權人　(C) 占有人　(D) 典權人　【97 年普】

2. 下列何者不屬於直接占有人？　　　　　　　　　　　　　　　　　(D)
   (A) 房屋承租人　(B) 土地之典權人　(C) 汽車之受委託保管人
   (D) 為雇主駕駛汽車之司機　　　　　　　　　　　　【103 年普】

第九百四十二條（占有輔助人）

1. 下列何者非占有輔助機關？　　　　　　　　　　　　　　　　　(C)
   (A) 學徒　(B) 受僱人　(C) 受寄人
   (D) 同住於由家長承租之房屋的家屬　　　　　　　　【97 年普】

第九百四十四條（占有態樣之確定）

1. 關於占有之推定，下列敘述何者正確？　　　　　　　　　　　　　(D)
   (A) 占有已登記之不動產而行使物權者，推定有該物權
   (B) 行使所有權以外之權利者，對使其占有之人，推定有該權利
   (C) 占有人推定其為他主占有
   (D) 占有人推定其為無過失占有　　　　　　　　　　【106 年普】

第九百四十八條（善意受讓）

1. 學者多數說認為善意取得係屬何種權利之取得？　　　　　　　　　(A)
   (A) 原始取得　(B) 繼受取得　(C) 特定取得　(D) 概括取得
   　　　　　　　　　　　　　　　　　　　　　　　　【95 年普】

2. 甲有名筆一枝，其子乙將甲之筆賣給知情之丙，乙、丙於民國 104 (D)
   年 9 月 28 日簽訂買賣契約，惟尚未交付。嗣後，乙又於 104 年 10

月 10 日將甲之筆賣給不知情之丁並交付之。甲於 104 年 11 月 1 日死亡，乙是甲之唯一繼承人。試問何人取得該筆之所有權？
(A) 甲　(B) 乙　(C) 丙　(D) 丁　　　　　　　　　　【104 年普】

第九百四十九條（善意受讓之例外──盜贓遺失物之回復請求）

1. 甲所有的古董花瓶為乙所盜並寄放在丙的古董店裡展售，嗣後為顧客丁所買。關於當事人之間的權利義務，下列敘述何者錯誤？ (C)
   (A) 丙出售古董花瓶的行為，須經甲的承認始生效力
   (B) 不知情的顧客丁因丙的受讓移轉，取得古董花瓶的所有權
   (C) 該古董花瓶係盜贓物，甲得於古董花瓶喪失占有之時起一年內向丁請求回復其物
   (D) 甲須償還丁購買古董花瓶之價金，始得請求回復其物
   　　　　　　　　　　　　　　　　　　　　　　【102 年普】

2. 有關動產善意受讓要件之說明，下列敘述何者正確？ (D)
   (A) 讓與人與受讓人須完成讓與動產之交付行為，此之交付不包含觀念交付
   (B) 受讓人出於善意且有抽象輕過失者，不受占有之保護
   (C) 讓與人必須是無權代理
   (D) 盜贓物為金錢時，被害人不得向善意占有人請求回復
   　　　　　　　　　　　　　　　　　　　　　　【105 年普】

第九百五十條（善意受讓之例外──盜贓遺失物回復請求之限制）

1. 盜贓或遺失物，如占有人由拍賣或公共市場，或由販賣與其物同種之物之商人，以善意買得者，其被害人或遺失人如何回復其物： (A)
   (A) 償還占有人支出之全部價金　(B) 償還占有人支出之一半價金
   (C) 依該物之折舊比例償還價金　(D) 償還該物之現存價額
   　　　　　　　　　　　　　　　　　　　　　　【96 年普】

第九百五十四條（善意占有人之必要費用求償權）

1. 有關惡意占有人與善意占有人，在損害賠償請求方面，下列敘述何者正確？　　(C)
   (A) 善意占有人就占有物之滅失或毀損，如係不可歸責於自己之事由所致者，對於回復請求人僅以滅失或毀損所受之利益為限，負賠償之責
   (B) 惡意占有人或無所有意思之占有人，就占有物之滅失或毀損，如係不可歸責於自己之事由所致者，對於回復請求人，負賠償之責
   (C) 善意占有人因保存占有物所支出之必要費用，得向回復請求人請求償還。但已就占有物取得孳息者，不得請求償還通常必要費用
   (D) 惡意占有人，因保存占有物所支出之必要費用，對於回復請求人，得依關於不當得利之規定，請求償還　　【105年普】

2. 依民法規定，無權占有人返還占有物於回復請求人時，其得向回復請求人主張之權利及應負擔之義務，下列敘述何者正確？　　(A)
   (A) 善意占有人對於占有物支出之必要費用，於扣除其所收取孳息之餘額，皆得請求償還
   (B) 善意占有人對於占有物因改良占有物支出之有益費用，於扣除其所收取孳息之餘額，皆得請求償還
   (C) 惡意占有人對於占有物孳息之收取，推定其適法有此權利，無須返還
   (D) 惡意占有人，就占有物之滅失或毀損，縱使非因可歸責於自己之事由所致者，負損害賠償之責任　　【106年普】

第九百五十五條（善意占有人之有益費用求償權）

1. 下列有關占有之敘述，何者正確？　　(C)
   (A) 占有人於占有物上行使之權利，視為其適法有此權利

(B) 惡意占有人，因可歸責於自己之事由，致占有物滅失或毀損者，對於回復請求人，僅以因滅失或毀損所受之利益為限，負賠償之責

(C) 善意占有人，因改良占有物所支出之有益費用，於其占有物現存之增加價值限度內，得向回復請求人，請求償還

(D) 惡意占有人，因保存占有物所支出之必要費用，得向回復請求人請求償還。但已就占有物取得孳息者，不得請求償還

【95年普】

第九百五十九條

1. 關於善意占有人之敘述，下列何者錯誤？　(A)

   (A) 善意占有人於本權訴訟敗訴時，自判決確定之日起，視為惡意占有人

   (B) 善意占有人自確知其無占有本權時起，為惡意占有人

   (C) 善意占有人因保存占有物所支出之必要費用，得向回復請求人請求償還

   (D) 善意占有人，因改良占有物所支出之有益費用，於其占有物現存之增加價值限度內，得向回復請求人，請求償還

【112年普】

第九百六十條（占有人之自力救濟）

1. 占有人於其占有被侵奪時，得請求返還其占有物，其所謂之占有人不包括下列何者？　(D)

   (A) 直接占有人　(B) 間接占有人

   (C) 指示他人管領占有物之占有主人

   (D) 受他人指示管領其物之占有輔助人　【98年普】

第九百六十二條（占有人之物上請求權）

1. 關於占有之敘述，下列何者錯誤？　(C)

(A) 占有人之占有被推定為自主占有、善意占有、和平占有及公然占有
(B) 盜贓或遺失物，如為金錢，則不得向善意占有人請求回復
(C) 占有人非所有權人時，如占有物被侵奪，不得請求返還占有物
(D) 占有人對於妨礙其占有之行為，得以己力防禦之　【96年普】

肆　親屬編

第一章　通則

第九百六十七條（直系、旁系血親）

1. 甲育有子女乙，丙育有子女丁、戊，乙男與丁女結婚後育有子女己。就此情形，下列敘述何者錯誤？（第967、969條）
   (A) 甲、丁為直系姻親　(B) 乙、戊為旁系姻親
   (C) 甲、丙為旁系姻親　(D) 己、戊為旁系血親　【108年普】　(C)

第九百六十八條（血親親等之計算）

1. 假設您有一位堂哥，請問您跟他之間的親系與親等關係為何？
   (A) 直系血親二親等　(B) 旁系血親二親等
   (C) 直系血親四親等　(D) 旁系血親四親等　【90年特】　(D)

第九百六十九條（姻親之分類）

1. 某甲與其繼母的親屬關係為下列何者？
   (A) 直系姻親　(B) 直系血親　(C) 法定血親　(D) 旁系姻親
   　【92年特】　(A)

2. 妯娌在法律上為： (C)
   (A) 直系血親 (B) 旁系血親 (C) 旁系姻親 (D) 直系姻親
   【90年特】

3. 關於姻親關係，下列敘述何者正確？ (D)
   (A) 甲之兒子乙與丙女結婚，甲與丙無姻親關係
   (B) 甲之配偶乙，乙有一個哥哥丙，甲與丙無姻親關係
   (C) 甲之配偶乙，乙有一個哥哥丙，丙有配偶丁，甲與丁無姻親關係
   (D) 甲之兒子乙與丙女結婚，丙女之父親為丁，甲與丁無姻親關係
   【102年普】

第九百七十條（姻親之親系及親等）

1. 甲乙為兄弟，則甲之配偶與乙之配偶為： (B)
   (A) 二親等旁系血親   (B) 二親等旁系姻親
   (C) 四親等旁系姻親   (D) 無法律上之親屬關係   【98年普】

2. 甲女與其舅母之親屬親等關係為： (D)
   (A) 旁系血親二親等   (B) 旁系血親三親等
   (C) 旁系姻親二親等   (D) 旁系姻親三親等   【88年普】

3. 甲之兄長乙與丙結婚，丙有兄長丁。關於四人之親系及親等關係，下列敘述，何者錯誤？ (D)
   (A) 甲與乙為旁系血親二親等   (B) 乙與丁為旁系姻親二親等
   (C) 甲與丙為旁系姻親二親等   (D) 甲與丁為旁系姻親二親等
   【104年普】

第九百七十一條（姻親關係之消滅）

1. 下列何者為姻親關係消滅之原因？ (B)
   (A) 死亡及離婚   (B) 離婚及婚姻經撤銷者
   (C) 死亡及婚姻經撤銷者   (D) 死亡、離婚及婚姻經撤銷者
   【98年普】

第二章　婚姻

第一節　婚姻

第九百七十九條之一（贈與物之返還）

1. 關於婚約下列敘述何者正確？　　　　　　　　　　　　　　　　(D)
   (A) 婚約，得由未成年人之法定代理人代理為之
   (B) 未成年人訂定婚約，無須經法定代理人之同意
   (C) 婚約，得請求強迫履行
   (D) 因訂定婚約而為贈與者，婚約解除時，當事人之一方，得請求他方返還贈與物　　　　　　　　　　　　　　　　　　【106年普】

第二節　結婚

第九百八十條（結婚之實質要件－結婚年齡）

1. 我國民法規定男女之結婚年齡為：　　　　　　　　　　　　　　(B)
   (A) 男為滿十七歲，女為滿十五歲
   (B) 男為滿十八歲，女為滿十六歲
   (C) 男為滿十九歲，女為滿十七歲
   (D) 男女皆應成年　　　　　　　　　　　　　　　　　　　【88年普】

第九百八十一條（結婚之實質要件──未成年人結婚之同意）

1. 依民法關於結婚之規定，下列敘述何者錯誤？　　　　　　　　　(A)
   (A) 未成年人結婚，應由法定代理人代為意思表示
   (B) 表兄妹結婚者，無效
   (C) 有配偶者再與他人結婚時，後婚無效
   (D) 原則上結婚後夫妻各個其本姓　　　　　　　　　　　【100年普】

第四篇 民法概要 547

第九百八十二條（結婚之形式要件）

1. 甲男婚外情，甲妻丁得知忿而與甲離婚，並完成登記。甲旋即與乙女於教堂牧師見證下，宣布結為夫妻，並請鄰近攤販丙、戊於結婚證書上簽名。下列敘述，何者正確？　　　　　　　　　(D)
   (A) 甲、乙婚姻有效成立，因甲、乙有公開之儀式及二人以上之證人
   (B) 甲、乙婚姻有效成立，因甲、丁已離婚，且甲、乙有結婚證書
   (C) 甲、乙婚姻不成立，因甲不得同時與二人結婚
   (D) 甲、乙婚姻不成立，因甲、乙未辦理結婚登記　【104 年普】

第九百八十三條（近親結婚之限制）

1. 甲男乙女欲結婚，請問下列何種情形，甲乙不得結婚？　(A)
   (A) 甲男曾與乙女之母親結婚，後因不孕而離婚　　　　　(C)
   (B) 甲 18 歲，乙 17 歲
   (C) 甲之祖母與乙之祖母為二親等之親姊妹
   (D) 甲之父母為丙、丁，乙之父母為戊、己，丙、己各自與前配偶離婚後，丙、己結婚　　　　　　　　　　【100 年普】

2. 下列何者違反近親禁婚範圍之規定？　　　　　　　　　(A)
   (A) 甲先收養丙男，再收養丁女，丙與丁之結婚
   (B) 甲有一子乙，再收養一女丙，之後乙育有一子丁，丙育有一女戊，丁與戊之結婚
   (C) 乙有一女丙，另外收養一女丁，戊有一子己，另外收養一子庚。未久，甲收養乙與戊，丙與己之結婚，丁與庚之結婚
   (D) 甲與前妻育有一子乙，丙與前夫育有一女丁，甲與丙後來結婚，未久，乙與丁欲結婚　　　　　　　【105 年普】

3. 下列何種情況是非屬於近親禁止結婚之規範範圍？　　　(A)
   (A) 與離婚後無依無靠之前小姨子結婚
   (B) 與終止收養後之前養女結婚

肆　親屬編

(C) 與自己兒子離婚後之前媳婦結婚
(D) 與叔叔死亡後孤苦守寡之叔母結婚 【111 年普】

第九百九十五條（結婚之撤銷—不能人道）

1. 關於結婚，下列敘述何者正確？ (D)
   (A) 男未滿 17 歲，女未滿 15 歲者，不得結婚
   (B) 結婚應以公開儀式為之
   (C) 直系血親及直系姻親在 6 親等以內者，不得結婚
   (D) 當事人之一方，於結婚時不能人道而不能治者，他方得向法院請求撤銷之 【106 年普】

第九百九十八條（違反結婚適齡之撤銷）

1. 甲男 20 歲，乙女 15 歲，二人一見鍾情，決定廝守終身，於是結婚。乙女尚未滿適婚年齡，亦尚未懷孕。下列敘述何者正確？ (C)
   (A) 乙女未滿適婚年齡，其結婚無效
   (B) 乙女未滿適婚年齡，乙女得不經法院逕行撤銷結婚
   (C) 乙女未滿適婚年齡，乙女得向法院請求撤銷結婚
   (D) 乙女未滿適婚年齡，需經法定代理人同意始得撤銷 【102 年普】

第九百九十七條（結婚之撤銷—因被詐欺或脅迫）

1. 甲脅迫乙與之結婚，脅迫終止後，乙得以此為理由： (C)
   (A) 請求離婚　(B) 解除婚約　(C) 請求撤銷婚姻
   (D) 請求終止婚姻 【90 年特】

第三節　婚姻之普通效力

第一千零一條（夫妻之同居義務）

1. 下列請求權何者不會罹於消滅時效？ (A)
   (A)夫妻請求履行同居義務之請求權　(B)買賣契約中之價金請求權

(C)未登記不動產之返還請求權　(D)動產之返還請求權【96年普】

第一千零二條（夫妻之住所）

1. 夫妻之住所，原則上：　　　　　　　　　　　　　　　　　　(C)
   (A)以夫之住所為住所　(B)以妻之住所為住所
   (C)由雙方共同協議之　(D)以夫之父母的住所為住所【90年普】

第四節　夫妻財產制

第一款　通則

1. 下列何者非屬我國現行民法中所規定之約定財產制？　　　　　(A)
   (A)統一財產制　(B)分別財產制　(C)一般共同財產制
   (D)勞力所得共同財產制　　　　　　　　　　　　　【105年普】

第一千零四條（約定財產制之選擇）

1. 下列何者非現行民法認可之夫妻財產制？　　　　　　　　　　(C)
   (A)法定財產制　(B)共同財產制　(C)統一財產制
   (D)分別財產制　　　　　　　　　　　　　　　　　【96年普】

2. 下列關於夫妻財產制契約之訂立，何者正確？（第1004、　　　(A)
   1007、1008、1021條）
   (A)夫妻於結婚前或結婚後，均得以書面約定夫妻財產制契約
   (B)夫妻財產制契約之訂立應經登記，否則不生效力
   (C)夫妻財產制契約之訂立，當事人如為未成年人時，應得其法
      定代理人之同意始為有效
   (D)夫妻於婚姻關係存續中，得以契約廢止其財產制契約，或改
      用他種約定財產制，但以一次為限　　　　　　　【109年普】

第一千零五條（法定財產制之適用）

1. 依我國民法之規定，下列關於夫妻財產制之敘述，何者錯誤？　(A)

（第 1005、1007、1008、1012 條）

(A) 夫妻未以契約訂立夫妻財產制者，除民法另有規定外，以共同財產制，為其夫妻財產制

(B) 夫妻財產制契約之訂立、變更或廢止，應以書面為之

(C) 夫妻財產制契約之訂立、變更或廢止，非經登記，不得以之對抗第三人

(D) 夫妻於婚姻關係存續中，得以契約廢止其財產契約，或改用他種約定財產制 【108 年普】

2. 民法就夫妻財產制採類型法定原則，下列何者並非我國現行民法規定之夫妻財產制類型？ (D)
(A) 法定財產制　(B) 共同財產制　(C) 分別財產制
(D) 統一財產制 【113 年普】

第一千零八條（夫妻財產制契約之要件一契約之登記）

1. 關於夫妻財產制契約的敘述，下列何者正確？ (D)
(A) 夫妻得於結婚前以契約就民法所定之約定財產制中，選擇其一，為其夫妻財產制。結婚後則不行
(B) 夫妻未以契約訂立夫妻財產制者，除民法另有規定外，以聯合財產制，為其夫妻財產制
(C) 夫妻財產制契約之訂立、變更或廢止，非經登記，不生效力
(D) 夫妻財產制契約之登記，不影響依其他法律所為財產權登記之效力 【110 年普】

2. 夫妻得於結婚前或結婚後，以契約就民法所定之約定財產制中，選擇其一，為其夫妻財產制。關於夫妻財產制契約，下列敘述，何者錯誤？ (B)
(A) 應以書面為之　(B) 非經登記，不生效力
(C) 非經登記，不得以之對抗第三人
(D) 夫妻未以契約訂立夫妻財產制者，原則上以法定財產制，為其夫妻財產制 【113 年普】

第四篇　民法概要　551

第一千零十條（宣告分別財產制（一）——法院應夫妻一方之聲請而為宣告）

1. 有關夫妻財產制的規定，下列敘述何者正確？　(C)
   (A) 依民法規定，夫妻除可以選擇分別財產制及共同財產制外，亦得基於契約自由原則，選擇其他分配方式
   (B) 夫妻選擇分別財產制，將來離婚時仍有剩餘財產分配請求權之適用
   (C) 夫妻選擇共同財產制後，可以再變更為分別財產制，互相轉換並無次數上的限制
   (D) 夫妻因未約定夫妻財產制而採用法定財產制時，將來就不得任意再變更
   【105年普】

2. 下列有關夫妻分別財產制之規定，下列何者錯誤？　(C)
   (A) 分別財產制為約定財產制之一種
   (B) 夫妻各自保有財產之所有權，並各自為管理、使用、收益及處分
   (C) 夫妻之一方得因他方有花柳病或其他惡疾，向法院請求宣告改用分別財產制
   (D) 夫妻各自對其債務負清償之責，但夫妻之一方以自己財產清償他方債務時，得請求返還
   【107年普】

第二款　法定財產制

第一千零十七條（原有財產及聯合財產所有權之歸屬）

1. 有關法定夫妻財產制之敘述，下列何者錯誤？　(B)
   (A) 夫或妻各自管理、使用、收益及處分其財產
   (B) 夫妻就其婚前財產及婚後財產，互負報告之義務
   (C) 不論夫或妻之婚前財產或婚後財產，均屬夫或妻各自所有
   (D) 夫或妻之婚前財產，於婚姻關係存續中所生之孳息，視為婚

後財產 【105 年普】

2. 下列有關夫妻法定財產制之敘述，下列何者正確？ (B)
   (A) 婚前財產由夫妻各自所有，婚後財產由夫妻公同共有
   (B) 婚前財產及婚後財產均由夫妻各自所有
   (C) 婚前財產由夫妻各自所有，婚後財產由夫妻分別共有
   (D) 婚前財產及婚後財產均由夫妻公同共有，且夫妻對其結婚而公同共有之財產均有管理、使用、收益、處分之權利，若將來離婚對他方有請求分割之權利 【107 年普】

3. 甲與乙於民國 100 年結婚，雙方並未約定夫妻財產制，嗣於 105 年乙因外遇而雙方離婚。關於婚後財產，下列敘述何者正確？ (D)
   (A) 甲於民國 103 年因其父親過世所獲得的遺產 300 萬元是婚後財產
   (B) 乙於民國 102 年因車禍所獲 50 萬元慰撫金之非財產上損害賠償屬於婚後財產
   (C) 甲於民國 100 年將婚前所投資之股票出售，獲利 30 萬元，屬於婚後財產
   (D) 乙於民國 101 年所購入之房屋屬於婚後財產 【107 年普】

4. 下列關於夫妻法定財產制之敘述，何者正確？ (B)
   (A) 於法定財產制下，夫或妻之財產分為婚前財產與婚後財產，婚前財產由夫妻各自所有，婚後財產則由夫妻共有
   (B) 於法定財產制下，夫或妻之婚前及婚後財產，於婚姻關係存續中所生之孳息，均屬於婚後財產之範圍
   (C) 無論採何種約定財產，當夫或妻其財產不足清償其債務時，法院得因他方之請求，宣告改用法定財產制
   (D) 夫或妻各自管理、使用、收益其婚前財產與婚後財產，但對於婚後財產為處分時，應得他方之同意 【109 年普】

5. 就法定夫妻財產制之敘述，下列何者錯誤？ (B)
   (A) 夫或妻婚前財產，於婚姻關係存續中所生之孳息，視為婚後財產

(B) 不能證明為夫或妻所有之財產，視為夫妻共有
(C) 夫或妻之財產分為婚前財產與婚後財產，由夫妻各自所有
(D) 夫妻各自對其債務負清償之責　　　　　　　【112年普】

第一千零十八條

1. 關於夫妻法定財產制之規定，下列敘述何者正確？　(C)
   (A) 夫或妻之財產分為婚前財產與婚後財產，婚前財產由夫妻各自所有，婚後財產則由夫妻共有
   (B) 夫或妻於婚姻關係存續中就其婚後財產所為之無償行為，應將該財產追加計算，視為現存之婚後財產
   (C) 夫或妻各自管理、使用、收益及處分其婚前及婚後財產，並各自對其債務負清償之責
   (D) 剩餘財產差額分配請求權屬一身專屬性之權利，請求權人自法定財產制關係消滅時起，二年間不行使而消滅　【111年普】

第一千零十八條之一（自由處分生活費用外金錢）

1. 依現行民法之規定，下列有關法定財產制之敘述，何者正確？　(D)
   (A) 法定財產，由夫管理。但約定由妻管理時，從其約定
   (B) 夫對於妻之原有財產，有使用、收益之權
   (C) 夫對於妻之原有財產為處分時，應得妻之同意
   (D) 夫妻於家庭生活費用外，得協議一定數額之金錢，供夫或妻自由處分　　　　　　　　　　　　　　　　【95年普】

第一千零二十三條

1. 分別財產制有關夫妻債務的敘述，下列何者正確？（第1046條準用1023）　(D)
   (A) 夫妻於行為時明知有損於婚姻關係消滅後他方之剩餘財產分配請求權者，以受益人受益時亦知其情事者為限，他方得聲請法院撤銷之

(B) 夫妻之一方以自己財產清償他方之債務時，於婚姻關係存續中，不得請求償還。但於婚姻關係消滅時，夫或妻現存之婚後財產，扣除婚姻關係存續所負債務後，如有剩餘，其雙方剩餘財產之差額，應平均分配

(C) 夫妻之一方以自己財產清償他方之債務時，於婚姻關係存續中，不得請求償還。但於婚姻關係消滅時，應分別納入現存之婚後財產或婚姻關係存續中所負債務計算

(D) 夫妻各自對其債務負清償之責　　　　　　　【110 年普】

第一千零三十條之一（剩餘財產分配請求權）

1. 關於法定夫妻財產制，下列敘述，何者正確？ (B)
   (A) 夫妻之一方以自己財產清償他方之債務時，於婚姻關係存續中，不得請求償還
   (B) 因繼承而得之財產，不計入夫或妻現存之婚後財產
   (C) 夫或妻於婚姻關係存續中，就其婚後財產所為履行道德上義務之贈與，他方得聲請法院撤銷之
   (D) 剩餘財產分配請求權專屬夫或妻享有，不得由繼承人主張之
   【100 年普】

2. 法定財產制關係消滅時，夫或妻現存之婚後財產，扣除婚姻關係存續所負債務後，如有剩餘，其雙方剩餘財產之差額，應平均分配。稱為： (A)
   (A) 剩餘財產分配請求權　(B) 財產酌給請求權
   (C) 扶養費請求權　(D) 贍養費請求權　　　【103 年普】

3. 下列何者不屬於夫妻之特有財產？ (C)
   (A) 妻之化妝品　(B) 夫之行醫工具
   (C) 夫上班代步所駕駛之自用汽車　(D) 妻之首飾　【103 年普】

4. 下列何者屬於剩餘財產分配請求權之標的財產？ (B)
   (A) 婚前財產　(B) 婚後之薪資所得
   (C) 婚後因繼承所得之財產　(D) 婚後所取得之慰撫金【105 年普】

第一千零三十條之三（法定財產制關係消滅時，財產之追加計算）

1. 夫或妻為減少他方對於剩餘財產之分配，而於法定財產制關係消滅前幾年內處分其婚後財產者，應將該財產追加計算，視為現存之婚後財產？
 (A) 1 年　(B) 3 年　(C) 5 年　(D) 10 年　　　　【97 年普】

(C)

第三款　約定財產制

第一目　共同財產制

第一千零三十一條（共同財產之意義）

1. 夫妻之財產及所得，除特有財產外，合併為共同財產者，屬於下述何種所有型態？
 (A) 夫妻公同共有　(B) 夫妻分別共有　(C) 夫妻區分所有
 (D) 夫妻總體共有　　　　　　　　　　　　　　　【103 年普】

(A)

第一千零三十一條之一（特有財產之範圍及準用規定）

1. 下列何者非屬公同共有？
 (A) 遺產　(B) 合夥財產　(C) 夫妻共同財產
 (D) 夫或妻職業上所必需之物　　　　　　　　　　【97 年普】

(D)

2. 關於民法第 1031 條之 1 夫妻財產制中之特有財產之敘述，下列何者錯誤？
 (A) 甲在婚前取得之受贈物 A 屋，若贈與人甲父以書面聲明甲日後結婚時，該 A 屋為特有財產，則該 A 屋亦屬特有財產
 (B) 夫或妻在家中共同使用的茶杯、桌椅等動產，非特有財產
 (C) 夫是音樂家，則其演奏時所需之樂器為特有財產
 (D) 夫或妻雖以受贈之特有財產之金錢購買不動產一筆，惟該受贈物狀態已變更，則該不動產非特有財產　　　【112 年普】

(D)

第一千零三十八條

1. 關於共同財產所負之債務,而以共同財產清償者,下列何者正確? (A)
   (A) 不生補償請求權
   (B) 不生補償請求權,但於共同財產制關係消滅時,應分別納入現存之婚後財產或婚姻關係存續中所負債務計算
   (C) 有補償請求權,但於婚姻關係存續中,不得請求
   (D) 有補償請求權,雖於婚姻關係存續中,亦得請求【110年普】

第一千零四十條(共同財產關係消滅時其財產之取回)

1. 甲、乙結婚並約定共同財產制為夫妻財產制,共同財產制關係存續中二人之共同財產為 2000 萬元,若甲、乙離婚而無特別約定時,則乙可分得若干共同財產? (B)
   (A) 2000 萬元　(B)1000 萬元　(C)1500 萬元　(D)500 萬元
   【109年普】

第三目　分別財產

第一千零四十四條(分別財產制之意義)

1. 甲(男)乙(女)於民國 94 年 3 月結婚,甲乙依法約定分別財產制為其夫妻財產制。下列敘述,何者正確? (B)
   (A) 甲乙就其婚後財產,互負報告之義務
   (B) 甲乙各自保有其財產之所有權
   (C) 甲乙之債務,應由甲乙共同清償
   (D) 家庭生活費用由甲負擔,甲得請求乙為相當之負擔【99年普】

第五節　離婚

第一千零五十條（兩願離婚之方式）

1. 兩願離婚時，通常應以書面為之，並有二人以上之證人簽名，然後向那一個機關為離婚之登記？
   (A) 地政機關　(B) 警察機關　(C) 稅務機關　(D) 戶政機關
   【90年特】　(D)

第一千零五十二條（判決離婚之事由）

1. 夫妻本有同居之義務，倘甲男乙女結婚之後，甲無正當之理由，一直不願與乙履行同居之義務，此時乙可以何種理由請求法院裁判離婚？
   (A) 甲與人通姦　(B) 重婚　(C) 惡意遺棄　(D) 生死不明【90年特】　(C)

2. 下列何者並非為裁判離婚之列舉原因？
   (A) 有不治之惡疾者　(B) 重婚　(C) 與人通姦者
   (D) 被處一年以上，三年以下之徒刑　　　　【88年特】　(D)

第一千零五十三條（判決離婚請求權之消滅）

1. 甲乙為夫妻，夫甲與丙通姦，乙如欲以通姦為由，訴請離婚，應自知悉後多久間內提起訴訟？
   (A) 二年內　(B) 一年內　(C) 六個月內　(D) 無限制　【89年特】　(C)

第一千零五十五條（判決離婚未成年子女之監護）

1. 離婚後子女之監護，不論兩願離婚或是裁判離婚，對於未成年子女權利義務之行使或負擔，可以由協議定之，倘無協議或是協議不成時：
   (A) 由法院依職權酌定之　(B) 由夫擔任　(C) 由妻擔任
   (D) 由公設監護人擔任　　　　　　　　　　【90年特】　(A)

2. 關於子女之監護，下列敘述，何者錯誤？　　　　　　　　　　　　(A)
   (A) 夫妻離婚者，對於未成年子女權利義務之行使或負擔，原則上由夫任之
   (B) 夫妻未為協議或協議不成者，法院得依夫妻之一方、主管機關、社會福利機構或其他利害關係人之請求或依職權酌定之
   (C) 協議不利於子女者，法院得依主管機關、社會福利機構或其他利害關係人之請求或依職權為子女之利益改定之
   (D) 行使、負擔權利義務之一方未盡保護教養之義務或對未成年子女有不利之情事者，他方、未成年子女、主管機關、社會福利機構或其他利害關係人得為子女之利益，請求法院改定之
   【104 年普】

第一千零五十六條（損害賠償）

1. 下列有關夫妻離婚後所生身分及財產上效力之說明，何者正確？　(D)
   (A) 夫妻離婚後，其子女對未享有親權之父母一方，喪失原本享有之法定繼承權
   (B) 夫妻離婚後，未享有親權之父母一方與其子女間，互相不負扶養之義務
   (C) 兩願離婚之場合，關於子女之親權，由夫任之
   (D) 夫妻無過失之一方，因判決離婚而限於生活困難者，他方縱無過失，亦應給予贍養費
   【106 年普】

第一千零五十八條（財產之取回）

1. 關於離婚之敘述，下列何者錯誤？　　　　　　　　　　　　　　(D)
   (A) 兩願離婚，雙方當事人須以書面為之
   (B) 兩願離婚時，不得請求贍養費及損害賠償
   (C) 判決離婚時，因判決離婚而受有損害者，得向有過失之他方請求損害賠償
   (D) 離婚時，採分別財產制者，各自取回其結婚時之財產

第四篇　民法概要

【100 年普】

第三章　父母子女

第一千零五十九條（子女之姓）

1. 趙男與錢女結婚，婚後產下一子登記姓名為趙大富。下列敘述何者錯誤？　　(C)
   (A) 趙大富未成年前，得由父母以書面約定變更為錢大富
   (B) 嗣後趙男與錢女離婚，法院得依錢女之請求，為子女之利益，宣告變更趙大富為錢大富
   (C) 趙大富 20 歲後，經父母同意得申請變更姓氏為錢大富
   (D) 已成年子女姓氏的變更其次數以一次為限　　【102 年普】

2. 依我國民法之規定，下列關於子女姓氏之敘述，何者錯誤？　　(D)
   (A) 父母於子女出生登記前，應以書面約定子女從父姓或母姓。未約定或約定不成者，於戶政事務所抽籤決定之
   (B) 子女經出生登記後，於未成年前，得由父母以書面約定變更為父姓或母姓
   (C) 子女已成年者，得變更為父姓或母姓
   (D) 非婚生子女從母姓。經生父認領者，從父姓　　【108 年普】

第一千零六十二條（債權人不依限申報之效果）

1. 甲男乙女為夫妻，乙生下孩子丙。下列關於受胎期間之推定何者錯誤？　　(A)
   (A) 甲乙於民國 100 年 2 月 1 日結婚，丙於同年 7 月 1 日出生，丙為甲乙在婚姻關係存續中所生的孩子，丙推定為甲乙的婚生子女
   (B) 甲乙於民國 100 年 2 月 1 日結婚，丙於同年 12 月 1 日出生，丙為甲乙在婚姻關係存續中所生的孩子，丙推定為甲乙

的婚生子女

(C) 甲乙於民國 100 年 3 月 1 日離婚，丙於同年 7 月 1 日出生，丙雖非甲乙在婚姻關係存續中所生的孩子，但丙推定為甲乙的婚生子女

(D) 甲乙於民國 100 年 3 月 1 日離婚，丙於同年 11 月 1 日出生，丙雖非甲乙在婚姻關係存續中所生的孩子，但丙推定為甲乙的婚生子女 【102 年普】

第一千零六十三條（婚生子女之推定及否認）

1. 隱瞞已婚之乙女與甲同居數年後，某日生下丙隨即離甲而去，甲獨力扶養丙，俟丙 19 歲生日，甲對丙告知其生母為乙，當日丙因思母心切隨即趕赴乙家要求相認，相認時刻被乙女丈夫丁撞見，一切東窗事發，乙丁大吵。過了 2 年後，上述相關人等決心為此事作一了結。試問此刻以下何人有資格提起婚生否認之訴？
   (A) 甲　(B) 乙　(C) 丙　(D) 丁 【105 年普】 (C)

2. 甲男與乙女結婚後，乙女與丙男發生婚外情，並生下丁。下列敘述，何者錯誤？
   (A) 丁係在甲與乙婚姻關係存續中受胎，推定為甲乙之婚生子女
   (B) 甲自知悉丁非其婚生子女時起二年內，得對丁提起否認之訴
   (C) 丙得以甲與丁為被告，提起否認甲與丁間具有親子關係之訴
   (D) 丁與乙之關係，視為婚生子女，乙無須出面從事認領之動作 【113 年普】 (C)

第一千零六十四條（準正）

1. 非婚生子女與其生父可以經下列何種程序，發生父子關係，並視為婚生子女？
   (A) 準正或收養　(B) 準正或認領　(C) 收養或認領
   (D) 認領或扶養 【88 年特】 (B)

2. 民法關於非婚生子女之規定，下列何者錯誤？（第 1064、 (A)

1065、1066 條）
(A) 如有受推定為婚生子女情形，夫妻之一方或子女能證明子女非為婚生子女者，得提起認領之訴
(B) 非婚生子女，其生父與生母結婚者，視為婚生子女
(C) 非婚生子女經生父認領者，視為婚生子女
(D) 非婚生子女或其生母，對於生父之認領，得否認之 【110 年普】

第一千零六十五條（非婚生子女認領）

1. 下列行為，何者無庸作成書面？ (D)
   (A) 人事保證　(B) 兩願離婚　(C) 夫妻財產制契約　(D) 認領
   【92 年特】

2. 生父承認其與非婚生子女有父子（女）關係之意思表示，稱之為： (B)
   (A) 收養　(B) 認領　(C) 準正　(D) 扶養 【90 年特】

3. 下列何者得為被繼承人親屬中之法定繼承人？
   (A) 被繼承人兄弟之配偶　(B) 被繼承人父親之兄弟
   (C) 被繼承人母親之兄弟之配偶
   (D) 被繼承人所認領之非婚生子女 【111 年普】

第一千零六十六條（認領之否認）

1. 依我國民法之規定，當胎兒為繼承人時，他繼承人如未保留胎兒之應繼分而分割遺產者，其分割行為之效力如何？ (B)
   (A) 有效　(B) 無效　(C) 得撤銷　(D) 效力未定　【105 年普】

第一千零六十七條（認領之請求）

1. 甲男與乙女未結婚，但生下丙。下列敘述何者正確？ (C)
   (A) 乙女必須認領丙，丙才視為乙之婚生子女
   (B) 縱使甲與乙嗣後結婚，丙仍是非婚生子女
   (C) 甲死後，丙得向甲之繼承人提起認領之訴

(D) 甲認領丙後，無論如何絕對不得撤銷認領　　　　【102年普】

第一千零七十三條（收養與被收養者年齡之差距）

1. 關於身分法上年齡規定之敘述，下列何者錯誤？　　　(C)
   (A) 訂定婚約之年齡，男女各為17歲及15歲
   (B) 結婚之年齡，男女各為18歲及16歲
   (C) 收養者之年齡應長於被收養者20歲以上，但夫妻之一方收養他方之子女時，應長於被收養者18歲以上
   (D) 滿16歲以上即具有訂立遺囑之能力而無須得其法定代理人之同意　　　　　　　　　　　　　　　　　　　　【98年普】

2. 關於收養之敘述，下列何者錯誤？　　　　　　　　　(A)
   (A) 限於未成年人，方得被收養
   (B) 養父母死亡後，養子女得聲請法院許可終止收養
   (C) 夫妻應共同收養子女
   (D) 養子女從收養者之姓或維持原來之姓　　　　　【100年普】

第一千零七十六條（被收養人配偶之同意）

1. 關於收養子女，下列敘述，何者錯誤？　　　　　　　(B)
   (A) 收養子女應輩分相當
   (B) 被收養人已結婚者，其出養之意思，自己決定，不必得配偶之同意
   (C) 除夫妻共同收養外，1人不能同時為2人之養子女
   (D) 收養子女，除訂立收養契約外，應經法院之認可　【99年普】

第一千零七十七條（收養之效力—養父母子女之關係）

1. 甲與乙共育有一男（丙）二女（丁、戊），另收養己為養女，甲先死亡留有遺產一百萬元，問其繼承人各得多少遺產？　(A)
   (A) 各二十萬元　(B) 乙五十萬元，其他繼承人共同平均分五十萬元
   (C) 乙、丙、丁、戊各分二十五萬元　(D) 乙及丙各得五十萬元

【89年特】

第一千零七十九條（收養行為之方式）

1. 下列何者非收養的實質要件？ (B)
   (A) 有配偶者被收養時應得配偶的同意
   (B) 應聲請法院認可
   (C) 當事人間須有收養的合意
   (D) 收養者的年齡應長於被收養者二十歲以上 【92年特】
   （註：「聲請法院認可」是「程序要件」）

2. 下列何種法律行為屬法定書面要式行為？ (B)
   (A) 動產所有權之拋棄 (B) 子女之收養 (C) 贈與契約
   (D) 演藝經紀契約 【110年普】

第一千零八十七條（子女之特有財產）

1. 未成年子女，因繼承、贈與或其他無償取得之財產，性質上屬於其： (B)
   (A) 原有財產 (B) 特有財產 (C) 法定代理人之原有財產
   (D) 法定代理人之特有財產 【88年普】

第一千零八十八條（子女特有財產管理權）

1. 年甫16歲之乙受第三人甲贈與房屋一間，乙之父母丙、丁均健在。下列敘述，何者正確？ (C)
   (A) 丙、丁各得單獨管理該房屋
   (B) 非得乙之同意，丙、丁不得使用該房屋
   (C) 丙、丁得共同將該房屋出租收取租金
   (D) 丙為清償自身之債務，得將該房屋出售並移轉所有權
   【104年普】

第一千零八十九條（父母對於子女權義之行使及負擔）

1. 父母對於未成年子女重大事項權利之行使意思不一致時，得請求下列那一個機構依子女之最佳利益來決定？
   (A) 縣（市）政府　(B) 法院　(C) 家扶中心
   (D) 社會福利機構　　　　　　　　　　　　【88年特】

(B)

第四章　監護

第一節　未成年人之監護

第一千零九十四條（法定監護人）

1. 下列何者非民法所規定的法定監護人？
   (A) 與未成年人同居之祖父母　(B) 與未成年人同居之兄姊
   (C) 不與未成年同居之祖父母　(D) 家長　　　【92年特】

(D)

第一千一百零一條（監護人對受監護人財產使用處分之限制）

1. 監護人對於受監護人之財產得為如何之行為？
   (A) 得為受監護人之利益，使用收益，但不得處分
   (B) 得為受監護人之利益，使用收益，亦得為一切處分行為
   (C) 得為受監護人之利益，使用收益，但不得處分不動產
   (D) 得為受監護人之利益，使用收益，但不動產之處分，應得親屬會議之同意　　　　　　　　　　　　【89年特】

(D)

第五章　扶養

第一千一百一十四條（互負扶養義務之親屬）

1. 下列何者為不得讓與之債權？

(A)

(A) 父母對於子女的扶養請求權　(B) 違約金請求權
(C) 保險金請求權　(D) 損害賠償請求權　　　【96年普】

2. 下列親屬若未同居一處，何者不互負扶養義務？　　　　　　　(D)
(A) 父母子女間　(B) 夫妻之間　(C) 兄弟姊妹相互間
(D) 直系姻親相互間　　　　　　　　　　　　【100年普】

第一千一百一十五條（扶養義務人之順序）

1. 親屬間互負扶養之義務，負扶養義務者有數人時，其順序為：　(C)
(A) 直系血親尊親屬、兄弟姊妹、直系血親卑親屬
(B) 直系血親卑親屬、兄弟姊妹、直系血親尊親屬
(C) 直系血親卑親屬、直系血親尊親屬、家長
(D) 家長、直系血親卑親屬、直系血親尊親屬　　【88年普】

第一千一百一十七條

1. 關於遺產分割的敘述，下列何者正確？　　　　　　　　　　　(D)
(A) 繼承人於服喪三年後得隨時請求分割遺產
(B) 遺囑禁止遺產之分割者，其禁止之效力以二十年為限
(C) 遺產分割後，各繼承人按其所得部分，對於他繼承人因分割而得之債權，就應清償時債務人之支付能力，負擔保之責
(D) 繼承人之連帶責任，自遺產分割時起，如債權清償期在遺產分割後者，自清償期屆滿時起，經過五年而免除【110年普】

第六章　家

第一千一百二十二條（家之定義）

1. 以永久共同生活為目的而同居之親屬團體，稱為：　　　　　　(A)
(A) 家　(B) 親屬會議　(C) 配偶　(D) 親子　　【89年普】

第七章　親屬會議

第一千一百三十二條（親屬會議會員之指定）

1. 有關親屬會議之陳述，何者為不正確？ (D)
   (A) 親屬會議以會員五人組織之
   (B) 監護人不得為親屬會議會員
   (C) 依法應為親屬會議會員之人，非有正當理由，不得辭其職務
   (D) 親屬會議之親屬不足法定人數時，家長應就其不足額加以選定　　　　【89年普】

伍　繼承編

第一章　遺產繼承人

第一千一百三十八條（法定繼承人及其順序）

1. 下列之人：①直系血親卑親屬　②祖父母　③兄弟姊妹　④父母；其正確之法定遺產繼承順序為何？　(A)
   (A)①④③②　(B)①④②③　(C)④①②③　(D)④③①②
   【100年普】

2. 某富婆在其遺囑中載明將遺產全部留給自己之愛狗繼承。依我國法律規定，狗可否取得該遺產？　(B)
   (A)可以　(B)不可以　(C)由繼承人決定　(D)由法院決定
   【104年普】

3. 甲有子女乙丙二人，乙與丁結婚後育有一女戊，丙收養一女己；然乙卻因工時過長，過勞而亡。甲於乙死亡後兩年亦病逝。有關甲遺產之繼承，下列敘述何者正確？　(B)
   (A)戊、己得以代位繼承　(B)丙、戊為甲的遺產繼承人
   (C)丙、戊、己為甲的遺產繼承人
   (D)丙、丁、戊、己均為甲的遺產繼承人
   【107年普】

4. 甲、乙婚後生育有子女丙、丁、戊。戊與己結婚生育有子女庚、辛後，不幸早於其父母去世。就甲高齡過世後遺下之財產，下列法定繼承人之應繼分比例，何者正確？（第1138、1140、1144條）　(D)
   (A)乙二分之一、丙四分之一、丁四分之一
   (B)乙三分之一、丙三分之一、丁三分之一
   (C)乙四分之一、丙四分之一、丁四分之一、己四分之一
   (D)乙四分之一、丙四分之一、丁四分之一、庚八分之一、辛八

分之一 【108年普】

5. 甲乙為夫妻，育有一子丙，並共同收養丁為養子。某日甲因交通意外去世，未留有遺囑，請問依我國民法的規定，下列敘述，何者錯誤？（第1138、1144、1151、1153條） (C)
   (A) 乙、丙、丁三人得以繼承
   (B) 乙、丙、丁三人之應繼分各為三分之一
   (C) 在分割遺產前，乙、丙、丁三人對於遺產全部按其應繼分為分別共有
   (D) 繼承人對於甲之債務，以因繼承所得遺產為限，負清償責任
   【108年普】

6. 甲早年父母雙亡，僅有一兄長乙，甲與配偶離異後獨自養育一子丙。某日甲死亡，於丙拋棄繼承前，乙亦不幸意外死亡，留下乙之配偶丁。下列何者錯誤？ (C)
   (A) 甲之遺產繼承人順序，丙優先於乙
   (B) 配偶丁與乙有相互繼承遺產之權
   (C) 就甲之遺產，既然丙已拋棄繼承，應由次順序之乙繼承，雖然乙早於丙拋棄繼承前死亡，仍應由丁繼承乙所繼承自甲之遺產
   (D) 拋棄繼承權，應於知悉其得繼承之時起三個月內，以書面向法院為之
   【110年普】

7. 甲與乙結婚，生有三個女兒丙、丁、戊。丙因未婚生有二子庚及辛，曾與其母乙發生重大爭吵及言語侮辱情事，而遭甲表示剝奪其繼承權。丁則於甲生前即已向甲表示，當甲百年後將拋棄繼承權。設甲死亡時留有遺產現金600萬元，並未立有遺囑。問：甲之遺產依法應如何分配？ (A)
   (A) 乙、丙、丁、戊各150萬元
   (B) 乙、戊各200萬元，庚、辛各100萬元
   (C) 乙、丁、戊各150萬元，庚、辛各75萬元
   (D) 乙、戊各300萬元
   【111年普】

第一千一百四十條（代位繼承）

1. 甲之配偶早亡，有乙丙丁 3 名子女，其中乙與 A 結婚，有兩子 X 及 Y，丙丁則尚未結婚，甲有財產 3,000 萬元。以下敘述何者錯誤？　　(C)
   (A) 甲死亡時，其子丙已先死亡時，則甲之遺產由乙丁繼承
   (B) 甲死亡後，其子乙因悲傷過度亦於 1 個月後死亡，則甲之 3000 萬元遺產，由丙、丁各繼承 1000 萬元，剩餘 1000 萬元由 A 及 X、Y 共同繼承
   (C) 甲死亡前，其子乙已先死亡寺，則甲之 3000 萬元遺產，由丙、丁各繼承 1000 萬元，剩餘 1000 萬元由 A 及 X、Y 共同繼承
   (D) 甲得以遺囑胯處分其財產，但不得侵害繼承人之特留分
   【99 年普】

2. 某甲與乙小姐結婚，育有子丙與丁。丙與戊小姐結婚，但丙英年早逝，遺下子女 A、B。丁與己先生結婚，膝下僅有女 C。後甲死亡，遺產共計 1200 萬元整，請問下列何者為真？　　(C)
   (A) 乙小姐應可分配 1000 萬元之遺產
   (B) 丁小姐應可分得 300 萬元遺產
   (C) A 分得 200 萬元之遺產
   (D) C 分得 200 萬元之遺產
   【96 年普】

3. 以下何者為真？　　(C)
   (A) 被繼承人死亡時，繼承人尚生存，始有繼承權，此為同時繼承原則
   (B) 繼承人應於知悉其得繼承之時起 6 個月內通知法院為拋棄繼承之意思表示
   (C) 二人如同時死亡，其相互間並無繼承權
   (D) 未出生之胎兒無法享有繼承權，也就是繼承人為遺腹子，無法分配遺產
   【96 年普】

第一千一百四十四條（配偶之應繼分）

1. 配偶與被繼承人之父母同為繼承時，配偶之應繼分為遺產多少？
   (A) 與被繼承人之父母平均繼承　(B) 遺產二分之一
   (C) 遺產全部　(D) 遺產三分之二　　　　　　　　【97 年普】　(B)

2. 甲上有父 A 母 B 及哥哥 C，下有兒 D 女 E，妻子 F 因不堪甲終日酗酒，離家不歸，甲酗酒暴斃後，遺留遺產共新台幣 150 萬元。問：下列敘述何者正確？
   (A) F 可得遺產新台幣 50 萬元　(B) D 可得遺產新台幣 75 萬元
   (C) A 可得遺產新台幣 30 萬元　(D) C 可得遺產新台幣 20 萬元
   【97 年普】　(A)

3. 甲與乙結婚，並無子女，甲死亡時，甲之父母丙、丁尚健在；設甲遺有財產新臺幣 1200 萬元，並無任何債務。請問如何繼承？
   (A) 乙得新臺幣 600 萬元，丙、丁各得新臺幣 300 萬元
   (B) 乙得新臺幣 800 萬元，丙、丁各得新臺幣 200 萬元
   (C) 乙得新臺幣 1200 萬元，丙、丁各得新臺幣 0 元
   (D) 乙、丙、丁各得新臺幣 400 萬元　　　　　　【102 年普】　(A)

4. 甲、乙約定為共同財產制為其夫妻財產制，其後甲死亡，繼承人為乙及生女丙，經查甲、乙之共同財產共價值新臺幣 100 萬元，乙得分得金額為：
   (A) 新臺幣 75 萬元　(B) 新臺幣 50 萬元
   (C) 新臺幣 100 萬元　(D) 新臺幣 25 萬元　　　　【103 年普】　(A)

5. 甲男乙女婚姻關係存續中生女丙。嗣後甲乙離婚，甲男另與戊結婚，並由戊收養未成年之丙。丙成年後與丁男結婚但尚無子女，某日丙女因故死亡。問丙之遺產應如何繼承？
   (A) 由甲、乙、丁共同繼承，每人之應繼分為三分之一
   (B) 由甲、乙、丁共同繼承，惟丁之應繼分為二分之一
   (C) 由甲、戊、丁共同繼承，每人之應繼分為三分之一
   (D) 由甲、戊、丁共同繼承，惟丁之應繼分為二分之一【103 年普】　(D)

6. 甲早年喪偶，育有子女三人乙、丙、丁，嗣後與戊女結婚，並生有二子女 A、B，戊女與前夫育有二女 C、D。關於這家人將來的繼承關係，下列敘述何者正確？　　　　　　　　　　(B)
   (A) 若甲死亡，甲的遺產由乙、丙、丁、戊及 A、B、C、D 共同繼承
   (B) 若戊死亡，戊的遺產由甲和 A、B、C、D 共同繼承
   (C) 若乙未婚，因意外事故死亡，乙的遺產由甲、戊共同繼承
   (D) 若戊與 C 出遊，二人因意外事故死亡，C 未婚，C 的遺產由甲與 D 共同繼承　　　　　　　　　　　　　【102 年普】

7. 甲、乙夫婦因重大車禍入院，夫甲於入院當日死亡、妻乙於次日死亡。甲有弟一人丙、乙有母丁及妹一人戊。甲之遺產總額為 720 萬元時，丙、丁、戊三人如何分配？　　　　　　　(C)
   (A) 丙 240 萬元、丁 240 萬元、戊 240 萬元
   (B) 丙 240 萬元、丁 300 萬元、戊 180 萬元
   (C) 丙 360 萬元、丁 360 萬元、戊 0 元
   (D) 丙 360 萬元、丁 180 萬元、戊 180 萬元　　【104 年普】

8. 甲、乙為夫妻，並無子女。丙、丁為甲之父母。甲死亡時留有 350 萬元之現金及對丙有 50 萬元之債權。試問，於遺產分割時，丙可以分得多少遺產？　　　　　　　　　　(A)
   (A) 50 萬元　(B) 100 萬元　(C) 200 萬元　(D) 350 萬元　【109 年普】

9. 甲乙夫妻婚後育有一子丙，三人與甲寡居之母親丁同住。甲乙兩人因感情不睦，故協議離婚，惟某日前往辦理離婚登記途中，甲不幸發生事故身亡。甲生前曾預立有效遺囑一份，記載將來所有遺產均由獨子丙繼承。甲身後遺有現金 600 萬元。若繼承人主張特留分扣減權時，甲之遺產應如何分配？（第 1144、1223 條）　(B)
   (A) 乙繼承 300 萬元，丙繼承 300 萬元
   (B) 乙繼承 150 萬元，丙繼承 450 萬元
   (C) 乙繼承 200 萬元，丁繼承 200 萬元，丙繼承 200 萬元
   (D) 乙繼承 100 萬元，丁繼承 100 萬元，丙繼承 400 萬元

【109 年普】

10. 關於遺產繼承之敘述，下列何者錯誤？　(C)
   (A) 非婚生子女非經生父認領或準正，不得繼承其生父之遺產
   (B) 遺產繼承人，除配偶外，其繼承順序為直系血親卑親屬、父母、兄弟姊妹、祖父母
   (C) 配偶與被繼承人直系血親尊親屬同為繼承時，其應繼分為遺產之三分之一
   (D) 特留分之規定，係為保障法定繼承人之權利免受侵害

【112 年普】

11. 甲男與乙女結婚後，並無任何子女。嗣後，甲男死亡，繼承人為乙與甲之父母丙丁。關於乙女之應繼分，下列敘述，何者正確？　(B)
   (A) 乙與丙丁平均繼承，各三分之一
   (B) 乙女之應繼分為遺產之二分之一
   (C) 乙女之應繼分為遺產之三分之二
   (D) 乙女之應繼分為遺產之四分之三

【113 年普】

第一千一百四十五條（繼承權喪失之事由）

1. 甲乙為夫妻育有二女丙與丁，甲為傳香火認識已婚之戊女，同居一年後生下己男，甲把己接回家中同住將其養育成人，但丙與己相處極為不睦，丙亦曾對己口出穢言且被判刑確定，某日丙與己再起爭執，己一時失手將丙刺成重傷，丁見狀，起身亦把己刺成重傷，丁與己嗣後雙雙被判重刑確定，乙為此人倫悲劇在眾人前以不堪字眼侮辱甲，甲亦默默承受，但隔日即因傷心過度辭世。試問本案中，何人對甲無繼承權？　(D)
   (A) 乙　(B) 丙　(C) 丁　(D) 己

【105 年普】

2. 甲未婚生有乙、丙、丁三子，某日甲因細故與乙口角，乙遂憤而毆打甲成傷，當時丙雖在場，然畏懼乙身強體壯，並未勸阻。甲心灰意冷，當場表示自己百年後，乙不得繼承其財產；事後更逢人便訴說丙也不孝，未挺身護甲。丙得知此事甚為憤怒，認為自　(D)

己僅求自保並沒有錯，遂在某日憤而持刀殺甲，經丁阻止而未得逞，但日後仍經法院判決殺人未遂而受刑之宣告確定。不久甲因年老體衰而去世，請問下列敘述，何者正確？
(A) 甲僅表示乙不得繼承其財產，未表示丙不得繼承，故丙仍可繼承其財產
(B) 甲雖表示乙不得繼承其財產，但並未追訴乙之傷害罪，乙既未受刑之宣告，故乙仍得繼承甲的財產
(C) 甲若宥恕丙之行為，則乙、丙、丁三人可以一起繼承甲的財產
(D) 僅有丁可以繼承甲的財產　　　　　　　　【108 年普】

3. 關於喪失繼承權情事的敘述，下列何者正確？　　　(A)
(A) 故意致被繼承人或應繼承人於死，或雖未致死因而受刑之宣告者
(B) 以詐欺或脅迫使被繼承人為關於繼承之遺囑，或使其撤回或變更之，因而受刑之宣告者
(C) 以詐欺或脅迫妨害被繼承人為關於繼承之遺囑，或妨害其撤回或變更之，因而受刑之宣告者
(D) 偽造、變造、隱匿或湮滅被繼承人關於繼承之遺囑，因而受刑之宣告，但經被繼承人宥恕者　　　【110 年普】

4. 關於回復喪失繼承權之敘述，下列何者錯誤？　　　(A)
(A) 子女為了遺產而謀殺父親，即喪失對父親之繼承權，因被繼承人原諒繼承人之行為而回復繼承權
(B) 偽造、變造、隱匿、湮滅被繼承人關於繼承之遺囑者，喪失繼承權，得因被繼承人原諒繼承人之行為而回復其繼承權
(C) 對於被繼承人有重大之虐待或侮辱情事，經被繼承人表示其不得繼承時，喪失繼承權，但之後仍可因獲得被繼承人之原諒而回復繼承權
(D) 以詐欺或脅迫妨害被繼承人為關於繼承之遺囑，或妨害其撤回或變更者，喪失繼承權，得因被繼承人原諒繼承人之行為而回復其繼承權　　　【112 年普】

第一千一百四十六條（繼承回復請求權）

1. 下列何者為繼承回復請求權行使之期間？　　　　　　　　　　(A)
   (A) 自繼承權被侵害之人知悉被侵害時起 2 年內行使之
   (B) 自繼承權被侵害之人未知悉侵害之事實者，繼承開始時起算 5 年
   (C) 自繼承權被侵害之人被侵害時起 1 年內行使之
   (D) 自繼承權被侵害之人未知悉侵害之事實者，繼承開始時起算 3 年
   【96 年普】

第二章　遺產之繼承

第一節　效力

第一千一百四十七條（繼承之開始）

1. 甲死亡時，遺有子女乙、丙二人為繼承人，及房屋一棟。下列敘述何者正確？　　　　　　　　　　　　　　　　　　　　　(C)
   (A) 甲對房屋之所有權，並不因甲死亡，而發生所有權之移轉
   (B) 房屋為不動產，乙丙二人非經登記，無法取得房屋所有權
   (C) 乙丙二人縱使未辦理登記，仍然因繼承而取得房屋所有權
   (D) 乙丙二人縱使未辦理登記，仍因繼承而得處分房屋所有權
   【102 年普】

第一千一百四十八條（繼承之標的）

1. 甲死亡時遺留存款三百萬元以及債務五百萬元，無配偶，有子乙與孫丙各一人。下列敘述何者正確？　　　　　　　　　　　(C)
   (A) 若乙未依法辦理拋棄繼承，乙必須全部清償所繼承之五百萬元債務
   (B) 若乙拋棄繼承，丙亦同受拋棄效力所及，無須繼承

(C) 乙所繼承之債務，以因繼承所得遺產為限，負連帶責任

(D) 乙欲拋棄繼承，應於知悉其得繼承之時起三個月內，以書面向甲之債權人與債務人為之　　　　　　　　【100年普】

第一千一百四十八條之一（財產贈與視同所得遺產之計算期限）

1. 繼承人在繼承開始前幾年內，從被繼承人受有財產之贈與者，該財產視為其所得遺產？　　　　(C)

   (A) 半年內　(B) 1年內　(C) 2年內　(D) 3年內　　【103年普】

2. 關於繼承之效力，下列敘述何者錯誤？　　(D)

   (A) 繼承人對於被繼承人之債務，以因繼承所得遺產為限，負清償責任

   (B) 繼承，因被繼承人死亡而開始

   (C) 繼承人有數人時，在分割遺產前，各繼承人對於遺產全部為公同共有

   (D) 繼承人從被繼承人生前所受贈之全部財產，視為其所得遺產
   【106年普】

第一千一百五十一條（遺產之公同共有）

1. 甲死亡留有總計5000萬元之現金存款，但同時積欠銀行7000萬元債務未清償，其妻早已死亡，子女有乙丙丁戊4人。以下敘述何者正確？　　(D)

   (A) 在一般情形，因為遺產不足清償債務，不足之2000萬元應由乙丙丁戊4人平均分攤

   (B) 乙如欲拋棄繼承，應於知悉繼承之時起2個月內，以書面向法院為之

   (C) 乙拋棄繼承時，其應繼承之遺產歸國家所有

   (D) 分割遺產之前，各繼承人對遺產全部為公同共有　【99年普】

2. 繼承人有數人時，在分割遺產前，各繼承人對於遺產之所有型態為：　　(D)

(A) 按其應有部分各自擁有單獨所有權
(B) 按應繼分比例分別共有遺產
(C) 按應有部分比例分別共有遺產
(D) 公同共有遺產　　　　　　　　　　　　　　　　【98 年普】

第一千一百五十三條（各繼承人對於債務之連帶責任）

1. 甲死亡，由配偶乙繼承其遺產，乙對於甲所積欠丙之債務，應負何種責任？ (D)
   (A) 負無限清償責任　(B) 負部分清償責任
   (C) 不負責任　(D) 以因繼承所得遺產為限負清償責任【103 年普】

第一千一百五十四條（限定繼承之效果）

1. 下列有關限定繼承之敘述何者正確？ (C)
   (A) 繼承人有數人者，為限定繼承時，應全體共同為之
   (B) 為限定繼承者，得於償還債務前，對受遺贈人交付遺贈
   (C) 限定繼承人以因繼承所得之遺產，償還被繼承人之債務
   (D) 繼承人雖隱匿遺產情節重大，仍得為限定繼承　【97 年普】

2. 繼承人有數人，其中一人主張限定繼承時，效力如何？ (C)
   (A) 無效　(B) 僅該一人發生限定繼承之效力
   (C) 其他繼承人視為同為限定之繼承
   (D) 其他繼承人得視情況決定是否為限定之繼承　【95 年普】

第一千一百五十六條（限定繼承之方式）

1. 民法第 1156 條規定，繼承人如要主張限定繼承，應該在得知有繼承權當天起幾個月內，向法院呈報？ (C)
   (A) 1 個月　(B) 2 個月　(C) 3 個月　(D) 6 個月　　【97 年普】

2. 關於限定繼承之敘述，下列何者正確？ (B)
   (A) 限定繼承係指繼承人自繼承開始時，僅承受被繼承人財產上之權利，而不繼承其債務

(B) 繼承人縱未依法開具遺產清冊陳報法院，並不當然喪失限定繼承之利益
(C) 繼承人隱匿被繼承人之遺產而情節重大者，仍可主張限定繼承之利益
(D) 繼承人應先對受遺贈人交付遺贈，其次償還優先權之債務，再清償普通債務　　　　　　　　　　　　【111 年普】

第一千一百六十一條（繼承人之賠償責任及受害人之返還請求權）

1. 甲死亡時有遺族配偶乙，子女丙及丁，丙之子女戊。下列敘述何者最正確？　　　　　　　　　　　　　　　　　　　　　　(A)
   (A) 如繼承財產不足清償繼承債務，乙以其固有財產清償繼承債務後，不得向債權人主張不當得利返還請求權
   (B) 丙未表示是否繼承前即死亡，戊得於甲死亡後一年內，拋棄對甲之繼承
   (C) 即使丁於拋棄繼承時尚未成年，亦不得於事後撤銷拋棄之意思表示
   (D) 如丙已先於甲死亡，且丙於生前即表示拋棄繼承，則戊不得繼承甲之財產　　　　　　　　　　　　　　　　　　【101 年普】

第三節　遺產之分割

第一千一百六十五條（遺產分割之方法）

1. 下列何者非遺產分割之方法？（第 1164、1165 條）　　　　　(C)
   (A) 遺囑指定　(B) 法院裁判分割　(C) 家長分割
   (D) 繼承人協議　　　　　　　　　　　　　　　　　【97 年普】

2. 遺囑禁止遺產之分割者，其禁止之效力以多少年為限？　　　(B)
   (A) 五年　(B) 十年　(C) 十五年　(D) 二十年　【95 年普】

第一千一百六十六條（胎兒應繼分之保留）

1. 下列何者為錯誤？ (B)
   (A) 胎兒為繼承人時，非保留其應繼分，他繼承人不得分割遺產
   (B) 胎兒關於遺產之分割，以其父為代理人
   (C) 繼承人得隨時請求分割遺產。但法律另有規定或契約另有訂定者，不在此限
   (D) 遺產分割後，各繼承人按其所得部分，對他繼承人因分割所得之遺產，負與出賣人同一之擔保責任 【97年普】

2. 關於遺產之分割，下列敘述何者錯誤？ (B)
   (A) 被繼承人以遺囑禁止遺產分割者，其禁止效力以十年為限
   (B) 繼承人中有胎兒時，須俟胎兒出生後始得分割遺產
   (C) 遺產分割後，各繼承人按其所得部分對他繼承人負有與出賣人同一之擔保責任
   (D) 繼承人對已屆清償期之繼承債務之連帶責任，自遺產分割時起經五年而免除 【98年普】

第一千一百六十八條（各繼承人之相互擔保責任）

1. 下列有關遺產分割之敘述，何者正確？ (D)
   (A) 遺產分割後，各繼承人按其所得部分，對於他繼承人因分割而得之債權，就遺產分割時債務人之支付能力，不負擔保之責。
   (B) 遺產分割後，各繼承人按其所得部分，對於他繼承人因分割而得之債權，附有停止條件或未屆清償期者，各繼承人就應清償時債務人之支付能力，不負擔保之責。
   (C) 胎兒為繼承人時，在保留其特留分後，他繼承人即得分割遺產
   (D) 遺產分割後，各繼承人按其所得部分，對於他繼承人因分割而得之遺產，負與出賣人同一之擔保責任 【95年普】

第一千一百六十九條（各繼承人對於債務人支付能力之擔保責任）

1. 甲死亡後，其子女乙、丙二人為繼承人。甲留有房屋一棟市值新臺幣 500 萬元，且甲對丁有新臺幣 500 萬元債權，已屆清償期。遺產分割時，乙分得房屋，丙分得債權。乙對丁何時之支付能力應負擔保責任？　(A)
   (A) 乙就遺產分割時丁之支付能力負擔保之責
   (B) 乙就債務實際清償時丁之支付能力負擔保之責
   (C) 乙就清償期屆滿時丁之支付能力負擔保之責
   (D) 乙就甲死亡時丁之支付能力負擔保之責　【102 年普】

第一千一百七十一條（分割之效力—連帶債務之免除）

1. 下列有關遺產分割之敘述，何者錯誤？　(C)
   (A) 繼承人請求分割遺產之不動產，性質上為處分行為，依民法第 759 條規定，於未辦妥繼承登記前，不得為之
   (B) 被繼承人之遺囑，定有分割遺產之方法，或託他人代定者，從其所定
   (C) 繼承人對被繼承人已屆清償期之債務，自遺產分割時起，15 年內仍負連帶責任
   (D) 繼承人之一所分得之土地持分短少，得向其他繼承人請求賠償短少分配之同額價金　【106 年普】

第一千一百七十三條（由被繼承人受有贈與者之扣除）

1. 甲（被繼承人）生前對乙（繼承人）所為之何種贈與，於計算甲之應繼遺產時，係屬應歸扣之生前特種贈與？　(A)
   (A) 乙結婚時，甲贈與乙 100 萬元
   (B) 乙生日時，甲贈與乙 100 萬元
   (C) 乙生子時，甲贈與乙 100 萬元
   (D) 乙參加競賽奪冠，甲贈與乙 100 萬元　【99 年普】

2. 繼承人於繼承開始前已從被繼承人受有贈與而應予歸扣之財產，不包括下列何者？　　　　　　　　　　　　　　　　　(D)
   (A) 因結婚所為之贈與　　(B) 因分居所為之贈與
   (C) 因營業所為之贈與　　(D) 因扶養所為之贈與　　【98 年普】

3. 依我國民法第 1173 條有關歸扣之規定，下列何種被繼承人生前將財產贈與某特定繼承人，無須將該贈與價額，於遺產分割時，由該繼承人之應繼分中扣除？　　　　　　　　　　　　　　(B)
   (A) 因該特定繼承人結婚時之贈與
   (B) 因該特定繼承人重大災難生還時之贈與
   (C) 因該特定繼承人從家裡決定分居時之贈與
   (D) 因該特定繼承人決定經營事業時之贈與　　【111 年普】

第四節　繼承之拋棄

第一千一百七十四條（繼承權拋棄之方法）

1. 因他人拋棄繼承而應為繼承之人，為拋棄繼承時，應於知悉其得繼承之日起多久為之？　　　　　　　　　　　　　　(C)
   (A) 一個月　(B) 二個月　(C) 三個月　(D) 六個月　　【103 年普】

2. 關於拋棄繼承之敘述，下列何者錯誤？　　　　　　　　　(B)
   (A) 應於知悉其得繼承之時起三個月內，以書面向法院為之
   (B) 拋棄繼承後，應通知因其拋棄而應為繼承之人。未為通知者，不生拋棄繼承之效力
   (C) 配偶拋棄繼承權者，其應繼分歸屬於與其同為繼承之人
   (D) 繼承之拋棄，溯及於繼承開始時發生效力　　【112 年普】

3. 甲死亡後留有土地一筆，由其妻乙、兒子丙及女兒丁及戊繼承，因丙不想繼承該筆土地，故向法院以書面聲明拋棄繼承，並通知其他應繼承之人，戊知悉後，則向乙、丙、丁表明，其也要拋棄繼承，並拒絕繳納遺產稅及辦理繼承登記。下列敘述，何者正確？　　　　　　　　　　　　　　　　　　　　　　　(D)

(A) 丙收到法院寄發之「台端拋棄繼承，准予備查」的函件時，拋棄繼承才生效
(B) 丙拋棄繼承時，其子女可代位繼承
(C) 戊亦已經拋棄繼承，不得繼承土地所有權
(D) 甲之繼承人有乙、丁、戊等三人，應繼分均等　【113年普】

第一千一百七十五條（繼承拋棄之溯及效力）

1. 下列有關拋棄繼承之敘述，何者正確？　(A)
   (A) 與拋棄因繼承所取得之財產不同　(B) 得附條件
   (C) 得附期限　(D) 得為部分拋棄　【95年普】

2. 有關拋棄繼承之敘述，下列何者正確？　(D)
   (A) 向戶政機關為之　(B) 得以言詞或書面為之
   (C) 於被繼承人死亡之時起3個月內為之
   (D) 繼承之拋棄，溯及於繼承開始時發生效力　【105年普】

第一千一百七十六條（拋棄繼承權其應繼分之歸屬）

1. 甲已婚，未育有兒女。父母健在，兄常居國外，妹已出嫁。甲遭遇意外身亡，留有遺產400萬元，甲母拋棄繼承時，關於遺產之分配，下列敘述，何者正確？　(B)
   (A) 甲之配偶可以分配到250萬　(B) 甲父可以得到200萬遺產
   (C) 甲之兄、妹可代位繼承甲母繼承之部分，各得50萬元
   (D) 甲母拋棄之遺產由國家取得　【96年普】

2. 甲乙夫妻育有丙、丁二子及戊女。丙與己女結婚，婚後育有一子庚，戊女未婚生下一子辛。多年後甲死亡，而戊早於甲死亡，丙則拋棄繼承。設甲留有遺產900萬元，則甲之遺產應如何繼承？　(B)
   (A) 乙、丁、庚各繼承300萬元　(B) 乙、丁、辛各繼承300萬元
   (C) 乙、丁各繼承450萬元　(D) 乙、丁、庚、辛各繼承225萬元
   【109年普】

第五節　無人承認之繼承

第一千一百七十九條（遺產管理人之職務）

1. 繼承開始時，繼承人之有無不明者，由親屬會議於一個月內選定遺產管理人，並將繼承開始及選定遺產管理人之事由，向法院報明。關於遺產管理人之職務，以下敘述何者正確？ (D)
   - (A) 編製遺產清冊，並為保存遺產必要之處置。遺產清冊，管理人應於就職後六個月內編製之
   - (B) 聲請法院依公示催告程序，限定六個月以上之期間，公告被繼承人之債權人及受遺贈人，命其於該期間內報明債權及為願受遺贈與否之聲明，被繼承人之債權人及受遺贈人為管理人所已知者，應分別通知之
   - (C) 清償債權或交付遺贈物。惟遺贈物之交付，應先於債權之清償
   - (D) 有繼承人承認繼承或遺產歸屬國庫時，為遺產之移交

【103 年普】

第三章　遺囑

第一節　通則

第一千一百八十六條（遺囑能力）

1. 甲為 18 歲之人，未得法定代理人之允許，自書遺囑一份，寫明將所有財產全部捐給某公益團體。該遺囑之效力如何？ (C)
   - (A) 效力未定，因為未得法定代理人之允許
   - (B) 無效，因為未得法定代理人之允許
   - (C) 有效，因為無須法定代理人之允許
   - (D) 無效，因為內容違反特留分之規定

【104 年普】

2. 下列那種情形，甲所立的遺囑為有效？ (D)

(A) 甲 6 歲，經由其父母之代理而立之遺囑
(B) 甲 15 歲，預立遺囑後，得其父母之追認
(C) 甲 10 歲，但已得其父母之同意而立之遺囑
(D) 甲 17 歲，未得其父母之允許或承認而立之遺囑　【105 年普】

第一千一百八十七條（遺產之自由處分）

1. 有關遺囑之敘述，何者為不正確？　　　　　　　　　　　　　(A)
   (A) 以遺囑處分遺產，不得違反應繼分之規定
   (B) 遺囑應依法定方式為之　(C) 無行為能力人不得為遺囑
   (D) 未滿十六歲者，不得為遺囑　【89 年普】

第二節　方式

第一千一百八十九條（遺囑之方式）

1. 下列何者非遺囑之方式？　　　　　　　　　　　　　　　　　(D)
   (A) 自書遺囑　(B) 公證遺囑　(C) 密封遺囑　(D) 判決遺囑
   　　　　　　　　　　　　　　　　　　　　　　　　【90 年特】

第一千一百九十條（自書遺囑）

1. 下列何者非自書遺囑之要件？　　　　　　　　　　　　　　　(D)
   (A) 自書遺囑全文　(B) 記明年、月、日　(C) 親自簽名
   (D) 2 人以上之見證人簽名　　　　　　　　　　　　【97 年普】

2. 下列關於遺囑之敘述何者正確？　　　　　　　　　　　　　　(B)
   (A) 未滿 18 歲者不得為遺囑
   (B) 自書遺囑必須親筆自書，不得自行電腦打字列印後，親自簽名為之
   (C) 18 歲以上之人得為遺囑見證人
   (D) 口授遺囑，自遺囑人能依其他方式為遺囑之時起，經過二個月而失其效力　　　　　　　　　　　　　　　　　【100 年普】

第一千一百九十四條（代筆遺囑）

1. 依民法之規定，法定要式行為有使用文字之必要時，下述情形何者錯誤？　　　　　　　　　　　　　　　　　　　　　　　(C)
   (A) 不動產物權之移轉或設定，當事人得以蓋章代替簽名
   (B) 兩願離婚之協議書，夫妻雙方得以蓋章代替簽名
   (C) 在代筆遺囑之情形，遺囑人得以蓋章代替簽名
   (D) 應以書面方式訂立之人事保證契約，雙方得以蓋章代替簽名
   【106 年普】

第一千一百九十八條（遺囑見證人資格之限制）

1. 關於遺囑，下列敘述何者正確？　　　　　　　　　　　　　　(D)
   (A) 遺囑乃非要式行為　(B) 無行為能力人，僅得為公證遺囑
   (C) 代筆遺囑，應由遺囑人指定二人以上之見證人
   (D) 繼承人及其配偶或其直系血親，不得為遺囑見證人
   【106 年普】

第三節　效力

第一千一百九十九條（遺囑生效之時期）

1. 遺囑於何時生效？　　　　　　　　　　　　　　　　　　　　(A)
   (A) 遺囑人死亡時　(B) 遺囑人立遺囑時　(C) 繼承人死亡時
   (D) 繼承人喪失繼承權時　　　　　　　　　　　　　　【89 年普】

第一千二百條（附停止條件遺贈之生效期）

1. 遺囑所為之遺贈，附有停止條件者：　　　　　　　　　　　　(D)
   (A) 遺囑無效　(B) 條件無效　(C) 條件得撤銷
   (D) 條件成就時，遺贈發生效力　　　　　　　　　　　【89 年普】

2. 甲死亡時，遺有財產新臺幣 500 萬元。甲有子女乙、丙二人為其　(D)

法定繼承人，甲生前立有遺囑，載明若乙之兒子丁考上不動產經紀人，無償給與丁新臺幣 100 萬元。甲死亡時，丁尚未考上不動產經紀人。下列敘述何者正確？
(A) 遺囑於甲死亡時發生效力，丁取得新臺幣 100 萬元之所有權
(B) 遺囑於丁考上不動產經紀人時發生效力，丁取得新臺幣 100 萬元之所有權
(C) 遺囑於甲死亡時發生效力，丁取得請求給付新臺幣 100 萬元之債權
(D) 遺囑於丁考上不動產經紀人時發生效力，丁取得請求給付新臺幣 100 萬元之債權
【102 年普】

第一千二百零一條（遺贈之失效）

1. 被繼承人甲於生前立下遺囑。下列敘述何者取正確？ (A)
   (A) 甲遺囑中之受遺贈人於遺囑生效前死亡者，其遺贈無效
   (B) 甲得以遺囑禁止遺產之分割，但其禁止之效力以五年為限
   (C) 未滿十六歲之甲於經其法定代理人允許時，得立遺囑
   (D) 甲遺囑中之受遺贈人拋棄遺贈者，自為拋棄之意思表示時發生效力
   【101 年普】

第一千二百零六條（遺贈之拋棄及其效力）

1. 有關遺贈之敘述，何者為不正確？ (B)
   (A) 遺贈原則上自遺囑人死亡時，發生效力
   (B) 受遺贈人在遺囑人死亡前，得先拋棄遺贈
   (C) 遺贈之拋棄有溯及之效力
   (D) 遺贈附有義務者，受遺贈人以其所受利益為限，負履行之責
   【89 年普】

第六節　特留分

第一千二百二十三條（特留分之決定）

1. 兄弟姊妹的特留分為其應繼分之多少？ (C)
   (A) 二分之一　(B) 三分之二　(C) 三分之一　(D) 四分之一
   【92 年普】

2. 下列何種繼承人之繼承特留分，為其應繼分三分之一？ (D)
   (A) 直系血親卑親屬　(B) 父母　(C) 配偶　(D) 祖父母【100 年普】

3. 甲死亡後，其法定繼承人為其妻乙及兄丙、妹丁，計算法定繼承人特留分之基礎財產額為 480 萬元。丁之特留分金額為何？ (B)
   (A) 60 萬元　(B) 40 萬元　(C) 30 萬元　(D) 20 萬元【104 年普】

4. 民法關於特留分比例之規定，下列敘述，何者錯誤？ (C)
   (A) 直系血親卑親屬之特留分為其應繼分二分之一
   (B) 父母之特留分為其應繼分二分之一
   (C) 兄弟姊妹之特留分為其應繼分二分之一
   (D) 配偶之特留分為其應繼分二分之一
   【113 年普】

第一千二百二十五條（遺贈之扣減）

1. 甲有配偶乙及子丙，甲生前預立遺囑，內容表示死後要將全部財產遺贈給好友丁，嗣甲死亡時，全部遺產為新臺幣（下同）100 萬元，試問受遺贈人丁可得多少？ (C)
   (A) 100 萬元　(B) 75 萬元　(C) 50 萬元　(D) 20 萬元【103 年普】

第 5 篇
我如何考上不動產經紀人

公司 4 人應考，4 人皆一次考上不動產經紀人，錄取率 100％！

　　曾文龍教授您好，我是 101 年不動產經紀人台北考照班學員曾敏智，任職於遠建不動產中和店，經驗八年，專營高科技廠辦；首先報告戰績；本次公司同仁報名參加大日考照班共六人，其中五人報考不動產經紀人，十二月份共四人應考，今年二月份放榜結果四人全上，錄取率百分之百，而且四人全部一次就考取，在此僅將我個人考試的經歷分享給大家參考。

　　隨著現實環境的變遷，金融海嘯鋪天蓋地而來，各國政策急救手段強行措施，國內房市從急跌急凍到反彈翻漲，政策從額度到限貸令然後奢侈稅登場，忽然發覺做了許久的仲介業務，雖學習從不間斷，但終究都是不夠的；實務學的很多也很雜，法令規章還是必須要懂，重回校園不是我現在的考量範圍，於是乎國家考試中的「不動產經紀人」就成為自我挑戰的目標了。

　　許多年沒讀書，從四月份開始準備，本以為時間綽綽有餘，白天仍然正常執行業務，有課就上、有空再讀，就這麼一晃神，我已經像慢慢煮熟的青蛙了。因為有實務經驗，上課聽講大都聽得懂，也就沒多花時間再研讀，很快到了八月份；我發覺我錯了，聽懂不代表會，會也不一定陳述的出來，我拿出考古題開始認真作答，發現作答速度很慢而且答案並不肯定，不翻書本幾乎不知道該如何作答，在這個情形下我急了。感覺最近市場開始變熱，業務量增多了，白花花的銀子又再向我招手，在金錢的誘惑下，究竟多少人有能力抗拒呢？我知道該要抉擇的時候到了！

　　其實心裡非常掙扎，對於可以一次就考上，老實說我從沒想過，心裡的念頭就是「考個經驗」；剛開始沒當一回事，考期近了方知距離有多麼的遙遠，我知道依我的能力，魚與熊掌根本不可能兼得；繼續執行仲介

務，一定考不上，專心讀書，沒有把握會考上，這問題不是兩難，一看就知道，依照自己目前的情況，只有傻瓜才會選擇專心考試。但是，我決定當傻瓜，因為我不認為未來我還有這樣的心境與機會，跟老婆大人商量並且得到支持後，我辭去工作開始專心讀書；跟著大日的步伐學習，掌握重點深入理解並且重複練習；一定有超過100次以上的煎熬掙扎，覺得用一輩子也看不完的內容、寫申論寫到手抽筋、作夢夢到沒考上、工作也回不去了、妻離子散、由失志中年慢慢邁向失智老年，各位親愛的學員，這就是我親身面臨最大的考驗。

沒錯，我認為最大的挑戰來自於內在心性的考驗。考過我才知道，大日就像火車，目標清楚、時間明確、使命必達，何時到哪裡、該做什麼、怎麼做，學員就是乘客，搭上車、跟著步伐學就是了。同學間還有天才、鬼才、整理各科的私房密笈分享重點與學習心得，一起上課的同事與同學也都彼此支持打氣，並且互相漏氣求進步。班主任曾教授是我最大的心靈寄託了，他堅定的保證依照他的方法一定考上，並且要懺悔，聽久也被他洗腦，我完全相信曾教授說的：一定來的及，相信自己考得上，最後果然真的一次就考上了！

結論：
考上的原因很多，絕非單一條件滿足即可；

1. 盡量找志同道合的同事、親朋好友一起去上課，互相鼓勵，相互研討，才不至於自己一個人很容易熬不過時間與現實的壓力產生逃避甚或放棄。
2. 有課就要上，盡量不缺課，上課勤做筆記，並且錄音，我都錄在手機裡，睡前的時間，坐捷運的時間、等候的時間就拿起耳機聽，不懂的多聽幾遍，寫下問題問老師。
3. 市面上課程與教材、題庫太多太多了，我覺得配合大日的課程及教材，然後專心的學習就夠了，時間真的有限，貪多無用。

大日的師資真的棒，非常棒，民法老師的實例講解搭配法規非常清楚

明瞭，觀念與方向於是清晰了起來，你會很清楚怎麼亂搞會被抓去關啦！估價老師精心整理好的教材內容，我考完就知道一定會讓你拿到 80 分以上（最少哦！），再搭配最新實務的案例，在我工作中也產生莫大的幫助，土地法規與稅法考試範圍真的很大，有土地法、平均地權條例、土地徵收條例、非都市土地使用管制規則、區域計畫法、都市計畫法、土地稅法等，由曾教授與田老師講解，我只看曾教授新增修訂的法條重點以及田老師精心編訂的講義；然後是不動產經紀法規、施行細則、公平交易法、公寓大廈管理條例、消費者保護法，都由曾教授或相對實務的師資專門講解，精采可期。

　　在此深深感謝曾教授及大日團隊，也希望曾教授別太勞累了，真的謝謝您！

學員 曾敏智
2013.06.22

凡是努力
必有所得

2021.10.19
曾文龍

志不立、天下無可成之事
～僅以此文向最崇敬的曾文龍教授及大日團隊師長們致謝～

我是一個文字工作者，第一次聆聽曾文龍老師暢談投身房地產奧妙世界的傳奇故事，是在一場新書發表會的場合，曾老師挾其豐厚的學識基礎與實務經驗，無私與在場上百位讀者及媒體朋友分享房地產市場變化與未來趨勢分析，其精闢的觀點強烈吸引在場所有與會者的目光；我看著他專業論述精采發表，想到自己雖然十分熱愛閱讀，卻從未接觸過房地產方面的專業領域，當下決定要利用工作之餘先從研讀相關叢書開始，並為第二專長打基礎！

進入迷人的房地產世界

第一本書首選就是曾老師行銷三十年的暢銷書《誰來征服房地產》；接著一個月內我又陸續讀了《房地產的現在、過去、未來》及《不動產行銷學》，這些曾老師的迷人著作，讓我深覺如獲至寶！

有一天我請教他：「自己並非地政本科系，在大學主修外文，從未接觸過土地法規、民法、稅法及估價理論，這些科目對我來說簡直是天書！這樣的我，也能跟班上同學一起學習嗎？」「這些厚重的課本，我真的可以讀懂嗎？」沒想到曾老師輕鬆的笑著說：「先不要想這麼多，學生只要肯聽從本人傳授的方法跟策略，好好跟從教材裡的重點著手，一定可以通過國家證照考試，從此走路有風！」

力拼「一次考上、走路有風」的傳奇

「哇！走路有風耶！我也想要……」就這樣，我抱著求學問的精神，遂開始跟台北考照班同學一起踏入挑戰經紀人國家考試的旅程！並且在考前一年展開老老實實照表上課的生活！

讀書過程中自己其實是非常忙碌的，白天工作有許多企劃案要寫，腦容量幾乎已被每天所要交稿的文案給佔滿；儘管如此，我仍要求自己要做

到絕不缺課,以及謝絕應酬,重新過一次認真的學生生活,好好讀書去!只是這個生活模式,是必須在下班後排除萬難、挑燈夜戰去完成!

放榜當天,看到考試院佈告欄上書寫自己名字的那一刻,一種奇妙的真實感上身,曾老師所云:「舉重若輕」的堅持竟然驗證在自己身上?下決心的我真的「一次考上」了!

人唯患無志、有志無有不成者

《菜根譚》經典語錄說得極好:「矮板凳、且坐著;好光陰、莫錯過」,它讓我知道讀書和做學問都要坐得住、耐得住寂寞!曾老師送給學生勉勵的書籤上印著他常說的話:「昨日已死、明日未知、只有今日!」是的!我也深信,今日我付出的所有努力、定將成就未來那個我想要成為的「我」!

有為者亦若是

再次感謝啟蒙我的曾文龍老師,他風趣幽默、深入淺出的教學方式,幫助學生短時間能看懂厚厚的考試叢書,還學會申論題拿高分的關鍵技巧。

另外要感謝把稅法說得生動有趣的田德全老師,不論多晚或多忙,他總能在最快的時間內回覆學生作業問題,到考場給學生打氣更顯溫暖;教估價的游老師則讓理論與複雜的計算公式變得超級好記好懂,這真是「太神奇了」!

勤能補拙、別想走捷徑

以下是我的讀書方法,與有志報考國家考試的您參考:

1、考前趕快擬定讀書計畫,越早越好!
2、如果時間允許,考前半年每一科都要閱讀至少一遍,並依大日各科書籍之章節,配合現行法規做重點筆記。考前三個月則勤讀曾老師著作「不動產經紀人選擇題100分」至少五遍!非常重要、搶分必讀!
3、遇到問題馬上記錄下來,並當天發送 Mail 請教老師!

4、我把法條當「心經」來抄寫：
每天都要挪 2 小時寫考古題（晚上 10~12 點）或是練習抄寫法條；因為考試是一場比記憶和書寫能力的耐力賽；經過練習，答題技巧跟手寫能力都會與日倍增；白天工作很紛亂，利用晚上靜心書寫，也不失為一種修心的好方法。

5、進考場答題前要學會下小標～開頭就破題：
此為針對申論題的答題技巧，務必詳細看清楚題目，先在考卷空白處寫關鍵文字，正式答題時做到段落分明、標題清晰明白點出關鍵字句；字體筆觸工整很重要（Pilot 0.5 黑色水性筆展現字體之美，效果一極棒！）每題要掌握 20 分鐘內要能寫出一頁半的內容，這樣字美＋有料，閱卷老師看到心情好，想不給高分都難！

6、平常就要儲備作文能力、不可輕視或放棄：
雖然國文作文分數比例占較少，但總分若沒拿到 50 分以上，恐也會因為總平均少一分之差而落榜；由於國考很喜歡以「誠信」或「為人處世之道」等方面出題。我在寫作文時都會將台灣企業名人的奮鬥故事例舉在段落裡，讓整篇文章可以變得生動有味；茲建議較少練習作文的學弟妹們，不妨抽空閱讀大日出版「知識名人的成功秘笈」，他們的激勵故事對於作文加分極有助益！

7、每日健走幫助頭腦更清晰：
平日除依進度用功讀書外，適當的運動時間也要列入！我採用上下班時間各健走半小時的方式，這樣約可達到日行六千至萬步的目標，經年累月養此習慣，體力變好，氣色變美，白天也不易打瞌睡，寫申論時更是下筆如有神助！

每個人都有夢想、行走的路途或許遙遠，但人人皆可發揮駱駝的耐力持續向前；築夢踏實，從此刻開始「下決心」，那麼在夢想的彼岸，終有豐美甜果來迎接您、為您喝采！

有為者亦若是！祝福學弟妹們～榮登金榜！

台北　王穎珍
2013.04.30

我如何考上不動產經紀人？

　　我是台灣電視台的在職記者，平日必須一個人管理一個直轄市，大小事不斷，可想而知真的很忙碌。但因為被都更太久，才興起想系統性認識不動產，不願莫名其妙成為別人棋子的動機。

　　民國112年6月，因緣際會得知「台北商業大學平鎮校區」開設有《不動產估價師學分班》，當年報名的動機，只為能更深入掌握都市更新的相關學理，不料第一天上課，就被人稱「不動產教父」的曾文龍教授點醒，房屋和土地分配，博大精深，涉及律法之多，超出凡人想像。雖然過去我已參與並取得「新北市都更推動師」、「臺北市危老重推動師」的證照，甚至曾坐進「臺北市政府都市更新處」擔任「法令諮詢員」，不過相關的訓練都只屬於應急用的片段，無法全面理解不動產的脈絡和規則。

　　在《不動產估價師學分班》的訓練中，我認識到國家所建構攸關不動產的諸多律法和規則，全部都是先法理，再談感情。麻煩的是，相關法理中，唯有民法是30年前大學曾經上過的，老早還給老師了，年過50後，忙碌造成的記憶力不足，如何還有心力記憶數十種法規？光是民法一科，長達1225條，讀完一遍就要好幾天，想讀懂更是難如登天，怎麼辦？

　　慶幸自己在113年8月，考前的三個月做出正確選擇，立即購入大日出版社《不動產紀紀人選擇題100分》，雖然乍看這只是一本整理自歷屆考題的綜合集，但從考題切入，把每個正確的、錯誤的選擇題搞清楚，就能讓人功力大增，理解出題者的思維邏輯，進而推論出各法條的重點和讀書方向，對知識累積有著立竿見影的魔力。

　　但光讀死書仍力有未逮，尤其民法一科，難以從字面上理解法規的來龍去脈，加上《不動產估價師學分班》的訓練中，並未包含這個最基礎的法規訓練，於是在曾文龍老師的協助下，學生有幸參與大日《不動產經紀人考照班》的雲端課程，考前最後一個月，在諸多大師的引領下，才恍然大悟，吸收到考試要領和精髓，就算不考試，也對民法不再恐懼。

考試前幾天，幾乎無時無刻都在聆聽雲端課程各大師們的見解，因為那都是前輩們所累積的智慧和經驗，站在大師們的肩膀上，看的高、想的徹，考試當下才能心平氣和，即便還不太懂，也能猜出幾分意念，再順藤摸瓜，距離答案和真理就不遠了。但真正考取的秘方其實更簡單，早睡早起就能贏一半。考前三個月，我每天清晨 4 點起床，讀書到 7 點半，再準備上班，清晨的思緒和記憶，絕對會讓人印象深刻。

　　從民國 82 年大直的老家被都更開始，至今超過 32 個年頭，雖然換了 7 個建商，仍在原地踏步，但透過曾老師有系統的教學，終於讓人真正搞懂不動產的真意，也更堅持唯有先整合、再選商，才能創造地主和開發商的最大利益。

　　兩年前，我完成萬華區自力造屋專案，幫自家蓋出新華廈；一年前，在大日出版社的協助下，出版《如何創造都更多贏？掌握都更權益 地主建商齊鍊金》一書，一路走來，從地主→記者→學生→作者，感謝曾老師團隊和老婆、兒子的協助，才能如願考取《不動產經紀人》，但即便有了新身份，我仍是一名線上記者。當記者或當地主，或許不必讀什麼書，但不讀書，您將永遠只能當別人的棋子！

站長　林注強
114 年 2 月 12 日

我 70 歲，我一次考上不動產經紀人

　　我今年 70 歲了，去年第一次參與了 113 年不動產經紀人普考，總成績 70 分及格，排名 141 名，茲分享學習及考試心得給大家，期望有助於想參與考試的學員，順利過關。

　　113 年 5 月，老婆與幾位朋友成立了不動產仲介公司，希望我花點時間了解不動產行業。我於 109 年因疫情自大陸返台，處於半退休狀態，遂於 113 年 8 月參與不動產營業員培訓，順利取得不動產營業員資格後，又適逢不動產經紀人普考 8 月份報名，及大日不動產研究中心於雲林首次開課，遂進而插班報名 (已開課 2 週) 及報考國家考試，以下將我的學習方法及考試心得分享大家：

　　學習首重「方法」， 因考試操之在我，無其他外在因素，故容易掌握。從小到大，大家都參與多次考試，理應有些心得，茲針對不動產經紀人考試，分享大家：

1. 參與有老師親自授課的課程：目的是縮短學習時間，加速理解課程內容，大日不動產研究中心曾文龍教授舉辦的研習課程，我受益良多，幫助我加速了解相關法規及專業知識，有事半功倍之效，之前對於不動產領域我是門外漢，從事不同行業。
2. 勤做練習：「不動產經紀人選擇題 100 分」這本書裏頭匯集超過 2000 題考古題。我做了將近 1800 題及 8 年的歷屆考古題，邊做邊找答案，同時並充分理解題目，這過程雖然可能要花費每天 4 小時，近 2 個月的時間，為了確保拿到選擇題至少 40 分的成績，很重要。
3. 困難的學科先讀：如民法、土地法及土地稅法，建議優先提早研讀，因需花費更多時間理解，所以先讀。其他學科也慢慢跟進，重點是必須理解，才能在申論題發揮。
4. 考前最後 3-4 週重點放在估價及不動產經紀法規，務必拿到 75-80

的高分，如此即能輕鬆過關。
5. 考前 2 個半月時間研讀每天 3-4 小時，最後 2 週每天 6-8 小時，配合上課的專心聆聽，如此足矣，當然若你是上班族就必須更提前準備。
6. 所有罰則統一整理，考前背一背，較容易記住。估價的申論題，考前老師的猜題全部弄清楚，基本上不出範圍。最後，所有總複習的視頻看 1-2 次。
7. 有不懂的上網查詢都可找到答案。
8. 考前 2-3 天充足睡眠很重要。

以上學習及考試心得供大家參考，「大日不動產研究中心」的老師都相當優秀，也非常熱心，助我良多，很感謝每一位老師的教導。

113 年雲林班學員 方建璋
114 年 2 月 14 日

對的老師與對的方法
感謝曾教授的鼓勵

　　考上國家考試需要實力也需要運氣，還需要對的老師與對的方法，十年前為了參加國家考試上了四百小時課程，上課認真寫筆記，背口訣，考前三個月每天到圖書館看書，考前一個月因故搬家，最後差一分沒考上，事隔五年，捲土重來，把過去念過的書，準備的筆記，再重新整理一次，重複練寫，三個月在圖書館的日子，早上九點上工，晚上九點下工，感謝先生與家人的支持，最後還是差 0.5 分飲恨，而我已經考到沒有信心。

　　一個偶然的機會，參加了中國不動產經紀人說明會，遇見了曾文龍教授，親切又風趣的教學模式，不斷提醒學員保持健康，保持練筆最少 20 隻，勤練選擇題 100 分、歷屆試題，一定會上，這次我親身經歷，三個月保持每天讀書，兩天一科一天練寫選擇題將對與錯的原因法條找出來，一天練寫歷屆試題將題目答案練寫在專用紙上，練筆力、練字體、練排版、練思路、練速度，並且在我們公司臣德地產組織了一個讀書會，邀請同學定時的閱讀練習，中國班六人讀書會，五人上榜中國不動產經紀人，這次榜單不動產經紀人 285 名，終於讓自己成功在榜上留名。

　　回顧十年工作、家庭、學業上的努力，考上國家考試真的需要實力也需要運氣，還需要對的老師與對的方法，真正的理解法條才是金條，感謝同學與家人的相伴，才能順利考上，終於可以大聲說，我考上了！

學生　臣德地產　翁俐玲
2021 年 4 月

如何事半功倍的考上「不動產經紀人」

　　筆者承中華民國不動產仲介經紀公會全國聯合會之邀，於八十八年六月以來，即在全國許多縣市為公會會員開辦了「不動產經紀人」考照班，以因應考試院全新的不動產經紀人特考、普考情勢。

　　並蒙風聞而至的建築業、代銷業、跑單業……等業務人員的「共襄盛舉」，雖然筆者從事不動產的相關教學已二十年，撰寫不動產的相關著作更達三十三年，為了捍衛從業人員的工作權，仍更以如臨深淵、如履薄冰的心情，盡全力以赴，並不斷研發與調整教學方法、策略、教材等，希望學員們能在最經濟的時間，換得最豐碩的效果！而歷經三次的特考、數次普考，能夠排除萬難（如白天業績的壓力及年紀較長、記憶力不佳的壓力），大部份能按時出席上課的學員們，皆能順利考上（有些班甚至錄取率能高達九成以上！），實在令人雀躍及與有榮焉！

　　筆者以為，如何事半功倍，必須打一場智慧型的戰爭。以下拙見，謹供學員們參考：

1. 心理建設：體認上課乃是充電、終身學習的另一型式，而非全為考試而上課讀書，否則壓力太大，痛苦必大！
2. 短短的時間要準備五科，時間必須有全程的規劃，如同蓋房子有施工進度表，按表施工，一步一腳印，終底於成，不至於半路分歧、左顧右盼，竟爾走失。
3. 年紀大的，善用理解力；年紀輕的，善用記憶力。各有優點。
4. 有方法、有步驟、有重點。
5. 莫死背題庫，枯燥乏味，痛苦不堪。
6. 讀書讀出興趣，快樂讀書，順便考上。

7. 平常心，務實的準備，以免失常。

8. 生活作息正常，早睡早起，保持身體健康，頭腦冷靜。否則容易緊張，腦袋空白，茫然一片。

　　國家考試，當然難度較高，然而天下之事，莫不是先付出，方能有收穫。而且因是資格考，而非取固定名額，早日準備，循規蹈矩，忍耐一陣，享受永恆的喜悅，而為人人皆能之事！

曾文龍 89.1

克服申論題要訣

1. 每天寫作業，練習寫字的速度及整潔，段落分明。

2. 練習及研究分析歷屆試題。

3. 利用每天零碎時間唸書、背書。

4. 熟能生巧，讀書的趣味日漸增加，容易背誦。

5. 注意跟考試科目有關的新聞時事。

曾文龍　教授 94.6.28

申論題答題與準備技巧

1. 注意時間分配，會的題目先寫、多寫。
2. 字跡工整，要分段落。
3. 平時要練習作業。
4. 整理筆記，概念及印象皆深刻。
5. 注意時事、剪報。
6. 不會的題目也要盡量寫，堅持到最後，並留些時間檢查。
7. 題目看清楚，切忌文不對題。平常多練習歷屆考題。
8. 題目出太大，重點扼要答完，避免時間不足。題目出小，盡量發揮，舉例申論之。（注意分數之分配）
9. 冷靜、平常心，靈感源源來。
10. 試卷拿到時，全部題目先看一遍，可把一些關鍵標題寫在試題紙上，免得太緊張，回頭想寫已忘記。

曾文龍

不動產經紀人申論題滿分50分，考49分！

九十年專門職業及技術人員特種考試第二次不動產經紀人考試成績單

應考人姓名：
入場證編號（准考號）：46311956

類　科：不動產經紀人

普通科目 國文	申040.0000測012.0000　052.0000
專業科目 民法概要	申026.0000測037.5000　063.5000
專業科目 不動產相關稅法概要	申041.0000測047.5000　088.5000
專業科目 不動產經紀相關法規概要	申049.0000測046.2500　095.2500
專業科目 中華民國憲法概要	申030.0000測041.2500　071.2500
	082.5000

筆試普通科目各科平均 079.6250 佔筆試成績 010%
筆試專業科目各科平均 077.1500 佔筆試成績 080%
總成績 077.2150分 佔總成績 100%

　　　　　　　013.4500
　　　　　　　063.7000
　　　　　　　077.1500

感謝　曾文龍老師　細心指導，恩我良多！

兒子 謹誌

說明：
一、本考試以應試科目總成績滿六十分及格。
二、本考試應試科目有一科成績為零分或專業科目平均成績未滿五十分者，均不予及格。
三、缺考之科目，以零分計算。

地政士 第9名

97年專門職業及技術人員普通考試地政士考試成績及結果通知書

等級：普通考試　　　　　　　類科：地政士

入場證編號（座號）：70110400　　姓　名：張庭華

筆試普通	國文（作文與測驗）	申 38.0000 測 14.0000	52.0000
筆試專業	民法概要與信託法概要		29.0000
筆試專業	土地法規		72.0000
筆試專業	土地登記實務		82.0000
筆試專業	土地稅法規		99.0000

筆試普通科目各科佔筆試科目　　10%　　　　　　　　　　　5.2000
筆試專業科目合計平均　70.5000　佔筆試成績　90%　　　63.4500
筆　試科目　68.6500　佔總成績　100%　　　　　　　　　68.6500

總成績　　68.65分　　　　　　（及格標準60.00分）　　及格

曾老師您好，特奉上學生張庭華97年度地政士成績單，請您過目，並蒙老師親自指導，無任感激！

一、申請複查成績，請於本考試97年11月11日榜示之次日起10日內，以應考須知所附網站之書面格式提出。
二、本考試應試科目有1科目成績為零分或專業科目平均成績未滿50分者，均不予及格；缺考之科目，以零分計算。
三、台端如不服本處分，得自本通知書送達之次日起30日內，依訴願法第56條規定繕具訴願書送本部函轉考試院提起訴願。

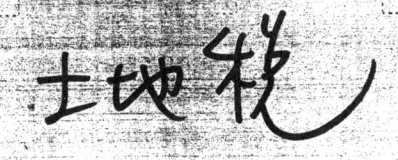

土地稅 99分

堅持 30 支筆的故事
——一次考上不動產估價師第三名

　　剛開始上曾文龍老師主持的估價師學分班時，聽到老師說只要勤寫 30 支筆就考得上，心裡便下定決心，要將讀書過程所寫的筆留下來，以便檢視自己直到考上需要寫幾支筆，就這樣到今年放榜時已經累積了 30 支筆，剛好是曾老師說的 30 支筆。

　　因我本身並非本科系，對於不動產經濟學、估價理論、實務，投資分析等專業課程都非常陌生，只能跟著課程循序漸進。

　　答題方式的訓練：

一、**擬破題**：視題目類型，以立法理由或功能、目的為破題。例如土地法第三十四條之一與第一百零四條的優先購買權的立法理由及功能異同。又例如公示制度即登記的目的功能。

二、**訓練答題內容及順序**：讀書研讀期間要選擇「擇定的作答內容」背誦，其餘內容看過就好，不過要不斷配合課本或課本考古題的答案檢視自己答案內容是否妥適並修正。

三、**將所有關聯性的課程內容一起研讀**：打破科目的限制，視為一個團隊一起研讀。這好處是當面臨真正考試時，無法掌握真正題意或者題目很不熟，透過這樣的訓練方式可以寫出點內容出來，至少有基本分數，這次的考試我用上了，土地利用法規第二題的題目，都市計劃法與其施行細則規定，我真的沒看過，但透過這樣的訓練方式，拿了 15 分。例如收益法的永續年金公式，先把該公式有關的課題熟記後，從 P 開始延伸，將所有與 P 有關的題目一起研讀，接續為 R 或 A，方式都一樣。又例如估價理論的 DCF 與投資分析的折現現金流量分析的異同都一起研讀熟記。

四、訓練思考：讀不下書時，讓自己不斷思考課本的內容或假設題目，訓練答題的破題、編排、內容等等，能思考出來就代表你已經能熟記，這是檢視自己是否精熟的方式，相信我，透過這種思考模式，你會馬上回去翻書，不會有讀不下書的情形發生。不過這樣的思考方式真的會讓「腦」很累！

最後，請堅持再堅持，只有堅持才能考上，各位同學加油。

國立台北科技大學不動產估價師學分班

賴乙甄　107.11.6

感 謝 狀

<u>曾 文 龍 教授</u>

★ 熱心鼎力輔導永慶房屋參加
中華民國不動產經紀人國家証照考試 ★

錄取率93%

敬贈此狀 感恩致謝

永慶房屋仲介股份有限公司
董事長 孫慶餘

中華民國八十八年十二月二十二日

曾文龍教授惠存：

感　謝

甲桂林廣告股份有限公司
總經理戚惠嘉暨全體同仁　敬上
中華民國九十年七月五日

感謝狀

曾文龍 教授

鼎力輔導參加中華民國不動產經紀人員國家證照考試功績顯著

台東縣不動產仲介經紀商業同業公會
理事長 陳又新

中華民國九十 十日

苗栗縣房屋仲介商業同業公會
350 苗栗縣竹南鎮和平街80-1號 陳耿

曾教授文龍您好：

每一刻的埋頭、用心、設在在11月7日落幕了！真心的誠摯的代表公會團體同學向您說聲謝謝您，感謝您的付出

定於11月20日星期六中午十二點的謝師晏，懇望蒞臨指導！

學生 耿敬上

追求工作務實且收入穩定的事業生涯

地政士證照，隨著年齡而財富增值的行業！

台灣不動產證照權威曾文龍教授說：法條即是金條！雲端時代，光有一份工作是不夠的！
執照護體，多一分保障，處處有商機！

❶ 如何考上地政士？重要法規 VS. 考古題（定價 800 元） 　　　　　　曾文龍博士 編著
❷ 土地法規與稅法（定價 600 元） 　　　　　　　　　　　　　　　　曾文龍博士 編著
❸ 民法概要突破（定價 600 元） 　　　　　　　　　　　　　　　　　大日出版社 編著
❹ 不動產稅法 VS. 節稅實務（定價 700 元） 　　　　　　　　　　　　黃志偉 編著
❺ 土地登記實務突破（定價 500 元） 　　　　　　　　　　　　　　　大日出版社 編著
❻ 地政士歷屆考題解析（定價 550 元） 　　　　　　　　　　　　　　曾文龍博士 編著

全套6本原價 ~~3,750~~ 元，金榜題名衝刺價 2,850 元

另有雲端線上課程
有方法，有訣竅，順利衝關！有計畫讀書，如同親臨上課！
超效率！超秘笈！名師教學，高上榜率！黃金證照！

班主任：**曾文龍** 教授
簡歷：國立政治大學地政研究所畢業
　　　不動產教學、演講、作家…35年
　　　北科大、北商大、政大……不動產講座

主流師資群：
◎國立政治大學地政研究所博士、碩士
◎不動產專業名律師
◎輔導國家高考、普考名師

購買方式
■ 銀行帳號：**101-001-0050329-5**（永豐銀行 忠孝東路分行 代碼807）
■ 戶名：大日出版有限公司
■ 網址：http://www.bigsun.com.tw
■ 訂購電話：(02) 2721-9527
■ 訂購傳真：**(02) 2781-3202**

‧訂購 1,000 元以下者另加郵資 80 元，1,001 元以上另加郵資 100 元，2,000 元以上免運費。
‧匯款完成後，請傳真收據，並附上收件人/地址/聯絡電話/購買書名及數量，以便寄書。或加入 line 確認。　　LINE ID：Erik229

百歲太極傳奇

跨越一甲子之
珍貴太極拳內功心法
首次無私公開

【太極拳本義闡釋】·【太極拳透視】 陳傳龍 著

太極拳的玄奧，由於是內家拳，不同於一般觀念中所知的外家拳，全是內在運作。由於內在運作難知，所以難明太極拳，而致學而難成。

本著作是作者修習太極拳40年後開始記錄的心得筆記，全是內在運作之法，凡作者自認精奧者全予記下，毫不遺漏及保留，期間歷時凡20載，今修編完成筆記上中下卷共9冊，為作者精研太極拳60餘年累計上千條珍貴內在運作著法，透視了太極拳的玄奧面紗，實是指月之指，帶你進入真正太極拳的殿堂。

定價 3,000 元

定價 680 元

陳傳龍，拜崑崙仙宗 劉公培中為師，修習道功暨太極拳術，並於論經歌解深研太極理法，迄今已逾一甲子歲月。

作者前著《太極拳本義闡釋》一書，旨在說明太極拳本有的真實面貌。現今出版之《太極拳透視》筆記，則為珍貴的太極拳實際內在運作方法。

本書特色
- 全為內練心得筆記，非一般著作。
- 提供巧妙有效的內在運作著法。
- 透視太極拳的真奧。
- 自修學習的書籍。
- 是太極拳真正實體所在。

本書助益
- 揭開久學難成的原因。
- 了解太極拳的真義。
- 得以深入太極拳的勝境。
- 明白外在姿式無太極拳。
- 窺得太極拳的玄奧。

筆記共有九冊，分為上、中、下卷各三冊，全套為完整珍貴內功心法，層次漸進帶領習拳者拳藝漸上層樓的學習路徑。

購買陳傳龍老師 太極拳著作全集
原價 3,680 元，優惠價 **3,150** 元（含郵資 150 元）

購買方式
- 銀行帳號：101-001-0050329-5 （永豐銀行 忠孝東路分行 代碼807）
- 戶名：大日出版有限公司
- 網址：http://www.bigsun.com.tw
- 電話：(02) 2721-9527
- 傳真：(02) 2781-3202

★訂購 1,000 元以下者另加郵資 100 元，1,001 元以上另加郵資 150 元。
★匯款完成後，請傳真收據，並附上收件人 / 地址 / 聯絡電話 / 購買書名及數量，以便寄書。

LINE ID：Erik229

國立臺北科技大學 不動產估價師學分班

百年名校 **金榜題名**

狂賀！曾文龍老師學員高中估價師

徐○駿（第一名）、張○華（第二名）、賴○甄（第三名）、陳○暉、傅○美…
宋○一、柯○環、林○瑜、林○廷、郭○鈺、邱○忠、黃○保、韋○桂…
張○鳳、王○猛、林○暉、林○娟、吳○秋、鄭○吟、李○塘、伍○年…

高地位、高收入，不動產行業中的 TOP 1！

◎報考資格：依考選部規定需大學專科以上畢業，並修習考選部規定相關學科至少六科，自101年1月起，修習科目其中須包括不動產估價及不動產估價實務。合計十八學分以上者(含四大領域)，即可取得報考不動產估價師考試資格。(詳情依考選部公告為主)

◎上課資格：高中職以上畢業，對不動產估價之專業知識有興趣者。

◎班 主 任：**曾文龍** 博士

　簡　　歷：中華綜合發展研究院 不動產研究中心主任。
　　　　　　北科大、政大、北商大…不動產講座。
　　　　　　不動產教學、著作35餘年經驗。

輔導高考訣竅

◎師 資 群：由北科大、政大、北商大…等名師及高考及格之不動產估價師聯合授課。

◎本期課程：❶ 不動產法規（含不動產估價師法）　❹ 土地利用
　　　　　　❷ 不動產估價　　　　　　　　　　　❺ 不動產經濟學
　　　　　　❸ 不動產估價實務　　　　　　　　　❻ 不動產投資

◎費　　用：每學分 **2,500** 元（不含教材費），報名費 **200** 元。
　　　　　　報名1門課程 **7700** 元；報名2門課程 **15,400** 元；全修3門課程 **23,100** 元。
◎上課時間：每週星期一、三、五（晚上 6:30～10:00）
◎上課地點：台北市忠孝東路三段1號（國立臺北科技大學第六教學大樓 626 教室）
◎報名方式：❶ 請先填妥報名表並先回傳　❷ 完成匯款後請務必將匯款收據傳真並來電確認
◎匯款繳費：報名完成後，系統自動寄發虛擬帳號至電子信箱，請依信件內容之虛擬帳號辦理繳費
　　　　　　（報名表上之電子信箱請務必確認正確）

【北科大推廣教育】

電話：(02) 2771-6949　　傳真：(02) 2772-1217
網址：http://www.sce.ntut.edu.tw/bin/home.php

國立臺北科技大學
National Taipei University of Technology

預告　新北市政府委託　班主任：曾文龍 博士

新北市都市更新推動師‧推動人員培訓

超值充電　黃金證照

推動全民參與都市更新推動人員培訓，學習都市更新與危老防災最專業知識，協助老舊社區進行嶄新改造，展現城市最安全、美麗及現代化的建築風景線。

☐ 「都市更新」學程（共6天）課程費用：**7,000**元

☐ 「危老防災」學程（共5天）課程費用：**5,500**元

（仍以主管機關核准開課日期為準）

上課地點：致理科技大學（新北市板橋區文化路1段313號）

2 學程一起報名優惠價 11,500 元
完成2學程即可換取《新北市都更推動師證照》

參訓資格：
❶ 對都市更新具熱忱的民眾
❷ 持有中華民國身分證

	姓名	手機	E-mail
1			
2			

匯款方式：
銀行：永豐銀行（代碼807）忠孝東路分行
戶名：台灣不動產物業人力資源協會
帳號：101-018-0002693-3

主辦單位：新北市政府城鄉發展局
委辦單位：台灣不動產物業人力資源協會

聯絡電話：02-2721-9572，信箱：taiwantop1688@gmail.com
傳真專線：02-2777-1747，地址：台北市忠孝東路四段60號8樓

～歡迎加Line詢問課程～
Line ID：bigsun77

國家圖書館出版品預行編目資料

不動產經紀人選擇題100分/曾文龍主編.-- 第12
版.-- 臺北市：大日出版有限公司, 2025.03
面；　公分. -- (房地產叢書; 59)

ISBN 978-626-99324-4-3 (平裝)

1. CST: 不動產經紀業　2. CST: 問題集

554.89022　　　　　　　　　　　　114002661

房地產叢書59

不動產經紀人選擇題100分

主　　編／曾文龍
編　　輯／黃　萱
出 版 者／大日出版有限公司
　　　　　台北市106大安區忠孝東路4段60號8樓
　　　　　網　　址：http://www.bigsun.com.tw
　　　　　出版登記：行政院新聞局局版北市業字第159號
　　　　　匯款銀行：永豐銀行忠孝東路分行（代碼807）
　　　　　帳　　號：101001-0050329-5
　　　　　電　　話：(02)2721-9527
　　　　　傳　　真：(02)2781-3202
排　　版／龍虎電腦排版有限公司
　　　　　電話：(02)8221-8866
印　　刷／龍虎電腦排版有限公司
　　　　　電話：(02)8221-8866
經 銷 商／旭昇圖書有限公司
　　　　　電話：(02)2245-1480
定　　價／平裝700元

2025年3月第12版

版權所有‧翻印必究